Der große Atlas der

STEINE & FOSSILIEN

Der große Atlas der STEINE & FOSSILIEN

Arthur B. Busbey III, Robert R. Coenraads,

David Roots, Paul Willis

Fachliche Beratung
David Roots und Paul Willis

Titel der englischsprachigen Originalausgabe:
A Guide to Rocks & Fossils

Der große Atlas der Steine und Fossilien

ÜBERSETZUNG: twinbooks, München (Wibke Brüggemann, Péa Eigler, Julia Paiva Nunes, Maria Reinhard)
REDAKTION: twinbooks, München (Nathalie Rinne, Melanie Goldmann, Bernhard Huber)
EINBANDGESTALTUNG: agilmedien, Köln

EINBANDABBILDUNGEN VORDERSEITE:
Kristalle in Polarisation, picture-alliance/Klett GmbH (oben); versteinerter Ammonit aus Dorset, picture-alliance/dpa (Mitte); Malachit in Nadelblöcken, picture-alliance/Klett GmbH (unten)

EINBANDABBILDUNG RÜCKSEITE:
Urzeitliche Zungen an Rügens Küste, picture-alliance/ZB/© dpa-Report

Satz/Litho: lithotronic media GmbH, Frankfurt am Main
Gesamtherstellung: area verlag gmbh, Erftstadt
Printed in Slovakia 2007

ISBN 978-3-8361-1225-3

www.area-verlag.de

Alles, was du siehst, wird die Natur bald verwandeln und aus diesem Stoff andere Dinge schaffen und aus deren Stoff wiederum andere, damit die Welt immer verjüngt werde.

Selbstbetrachtungen, MARC AUREL (121-180),
römischer Kaiser, der sich der stoischen Philosophie verschrieben hatte

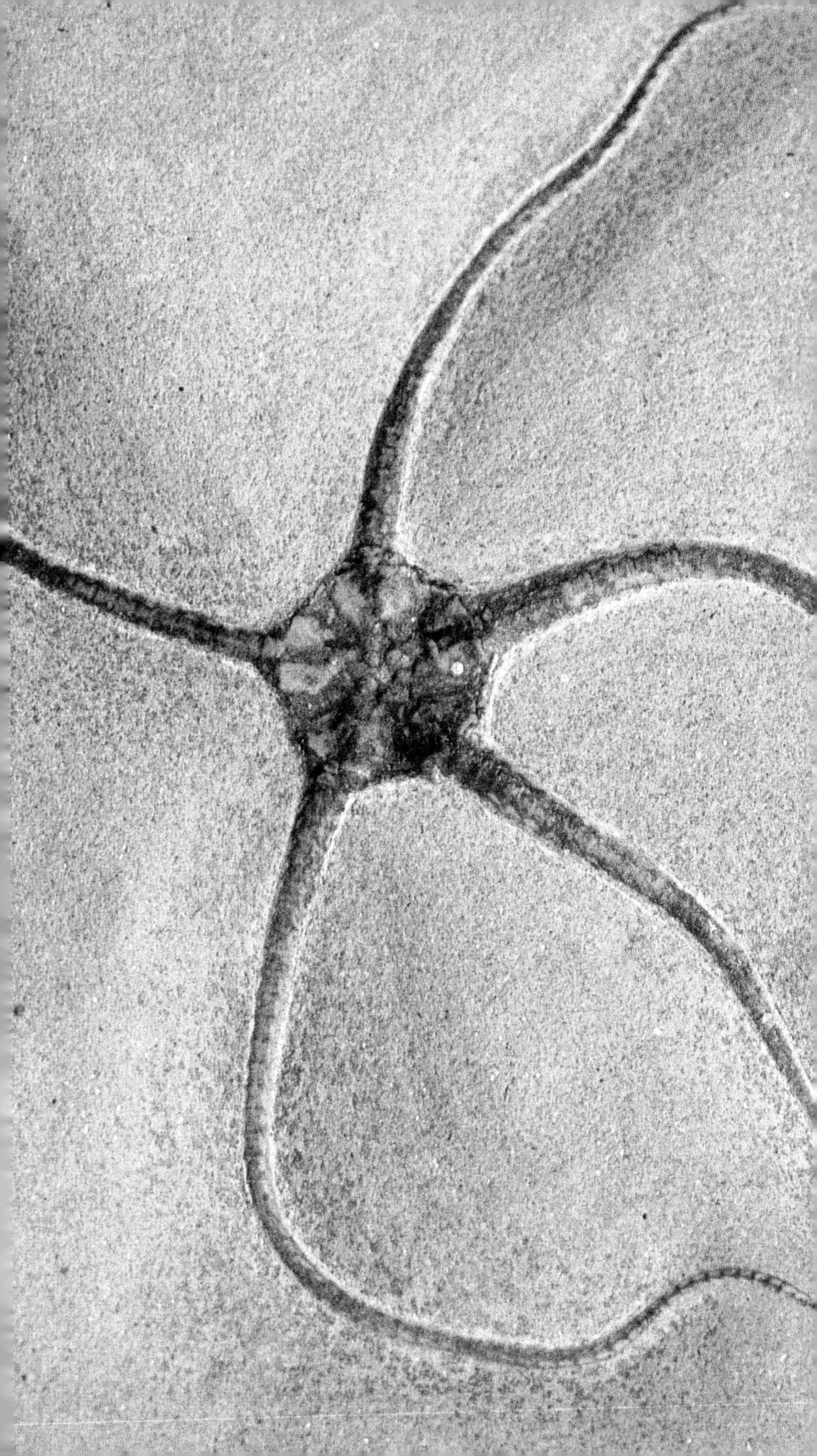

Inhalt

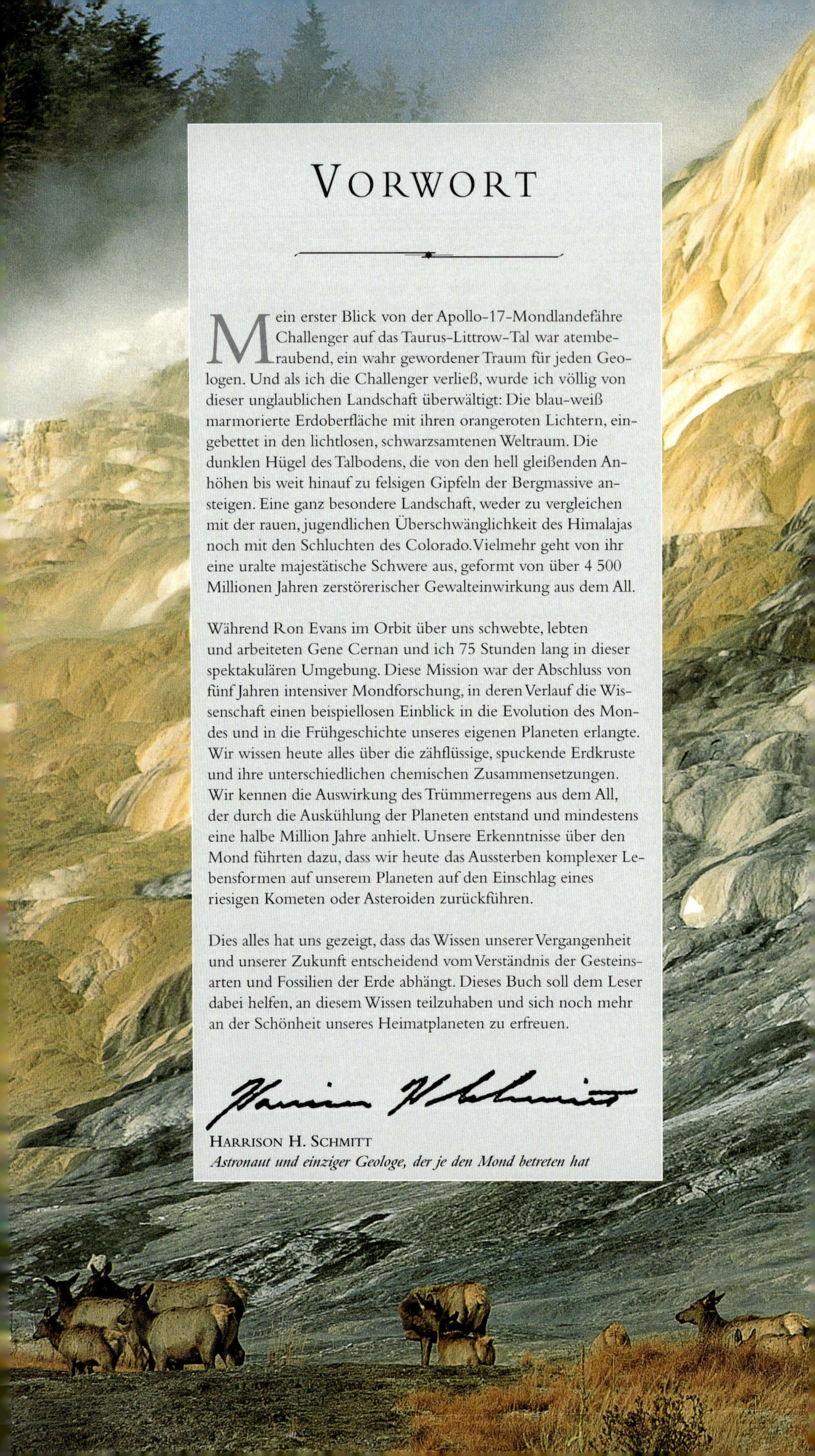

VORWORT

Mein erster Blick von der Apollo-17-Mondlandefähre Challenger auf das Taurus-Littrow-Tal war atemberaubend, ein wahr gewordener Traum für jeden Geologen. Und als ich die Challenger verließ, wurde ich völlig von dieser unglaublichen Landschaft überwältigt: Die blau-weiß marmorierte Erdoberfläche mit ihren orangeroten Lichtern, eingebettet in den lichtlosen, schwarzsamtenen Weltraum. Die dunklen Hügel des Talbodens, die von den hell gleißenden Anhöhen bis weit hinauf zu felsigen Gipfeln der Bergmassive ansteigen. Eine ganz besondere Landschaft, weder zu vergleichen mit der rauen, jugendlichen Überschwänglichkeit des Himalajas noch mit den Schluchten des Colorado. Vielmehr geht von ihr eine uralte majestätische Schwere aus, geformt von über 4 500 Millionen Jahren zerstörerischer Gewalteinwirkung aus dem All.

Während Ron Evans im Orbit über uns schwebte, lebten und arbeiteten Gene Cernan und ich 75 Stunden lang in dieser spektakulären Umgebung. Diese Mission war der Abschluss von fünf Jahren intensiver Mondforschung, in deren Verlauf die Wissenschaft einen beispiellosen Einblick in die Evolution des Mondes und in die Frühgeschichte unseres eigenen Planeten erlangte. Wir wissen heute alles über die zähflüssige, spuckende Erdkruste und ihre unterschiedlichen chemischen Zusammensetzungen. Wir kennen die Auswirkung des Trümmerregens aus dem All, der durch die Auskühlung der Planeten entstand und mindestens eine halbe Million Jahre anhielt. Unsere Erkenntnisse über den Mond führten dazu, dass wir heute das Aussterben komplexer Lebensformen auf unserem Planeten auf den Einschlag eines riesigen Kometen oder Asteroiden zurückführen.

Dies alles hat uns gezeigt, dass das Wissen unserer Vergangenheit und unserer Zukunft entscheidend vom Verständnis der Gesteinsarten und Fossilien der Erde abhängt. Dieses Buch soll dem Leser dabei helfen, an diesem Wissen teilzuhaben und sich noch mehr an der Schönheit unseres Heimatplaneten zu erfreuen.

HARRISON H. SCHMITT
Astronaut und einziger Geologe, der je den Mond betreten hat

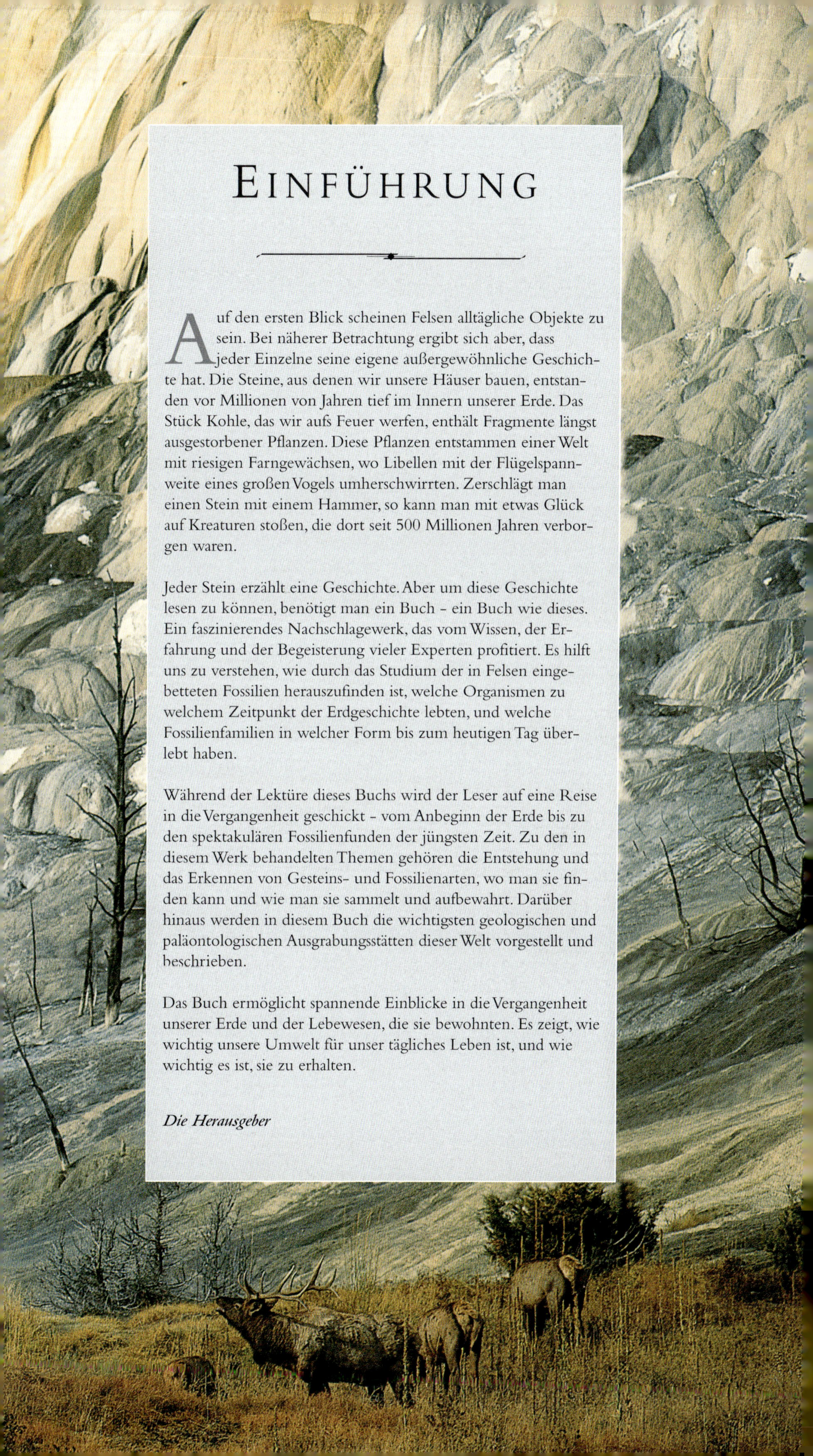

EINFÜHRUNG

Auf den ersten Blick scheinen Felsen alltägliche Objekte zu sein. Bei näherer Betrachtung ergibt sich aber, dass jeder Einzelne seine eigene außergewöhnliche Geschichte hat. Die Steine, aus denen wir unsere Häuser bauen, entstanden vor Millionen von Jahren tief im Innern unserer Erde. Das Stück Kohle, das wir aufs Feuer werfen, enthält Fragmente längst ausgestorbener Pflanzen. Diese Pflanzen entstammen einer Welt mit riesigen Farngewächsen, wo Libellen mit der Flügelspannweite eines großen Vogels umherschwirrten. Zerschlägt man einen Stein mit einem Hammer, so kann man mit etwas Glück auf Kreaturen stoßen, die dort seit 500 Millionen Jahren verborgen waren.

Jeder Stein erzählt eine Geschichte. Aber um diese Geschichte lesen zu können, benötigt man ein Buch - ein Buch wie dieses. Ein faszinierendes Nachschlagewerk, das vom Wissen, der Erfahrung und der Begeisterung vieler Experten profitiert. Es hilft uns zu verstehen, wie durch das Studium der in Felsen eingebetteten Fossilien herauszufinden ist, welche Organismen zu welchem Zeitpunkt der Erdgeschichte lebten, und welche Fossilienfamilien in welcher Form bis zum heutigen Tag überlebt haben.

Während der Lektüre dieses Buchs wird der Leser auf eine Reise in die Vergangenheit geschickt - vom Anbeginn der Erde bis zu den spektakulären Fossilienfunden der jüngsten Zeit. Zu den in diesem Werk behandelten Themen gehören die Entstehung und das Erkennen von Gesteins- und Fossilienarten, wo man sie finden kann und wie man sie sammelt und aufbewahrt. Darüber hinaus werden in diesem Buch die wichtigsten geologischen und paläontologischen Ausgrabungsstätten dieser Welt vorgestellt und beschrieben.

Das Buch ermöglicht spannende Einblicke in die Vergangenheit unserer Erde und der Lebewesen, die sie bewohnten. Es zeigt, wie wichtig unsere Umwelt für unser tägliches Leben ist, und wie wichtig es ist, sie zu erhalten.

Die Herausgeber

KAPITEL 1
FASZINATION VERGANGENHEIT

Der Mensch vermehrt unablässig sein Wissen über die Welt, doch um dieses Wissen positiv einsetzen zu können, muss er es mit anderen teilen.

ALISTAIR COOKE (1908-2004),
amerikanischer Radio- und TV-Reporter

DER VERGANGENHEIT *auf der* SPUR

Gesteinsschichten sind wie ein Tagebuch der Erde, und Fossilien sind die Wörter auf diesen Seiten, die uns erstaunliche Einzelheiten aus der Geschichte des Lebens berichten.

Die Erde und das Gestein, aus der sie besteht, sind seit jeher Sinnbild für Stabilität. Wir verwenden beispielsweise Ausdrücke wie „felsenfest“ oder „fester Boden unter den Füßen“. Aus Steinen besteht das Fundament, auf dem unsere gesamte Zivilisation erbaut wurde. Die Erde ist die Quelle, aus der wir all unsere lebenswichtigen Mineralien gewinnen.

Die Wissenschaften der Geologie und Paläontologie ermöglichen uns, die Erde und ihr Gestein mit ganz anderen Augen zu sehen. Für den Geologen sind Gesteinsschichten die Chronik der Erdgeschichte. Denn die Erde ist alles andere als starr: Sie ist dynamisch, ändert sich ständig, bewegt sich und wird auf dramatische Weise umgestaltet. Die Geologie verschafft nicht nur Einblick in die gewaltige Geschichte der Erde und erklärt ihre unzähligen geologischen Formationen, sondern ermöglicht uns eine neue Sichtweise auf unsere Stellung in der Natur. Aus geologischer Sicht ist die gesamte Menschheitsgeschichte nichts weiter als eine Eintagsfliege. Während die Geologie die Wissenschaft vom Aufbau der Erde und der Zusammensetzung ihrer Gesteine ist, befasst sich die Paläontologie mit Fossilien, den Überresten uralter Organismen, die zu Stein geworden sind. Wie die Geologie unsere Bedeutungslosigkeit im Hinblick auf die Erdgeschichte demonstriert, zeigt uns die Paläontologie unsere Unwichtigkeit in Anbetracht der Geschichte des Lebens. Die Menschheit ist nicht nur relativ neu auf der Erde, sondern sie ist auch nur eine von vielen Millionen anderer Arten, die alle gemeinsame Ursprünge haben. Der Mensch sieht sich gerne als Zentrum der Erde und ist doch nur ein kleiner Teil ihrer Lebensvielfalt.

FASZINIERENDE KRISTALLE in einer Höhle (links) begeistern den Betrachter. Liebevoll gestaltete Schmuckstücke (ganz links oben) bestechen durch ihren Charme und die vielen filigranen Details.

GIGANTEN hinterließen ihre Spuren. Dieser Dinosaurier-Fußabdruck (links) wurde in der Nähe von Broome in Westaustralien gefunden.

PROFI ODER AMATEUR?

Mithilfe der Geologie ist es beispielsweise möglich, die Entstehung und Entwicklung eines seit Urzeiten bestehenden Küstenstreifens zu rekonstruieren oder tief ins Innere eines längst erloschenen Vulkans vorzudringen. Selbst Hobbyforschern ist es möglich, mit dem Einsatz simpler Werkzeuge wie Hammer und Meißel die gewaltigsten Tiere der Erdgeschichte kennen zu lernen. Ohne großen Aufwand kann sich jeder die Wissenschaften der Paläontologie und Geologie erschließen.

Man kann sogar ohne Übertreibung sagen, dass viele der wichtigsten Funde in beiden Disziplinen begeisterten Amateuren zuzurechnen sind. Die wahre Begeisterung beim Fund eines seltenen oder besonders schönen Objekts basiert stets auf dem tiefen Respekt, der aus großem Interesse und dem Verständnis für seinen Ursprung erwächst. Eine Felsformation, die viele Millionen Jahre alt ist, „lesen“ zu können wie eine Zeitung, erfüllt mit Stolz und unbeschreiblicher Befriedigung. Sich für die Geologie und Paläontologie zu begeistern, kann auf vielerlei Arten geschehen. Mancher erfreut sich ganz einfach an dem Wissen über die geologi-

PACKENDE LANDSCHAFTEN wie der Mesa Arch in Utah, USA, (hier in der Morgendämmerung) – erfreuen nicht nur Hobbygeologen. Manche Hobbysammler spezialisieren sich mit der Zeit auf bestimmte Fossiliengruppen wie beispielsweise Perlmuttammoniten (oben rechts).

schen Prozesse, die die Welt, in der wir leben, geformt haben. Andere sammeln Fundstücke, die beispielsweise einer bestimmten Mineralien- oder Fossiliengruppe angehören.

Einige Amateurwissenschaftler stellen oft auch vor Ort Nachforschungen an und organisieren Expeditionen in exotische Länder. Wieder andere bevorzugen es, Mineralien zu Schmuckstücken und anderen Dekorationsobjekten zu verarbeiten. Nicht wenige sind von ihrem Hobby derart begeistert, dass sie ihr Steckenpferd zum Beruf gemacht haben. Zahlreiche Fachleute in der Geologie und Paläontologie begannen ihre Karriere als Hobbysammler und beschlossen dann, ihr Leben dem bisherigen Zeitvertreib und somit der Wissenschaft zu widmen.

Sowohl die Geologie als auch die Paläontologie sind eine ausgesprochen angenehme „Form der sportlichen Betätigung". An der frischen Luft begibt man sich quasi auf eine Schatzsuche, bei der oft voller Körpereinsatz, Ausdauer, Geschick, ein gewisses Gespür für die Materie und Umsicht gefragt sind. Ein weiterer wichtiger Aspekt bei der Fossilien- und Mineraliensuche ist die Rücksichtnahme auf andere Hobbygeologen und -paläontologen. Ein verantwortungsvoller Sammler hinterlässt möglichst minimale Spuren in seinem Suchgebiet und nimmt nur wenige Fundstücke an sich. Wer Geologie und Paläontologie als Hobby betreibt, entwickelt ein umfassendes Verständnis für die Geschichte der Erde und ihre Lebensformen sowie für menschliche Werte und unsere Stellung in der Natur. Wenn wir uns selbst als einen Teil der Natur sehen, sind die Würdigung und der Schutz der Umwelt sowie die Sorge um sie ganz naheliegende Gedanken.

DER BEITRAG DER AMATEURE

Der von Amateuren geleistete Beitrag sowohl in der Geschichte der Paläontologie als auch der Geologie ist nicht zu unterschätzen. Ein klassisches Beispiel hierfür ist der Fund von William Walker, einem englischen Klempner und Hobbygeologen. Als er im Jahr 1983 in einem Steinbruch im Süden Englands nach Fossilien Ausschau hielt, stieß er auf eine Furcht erregende Klaue, die über 30 Zentimeter lang war. Als Walker seinen Fund im Britischen Museum für Naturgeschichte vorstellte, war die Begeisterung groß, denn niemand zuvor hatte eine Klaue dieser Art gefunden. Wissenschaftler des Museums untersuchten den Fundort und konnten das fast vollständige Skelett einer bis dahin unbekannten Fleisch fressenden Dinosaurierart bergen. Zu Ehren des Hobbysammlers (Abbildung unten, mit seinem Fund) und in Anerkennung seiner Leistung erhielt die neu entdeckte Spezies den Namen *Baryonyx walkeri*.

DIE NEUGIER ERWACHT

Die Frage nach dem Ursprung der Erde und der Entstehung des Gesteins wurde zu Beginn von religiösen Vorstellungen über die göttliche Schöpfung der Welt geprägt.

Die ersten Versuche in der Geschichte der Menschheit, die Entstehung der Erde zu erklären, waren religiös bestimmt. Bis zum Mittelalter glaubte man, dass ein Schöpfergott bzw. mehrere Götter die Welt in der uns bekannten Form erschaffen haben. Dabei entwickelte jede Kultur ihren eigenen Mythos. So haben die Ureinwohner Nordamerikas beispielsweise viele unterschiedliche Schöpfungsmythen. Auch die australischen Aborigines glauben, dass ihre Umgebung, aber auch alle Tiere und Pflanzen, von den Totemgeistern der Ahnen in der „Traumzeit" erschaffen wurden. Religiöse Erklärungen der Welt wie diese bestimmten die Einstellung der Menschen zur Gestalt und Entstehung der Erde. Die Landschaft war schlichtweg so, wie Gott oder die Ahnen sie erschaffen hatten. Religiöse Schöpfungsideen hielten sich über lange Zeit. Im Jahr 1731 etwa präsentierte Johann Scheuchzer (1672-1733), ein Schweizer Philosoph, den Stich eines Fossils, das er im Jahr 1726 gefunden hatte, der Öffentlichkeit. Er nannte es Homo diluvii testis (Mensch, der der biblischen Sintflut zum Opfer gefallen war) und beschrieb seinen Fund als „das betrübte Beingerüst eines alten Sünders, der in der Sintflut ertrunken". Diese Theorie wurde später widerlegt, da es sich bei dem Fossil um einen acht Millionen Jahre alten Riesensalamander handelte. Bis zum heutigen Tag glauben viele religiöse Gruppen an die verschiedensten Schöpfungsgeschichten und verweigern sich dem wissenschaftlichen Verständnis über den Ursprung der Erde und ihrer geologischen Geschichte. Solche Haltungen basieren im Allgemeinen auf religiösen Werten und nicht unbedingt auf der Ablehnung der wissenschaftlichen Weltsicht als solche.

NATURKATASTROPHEN wie Vulkanausbrüche (oben) wurden als Strafe Gottes betrachtet. Der Begriff „Ammoniten" (rechts) ist vom Ägyptischen Gott Ammon abgeleitet. Die Regenbogennatter (oben links) kommt in den Schöpfungsmythen der australischen Ureinwohner vor.

RUTENGEHER (links) wie hier bei einer Vorführung in Paris im Jahr 1913 wurden beauftragt, Erzlager zu finden.

ABERGLAUBEN

Auch Aberglaube unterschiedlichster Herkunft beeinflusste lange Zeit das religiöse Verständnis der Menschen über die Erde. Erzlagerstätten wurden deswegen oft früher nicht aufgrund geologischer Kenntnisse ausfindig gemacht, sondern durch das so genannte Rutengehen, eine pseudowissenschaftliche Methode, bei der „Fachleute" im Erdboden ver-

BERNSTEIN (unten) wurde nachgesagt, dass er die verschiedensten Beschwerden lindern konnte. Fossilien (links), so glaubte man, wuchsen im Innern der Erde.

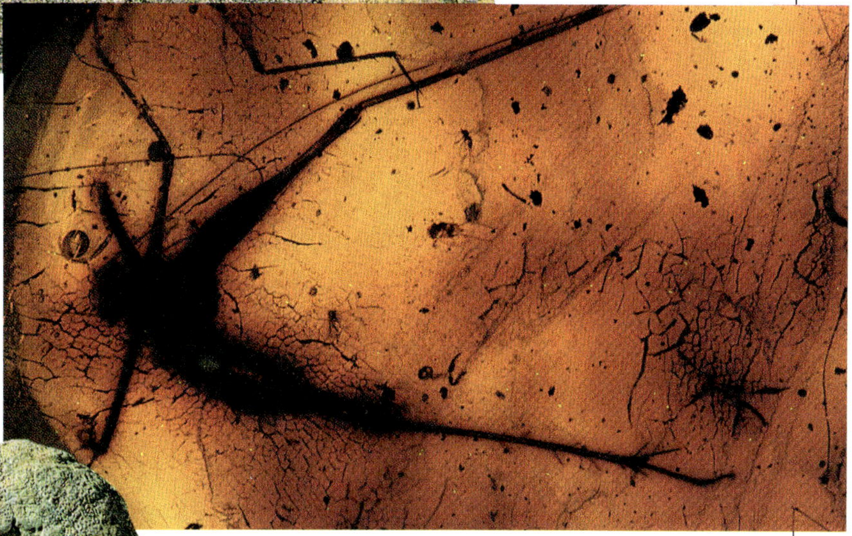

Überraschung und Verwunderung sind der Anfang des Begreifens

Der Aufstand der Massen
JOSE ORTEGA Y GASSET (1883–1955), spanischer Philosoph

SEEIGEL (links) galten als magische Schlangeneier. Der antike Philosoph Plinius erwähnte, dass bereits die Druiden sie sehr schätzten.

borgene Substanzen mithilfe einer Wünschelrute ausfindig machten.

Eine solche Wünschelrute besteht meist aus gegabeltem Weiden- oder Haselnussholz, das der Rutengeher locker mit zwei Händen vor dem Körper trägt, wobei die Spitze vom Körper weg zeigt. Schlägt die Rute aus, zeigt die Spitze entweder nach oben oder nach unten. Angeblich reagierte die Rute auf Erzablagerungen im Boden. Auch heute noch werden Wünschelruten zuweilen eingesetzt, um Grundwasser zu finden. In der Vergangenheit aber setzte man diese Methode für alle Arten von Mineralablagerungen ein, u. a. bei Kupfer, Blei und Gold. Aus wissenschaftlicher Sicht entbehrt das Rutengehen jeder nachweisbaren Grundlage. Erfolge der Methode sind normalerweise darauf zurückzuführen, dass reichhaltige Vorkommen in dem untersuchten Gebiet bereits vorher bekannt sind. Auch die Geschichte der Fossilien war lange umstritten, und es bestanden ernsthafte Zweifel an deren Ursprung, Bedeutung und Verwendung. Zwar hatten einige Philosophen der griechischen Antike erstaunlich zutreffende Vormutungen zum Ursprung der Fossilien, doch waren sie mit ihren Erkenntnissen eher die Ausnahme. Während der vergangenen 2 500 Jahre blieben die Fossilien also weitestgehend ein Geheimnis. Einige wenige Gelehrte des Mittelalters waren bereits der Meinung, dass Fossilien die versteinerten Überreste von Tieren und Pflanzen aus der Urzeit wären.

Die damals anerkannte Lehrmeinung besagte dagegen, dass sie aufgrund gewisser mystischer Kräfte verborgen im Innern der Erde heranwuchsen. Von bestimmten Fossilien nahm man an, dass sie Zauberkräfte besaßen. Einige wurden mit Namen wie „Zehennagel des Teufels“ oder „Schlangenstein“ versehen – ein Hinweis darauf, dass in vielen Kulturen diese Objekte mit dem Teufel in Verbindung gebracht wurden.

DER ZEHENNAGEL DES TEUFELS UND SCHLANGENSTEINE

Obwohl bereits einige antike Philosophen glaubten, dass Fossilien die Überreste von Organismen aus der Urzeit seien, war die damals anerkannte Theorie, dass Fossilien in der Erde herangewachsen waren, weil ihnen die Chance verwehrt geblieben war, an der Oberfläche zu „keimen“.

Die Menschen der vorwissenschaftlichen Epochen brachten Fossilien mit ihnen vertrauten lebenden oder mythologischen Kreaturen in Verbindung. Die lange, gekrümmte Auster Gryphaea kam in vielen Gebieten Europas vor. Aufgrund von Gesteinserosion fand man diese versteinerten Muscheln oft an der Erdoberfläche. Da man sich nicht erklären konnte, um was es sich bei den seltsamen Objekten handelte, nannte man sie kurzerhand „Zehennägel des Teufels“, da sie dem Huf einer Ziege ähnelten. Im englischen Yorkshire hielt man die elegant geschwungenen Versteinerungen von Ammoniten aus dem Jura für Schlangen, die die Heilige Hilda zu Stein verwandelt hatte. Einheimische Handwerker verzierten ihre Enden gelegentlich durch Schnitzereien, die den Anschein erwecken sollten, die Fossilien hätten einen Kopf.

DER STANDPUNKT *der* WISSENSCHAFT

Erst seit 200 Jahren wird die Erde samt ihrem Gestein und ihren Fossilien wissenschaftlich betrachtet.

Das Werk des Landvermessers und Geologen William Smith (1769-1839) läutete in England das Zeitalter der Aufklärung ein. Er kartierte Kohlenminen und arbeitete im späten 18. Jahrhundert während der industriellen Revolution am Bau eines Kanalnetzes. Im Verlauf seiner Tätigkeit fiel ihm auf, dass bei den Aushubarbeiten über weite Gebiete hinweg dieselben Gesteinsschichten zu finden waren. Darüber hinaus bemerkte er, dass die Reihenfolge der Schichten überall genau gleich war.

Seine Beobachtungen deuteten darauf hin, dass die Gesteinsformationen einer bestimmten Struktur unterlagen, die bis dahin nicht bekannt war. Hieraus zog er die logische Schlussfolgerung, dass die untersten Gesteinsschichten älter sein mussten als die oberen. Smith gelang es, seine Theorie zu belegen, indem er die geologische Ordnung des Gesteins auch an Orten, die er vorher noch nie besucht hatte, korrekt bestimmen konnte.

Ein weiterer Durchbruch der Geologie auf ihrem Weg zu einer modernen Wissenschaft folgte schon bald durch die Erkenntnisse des schottischen Geologen James Hutton (1726-1797). Huttons bahnbrechende Theorie besagte, dass die Entstehung der Gesteinsformen einem bestimmten Zyklus unterliegt: Dabei werden Felsen durch den Einfluss des Wetters in Sedimente umgewandelt. Diese Sedimente werden von Erosionskräften bewegt und sammeln sich andernorts, wo sie zu neuen Gesteinsarten verfestigt werden. Dieses neue Gestein wird wiederum von weiteren Gesteinsschichten überlagert. Letztendlich wird das Gestein durch die bei diesem Prozess entstehende Hitze im Erdinneren zum Schmelzen gebracht und bahnt sich in Form von Lava erneut seinen Weg an die Oberfläche. Kühlt diese Lava ab, so entsteht erneut Gestein, das wieder der Erosion ausgesetzt ist, und der ganze Zyklus beginnt von Neuem.

LAVASTRÖME (oben) und Erosion (rechts) sind „Recyclingmethoden" der Erde. James Hutton (oben links) war der Begründer des Aktualismus.

Smiths Erkenntnisse und Huttons Theorie hatten gewaltige Auswirkungen. Zuvor herrschte die Ansicht, dass die Erde in der uns bekannten Form vor nicht allzu langer Zeit entstanden sei. Hutton und Smith gaben Anlass zu der Annahme, dass die Erde wesentlich älter war, als man zuvor für möglich gehalten hatte, und dass sie sich ständig veränderte und erneuerte.

Der Begründer der modernen Geologie ist der englische Wissenschaftler Sir Charles Lyell (1797-1875). Sein Hauptbeitrag zu der noch jungen Wissenschaft war die Einführung des Grundsatzes des „Uniformitarianismus" (auch als „Aktualismus" bezeichnet).

WILLIAM SMITH kartierte englische Kohleminen. Ihm fiel auf, dass Felsschichten immer in einer bestimmten Reihenfolge zu finden waren.

Diese Theorie besagt, dass geologische Veränderungen heute mit derselben Geschwindigkeit wie in der Vergangenheit ablaufen. Die Ablagerung von tief liegenden Sedimentschichten unterlag also denselben Prozessen und verlief im selben Tempo, wie das bei gegenwärtigen Ablagerungen auch der Fall ist. Da die meisten geologischen Prozesse sehr langsam voranschreiten und die so gebildeten Felsschichten häufig sehr dick waren, kam Lyell zu dem Schluss, dass die Erde extrem alt sein musste. Er war der Erste, der das geschätzte Alter der Erde in den Bereich von Millionen von Jahren rückte.

CHARLES LYELL (unten) zufolge verlaufen geologische Prozesse seit jeher mit derselben Geschwindigkeit wie heute. Alfred Wegener (links) entwickelte die komplexe Theorie der Kontinentalverschiebung.

Heutige Auffassung

Die Anwendung und Verfeinerung von Huttons und Lyells Theorien bildet die Grundlage der Geologie der letzten 200 Jahre. Die nächste bedeutende Theorie, die das Verständnis der Erdgeschichte auf dramatische Weise verändert hat, ist die der Plattentektonik. Im Jahr 1912 veröffentlichte der deutsche Meteorologe Alfred Wegener (1880–1930) sein Werk „Die Entstehung der Kontinente und Ozeane“, in der er seine Theorie der Kontinentverschiebung vorstellte. Sie besagte, dass die Kontinente nicht an einem festen Ort verankert waren, sondern sich langsam über die Oberfläche der Welt bewegten. Wichtigster Beweis für diese Theorie war, dass die meisten Umrisse der Kontinente offenbar zusammenpassten – beispielsweise bildet die Ostküste Südamerikas ein fast perfektes Gegenstück zur Westküste Afrikas. Wegener konnte allerdings nicht erklären, welcher Mechanismus die Kontinente bewegte, sodass seine Ideen anfangs belächelt und ignoriert wurden. Zu Beginn des Kalten Krieges setzten sowohl die UdSSR als auch die USA hochempfindliche Vibrationsdetektoren ein, um Atomtests der Gegenseite überwachen zu können. Auf diese Weise wurden Tausende von Erdbeben aufgezeichnet, die fast alle entlang bestimmter Linien auf der Erdkruste stattfanden. Schon bald war klar, dass es sich bei diesen Linien um die Ränder von riesigen Platten handelte, welche die Erdoberfläche umschließen. Hinzu kam die Erkenntnis, dass die Erdbeben aus der Reibung zwischen diesen Platten resultierten. Die Kontinente, die auf diesen Platten liegen, bewegen sich langsam über die Erdoberfläche. Das heute anerkannte Prinzip der Plattentektonik hängt zwar mit Wegeners Theorie der Kontinentalverschiebung zusammen, ist aber nicht damit identisch.

Die geologische Zeit

Die Unermesslichkeit der geologischen Zeitabläufe ist atemberaubend: Man misst sie in Millionen von Jahren.

Man kann geologische Zeitabläufe auf zweierlei Arten betrachten: als relative oder als absolute Zeit. Die Werke der Begründer der modernen Geologie – William Smith, James Hutton und Charles Lyell – führten zu dem Schluss, dass Gesteinsschichten chronologisch angeordnet sind. Nachdem alle bekannten Felsformationen der Welt detailliert kartiert wurden, konnte man sie zur so genannten stratigrafischen Säule „zusammensetzen". Anhand dieser Säule ist es ein Leichtes, das Alter einer Gesteinsschicht in Relation zu anderen Schichten zu bestimmen.

Relative Zeit

Um die Arbeit mit diesem etwas unhandlich zu gebrauchenden Gebilde zu erleichtern, wurde die stratigrafische Säule (oder Skala) in Untergruppen (Ära, Periode und Epoche) aufgeteilt. Meist werden diese Untergruppen nach der Gesteinsart oder auch nach dem Gebiet ihres Vorkommens benannt. Beispielsweise entstanden die Kalkablagerungen, die die Kreidefelsen von Dover bilden, in der „Kreidezeit" (Cretaceous, abgeleitet vom griechischen Wort für Kalk). Aufgrund von Lyells Prinzip des Aktualismus war es offenkundig, dass sich die tieferen Gesteinsablagerungen der stratigrafischen Säule vor einem lange zurückliegenden Zeitraum angesammelt hatten. Grundlage dieser Feststellung war seine Beobachtung, dass viele Gesteinsarten extrem langsam wachsen. Man folgerte daraus, dass die Erde unglaublich alt war, aber niemand konnte wirklich das genaue Alter bestimmen.

Absolute Zeit

Um das absolute Alter von Gestein (in Millionen von Jahren) bestimmen zu können, musste im Gestein eine Art „Uhr" ausfindig und lesbar gemacht

DAS ERDZEITALTER DES DEVON wurde nach Gesteinsformationen im südenglischen Devon benannt (unten). Eine frühe Ausgabe der geologischen Zeitskala (oben) und eine frühe Szene aus dem Jura (rechts).

KREIDEABLAGERUNGEN wie diese im Süden Englands (links) gaben der Kreidezeit ihren Namen. Das Gemälde „Gesteinsschichten am Kap Miseno am Golf von Neapel" (unten) entstand, bevor die Bedeutung der Gesteinsschichten bekannt war.

Solch riesige Zeiträume sprengen die Grenzen der Vorstellungskraft.

Das Leben auf unserer Erde
DAVID ATTENBOROUGH
(geb. 1926), britischer Naturforscher

werden. Man kennt eine Reihe von „Gesteinsuhren", die auf unterschiedliche Weise funktionieren. Eine davon basiert auf der Tatsache, dass radioaktive Isotope dazu tendieren, in Tochterisotope zu zerfallen. Ist die Zerfallsrate der Isotope bekannt und konstant, kann man am Mengenverhältnis der noch vorhandenen ersten (Mutter-)Isotope zu den neu entstandenen (Tochter-)Isotopen erkennen, wie lange der Zerfallsprozess bereits andauert. Die Altersbestimmung von Gestein mithilfe der Isotopenmessung unterliegt jedoch einigen Einschränkungen. Die „Gesteinsuhr" muss, wenn sich das Gestein bildet, quasi auf null zurückgesetzt werden. Dies ist zum Beispiel der Fall, wenn geschmolzenes Gestein erstarrt. Eine weitere „Gesteinsuhr" basiert auf der Methode der Spaltspurendatierung. Gewisse Mineralien wie beispielsweise Zirkon enthalten eine geringe Anzahl von Uranatomen. Beim Zerfall der Uranatome wird das Kristallgitter des Zirkons beschädigt und es entstehen winzige Spaltspuren. Je länger der Zirkonkristall besteht, desto mehr Spaltspuren werden im Inneren des Kristalls zu erkennen sein. Zählt man diese Spuren, kann man bestimmen, wann der Kristall entstanden ist. Nicht alle Gesteinsarten können auf diese Weise datiert werden. Doch die stratigrafische Säule enthält genügend exakt datierbare Gesteinsarten, um das Alter der meisten Gesteinsformationen recht genau bestimmen zu können. Eine weitere Technik zur Altersbestimmung ist die C14- oder Radiokohlenstoffdatierung. Die Methode basiert auf dem radioaktiven Zerfall des Kohlenstoffisotops C14. Dieses Isotop entsteht nur in lebenden Organismen, wobei der Zerfall des Isotops mit dem Tod des Lebewesens einsetzt.

Die Radiokohlenstoffdatierung kann als Methode zur Altersbestimmung nur für Objekte mit einem Alter bis zu 50 000 Jahren eingesetzt werden. Dieser Zeitraum ist vor allem für Archäologen interessant, die die Kulturen des Altertums studieren, jedoch weniger für Geologen und Paläontologen, denn von ihnen werden in der Regel erdgeschichtliche Perioden betrachtet, die viel weiter als 50 000 Jahre zurückreichen.

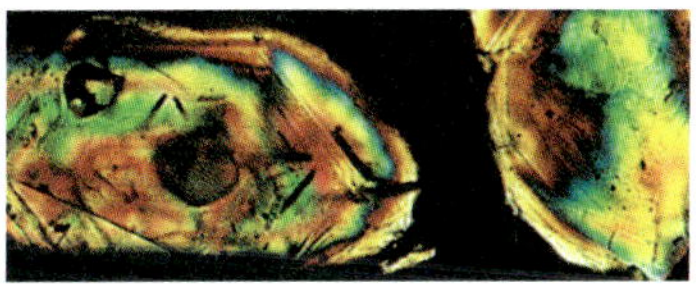

WINZIGE SPUREN in Zirkonkristallen (links) eines Felsen belegen dessen Alter von 3.600 Millionen Jahren.

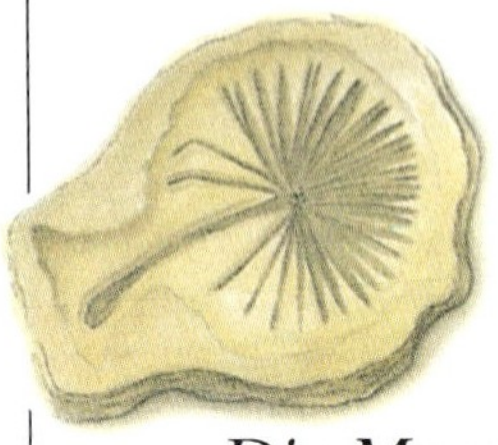

DIE ZEITACHSE

Die Menschheitsgeschichte ist im Vergleich zur gesamten Geschichte der Erde nichts weiter als ein Wimpernschlag.

Die Datierungstechniken und die stratigrafische Säule geben einen ersten Einblick in die Geschichte der Erde. Durch die Untersuchung von Gestein können viele Ereignisse exakt datiert werden, die in bestimmten erdgeschichtlichen Phasen stattgefunden haben. Betrachtet man zusätzlich auch noch die Fossilien in den unterschiedlichen Gesteinsarten, kann man sogar herausfinden, welche Organismen zu welcher Zeit auf unserem Planeten gelebt haben. Ordnet man also die Gesteinsarten in der richtigen Reihenfolge auf der stratigrafischen Säule ein, kann man auf ihr zum einen die Geschichte der Erde und zum anderen die des Lebens ablesen.

SPEKTAKULÄRE PHASEN, geprägt durch intensive vulkanische Aktivitäten (links), sind in den einzelnen Gesteinsschichten der Erde dokumentiert. Fossilien, zum Beispiel diese Palme (oben), erzählen uns von urzeitlichen Lebensformen.

Die stratigrafische Säule lässt sich am besten am Schema einer geologischen Zeitachse veranschaulichen. Darin werden alle zeitbezogenen Informationen, die in der stratigrafischen Säule registriert wurden, übersichtlich zusammengefasst. Die Zeitachse gibt dabei die aufeinander folgenden geologischen Perioden in ihrer korrekten chronologischen Reihenfolge wieder. Informationen zu den Gesteinsarten, von welchen die Zeitachse ursprünglich abgeleitet wurde, stehen dabei allerdings im Hintergrund. Dafür sind bestimmte grundlegende erdgeschichtliche Ereignisse wie beispielsweise die Bewegungen der Kontinente oder das erste Auftreten bestimmter Lebensformen an entsprechenden Stellen auf der Zeitachse eingefügt. Obwohl die Unterteilung der stratigrafischen Säule in Ära, Periode und Epoche weltweit standardisiert ist, gibt es doch einige regionale Unterschiede. Am bekanntesten ist die Zweiteilung des Karbonzeitalters in das Mississippium und Pennsylvanium.

GEDANKENSPIEL ZUR ZEITACHSE

Um die Dimension selbst einer einfache Zeitachse zu verstehen, kann man sich folgendes Beispiel vorstellen. Ausgangspunkt der Überlegungen ist eine normle Toilettenpapierrolle, die aus 500 Blatt Papier besteht. Stellen Sie sich nun eine Rolle vor, bei der bereits 40 Blatt entfernt wurden. Jedes der noch verbleibenden Blätter repräsentiert zehn Millionen Jahre der 4 600 Millionen Jahre, die unsere Erde schon besteht.

Die Länge der Rolle verkörpert die Zeitspanne, wobei das eine Ende die Entstehung der Erde und das andere Ende die Gegenwart symbolisiert. Die ersten Einzeller entstanden, von der Gegenwart aus gesehen, auf dem 350ten Blatt, Mehrzeller ca. 290 Blätter danach (d. h. erst 60 Blätter von der Gegenwart entfernt). Dinosaurier erschienen 22 Blatt vor der Gegenwart und verschwanden 15 1/2 Blatt später.

Die menschliche Spezies erschien erst ein 20tel Blatt vor der Gegenwart. In diesem Maßstab umgerechnet beträgt unsere Zeitrechnung (die gerade mal 2 000 Jahre umfasst) das letzte 5 000stel Blatt.

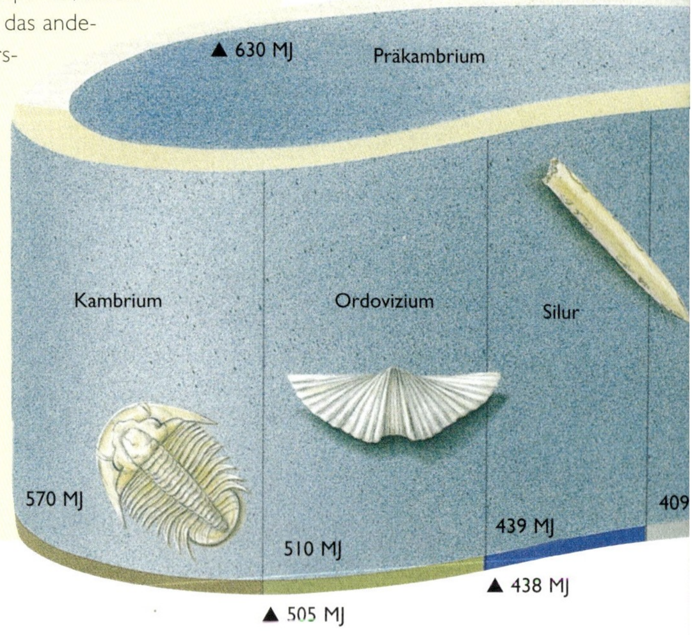

DIE ÄLTESTEN GESTEINE DER ERDE (oben) sind die Granitablagerungen des Western Gneiss Terrane in Westaustralien.

Diese Bezeichnungen sind in Nordamerika gängige Praxis.

Der Einfachheit halber wird in diesem Buch aber nur vom Karbonzeitalter gesprochen. Die hier abgebildete geologische Zeitachse zeigt die geologischen Perioden von der Gegenwart bis zum Anbeginn der Erde vor 4 600 Millionen Jahren. Da allein in den letzten 600 Millionen Jahren so viele gut dokumentierte und bemerkenswerte Entwicklungen stattgefunden haben, die in jedem Fall zu erwähnen sind, ist es äußerst schwierig, die exakten Proportionen der Zeitachse darzustellen.

ZEITACHSE Dieses Diagramm der geologischen Zeitachse zeigt die Reihenfolge der geologischen Perioden von der Gegenwart zurück bis zum Beginn der Erde. Die Zahlenangaben erfolgen in Millionen von Jahren (MJ).

▲ = Massenaussterben

FAKTEN *und* FIKTION

Gesteine und Fossilien gaben seit jeher den Menschen Rätsel auf, bei ihrer Interpretation siegte oft die Fantasie über die Vernunft.

Nur durch die wissenschaftlichen Methoden der Geologie und Paläontologie ist gewährleistet, dass Aberglaube, Vermutungen und sogar bewusste Fälschungen letztendlich erkannt werden. Viele natürliche Erscheinungen werden fälschlicherweise für Fossilien gehalten. Zu den gängigsten dieser „falschen" oder Pseudofossilien gehören dünne Manganoxidschichten zwischen zwei Gesteinsschichten, die farnähnliche Muster bilden.

Wesentlich ärgerlicher sind dagegen bewusste Fälschungen, die es darauf anlegen, den Betrachter zu täuschen. Ein entsprechender Fall trug sich um 1720 in Würzburg zu. Johann Beringer präsentierte damals zahlreiche „Fossilien" verschiedener Tiere und Pflanzen. Heute weiß man, dass die „Würzburger Lügensteine" Fälschungen sind. Darüber, wer sie hergestellt hat, wird bis heute diskutiert.

In diesem speziellen Fall könnte es sich um einen Studentenstreich gehandelt haben. Es wird jedoch auch gemunkelt, dass berufliche Neider Beringers diese Objekte bewusst fälschten und so versteckten, dass dieser sie finden musste. Bis heute steht nicht eindeutig fest, ob Beringer sich täuschen ließ oder selbst hinter den Fälschungen steckte. Bei genauerer Betrachtung seiner Studien deutet vieles darauf hin, dass er keineswegs sicher war, woher die Funde wirklich stammten. Der Legende nach entdeckte Beringer den Betrug, als er seinen eigenen Namen auf einer der falschen Fossilien fand. Leider machte er diese entscheidende Entdeckung erst einen Tag, nachdem er seine Forschungsergebnisse veröffentlicht hatte. Um seinen geschädigten Ruf zu wahren, musste Beringer viel Zeit und Geld investieren, denn er versuchte den Schaden möglichst klein zu halten, indem er so viele Exemplare seines eigenen Manuskripts wie möglich wieder zurückkaufte.

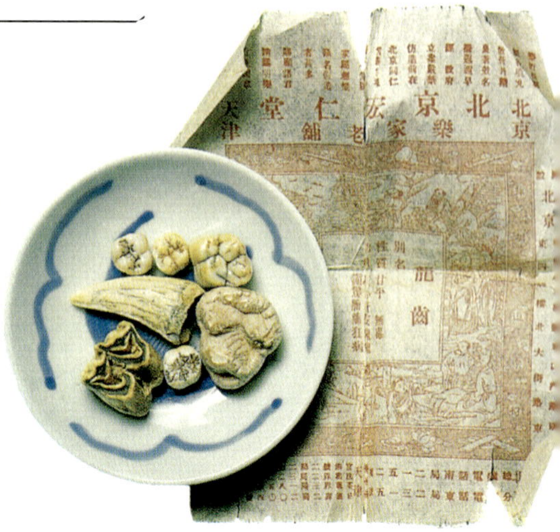

„DRACHENZÄHNE" wurden von chinesischen Apothekern als Heilmittel gegen die verschiedensten Beschwerden verkauft.

FÄLSCHUNGEN

Glücklicherweise sind solche Fälle in der Geologie und Paläontologie die Ausnahme. Ein besonders schwerer Fall allerdings war die Entdeckung des Piltdown-Menschen. Anfang des 19. Jahrhunderts fand man in einer Kiesgrube im Süden Englands die versteinerten Überreste einer Kreatur, die halb

DIE AUSGRABUNG DES PILTDOWN-MENSCHEN (rechts). Die Knochen und der Zahn (kleine Abb.) dieses „fehlenden Gliedes" zwischen Mensch und Affe wurde im Jahr 1912 entdeckt. Später stellte sich allerdings heraus, dass es sich um eine Fälschung handelte. Dendriten (oben links und unten rechts) haben große Ähnlichkeit mit versteinerten Farnen.

DER HIMALAJA (rechts), Fundort von Dr. Guptas angeblichen „Fossilien".

Mensch, halb Affe zu sein schien. Der Fund erhielt den Namen Piltdown-Mensch (nach dem Dorf Piltdown, in dessen Nähe er gefunden wurde) und wurde als „fehlendes Glied" der Evolution zwischen Affe und Mensch eingeordnet. Erst in den 1950er-Jahren konnte bewiesen werden, dass es sich bei diesen „Fossilien" um eine Fälschung handelte. Die Fossilienfunde bestanden aus chemisch behandelten Menschen- und Orang-Utan-Knochen. Bis heute ist unklar, wer für die Fälschungen verantwortlich ist. Ein Beispiel aus jüngster Zeit ist der Skandal um den Paläontologen Dr. Gupta. Zwischen 1960 und 1980 hatte in Indien Dr. Gupta den exzellenten Ruf, ein Spezialist bezüglich Fossilien des Himalajas und Nordindiens zu sein. Er präsentierte der Öffentlichkeit Fossilien und Gesteinsproben, die er in den Bergen „gefunden" haben wollte und veröffentlichte seine angeblichen Resultate. Mitte der 1980er-Jahre stellte sich jedoch heraus, dass seine „Funde" nicht mit denen anderer renommierter Forscher übereinstimmten. In den nächsten Jahren wurde das ganze Ausmaß des Betrugs bekannt. Gupta hatte Proben auf der ganzen Welt angekauft und behauptet, sie im Himalaja gefunden zu haben. Trotz aller Beweise beteuert er bis heute seine Unschuld.

KRISTALLE UND DIE „NEW-AGE-BEWEGUNG"

Seit jeher ist der Mensch von den perfekten geometrischen Formen der Kristalle fasziniert. Bevor man ihren Entstehungsprozess erklären konnte, hielt man sie für Objekte mit großer Zauberkraft. Man verwendete sie oft bei religiösen Zeremonien. Heutzutage ist dieser Aberglaube durch wissenschaftliche Erklärungen verdrängt worden, doch in den vergangenen Jahren hat das Interesse für die angeblichen Kräfte der Kristalle durch die „New-Age-Bewegung" wieder neuen Auftrieb erhalten. Gewissen Kristallen werden dabei Heilkräfte für bestimmte Beschwerden zugesprochen. Allerdings gibt es keinerlei wissenschaftliche Belege für diese Behauptungen. Deswegen ist es kein Zufall, dass die Preise für bestimmte Kristallarten seit Beginn der „New-Age-Bewegung" dramatisch angestiegen sind.

FALSCHE HYPOTHESEN

Im Nachhinein sind viele Fehlinterpretationen früher Fossilienfunde recht amüsant. Neben der Theorie, alle Fossilien seien die Überreste von Opfern der biblischen Sintflut, wurde auch angenommen, dass die Erde vor diesem Zeitpunkt von Riesen bewohnt war. Daher ist es nicht weiter verwunderlich, dass man ein Fossil von 60 Zentimeter Durchmesser und einem Gewicht von 9 Kilogramm für den Hoden eines Riesenmenschen hielt. Heute wissen wir, dass es sich beim „Scrotum humanum" in Wirklichkeit um das Ende eines Oberschenkelknochens des Fleisch fressenden Megalosaurus handelte.

Die Wahrscheinlichkeit ist die einzige Gewissheit.

Country Town Sayings, EDGAR WATSON HOWE (1853–1937), amerikanischer Journalist

In China wurden früher versteinerte Dinosaurierzähne für Drachenzähne gehalten. Sie wurden zermahlen und in der chinesischen Medizin häufig eingesetzt. Durch einen Hobbyfossiliensammler, der solche Zähne im Bestand einer chinesischen Apotheke entdeckte, bekam die Wissenschaft allerdings auch erste Hinweise auf den Ort, an dem später der Peking-Mensch (Homo erectus) entdeckt wurde.

BEIM SCROTUM HUMANUM (oben) handelte es sich tatsächlich um den Schenkelknochen eines Dinosauriers.

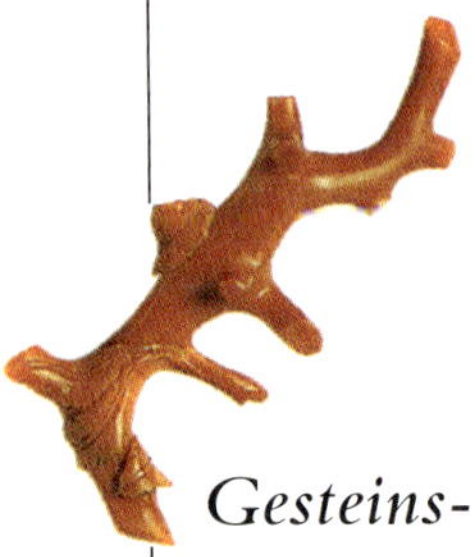

Der Sammlerkodex

Gesteins- und Fossiliensammler haben eigene Verhaltensregeln, die Grundsätze sind dieselben wie beim Sammeln anderer Naturobjekte.

DAS SAMMELN von organischen Objekten wie Korallen stört das empfindliche ökologische Gleichgewicht der Riffe (rechts).

Beim Sammeln von Naturobjekten sind einige feste Regeln und ein regelrechter Verhaltenskodex zu beachten. Dadurch soll vor allem gewährleistet werden, dass die Umwelt nicht zu Schaden kommt und genügend Objekte für andere Sammler zurückgelassen werden. Der Kodex dient dem Ruf aller Sammler. Nur so ist gewährleistet, dass ehrliche Sammler nicht unter dem gedankenlosen Handeln anderer leiden müssen und ohne Beeinträchtigungen ihrem Hobby nachgehen können. Jeder Fossilienliebhaber ist Teil einer Gemeinschaft, dessen Grundregeln für alle Mitglieder im gleichen Maße gelten.

Wo sammeln?

Die meisten Sammelplätze befinden sich in Privatbesitz; dementsprechend ist die wichtigste Regel, sich vor dem Betreten des Grundstücks vom Eigentümer eine Erlaubnis einzuholen.

Dabei muss klar angegeben werden, weshalb man sich auf dem Gelände aufhalten möchte und was man dort zu tun gedenkt. Wollen Sie zum Beispiel über Nacht bleiben und ein Feuer machen, müssen Sie sich vorher die entsprechende Erlaubnis einholen. Des Weiteren sollten Sie den Eigentümer darüber aufklären, wo Sie sich genau aufhalten, wie viele Personen Sie in der Gruppe sind und ob Sie Objekte sammeln und mitnehmen möchten. Haben Sie sich für ein bestimmtes Gebiet entschieden, sollten Sie vorher recherchieren, ob es dort bestimmte Einschränkungen gibt. Sollten Sie zum Beispiel bei einem Bauer die Erlaubnis zum Betreten seiner Felder einholen wollen, könnten Weidenutzung oder eine gegenwärtige Bewirtschaftung der Felder Gründe dafür sein, warum Sie bestimmte Flächen nicht betreten dürfen. Auch ein Eingangstor oder Gatter sollte stets so hinterlassen werden, wie es vorgefunden wurde. Wenn Sie sich in Minen und Steinbrüche begeben, sollten Sie sich genauestens informieren. Denn des Öfteren finden an solchen Orten Ausgrabungen statt oder es wird mit Sprengstoff gearbeitet. Daher hängt Ihre Sicherheit davon ab, wie gut Sie sich über eventuelle Gefahrenquellen informiert haben. Wenn Sie eine Erlaubnis erhalten haben, halten Sie sich streng an die Anweisungen. Wird die Erlaubnis nicht erteilt, sollten Sie sich fernhalten und auf keinen Fall versuchen, sich heimlich Zutritt zu verschaffen. Solche Handlungen ermächtigen den Besitzer, strafrechtlich gegen Sie vorzugehen. In Nationalparks, Naturschutzgebieten und Orten von historischer Bedeutung ist das Sammeln von Gestein, Fossilien und Mineralien im Normalfall verboten. Obwohl diese Orte häufig unbewacht sind, sollten Sie sich nicht dazu hinreißen lassen, trotz Verbot dort zu sammeln. Ein verantwortungsbewusster Gesteins- und Fossiliensammler würde nie versuchen, in solchen Gebieten seinem Hobby nachzugehen.

HOLEN SIE EINE ERLAUBNIS EIN, um in Steinbrüchen Ihrem Hobby nachzugehen (oben). Halten Sie sich in jedem Fall von verlassenen Minen fern (rechts).

ZU WICHTIGEN FUNDSTÄTTEN haben häufig nur Wissenschaftler Zugang (rechts), da sie Forschungsarbeiten durchführen.

Während des Sammelns

Eine weitere wichtige Regel besagt, dass man nur die Fundstücke mitnehmen sollte, die für die eigene Sammlung auch von Bedeutung sind. Sinnlose Habgier ist also fehl am Platz und führt im Zweifelsfall nur dazu, dass eine Fundstätte bald brachliegt. Die meisten Personen, die unnötig viele Fundstücke an sich nehmen, werfen sie über kurz oder lang eh nur in den Müll. Daher sollte man Objekte, die nicht in die eigene Sammlung passen, am Fundort zurücklassen, damit sich andere Sammler daran erfreuen können. Meist müssen Steine und Fossilien ausgegraben werden, und dabei sollte man möglichst wenig Natur beschädigen. Wenn Sie eine Ausgrabungserlaubnis bekommen haben, sollten Sie die entstandenen Löcher wieder auffüllen, bevor Sie das Gebiet verlassen. In Gebieten, die starker Erosion ausgesetzt sind (zum Beispiel steile Hügel oder Flussufer), sollte nie gegraben werden. Auch die Vegetation sollte weitestgehend unberührt bleiben, beschädigen Sie daher niemals Bäume oder Sträucher.

Selbstverständlich sollten auch die Camps stets sauber und ordentlich hinterlassen sein. Sollten Sie ein Lagerfeuer gemacht haben, vergewissern Sie sich, dass es auch wirklich erloschen ist. Schützen Sie sich bei Arbeiten an einem Kliff oder einer steilen Anhöhe vor herunterfallenden Felsbrocken. Tragen Sie am Fuße eines Kliffs immer einen Schutzhelm. Bei Arbeiten in den oberen Bereichen sollten Sie sicherstellen, dass sich keine Trümmer lösen.

Gesunder Menschenverstand

Grundsätzlich muss man bei diesem Verhaltenscodex nur seinen gesunden Menschenverstand benutzen. Verhalten Sie sich also auf fremden Besitz so, wie Sie es von anderen auf Ihrem eigenen Grund erwarten würden. Gefährden Sie außerdem weder sich selbst noch andere. Verhalten Sie sich beim Sammeln immer so, dass für andere Sammler, die nach Ihnen kommen, keine Beeinträchtigung beim Sammeln entsteht. Rücksichtnahme ist äußerst wichtig, damit an Fundorten weiterhin Fundstücke für nachfolgende Sammler zur Verfügung stehen.

IN NATIONALPARKS wie dem Yellowstone-Park (rechts) in Wyoming darf nicht gesammelt werden.

Dem Ackerbauern sind die Steine des Feldes nicht lieb, doch sind sie es jenen, die anderes ernten – dem Künstler, dem Poeten, dem Wanderer, dem Studenten, dem Liebhaber der einfachen Dinge der Natur.

The Friendly Rocks,
JOHN BURROUGHS (1837-1921), amerikanischer Naturforscher und Poet

Kapitel 2

Kräfte, *die die* Erde Formen

Auf *der* Suche *nach einer* Theorie

Während des 20. Jahrhunderts fand eine Revolution in den Geowissenschaften statt, aufgrund derer sämtliche Lehrbücher neu geschrieben werden mussten.

Bis in die 1950er-Jahre wusste man so gut wie nichts über den Meeresboden, obwohl etwa 70 Prozent der Erdoberfläche unter dem Meeresspiegel liegen. Laut einer Theorie nahm man an, dass die Erde wie eine vertrocknete Orange schrumpfen würde und dass dort, wo die Erdoberfläche Falten wirft, Gebirge entstanden. Obwohl man wusste, dass der Pazifik von tiefen Ozeangräben durchzogen war, nahm man an, dass der Großteil des restlichen Meeresbodens flach war. Den Geologen gaben auch die Unterschiede zwischen den verschiedenen Vulkanen Rätsel auf. Mit einfachen Modellen versuchte man sie zu erklären. Steile Vulkane fand man in der Regel in der Nähe von Tiefseegräben. Es gab aber noch keine Erklärung, wie oder warum diese Vulkane dort entstanden.

Auch der Aufbau des Erdinneren war weitestgehend unbekannt. Das vorhandene Wissen basierte auf der Berechnung der Geschwindigkeit, mit der sich Erdbebenwellen durch die Gesteinsschichten hindurchbewegen. Diese seismischen Berechnungen, d.h. die Auswertung von Erdbebenwellen, ergaben, dass die Erde aus konzentrischen Schichten besteht. Dabei erkannte man, dass durch die Gravitation der Erde dichtere Materialien zum Zentrum gezogen und weniger dichte Materialien nach außen gedrängt werden.

Der Grundstein für das heutige Verständnis der Erde wurde im Jahr 1912 gelegt. Der Klimaforscher Alfred Wegener erstellte diverse Karten, auf denen die sichtbaren Spuren der permzeitlichen Vereisung eingezeichnet waren. Bei genauerer Betrachtung stellte sich heraus, dass die „Gletscherschrammen" vom Südpol ausgehend ein deutliches radiales Muster bilden, als wären die betroffenen Kontinente während der Vergletscherung miteinander verbunden gewesen. Obwohl die Spuren der Eiszeit weit und unregelmäßig verstreut waren, ergänzten sie bei genauer Rekonstruktion die damaligen Verbindungen nahezu perfekt. Während dieser Untersuchungen entdeckte er zum Beispiel auch, dass, wenn man Afrika und Südamerika wieder „zusammenschob", beide Kontinente sich ergänzten. Wegeners Theorie be-

TIEFE FURCHEN (oben) und Schrammen (links), die während der Perm-Eiszeit entstanden, beweisen, dass die Kontinente einst zusammengehörten.

EIN VERÄNDERTES VERSTÄNDNIS: Spätere Theorien versuchten die Entstehung von Vulkanen zu erklären (oben), auf Alfred Wegeners Theorie (rechts) gründet das heutige Modell der Plattentektonik.

ruhte darauf, dass sich die Atlantikküsten Afrikas und Südamerikas einfach zu gut ergänzten, um unabhängig voneinander entstanden zu sein. Durch die „Schließung" des Atlantischen Ozeans ließen sich nun auch viele andere biologische, geologische und klimatologische Phänomene erklären. Wegeners Theorie war sehr umstritten. Man forderte ihn auf, den Mechanismus, der die Verschiebungen der Kontinente bewirkte, zu erklären. Dies gelang ihm allerdings nicht.

Der Durchbruch

1913 gab allerdings der Geologe und Physiker Arthur Holmes (1890–1965) zu bedenken, dass die sehr langsam abgegebene Energie der erst kürzlich entdeckten radioaktiven Elemente Einfluss auf die Erdtemperatur haben könnte. Holmes war auch der Ansicht, dass die Zerfallsrate der natürlich im Gestein vorkommenden Isotope Aufschluss darüber geben könnte, wann sich das Gestein verfestigt hatte. Holmes' These besagte auch, dass sich der heiße Erdmantel wie Suppe in einem Topf verhält und so Bewegungen erzeugt werden, aufgrund deren die Kontinente kollidieren. Viele Jahrzehnte wurde der Kontinentalverschiebungstheorie wenig Beachtung geschenkt. Erst in den 1960er-Jahren rückte sie wieder in den Mittelpunkt der Diskussion, da neuartige Technologien neue Erkenntnisse über die Meeresböden zuließen. Unter anderem ermöglichte das Echolot die Messung der exakten Meerestiefe. So entdeckte man auch die großen mittelozeanischen Rücken. Als man Mitte der 1950er-Jahre die Magnetisierung der Ozeanböden untersuchte, stellte man fest, dass das magnetische Muster rechts und links der Mittelozeanischen Rücken symmetrisch ist. Auf den Kontinenten waren sie nicht zu finden, sodass der Schluss nahelag, dass der Meeresboden nahe der Rücken wesentlich jünger sein musste als die Kontinente selbst. Mithilfe dieser neuen Erkenntnisse erstellten Wissenschaftler ein Modell der Erde, mit dem man beweisen konnte, dass die Erdoberfläche in einzelne Platten aufgeteilt ist, die sich bewegen, auseinander brechen, kollidieren und untereinander abtauchen. Neue ozeanische Kruste entsteht am Mittelozeanischen Rücken, alte Kruste taucht an Plattenrändern ins Erdinnere ab. Durch die Kollisionen entstehen Gebirgsketten, und durch das Auseinanderbrechen bilden sich neue Ozeane.

HYDROTHERMALE QUELLEN („Black Smokers") in den Tiefen des Meeres (rechts) sind charakteristische Merkmale eines mittelozeanischen Rückens.

Wenn das Unmögliche ausgeschlossen ist, bleibt nur noch die Wahrheit, wie unwahrscheinlich sie auch scheint.

Das Zeichen der Vier,
Sir Arthur Conan Doyle
(1859–1930), englischer Schriftsteller

URALTES LAND

Sämtliche Kontinente, wie wir sie heute kennen, sind Fragmente eines einzigen Superkontinents, Pangäa, der vor etwa 200 Millionen Jahren auseinander zu brechen begann.

Die Oberfläche der Erde macht zwar einen festen und stabilen Eindruck, in Wirklichkeit ist sie jedoch ständig in Bewegung. Nach heutigem Wissen ist die Erdgeschichte unvorstellbar lang und komplex. Vor ca. 250 Millionen Jahren bildeten alle Landmassen der heutigen Erde einen Superkontinent: Pangäa. Dieser lang gestreckte, recht schmale Kontinent reichte von Pol zu Pol. Der Ozean, der ihn umgab, trägt den Namen Panthalassa und bedeckte über 75 Prozent der Erdoberfläche. Die heutigen Hochgebirge wie etwa die Anden oder der Himalaja existierten noch nicht.

Die heutigen Appalachen im Osten der USA sind Überreste eines gigantischen Gebirgszuges, der während der Bildung des Pangäa-Kontinents entstand.

Würde man die heutigen Kontinente wieder so zusammensetzen, wie sie vor der Entstehung des Atlantiks (vor über 150 Millionen Jahren) waren, würden die Festlandsockel Nord- und Südamerikas genau mit denen Afrikas und Europas zusammenpassen. Dabei würden die Appalachen Nordamerikas und die kaledonischen Gebirge in Schottland und Skandinavien eine zusammenhängende Gebirgskette bilden.

Aufgrund der früheren Verbindung der beiden heute separaten Bergketten bestehen beide aus denselben Gesteinsschichten. Die Gesteinsschichten sind in derselben Reihenfolge angeordnet, haben dieselben Faltenstrukturen, und man findet identische Fossilien in beiden Gebirgszügen. Fossilienfunde sind ein weiterer Beweis für die Verbindung der Kontinente. Beispielsweise wurden versteinerte Überreste des amphibischen Süßwasserreptils *Mesosaurus* sowohl in Afrika als auch in Südamerika gefunden.

Nur wenn die beiden Kontinente zur damaligen Zeit zusammenhingen, konnte Mesosaurus auf beiden Teilen zu finden sein.

BUCHENBLÄTTER (links). Gondwana war von urzeitlichen Verwandten der Buche bewachsen. Mount Washington, (rechts) der in den Appalachen Nordamerikas liegt, war ursprünglich mit den Kaledoniden in Europa verbunden.

DIE KONTINENTE BRECHEN AUSEINANDER

Pangäa begann vor 200 Millionen Jahren auseinander zu brechen. Die Evolution des Lebens nahm jedoch schon viel früher ihren Lauf. Als der Superkon-

DER BEWEIS für das endgültige Auseinanderbrechen Gondwanas (unten) bei Cape Raoul in Tasmanien. Gesteinsformationen an der Nordspitze der Antarktis passen genau zu den hier abgebildeten.

DIE BEWEGUNG DER KONTINENTE
Vor etwa 200 Millionen Jahren spaltete sich der Superkontinent Pangäa in Gondwana und Laurasien auf. Vor 65 Millionen Jahren spalteten sich auch diese Kontinente wieder.

DIE ERDE DER ZUKUNFT?
Wie die Kontinente der Erde in 65 Millionen Jahren aussehen könnten.

tinent zerbrach und die kontinentalen Fragmente auseinander drifteten, wurden die damaligen Spezies ebenfalls auseinander gerissen. In der Isolation der neu entstandenen Kontinente entwickelten sich die damaligen Lebensformen danach unterschiedlich weiter. So entstand eine für das jeweilige Kontinentfragment einzigartige Flora und Fauna.

Der Bruchvorgang spaltete Pangäa zunächst in zwei Superkontinente. Der südliche Teil (Gondwana) umfasste die Antarktis und alle weiteren Kontinente der heutigen südlichen Hemisphäre. Diese beiden Superkontinente wurden später weiter gespalten. Der nördliche Teil (Laurasien) bestand aus den heutigen Kontinenten der nördlichen Hemisphäre. Letztlich bildeten sich die Kontinente heraus, die wir heute kennen. Bei der Aufspaltung Gondwanas und Laurasiens in wiederum kleinere Kontinente entstanden der Atlantik, der Indische und die südlichen Ozeane. Ihre Meeresböden wuchsen auf Kosten des Panthalassa-Urozeans, der sich seit dem Auseinanderbrechen Pangäas stetig verkleinerte und dessen Nachfolger der heutige Pazifik ist.

Detektivarbeit

Die Erkenntnisse Alfred Wegeners, eine Vielzahl von Fossilienfunden, die heutige Verteilung der Spezies sowie die Möglichkeiten der modernen Geophysik ermöglichten es der Wissenschaft, die Geschichte der Erde zu entschlüsseln. Ein wichtiger Beweis für die Existenz eines einzigen Superkontinents ist die Übereinstimmung der Grundgebirge an den Festlandsockeln, da diese offenkundig einst zusammengehörten. Die nachdrücklichsten Belege für diese Theorie liefern jedoch die modernen Satellitensysteme, die der heutigen Wissenschaft zur Verfügung stehen. Über GPS (Global Positioning System) wird täglich die exakte Position aller Kontinente festgehalten. Anhand dieser Aufzeichnungen kann man exakt messen, mit welcher Geschwindigkeit die Kontinente in welche Richtung driften. Diese Untersuchungen zeigen, dass sich die Kontinente mit bis zu 12 Zentimetern pro Jahr auseinander bzw. aufeinander zu bewegen – d. h. schneller als Fingernägel wachsen.

Die Zukunft

Mithilfe all dieser Daten kann man versuchen, in die Zukunft zu blicken, wie die Erde vielleicht in Jahrmillionen aussehen könnte. Ein mögliches Szenario wäre, dass sich der Atlantische Ozean weiter vergrößert und deshalb der Pazifische Ozean immer weiter schrumpft. Australien würde sich wahrscheinlich weiter Richtung Norden bewegen, bis es schließlich mit Südostasien und Japan kollidiert. Bei diesem Zusammenstoß würde eine neue Gebirgskette entstehen. Etwa zur selben Zeit spaltet sich Asien in zwei Teile. Die Spaltung würde durch China verlaufen, wobei die Teile zum einen nach Osten, zum anderen nach Westen abdriften. Aufgrund dessen würde sich die westliche Hälfte des Atlantiks langsam schließen. Die Spaltung Chinas führt in der Folge zur Kollision von Nordamerika und der neuen Landmasse Australien-Ostasien. Dabei würden sich Alaska und Sibirien übereinander schieben und auf diese Weise die höchsten Berge der Welt bilden.

ENTFERNTE VERWANDTE
Der Mesosaurus (oben links) war auf zwei verschiedenen Kontinenten heimisch. Die Abstammung des australischen Waratahs (links) und des südafrikanischen Proteas (rechts) können bis nach Gondwana zurückverfolgt werden.

Die dynamische Erde

Im Inneren unserer vermeintlich „festen" Erde sorgen gewaltige Mengen an Wärmeenergie dafür, dass sich Kontinente verschieben und Ozeane verändern.

Obwohl die Erde heute wie ein fester Körper wirkt, hat sie sich in den 4 600 Millionen Jahren ihrer Existenz vom flüssigen Zustand zu einem Planeten mit solider Außenhaut in Gestalt der Kontinente und der Meeresböden entwickelt.

Ursprünglich bestand die gesamte Erde aus flüssigem Magma und hatte keine feste Oberfläche. Die Kräfte der Gravitation beförderten die leichteren Elemente des Magmas (größtenteils Silikatschmelze) an die Oberfläche, während Metalle wegen ihrer größeren Dichte nach unten sanken. Da diese Elemente zu leicht waren, um unterzugehen, sammelten sie sich an, kühlten ab und bildeten eine Art schwimmenden Felsen. Durch weitere Abkühlung verfestigte sich dieses Oberflächenmaterial immer mehr und bildete die ersten

KONVEKTIONSSTRÖME teilen die Oberfläche geschmolzener Lava. Dieser Vorgang gleicht den Prozessen, wie sie unterhalb der Erdkruste ablaufen.

Kontinente. Mit der Zeit kühlte auch das flüssige Magma zwischen den Kontinenten ab, erstarrte und formte eine dünne Haut aus Basalt.

Aus Gasen, die aus dem erkalteten Magma und durch Vulkane an die Oberfläche aufstiegen, bildete sich die frühe Erdatmosphäre. Zwei dieser Gase waren Sauerstoff und Wasserstoff, die sich zu Wasser verbanden. Zum damaligen Zeitpunkt befand sich das Wasser allerdings noch in einem gasförmigen Zustand - Wasserdampf. Erst als die Erdoberfläche genügend abkühlte, konnte das Wasser kondensieren und als Flüssigkeit abregnen.

Die Antriebskräfte der Erde

Das zähflüssige Innere der Erde zirkuliert in so genannten Konvektionszellen, in denen das heiße Magma aufsteigt, sich ausdehnt, an der Oberfläche Hitze abgibt, sich abkühlt und wieder absinkt.

Unter den Kontinenten kann die Hitze aber nur langsam entweichen, was dazu führt, dass die Konvektionszellen aufsteigen und sich teilen, dadurch ganze Kontinente auseinander brechen, sich der Meeresboden öffnet und andernorts Berge und Gräben entstehen.

Um das Prinzip einer Konvektionszelle zu verstehen, stellt man sich am besten einen Topf Suppe auf dem Herd vor. Die Suppe wird von unten erhitzt, und im Zentrum bildet sich

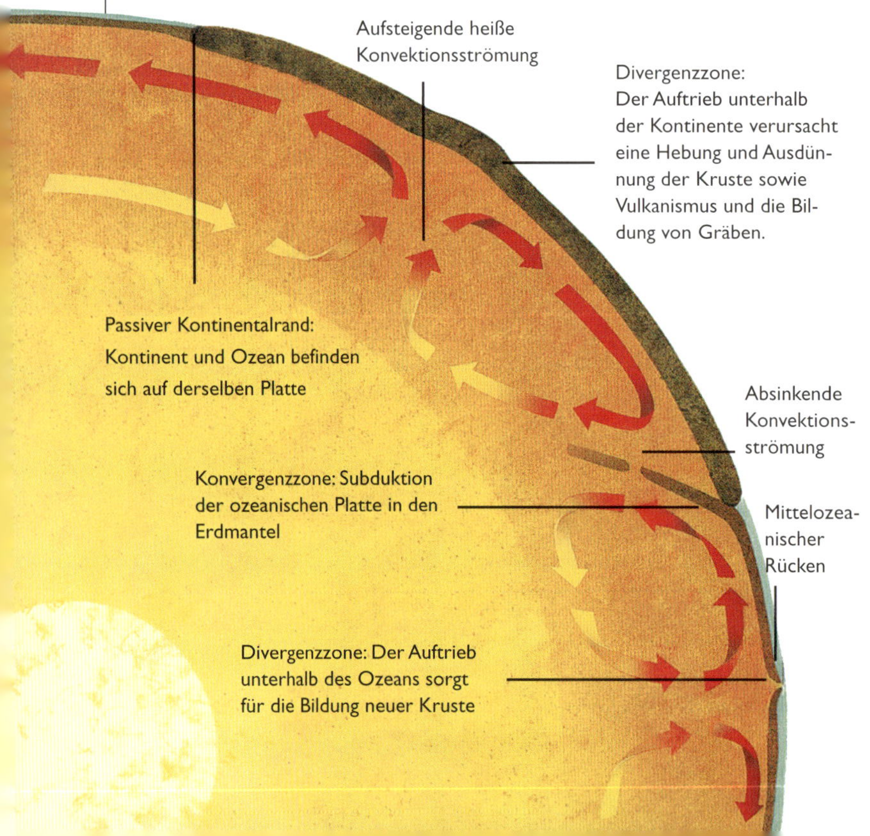

KONVEKTIONSZELLEN bilden sich sowohl unter der ozeanischen als auch unter der kontinentalen Kruste (links). Die aufsteigenden und absinkenden heißen Magmaströme, die in Konvektionszellen gebildet werden, brechen Kontinente auseinander, führen zur Verbreiterung von Ozeanen und formen Berge.

DIE BEWEGUNGEN DER ERDPLATTEN formen die Landschaften der Erde. Die Anden (oben) entstanden über einer Subduktionszone und der San-Andreas-Graben (links) verursacht viele Erdbeben.

DIE ANDEN bildeten sich an einer Konvergenzzone. Dabei taucht die ozeanische unter die Kontinentalplatte ab.

DER HIMALAYA bildete sich, als zwei Kontinentalplatten an einer Konvergenzzone kollidierten und zusammengepresst wurden.

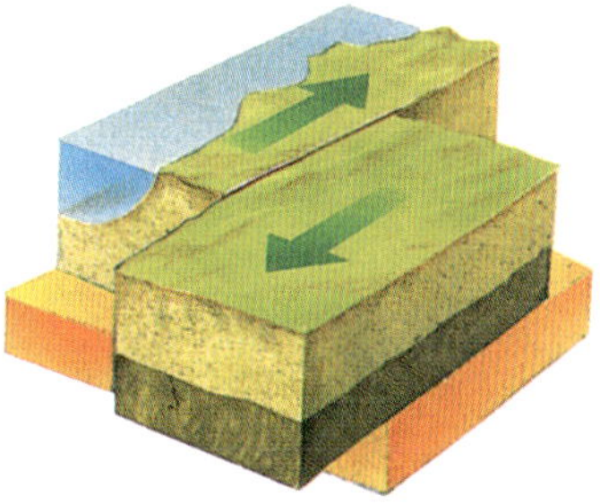

DER SAN-ANDREAS-GRABEN ist die Transversalverschiebung zwischen der pazifischen- und der nordamerikanischen Platte.

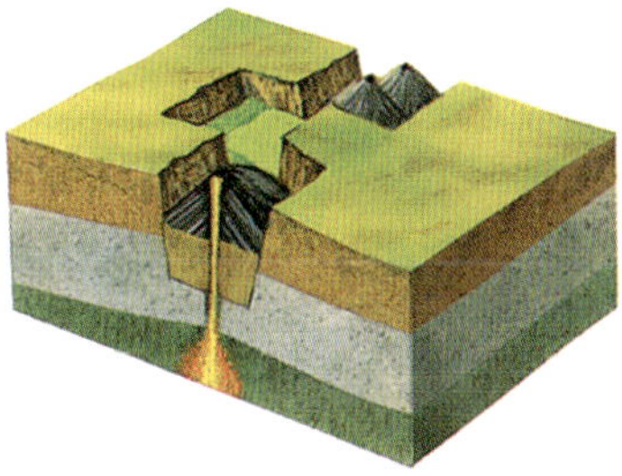

DIE OSTAFRIKANISCHE GRABENSENKE ist eine kontinentale Divergenzzone. Afrika wird sich an dieser Stelle teilen. Dabei entsteht ein neuer Ozean.

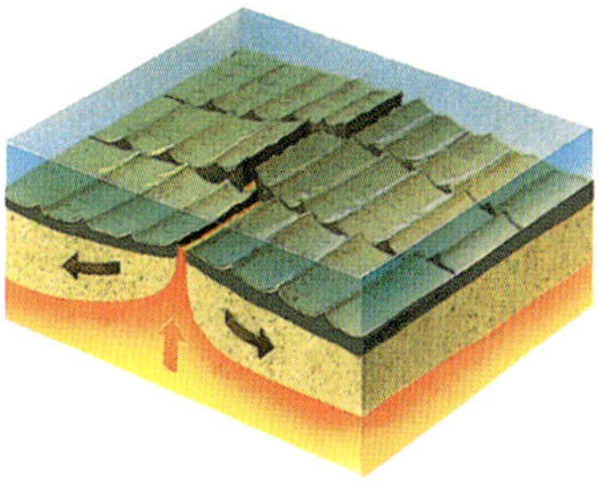

DER MITTELATLANTISCHE RÜCKEN ist eine Divergenzzone mitten im Ozean, wo sich stetig neue ozeanische Kruste bildet

eine Dampffahne. Die heiße Suppe dehnt sich auf der Oberfläche aus und sinkt an der Seite wieder ab. Innerhalb der Erde arbeiten viele dieser Konvektionszellen. Dort, wo heißes Magma in der Mitte aufsteigt und die Oberfläche erreicht, dehnt es sich aus und verdrängt das bereits aufgestiegene Magma nach außen, weshalb dieser Bereich als Divergenzzone bezeichnet wird.

Am Rand einer Konvektionszelle sinkt das kühlere Material ins Erdinnere zurück. Dabei treffen an der Erdoberfläche Krustenteile aufeinander. Diese Zone nennt man Konvergenzzone.

Die großen zusammenhängenden Gesteinsformationen der Erdkruste werden als Platten bezeichnet. Treffen zwei Platten aufeinander, stoßen sie zusammen oder bewegen sich aneinander vorbei. Die dabei entstehenden Erschütterungen spüren wir als Erdbeben. Ihre Auswertung ist sehr hilfreich bei der genauen Identifizierung der Plattengrenzen.

Die Bewegung der Platten wird also im Wesentlichen von den Konvergenz- und Divergenzflüssen im darunter liegenden Erdmantel beeinflusst. Divergenzflüsse ziehen die Kontinente auseinander, wobei ein Graben entsteht. Basaltmagma füllt diese Kontinentalgräben: Je weiter sie sich öffnen, desto mehr Basaltgestein sammelt sich im Graben, und neuer Ozeanboden entsteht.

Im Gegensatz zu Divergenzzonen treffen an Konvergenzzonen die Platten aufeinander. Die dichten Basaltplatten werden in das Erdinnere hineingezogen. Die leichteren, siliziumreichen Kontinentalplatten hingegen werden durch die Kollision mit einer anderen Platte zusammengeschoben. Diese unterschiedlichen Plattengrenzen sieht man auf der Erdoberfläche in Form von Tiefseegräben oder als Gebirgsketten.

Gleiten zwei Platten aneinander vorbei, spricht man von einer Transversalverschiebung. Diese Gebiete sind stark erdbebengefährdet.

PLATTENTEKTONIK *in* AKTION

Sämtliche geologischen und geografischen Phänomene lassen sich mithilfe der Plattentektonik erklären.

Die Entstehung der tektonischen Platten und ihre Bewegung ist ein kontinuierlicher Prozess. Die ozeanischen Krustenteile sinken wegen ihrer höheren Dichte an den absteigenden Seiten der Konvektionszellen in den Erdmantel, wodurch die Kontinente kollidieren und Superkontinente entstehen. Aufsteigendes Magma einer Konvektionszelle unterhalb solch enormer Landmassen führt letztlich wieder zum Auseinanderbrechen des Superkontinents. Die so entstehenden kleineren Kontinente driften in verschiedene Richtungen, bis sie wieder mit anderen Kontinenten kollidieren. Auf diese Weise entstehen an den Stellen, wo sich einst Ozeane befanden, neue Superkontinente und der Zyklus beginnt aufs Neue.

VULKANVORKOMMEN kennzeichnen die Plattenränder. Eine Reihe von Vulkanen in Island (oben). Schneebedeckte Vulkane (unten) in Chile.

AKTIVE UND PASSIVE KONTINENTALRÄNDER

Alle diese geologischen Prozesse geschehen immer nur an einer bestimmten Stelle innerhalb des tektonischen Zyklus und haben typische geografische Erscheinungen zur Folge. Am Beispiel von Küsten lässt sich dies gut erkennen. Befinden sich Küstengebiete an der Seite eines Kontinents, an der sich ein neuer mittelozeanischer Rücken gebildet hat, werden sie als „passive Kontinentalränder" bezeichnet. Normalerweise sind sie sehr flach und haben breite Festlandsockel.

Oft münden große Flüsse entlang solcher Küsten ins Meer und bilden ein großes Flussdelta. Die dort vorherrschenden Sedimentablagerungen können sich weit verteilen. Metamorph- bzw.

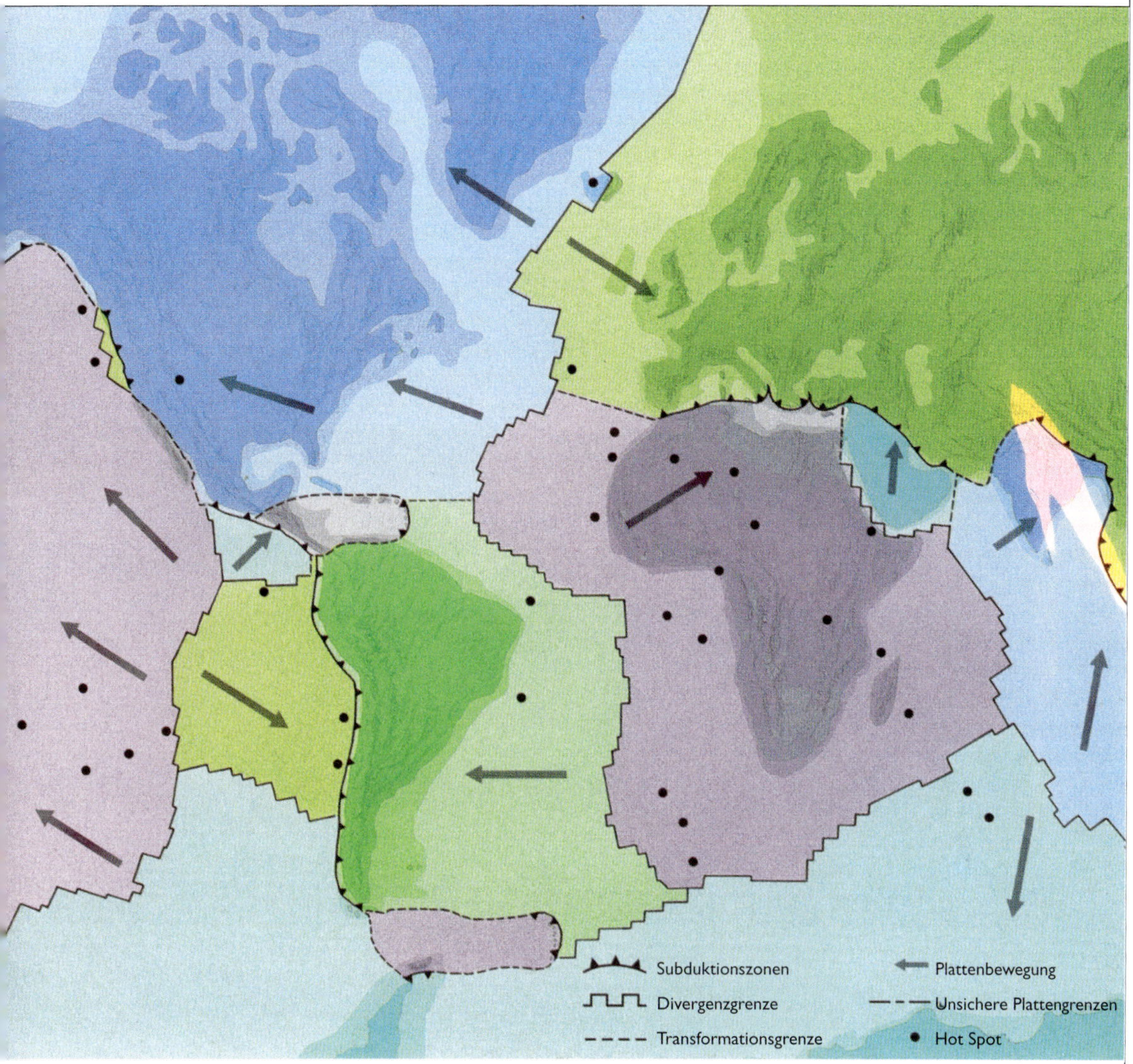

DIE HEUTIGE ERDE (oben) mit ihren tektonischen Platten, Festlandsockeln und Hot Spots.

magmatisches Gestein kommt dort selten vor. Mineralvorkommen wie Salz, Kohle und Eisen findet man jedoch häufig in flachen Sedimentbetten. An passiven Kontinentalrändern gibt es weder Vulkanismus noch treten Erdbeben auf. Die Küsten des Atlantischen Ozeans sind typische Beispiele für passive Kontinentalränder.

Kontinentalränder, die unter Subduktionszonen liegen, haben eine völlig andere Struktur. Sie werden als „aktive Kontinentalränder" bezeichnet. Aktive Kontinentalränder sind bergig und haben geringe (oder gar keine) Festlandsockel. Flüsse, die an aktiven Kontinentalrändern ins Meer münden, sind oft kurz und transportieren wenig Sedimente. Aus diesem Grund besteht dort das Sedimentgestein größtenteils aus Ablagerungen der absinkenden Ozeanplatte. Beim Abtauchen der Platte in die Subduktionszone werden Sedimente von der Oberfläche dieser Platte abgeschabt und an der Küste abgelagert.

An aktiven Kontinentalrändern ist häufig metamorphes Gestein zu finden. Dieses Gestein stammt aus der Erdkruste und gelangt bei der Bildung der Gebirge an die Oberfläche. Aufgrund des starken Vulkanismus in diesen Gebirgen kommt magmatisches Gestein ebenfalls sehr häufig vor. An aktiven Kontinentalrändern trifft man hauptsächlich auf abbauwürdige Erzvorkommen, die mit Metamorph- bzw. magmatischem Gestein verbunden werden. Hierzu gehören zum Beispiel Gold, Silber, Blei und Kupfer. Neben Vulkanismus sind Erdbeben sehr häufige Erscheinungen an aktiven Kontinentalrändern. Ein Beispiel hierfür ist die Westküste Nord- und Südamerikas.

PASSIVER KONTINENTALRAND (rechts) in Argentinien, mit seiner typischen flachen Topografie.

DIE GEBURT *der* OZEANE

Ozeane entstehen, wenn Kontinente durch das Aufsteigen des Magmas auseinander brechen. Basaltgestein füllt langsam die entstandene Spalte und bildet so den neuen Meeresboden.

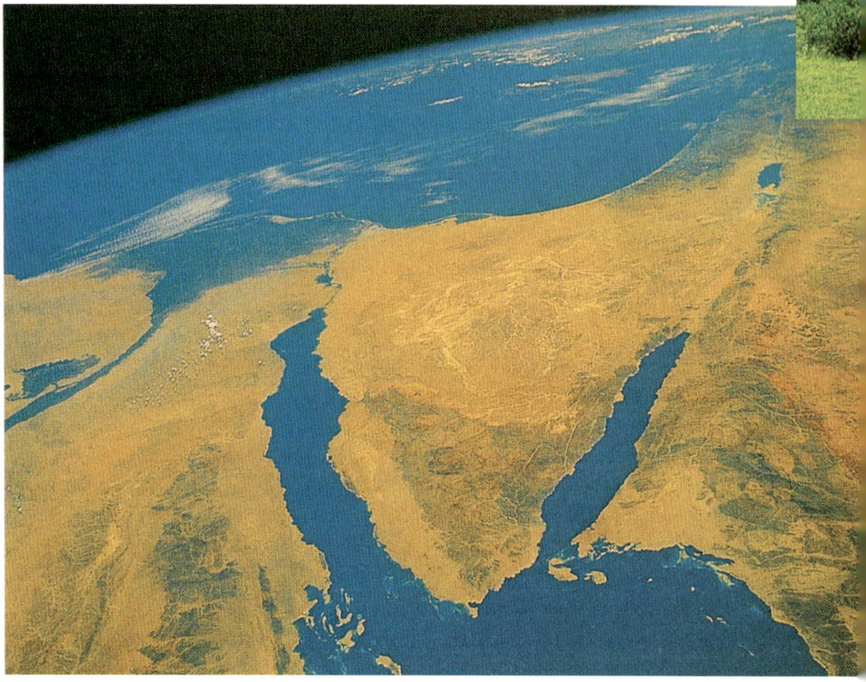

Selbst die größten Ozeane haben ihren Ursprung inmitten von Kontinenten. Erste Risse oder Brüche ziehen sich durch den Kontinent wenn sich aufgrund einer Divergenzzone die Erdkruste wölbt. Am stärksten wird die Kruste dort auseinander gedrückt, wo das heiße Magma aufsteigt. Letztendlich spaltet sich die entstandene Wölbung in drei Richtungen: Die Bruchstellen befinden sich jeweils im 120-Grad-Winkel zueinander und verlaufen strahlenförmig von diesem zentralen Punkt aus. Die ostafrikanische Grabensenke, das Rote Meer und der Golf von Aden sind klassische Beispiele für derartig dreifingrige Bruchzonen.

Das erste geologische Phänomen, das sich während eines solchen Bruchvorgangs bildet, ist eine Grabensenke wie beispielsweise jene in Ostafrika. Grabensenken erstrecken sich meist über eine große Distanz. Charakteristisch für dieses geologische Phänomen sind eine hohe Anzahl aktiver Vulkane sowie steil abfallende Seitenwände. Die Grabensenke ist Erosionskräften sowohl von oben als auch von unterhalb der Kruste ausgesetzt: Wetter, aber auch das aus dem Erdinneren aufsteigende Magma sorgen für die stetige Erosion der Grabensenke. Aufgrund dessen wird die

DIE NORDSPITZE des Roten Meeres (oben) ist Teil des großen afrikanischen Grabenbruchs, der nach und nach Afrika von der Arabischen Halbinsel trennt. Die hydrothermale Quelle („Black Smoker") vor Galapagos (ganz links) erwärmt das Wasser der Umgebung und ermöglicht so ein in sich geschlossenes Ökosystem.

PERFEKTE SYMMETRIE

Meeresböden bestehen aus einer Aneinanderreihung von senkrechten Basaltgängen. Sie bilden sich, wenn heiße Basaltlava aus den Spalten der auseinander brechenden Platten austritt. Die Lava steigt aus dem Erdinneren auf und füllt die entstehenden Spalten am Mittelozeanischen Rücken. Die Außenseiten der lavagefüllten Spalte kühlen schneller ab als das Innere, sodass der Kernbereich noch plastisch bleibt. Dieser nachgiebigere Kern wird im Zuge der fortschreitenden Plattenteilung weiter auseinander gezogen, sodass auf jeder Seite der Spalte die Hälfte des intrudierten Basaltgangs zurückbleibt. Jeder weitere Basaltgang entsteht auf die gleiche Weise. Dadurch entsteht der perfekte symmetrische Aufbau der mittelozeanischen Rücken und des Ozeanbodens zwischen den Kontinenten.

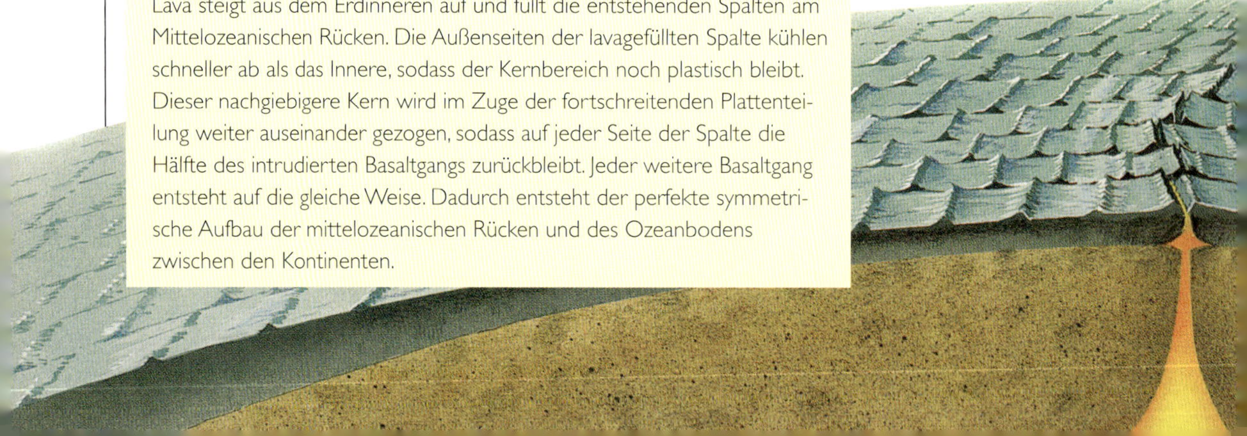

Entlang der **OLDUVAI-SCHLUCHT** (oben links) in der ostafrikanischen Grabensenke liegen zahlreiche Vulkane, hier z. B. im Virunga-Nationalpark in der Demokratischen Republik Kongo (links). Ein mittelozeanischer Rücken zieht sich auch durch Island (oben).

Erdkruste an diesen Stellen im Laufe der Zeit bis zu 80 Prozent dünner. Diese äußerst instabile Kruste wird immer weiter auseinander gezogen. Der alte Kontinent zerreißt schließlich in mehrere Teile.

Jeder der Grabenbrüche dehnt sich so weit aus, bis schließlich ein Ozean erreicht wird. Da sich der Boden des Bruchs unterhalb des Meeresspiegels befindet, kann nun Meerwasser ungehindert eindringen und überflutet den Grabenbruch. Der heiße Basaltboden lässt das Wasser recht schnell verdunsten, und dadurch steigt die Salzkonzentration im verbleibenden Meerwasser. Erreicht die Salzkonzentration die Sättigungsgrenze, lagert sich das Salz am Ozeanboden ab. Das Auseinanderdriften des Ozeanbodens an dem neu entstandenen Mittelozeanischen Rücken dauert indessen an, und die Kontinente entfernen sich weiter voneinander – der Ozean wird größer. Die neu entstehenden Kontinentalränder kühlen mit zunehmender Entfernung vom Mittelozeanischen Rücken ab und werden dabei immer dicker und schwerer. Sie sinken unter den Meeresspiegel ab und bilden dann die kontinentalen Schelfgebiete.

Spuren auf dem Meeresgrund

Unterhalb der Sedimentschicht des Meeresbodens markieren Bruchzonen den Weg, den die Platten nach der Teilung zurücklegten. Diese Bruchzonen werden Transformstörungen genannt. Die Transformstörungen engen die Möglichkeiten, in welche Richtung sich der Ozeanboden entwickelt, ein, d. h. dass anhand der Transformstörungen die Bewegungsrichtung der Platten nachvollzogen und die ehemaligen Superkontinente im Modell wieder „zusammengesetzt" werden können. Bewegt sich eine Platte, ändert sie praktisch nur ihre Richtung, wenn sie mit einer anderen Platte kollidiert. Wird eine Platte an einer Stelle auseinander gezogen, ist die Spreizungszone und der daraus entstehende mittelozeanische Rücken senkrecht zur Bewegungsrichtung.

MITTELOZEANISCHE RÜCKEN weisen zahlreiche Brüche auf, welche die ursprüngliche Bruchlinie widerspiegeln, die von der Mitte eines Kontinents ausging.

Kollisionen *und* Subduktion

Seit Millionen von Jahren bewegen sich die Kontinente langsam über die Erdoberfläche. Dabei entstehen immer wieder neue geografische Naturerscheinungen.

Seit Beginn ihrer Existenz hat sich die Größe der Erde kaum verändert. Auch ihre Oberfläche ist von der Struktur her relativ konstant geblieben. Wenn man von dieser Tatsache ausgeht, muss die in bestimmten Bereichen neu entstehende Erdkruste mit etwa derselben Geschwindigkeit an anderer Stelle wieder verschwinden. Dies geschieht in den Konvergenzzonen, wo tektonische Platten kollidieren und Bereiche der Kruste „verschlungen" werden.

Tektonische Platten treffen in Konvergenzzonen aufeinander. Bei den dadurch entstehenden Plattenkollisionen finden, je nach Art der jeweiligen Kruste, ganz unterschiedliche Phänomene statt. Die Basaltkruste der ozeanischen Platten hat eine recht hohe Dichte, weshalb sie in die

SATELLITENAUFNAHME des Vulkanausbruchs des Sakura-Jima in Japan (1984). Dieser Vulkan ist seit dem Jahr 708 bereits mehrmals ausgebrochen.

Konvergenzzone hinabgezogen wird. Diesen Vorgang nennt man Subduktion. Die absinkende ozeanische Kruste verschmilzt schließlich wieder mit dem heißen Magma im Erdmantel. An diesen Subduktionszonen entstehen Tiefseegräben. Sie sind die tiefsten Bereiche des Meeres und können bis zu elf Kilometer unter dem Meeresspiegel liegen.

Die siliziumreichen Kontinentalkrusten sind zu leicht, um in die Konvergenzzonen hinabgezogen zu werden. Die über solchen Konvergenzzonen liegenden Kontinente werden allerdings durch die Kollision zu Gebirgsketten zusammengeschoben.

Wenn eine ozeanische Platte mit einer Kontinentalplatte zusammenstößt und sich die ozeanische unter die Kontinentalplatte schiebt, bilden sich magmatische Schmelzen. Die Schmelzen sind wasserreiche Mischungen aus silikatreicher und basaltiger ozeanischer Kruste. Das Magma dringt bis zur Oberfläche und ist für den aktivern Vulkanismus entlang der Subduktionszonen verantwortlich.

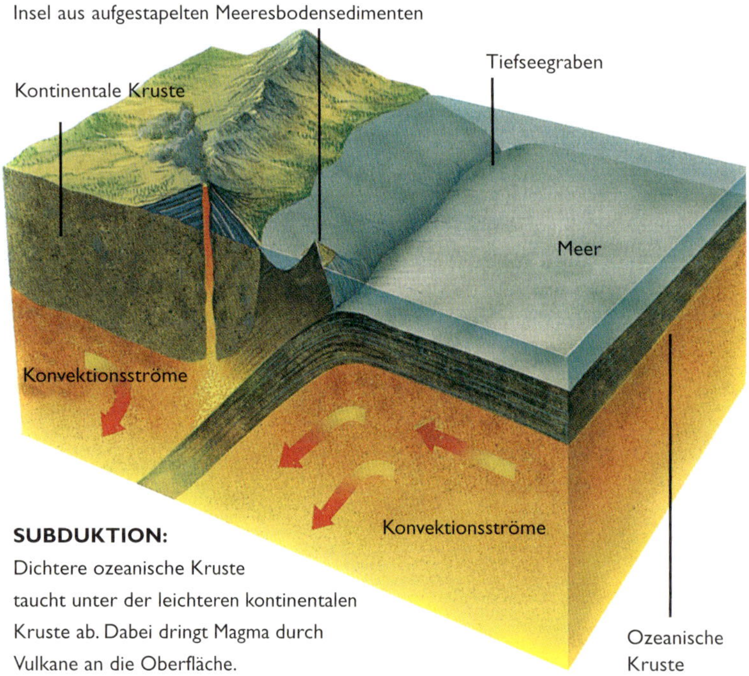

SUBDUKTION: Dichtere ozeanische Kruste taucht unter der leichteren kontinentalen Kruste ab. Dabei dringt Magma durch Vulkane an die Oberfläche.

Ring aus Feuer

Entlang der Subduktionszonen des Pazifiks bilden die Vulkane fast einen kompletten „Ring aus Feuer". Er verläuft von der Südspitze Südamerikas über die Westküsten Süd- und Nordamerikas, über die Aleuten, durch Japan und den Westpazifik bis nach Neuseeland. Der Begriff

RIESIGE GEBIRGSZÜGE wie die Anden (oben) und aktive Vulkane wie Mount Bromo (rechts) in Indonesien sind charakteristisch für die Ränder der Subduktionszonen.

„Feuerring" wird häufig für die aktiven Vulkane verwendet, die die Lage der heutigen Subduktionszonen im pazifischen Raum markieren. Die ältesten Vulkane befinden sich nach wie vor an den Kontinentalrändern. Inzwischen haben sich aber auch jüngere Vulkane in Form von Inselbögen aus dem Pazifik erhoben.

Im westlichen Pazifik scheint sich die darunter liegende Subduktionszone weiter in den Pazifik hineinverschoben zu haben. Über dieser neueren Subduktionszone entstehen neue Inselbögen. Hinter den Inselbögen bildet sich eine neue Spreizungszone, an der neuer Ozeanboden in bislang noch kleinen Ozeanbecken gebildet wird. Das gleicht den Verlust von ozeanischer Kruste durch die Subduktion wieder aus.

Japan ist ein klassisches Beispiel für sich bewegende Subduktionszonen. Das Land besteht aus einem Bruchstück des ostasiatischen Kontinents. Die Vulkane Japans sind deutliche Indikatoren für eine darunter liegende Subduktionszone. Der damalige Grabenbruch ist das heutige Japanische Meer. Ähnliche Phänomene findet man im Westen des Pazifiks. Ein Beispiel ist etwa die Inselgruppe der Marianen. Ein ähnlicher Prozess der Inselbogenbildung fand wahrscheinlich bereits im östlichen Pazifik statt. Als sich der Atlantik ausdehnte, wurden Süd- und Nordamerika in diese Inselbögen geschoben. Heute besteht die Pazifikküste von Nord- und Südamerika durch diese Verschiebung aus einer sehr komplexen Gesteinsformation. Diese Tatbestände zeigen, dass sich Nordamerika über den Meersboden des Pazifiks geschoben hat, als sich der Atlantik immer weiter ausdehnte.

VULKANE

Magma, das durch die Erdkruste an die Oberfläche dringt, erzeugt drei Arten von Vulkanen. Man unterscheidet sie anhand ihrer verschiedenen Formen und der chemischen Zusammensetzung der Lava.

Im Jahr 1943 wurde der Postmeister Mimatsu Zeuge bei der Geburt eines Vulkans: Auf der japanischen Insel Hokkaido sah er, wie in einem Kartoffelfeld Dampf aus der Erde austrat. Nach dem Dampf stieß die Erde schnell Asche und schließlich Lava aus. Mimatsu, der schon einmal einem Geologen geholfen hatte, erkannte, dass er Zeuge eines gewaltigen Ereignisses wurde. Während er das Geschehen durch den Maschendraht seines Bürofensters betrachtete, fiel sein Blick auf ein quadratisches Blatt Millimeterpapier. Monat für Monat hielt er nun die fortschreitende Entwicklung des Vulkans von seinem Schreibtisch aus darauf fest. Als er seine Aufzeichnungen schließlich Geologen präsentierte, waren sie von dessen Präzision tief beeindruckt. Zwar war Mimatsu Amateur, seine Methode aber ist heute zu Recht weltberühmt.

Mimatsus Vulkan, der Showa Shinzan („Neuer Vulkan"), befindet sich über einer seit langem aktiven Subduktionszone.

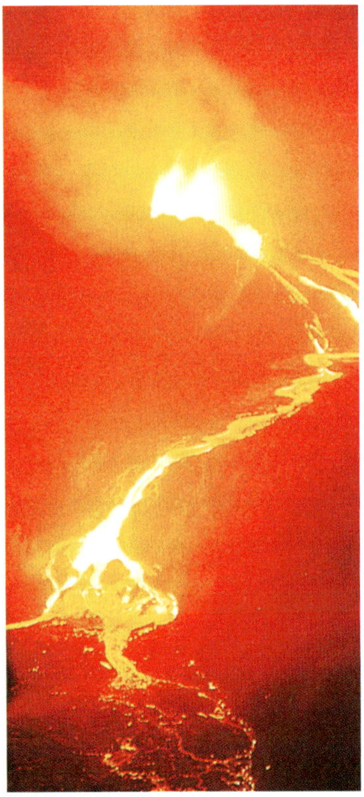

ROT GLÜHENDE LAVA fließt aus dem Kilauea (links) auf Hawaii. Der Ausbruch des Krakatau im Jahr 1883 (oben links) in Indonesien führte zu einem Tsunami, dem fast 40 000 Menschen zum Opfer fielen.

FEURIGE ERUPTIONEN

An den Grenzen der Subduktionsplatten bildet der Vulkanismus sehr schmale Linien mit gleichmäßig verteilten Vulkanen. Auch die zahlreichen aktiven Vulkaninseln des indonesischen Banda- und des karibischen Antillen-Inselbogens befinden sich zum Beispiel entlang einer Tausende von Kilometern langen Linie von Vulkanen.

Steile Andesit-Vulkane wachsen, explodieren und beginnen nach dem Ausbruch von Neuem mit dem Wachstum. Diese Vulkane sind wie auf einem langen Band angeordnet, das genau parallel zum Graben verläuft. Sie sind jedoch vom Graben aus stets noch ein Stück weiter in die Richtung, in die die Platte abtaucht, verschoben. Majestätisch erheben sie sich über ihre Umgebung, wachsen in wunderschöner konischer Form stetig weiter in den Himmel – bis zum nächsten Ausbruch.

Vulkane treten entlag der Tiefseegräben auf, wenn sich die teilweise geschmolzenen, wasserreichen Gesteine der abtauchenden Platte mit geschmolzenen Teilen der überlagernden Kruste verbinden.

Eruptionen oberhalb von Subduktionszonen sind äußerst spektakulär, verlaufen meist sehr laut und heftig. Im Jahr 1883 brachte der Ausbruch des Krakatau in Indonesien einen 798 Meter hohen Vulkan zur Explosion und hinterließ einen 300 Meter tiefen Krater im Meer. Da das einlaufende Meerwasser auf rot glühendes, flüssiges Gestein traf, zog dieser Prozess erneut lautstarke Explosionen nach sich.

AUF DEM MITTELOZEANISCHEN RÜCKEN leben die Inselbewohner mit der ständigen Gefahr von Vulkanausbrüchen (links).

DREI VULKANTYPEN: Anak Krakatau, Indonesien, (ganz links) und Mount Redoubt, Alaska, (unten) befinden sich oberhalb von Subduktionszonen; Der Kilauea (oben), Hawaii, ist ein Hot-Spot-Vulkan; die Insel Surtsey (links) bei Island, ist der Vulkan eines mittelozeanischen Rückens.

Hot-Spot-Vulkane

Hot-Spot-Vulkane dagegen verlaufen entlang einer geraden Linie und können auch inmitten einer Platte auftreten. Sie sind eine geologische Ausnahme bezüglich der tektonischen Regel, dass in der Mitte von Platten nicht viel geschieht. Diese aus dünnflüssigem Basalt mit geringem Siliziumgehalt entstehenden Vulkane formen weitläufige Kegel. Im Gegensatz etwa zu den Inselbögen, wo sämtliche Vulkane aktiv sein können, sind von den Vulkanen einer Hot-Spot-Kette meist nur die jüngsten aktiv.

Die Inseln Hawaiis befinden sich beispielsweise an einem solchen aktiven Ende, der Hawaiian-Emperor-Seamount-Kette. Dabei handelt es sich um eine Kette von Hot-Spot-Vulkanen, die größtenteils unter Wasser liegen und die sich über 5 000 Kilometer von Hawaii bis Kamtschatka erstreckt. Die Magmaquellen der Hot-Spot-Vulkane bleiben immer fest an einem Ort und liegen so tief im Erdmantel, dass sie weder von den Konvektionsströmen im Erdmantel noch von der Bewegung der Platten beeinflusst werden. Diese tiefen Hot Spots produzieren stetig Magma, während sich die Platte kontinuierlich weiterbewegt. Regelmäßige Eruptionen durchbrechen die Platte oberhalb des Hot Spots und hinterlassen dabei eine dichte Vulkankette. Das Alter des Vulkangesteins kann genau bestimmt werden. Dadurch lässt sich die Geschwindigkeit sowie die Richtung, in die sich die Platte bewegt berechnen.

Der mittelozeanische Rücken

Die dritte Vulkanart ist Teil des weltumspannenden mittelozeanischen Rückens, der in Island aus dem Meer tritt. Dieser Rücken ist faktisch ein einziger, aktiver Vulkan, der sämtliche Spreizungszonen aller Ozeane miteinander verbindet. Entlang des Rückens befinden sich viele kleine Einzelvulkane. Aus ihnen tritt extrem dünnflüssiges Basaltgestein mit geringem Siliziumgehalt aus. Der mittelozeanische Rücken ist die größte zusammenhängende geologische Struktur auf dem Erdball und muss als größter aller Vulkane betrachtet werden. Durch ihn ist der gesamte Meeresboden des Planeten entstanden.

Erdbeben

Über eine Million Erdbeben – vom winzigsten Stoß bis hin zur entsetzlichen Katastrophe – werden jedes Jahr aufgezeichnet.

DAMALS UND HEUTE San Francisco im Jahr 1906 (oben) nach einem Erdbeben, das mit 8,3 auf der Richterskala verzeichnet wurde. Eine Karikatur (oben links) aus demselben Jahr. Kobe, in Japan (oben), nach dem Beben von 1995, das 7,2 auf der Richterskala erreichte.

Erdbeben sind ein sehr häufig auftretendes geologisches Phänomen. Sie entstehen immer dann, wenn Druck, der sich in der starren Erdkruste angestaut hat, plötzlich freigesetzt wird. Der Druck führt dazu, dass die Erde aufbricht. Zuweilen kann man diese Krustenbrüche nach einem Erdbeben in Form von Oberflächenverwerfungen erkennen.

Erdbebenzonen

Beinahe alle großen Erdbeben finden an den Rändern tektonischer Platten statt. Dies geschieht insbesondere dann, wenn die Platten zusammenstoßen oder aneinander vorbeigleiten. Für aneinanderreibende Platten ist der San-Andreas-Graben in den USA wohl das bekannteste Beispiel. Normalerweise sind die Bewegungen der Platten an solchen Verwerfungen langsam und kontinuierlich, weshalb die daraus resultierende Erdbewegung fast nicht spürbar ist. Treffen die Platten jedoch mit Druck aufeinander, können sich die Platten ineinander verhaken, und enorme Spannungen im Gestein entstehen. Lösen sich die verhakten Platten plötzlich, können gewaltige Energien freigesetzt werden, die katastrophale Auswirkungen haben. Meist werden die typischen Erdbebenschäden wie zerstörte Gebäude noch von Feuer und Explosionen begleitet, die aufgrund von kaputten Gas- und Elektrizitätsleitungen entstehen.

Selbst Erdbeben, die am Meeresboden stattfinden, können beträchtliche Auswirkungen haben. Die plötzliche Bewegung des Meeresbodens kann riesige Wellen, so genannte Tsunamis, verursachen, die sich vom Epizentrum ausgehend konzentrisch nach außen wegbewegen. Zwar kann man die gewaltigen Wellen auf offener See kaum wahrnehmen, jedoch steigt dadurch das Wasser in flacheren Küstengegenden rapide an. Es entstehen kraftvolle Wellen, die die Ufer überschwemmen und gewaltige Schäden anrichten.

Wertvolle Lektionen

So entsetzlich ihre Auswirkungen auch sein mögen – Erdbeben haben einen großen Anteil an unserem Verständnis der innern Vorgänge der Erde und der Entschlüsselung der Geheimnisse der Plattentektonik. Wissenschaftler sind heute in der Lage, Struktur und Zusammensetzung der Erde durch die Geschwindigkeit seismischer Wellen zu berechnen.

DIE VERHEERENDEN AUSWIRKUNGEN der gewaltigen Beben in Kalifornien in den Jahren 1989 (links) und 1994 (ganz links).

DIE ERDE BEBT Bahnstrecke in Kobe (oben) nach dem Erdbeben im Jahr 1995. Ein antiker chinesischer Seismograph (unten)

Diese Wellen werden bei ihrer Reise durch Gesteinsschichten unterschiedlicher Dichte reflektiert und gebrochen. Bei der Aufzeichnung von Erdbeben auf der gegenüberliegenden Seite des Planeten erkennt man die Gesteinsschichten im seismischen Echo als „Schatten“. Diese Technik hat es z. B. möglich gemacht, die Existenz eines flüssigen äußeren Kerns nachzuweisen.

Die Fülle von Vulkanen und Erdbeben entlang sehr schmaler Linien auf dem Globus unterstützt die Theorie der Plattentektonik. Ein solcher Gürtel, auch „Feuerring“ genannt, verläuft entlang des Pazifischen Ozeans und kennzeichnet die Regionen, in der die Pazifikplatte unter die benachbarten Platten gezogen wird.

Was mit uns geschieht, ist für die Geologie irrelevant, aber was in der Geologie geschieht, ist keineswegs irrelevant für uns.

HUGH MACDIARMID (1892–1978), schottischer Poet

ERDBEBENMESSUNG

Die Energie, die durch Erdbeben freigesetzt wird, kann durch Seismographen gemessen werden. Diese hochsensiblen Geräte bestehen aus einer trägen Masse, die gegenüber der schnellen Bodenbewegung des Bebens in Ruhe verharrt. Diese Masse befindet sich in einem Rahmen, der fest mit dem Untergrund verankert ist. Der Seismograph misst die relative Bewegung des Rahmens gegenüber der trägen Masse, die im Gegensatz zum Rahmen in Ruhe bleibt. Die Stärke eines Erdbebens am Epizentrum wird als Richter-Magnitude gemessen. Auf dieser Skala ist eine Magnitude von 1 nur durch Instrumente messbar. Eine Magnitude von 8 führt dagegen zu verheerenden Verwüstungen (das Erdbeben von San Francisco im Jahr 1906 hatte eine Magnitude von 8,3). Jeder Anstieg um eine Magnitude auf der Skala steht für einen 32-fachen Anstieg an freigesetzter Energie.

STEINE *und* MINERALIEN

Die Gesteine, aus denen die äußere, kalte Erdschicht besteht, trennen uns von dem Inferno, das im Inneren der Erde herrscht.

Die äußere Schicht der Erde besteht aus Gesteinsmaterial, das sich aus natürlich vorkommenden Mineralien zusammensetzt. Mineralien sind anorganische, kristalline feste Massen, deren Komponenten aus einem oder mehreren chemischen Elementen bestehen. Angesichts der großen Vielfalt an Mineralien ist es erstaunlich, dass im Erdgestein nur eine relativ geringe Zahl davon zu finden ist. Die häufigsten an der Gesteinsbildung beteiligten Mineralien sind Quarz, Olivin, Feldspat, Amphibol (Hornblende), Pyroxen und Glimmer. 50 Prozent aller Gesteinsarten bestehen allein aus Feldspat. Über 70 Prozent der Erdoberfläche bestehen aus Basalt, der größte Teil befindet sich unter Wasser. Basalt ist damit die am häufigsten vorkommende Gesteinsart. Gesteinsarten lassen sich nach der Mineraliendichte, ihrem Erscheinungsbild, der Art der Entstehung sowie nach ihrer Zusammensetzung und ihrem Vorkommen einteilen. Eine der gebräuchlichsten Klassifikationen unterscheidet drei Kategorien entsprechend der unterschiedlichen Arten der Gesteinsbildung: magmatische Gesteine, Sedimentgestein und metamorphes Gestein.

Magmatische Gesteine entstehen, wenn geschmolzenes Gestein abkühlt und kristallisiert. Zu den Sedimentgesteinen zählen Steine, die aus Ablagerungen von Gesteins- und Mineraliensplittern oder auch organischen Stoffen entstehen. Zur Kategorie der metamorphen Gesteine zählen solche Gesteine, die ursprünglich zu einer der beiden erstgenannten Klassen gehörten, sich aber durch Hitze- und Druckeinwirkung im Laufe der Zeit verändert haben.

Gesteinsbildung kann sich aber auch ganz unspektakulär vollziehen. Einige Gesteine wie zum Beispiel Feuerstein, Phosphorit und einige Kalksteinarten sedimentieren aus im Wasser vorkommenden anorganischen Partikeln. Andere Gesteinsschichten entstehen im Wasser aus vulkanischem Staub. Wieder andere entstehen, wenn sich Korallenriffe, die von Mikroorganismen geschaffen worden sind, zu Kalkstein verfestigen.

KALKSTEINHÖHLEN mit Kalzitformationen (links). Weiße Quarzadern in Sandstein (rechts).

DIE VERSCHIEBUNG DER ERDPLATTEN

Zwischen dem Vorkommen bestimmter Gesteinsarten und der Plattentektonik besteht ein direkter Zusammenhang. Bis zur Entwicklung der Theorie der Plattentektonik wurde jede Gesteinsart als gleich wichtig betrachtet. Heutzutage jedoch werden den Gesteinsarten, die besonders charakteristisch für bestimmte

TUFFSTEIN (links) vom Ausbruch des Katmai im Jahr 1912, Valley of 10 000 Smokes in Alaska, USA. Granit (ganz links) mit Einlagerungen aus Feldspat (rosa), Quarz (weiß) und Biotit (schwarz).

Fundorte sind, eine größere Bedeutung zugemessen.

Basalt ist die Gesteinsart, die am häufigsten im Erdmantel zu finden ist, und die einzige Gesteinsart, die an den Spalten der auseinanderdriftenden Erdplatten vorkommt. Wenn Kontinente voneinander wegdriften, entsteht ein so genannter Grabenbruch. Dieser Graben füllt sich mit Basalt und wird schließlich von Meerwasser überflutet. Meeresböden bestehen in erster Linie aus Basalt, doch unterscheiden sie sich in ihrer Dicke. Der Gehalt an Olivin, einem Magnesium-Eisen-Silikat, und ähnlichen Mineralien erhöht sich proportional zur Tiefe, bis der Basalt schließlich durch Peridodit abgelöst wird. Wird diese Gesteinsart zusammen mit Feuerstein und anderen marinen Sedimenten gefunden, kann davon ausgegangen werden, dass der Fundort in der Vergangenheit einmal ein Meeresboden war. Basalt hingegen kommt zu häufig vor, um allein daraus bereits Rückschlüsse auf die geologische Evolution des Fundortes ziehen zu können.

Konvergierende Erdplattenränder

Die magmatischen Gesteine Andesit, Ignimbrit und Granit, die alle einen hohen Quarzanteil aufweisen, deuten auf Subduktionszonen hin. Durch Vulkanausbrüche oberhalb von Subduktionszonen können Krater entstehen, die sich mit heißer Andesitasche füllen und sich schließlich zu Tuffgestein (Ignimbrit) verfestigen. Granit entsteht im Erdinneren, kühlt dort langsam ab und kristallisiert dort. Sedimentgestein kommt auch in Subduktionszonen vor. Durch die Kollision der Erdplatten werden Gesteine aufgetürmt und durch Erosion abgetragen. Flüsse transportieren dieses Material oft Tausende von Kilometern weit, bis es schließlich wieder abgelagert wird. Das Vorkommen von Sedimentgestein an einem bestimmten Ort lässt aber keine Rückschlüsse auf die Tatsache zu, wo das Gestein entstanden ist.

Auch metamorphes Gestein weist auf die Anwesenheit von Subduktionszonen hin. Der Subduktionsprozess faltet, presst und erhitzt sowohl magmatische Gesteine als auch Sedimentgestein. So entstehen metamorphe Gesteinsschichten, die parallel zur Subduktionszone verlaufen.

Ausserhalb der Erdplattenränder

Viele Gesteinsarten entstehen weit entfernt von jeglicher vulkanischen Aktivität der Randzonen der Erdplatten. Die Gesteinsbildung im Zentrum der Erdplatten vollzieht sich aber langsamer und über einen längerfristigeren Zeitraum als an den Randbereichen, was zur Folge hat, dass die im Inneren der Platten entstandenen Gesteine fast vollständig erodiert sind. Im Zentrum der tektonischen Platten entstehen meist Schildvulkane, und zwar sowohl auf dem Meeresboden als auch auf dem Land. Sedimentgestein im Zentrum der Platten, besonders dasjenige marinen Ursprungs, entsteht aus Mineralpartikeln ganz unterschiedlicher Herkunft. Die Sedimente des Meeresbodens stammen hauptsächlich von den Kontinentalrändern, wo sie durch Erosion oder aus Überresten verwester Organismen entstanden sind.

ARAGONIT (oben) und Amazonit mit Rauchquarzeinlagerungen (rechts) sind besonders eindrucksvolle Mineralien.

MAGMATISCHE GESTEINE

Magmatische Gesteine sind erstarrte Magma und ihre Zusammensetzung variiert je nach Fundort.

Wer schon einmal beobachtet hat, wie ein glühend heißer zähflüssiger Lavastrom direkt ins Meer fließt, hat eine Vorstellung, wie die Erde vor Urzeiten einmal ausgesehen haben mag. Genauso atemberaubend wie der Gesteinsregen, der sich aus einem ausbrechenden Vulkan ergießt. Vergleichsweise harmlos im Gegensatz dazu erscheint der langsame Aufstieg kristalliner Granitplutonen durch 100 Kilometer Erdkruste. Wenn Magma auf eine dieser drei Weisen abkühlt und schließlich erstarrt, entstehen magmatische Gesteine.

Es gibt hunderte Arten magmatischen Gesteins, nur drei davon sollen vorgestellt werden: Granit, Andesit und Basalt. Jedes dieser Gesteine weist, abhängig von den Umständen ihrer Entstehung, eine spezielle Zusammensetzung auf.

Schon die Farbe des Gesteins verrät seine mineralische Zusammensetzung. Granitgestein beispielsweise ist hell, da es zum größten Teil aus Quarz und Feldspat besteht. Es entsteht aus Magma mit einem hohen Siliziumgehalt. Andesit, das sich aus Feldspat, Hornblende, Quarz und Glimmer zusammensetzt, ist hingegen dunkler gefärbt und entsteht aus Magma mit etwas niedrigerem Siliziumgehalt. Basaltgestein, das zwar Feldspat, Glimmer und Hornblende, aber nur geringe Spuren von Quarz enthält, weist eine noch dunklere Färbung auf.

Den meisten magmatischen Gesteinen liegen komplexe Kristallstrukturen zu Grunde, die nur durch das Mikroskop sichtbar sind. Die Korngröße von magmatischem Gestein wird durch den Abkühlungsprozess und Zähflüssigkeit des Magmas bestimmt. Wenn Basaltmagma rasch an der Erdoberfläche abkühlt, ist es feinkörnig. Findet die Abkühlung tief im Erdinneren statt, dauert sie länger und die Kristallstruktur ist größer. Gestein, das auf diese Weise entsteht, nennt man Dolerit. Abkühlungsprozesse, die im Laufe von Millionen Jahren tief im Erdinneren stattfinden, führen zu noch grobkörnigeren Basaltkörpern, die Gabbro genannt werden. Die Entstehungsgeschichte dieser Basaltarten ist also grundverschieden, die chemische Zusammensetzung ist jedoch immer gleich.

MAGMA, das an der Erdoberfläche austritt, nennt man Lava (links). Wenn Basaltlava erstarrt, bildet es häufig säulenartige Formationen (oben links).

ENTSTEHUNG

Magma ist geschmolzenes, mehr oder weniger flüssiges Gestein oder besser noch eine Mischung aus verschiedenen geschmolzenen Komponenten. Der äußere Mantel der Erde besteht aus einer halb geschmolzenen Magmaschicht mit hoher Mineraliendichte. Viele dieser Mineralien stammen aus Gestein, das an den Plattenrändern wieder ins Erdinnere gedrückt wurde und geschmolzen ist. Innerhalb dieser geschmolzenen Masse wandern die Mineralien, das heißt Mineralien mit hoher Dichte sinken ab, diejenigen mit geringer Dichte steigen an die Oberfläche. Das funktioniert ähnlich wie in einem Topf mit kochendem Wasser, in den Glaskugeln und mit Luft gefüllte Kugeln geworfen werden. Die Murmeln sinken auf den Topfboden und steigen nicht auf, wohingegen die mit Luft gefüllten Kugeln an der Oberfläche schwimmen. Was entsteht, ist „Murmelmagma" und davon völlig unabhängige „Luft-Kugel-Magma". Ähnliche Vorgänge finden im Erdmantel statt.

GRANIT Obwohl sich die Devil's Marbles (Teufelsmurmeln) im Inneren des australischen Kontinents befinden, sind sie Hinweis auf eine frühere Subduktionszone.

VULKANE AUS ANDESITGESTEIN wie hier der neuseeländische Ruapehu können sehr plötzlich und heftig ausbrechen (oben). Dabei stoßen sie enorme Aschewolken in die Atmosphäre (links).

Massen mit hohem Siliziumanteil wie Granit und Andesit entstehen oberhalb der abtauchenden Platte, selten jedoch an anderen Stellen. Geschmolzenes Silizium aus dem Erdmantel wandert durch die Konvektionsströme nach oben. Die Magmamasse in der Subduktionszone vermischt sich mit Silizium, Wasser und Kohlenstoffdioxid. Dadurch wird sie flüssiger und siliziumreicher. Aufgrund ihrer geringen Dichte sinkt diese Magma nicht mit dem Konvektionsströmen wieder ab, sondern sammelt sich in der oberen Schicht und kann sogar die Erdkruste durchdringen. Während des aktiven Subduktionsvorgangs entsteht andesitisches Magma, das an die Oberfläche tritt und die explosiven Vulkanausbrüche verursacht. Wenn der Subduktionsvorgang beendet ist, kommt es dagegen zur Entstehung von Granit, das langsamer in Richtung Oberfläche steigt – aber in der Erde stecken bleibt – und somit auch langsamer abkühlt. Basaltgestein hingegen entsteht, wenn Teile des geschmolzenen Erdmantels an die Oberfläche steigen. Die Ansammlung heißen Magmas an einer bestimmten Stelle tief unter der Kontinentalplatte, dem so genannten geologischen „Hot-Spot", führt dazu, dass heiße basalthaltige Magma nach oben steigt und einen Basaltvulkan bildet. Diese Hot-Spot-Vulkane treten immer zusammen mit erloschenen Vulkanen auf, die dadurch entstehen, dass sich die Erdplatte über den nicht mitwandernden Hot-Spot weiterschiebt (siehe S. 187). Das Vorkommen von Andesit und Granit deutet immer darauf hin, dass eine Subduktion stattgefunden hat. Da Granit im Erdinneren durch die langsame Abkühlung entsteht, gelangt es normalerweise erst lange nach der Entstehung von andesischem Vulkanismus durch die Erosion an die Oberfläche. Manche Vulkane verändern im Laufe der Zeit auch ihre Zusammensetzung. Dies ist Beweis dafür, dass tief im Erdinneren ein ständiger

OFFENLIEGENDE GRANITSCHICHTEN entstehen durch die Erosion oberer Erdschichten (rechts).

Sedimentgestein

Sedimentgestein erzählt von der Herkunft und der Geschichte seiner Bestandteile, es gibt aber auch Auskunft über die geologische Vergangenheit seines Fundortes.

Der Grand Canyon im amerikanischen Bundesstaat Arizona ist aufgrund seines Reichtums an ganz verschiedenartigen Gesteinsformationen ein geologisches Denkmal und einmaliges Zeugnis der Erdgeschichte.

In den Gesteinsschichten des Grand Canyon finden sich sehr häufig Fossilien, die als Zeugen der Vergangenheit dabei helfen, unser Verständnis der Erdgeschichte zu erweitern. An den einzelnen Gesteinsschichten aus Schiefer, Sandstein, Kalkstein, Asche und Lava lässt sich genau ablesen, wie sich die Umweltbedingungen in dieser Region im Laufe der Zeit verändert haben. Zwar ist die Kontinuität des geologischen Ablaufs durch Erosionsschäden unterbrochen worden, trotzdem zeigt der Grand Canyon einen gewaltigen Ausschnitt der Erdgeschichte.

Bindemittel

Sedimentgestein bildet sich durch die Verfestigung von erodierten und abgelagerten Gesteinen. Die meisten Sedimentgesteine lagern sich im Wasser ab und bilden dort horizontale Schichten mit glatten Ober- und Unterseiten. Materialien wie Quarz, Kalk und Eisenoxid dienen bei der Entstehung von Sedimentgestein als Bindemittel. Quarz ist dabei das Element, das am häufigsten an der Sedimentierung beteiligt ist. Kalkige Partikel werden üblicherweise durch Kalzit gebunden. Winzige Eisenoxidpartikel gelangen meist über das Grundwasser in das Sedimentgestein, das dann leicht durch seine rotbraune Färbung zu erkennen ist.

SEDIMENT lagert sich häufig im Delta von Flüssen wie dem Mississippi ab (unten). Kalzit dient als Bindmittel (rechts).

KOMPLIZIERT GEMUSTERTE SANDSTEINFORMATION (rechts) an einem Seeufer. Sedimentgestein besteht aus Bestandteilen verschiedener Größe (oben).

Sedimente lagern sich in langsam fließenden Gewässern in Sümpfen und Seen oder im Meer ab. Oft werden die Sedimente durch große Flüsse über riesige Entfernungen transportiert. An Fließgewässern mit geringem Gefälle kommt es auch häufig zu Überschwemmungen, die dann Ablagerungen von Sand und Schlamm zurücklassen. Einige Sedimentformationen haben sich in tiefen Schwemmbecken abgelagert, die sich durch die Überschwemmung ausgetrockneter Wüstenseen gebildet haben, wie zum Beispiel im Death Valley in Kalifornien.

Die meisten Sedimente gelangen allerdings meistens ins Meer. Sie werden auf dem Kontinentalsockel abgelagert und dann durch unterseeische Canyons in die Tiefsee ge-

Der Grand Canyon (links) zeugt mit seinen 360 Millionen Jahre alten gewaltigen Gesteinsformationen von der geologischen Entwicklung der Erde. Die Kreidefelsen von Dover (unten) entstanden aus Schalenresten von Mikroorganismen.

Sedimentgesteine sind der Schlüssel zum Verständnis der Entwicklungsgeschichte der Erde.

Das Leben auf unserer Erde
DAVID ATTENBOROUGH
(geb. 1926), britischer Naturforscher

schwemmt, wo sie von einem so genannten Trübestrom aus Schlamm, Sand und Wasser viele hundert Kilometer weit getragen werden. Trübeströme besitzen eine sehr hohe Fließgeschwindigkeit, und ihre Dichte ist doppelt so hoch wie die von Wasser. Aus diesen Trübeströmen lagern sich zunächst die gröberen Sandkörner, dann die feinkörnigeren Partikel ab. Das daraus entstehende Sedimentgestein, der so genannte Turbidit, bildet den Hauptbestandteil aller auf dem Meeresgrund abgelagerten Sedimentarten.

PARTIKELGRÖSSE

Eine Einteilung der Sedimentgesteine erfolgt über die Partikelgröße: feinkörnige Ton- und Kalksteine und Tuffe, gröbere Sandsteine und Konglomerate und Breckzien. Tonstein, auch Schlammstein genannt, gehört zu den extrem feinkörnigen Sedimenten, die sich in erster Linie in stehenden Gewässern ablagern. Sandstein ist mit einer Korngröße von ca. 2 Millimetern wesentlich gröber und wird in fließenden Gewässern durch abfließendes Regenwasser oder am Meer gebildet. Konglomerate, die sich aus größeren Partikeln zusammensetzen, werden durch sehr starke Regenfälle und abfließende Überschwemmungen abgelagert. Je stärker die Strömung und die Fließgeschwindigkeit des Wassers sind, desto größere Sedimentpartikel werden transportiert und auch abgelagert. Weitere Unterscheidungsmerkmale sind Zusammensetzung der Körnchen, das Bindemittel und die Färbung sowie andere sichtbare Eigenschaften wie etwa der Fossiliengehalt. Sedimentgestein weist oft typische Musterungen auf, die charakteristisch sind für sein Ablagerungsgebiet. Ein Beispiel dafür ist die Kreuzschichtung des Navajo-Sandstein im Zion-Nationalpark in den USA.

Viele Sedimentgesteine werden auch durch Wind transportiert. Vulkanasche wird zum Beispiel häufig in nahegelegene Seen, Meere oder Flüsse geweht, von wo sie als Schlamm weitertransportiert wird. Wind kann die Asche aber auch großflächig auf einer Ebene ablagern, wo sie eine Sedimentschicht bildet. Manche Sedimentgesteine entstehen aber auch aus organischen Überresten. Manchmal kommt es vor, dass solche Sedimente mit Schlamm bedeckt und so durch die Abwesenheit von Sauerstoff konserviert werden.

Metamorphe Gesteine

Unter Hitze- und Druckeinwirkung kann Gestein seine Eigenschaften völlig verändern. Diese metamorphen Gesteinsarten sind aufgrund ihrer Entstehungsgeschichte und ihres Variationsreichtums besonders interessant.

Gestein, das großen Hitze- und Druckeinwirkungen ausgesetzt wurde, kann durch diesen Prozess, der als Metamorphose bezeichnet wird, seine Zusammensetzung und seine Gestalt total verändern. Man unterscheidet zwei Arten von metamorphem Gestein. Wenn Kontinente aufeinander prallen kann es passieren, dass sich die Gesteine einer ganzen Region verändern. Man spricht in diesem Fall von regionaler Metamorphose. Im Gegensatz dazu spricht man von Kontaktmetamorphose, wenn heißes Magmagestein an die Erdoberfläche steigt und so die umliegenden Gesteine erhitzt, was zu einer Rekristallisierung führt. Solche Prozesse verändern auch das gesamte physikalische Umfeld, in dem die ursprünglichen Mineralien entstanden sind, was wiederum die Entstehung neuer Mineralien fördert. Metamorphe Prozesse reichen vom einfachen Zusammenpressen (Kompaktion) bis hin zur völligen Umwandlung des Gesteins.

GLETSCHEREROSION hat den feinschichtigen Schiefer nachträglich geformt (oben). Pyrit (oben links) und Granat (rot, rechts außen) sind Mineralien, die unter stark gerichteter Druckeinwirkung kristallisiert sind.

Marmor ist wohl das bekannteste metamorphe Gestein, und der berühmteste Marmor stammt aus dem italienischen Carrara. Dieses weißglänzende Gestein wird seit 2 000 Jahren abgebaut und wurde bereits von den Bildhauern Bernini und Michelangelo verwendet. Bei Marmor handelt es sich um rekristallisierten Kalkstein, der im Laufe der Rekristallisation Unreinheiten aus den Kristallen nach außen abstößt. So entstehen reinweiße Körner, die von dunklen unreinen Schattierungen umgeben sind, die den Marmoreffekt hervorrufen.

Regional-Metamorphose

Beim Aufeinanderprall der Erdplatten entstehen durch die enormen Kräfte, die auf das Gestein einwirken, Hochdruckmineralien, wohingegen das Erhitzen von Gestein dazu führt, dass Mineralien entstehen, die durch hohe Temperaturen entstanden sind. Die subduktive Platte ist zunächst sehr hohem Druck,

QUARZADERN in metamorphen Gesteinsfalten.

Das Taj Mahal (links) in Indien besteht aus weißem Marmor.

später hohen Temperaturen ausgesetzt, das heißt es entstehen zuerst Hochdruckminerale, dann Hochtemperaturminerale. Wenn Erdplatten aufeinander prallen, entstehen Falten in den Gesteinsschichten, die alle in eine Richtung gedrückt werden. Dabei werden auch die im Gestein enthaltenen Mineralien einheitlich ausgerichtet. Dieses Phänomen ist typisch für die Regionalmetamorphose.

Unter regionaler Druckeinwirkung entstehen viele verschiedene Glimmerminerale, die alle gleich ausgerichtet sind. Glimmerminerale sind dünne, scheibenförmige Minerale, die unter fortgesetzter Druckeinwirkung rasch wachsen und sich schließlich in flache Plättchen aufspalten. Dank der gleichförmigen Ausrichtung aller Kristalle im Gestein spaltet sich der ganze Stein in Splitter oder Schichten. Kristalliner Schiefer ist ein anschauliches Beispiel für die Bildung von Glimmermineralien durch regionalen Metamorphose.

Wird Tonschiefer weiterer Druckeinwirkung ausgesetzt, findet eine Umwandlung in Phyllit statt. Bei Phyllit handelt es sich um ein feinblättriges Glimmermineral, das sich zusammen mit Mineralien wie Granat und Pyrit bildet. Unter noch höherer Druckeinwirkung entsteht daraus Knoten- und Glimmerschiefer und schließlich Chiastolithschiefer. Diese Schieferarten sind grobkörniger als der Tonschiefer und bestehen aus zahllosen Schichten. Amphibolit ist ähnlich beschaffen, doch entsteht es eher aus Gesteinen mit basaltischer Zusammensetzung. Die erwähnten grobkörnigen Schieferarten zeichnen sich durch ihren unterschiedlich hohen Granatanteil zwischen den Glimmern aus. Granat ist ein Beispiel dafür, wie schnell Kristalle unter erhöhter Hitzeeinwirkung wachsen. Nach der Entstehung der verschiedenen Schieferarten bildet sich Gneis, ein vielschichtiges, grobkörniges, metamorphes Gestein, das hinsichtlich seiner Mineralzusammensetzung dem Granit ähnelt. Bei noch höheren Temperaturen und Drucken schmilzt das Gestein.

Kontakt-metamorphose

Findet eine Umwandlung von Gestein durch Kontakt mit heißem magmatischen Gestein statt, kann es zu geochemischen Veränderungen kommen. Elemente aus aufsteigenden Plutonen, werden dem Gestein entweder zugeführt oder entzogen. Da die Temperatur der Plutonen sinkt, je näher sie der Erdoberfläche kommen, verringert sich nach und nach auch der Grad der Kontakmetamorphose. Die folgenden Mineralien sind äußerst typisch für verschiedene metamorphe Stufen: Chlorit, Biotit/Andalusit, Granat, Kyanit und Sillimanit. Hochdruckmineralien sind: Silikat, Granat, Kyanit und Sillimanit.

DAS QUARZGESTEIN in dieser Schlucht (links) im australischen Gebirgszug der MacDonnell Range ist weit über eine Million Jahre alt.

DER ZYKLUS *der* GESTEINS-BILDUNG

Die Erzeugung von Gestein basiert auf einem Zyklus von Entstehung und Zerfall, der wie der Kreislauf des Lebens weder Anfang noch Ende kennt.

Alle Gesteins- und Mineralienarten gehören zu einem durch die Plattentektonik angetriebenen Zyklus, in dessen Verlauf der Zerfall von einer Gesteinsart zur Entstehung einer anderen Gesteinsart führt. Mineralien kristallisieren sich aus Magma, Sedimente verfestigen sich zu Gestein und Steine verformen sich durch enorme Hitze- und Druckeinwirkungen. Gleichzeitig mit diesen physikalischen Veränderungen werden dem Gestein jedoch auch die unterschiedlichsten Elemente entzogen, die sich im Wasser auflösen und schließlich von Flüssen, Eis, Wind und der Schwerkraft weitergetragen werden. Wenn Kontinente zusammenprallen, pressen die Platten die Sedimentablagerungen zu Schichten zusammen und begraben sie so tief im Erdinneren, dass sie schmelzen und auf diese Weise der Kreislauf von neuem beginnt. Alle Mineralien streben eine stabile Struktur an, allerdings verändern sie ihre Form, wenn sich ihre Umwelt verändert.

DIE SENKRECHTEN GRANITSCHLUCHTEN des Half Dome, Yosemite, Kalifornien (oben). Wenn sich die fossilen Diatomen-Skelette (oben links) mit gelöstem Quarz verbinden, entsteht Feuerstein.

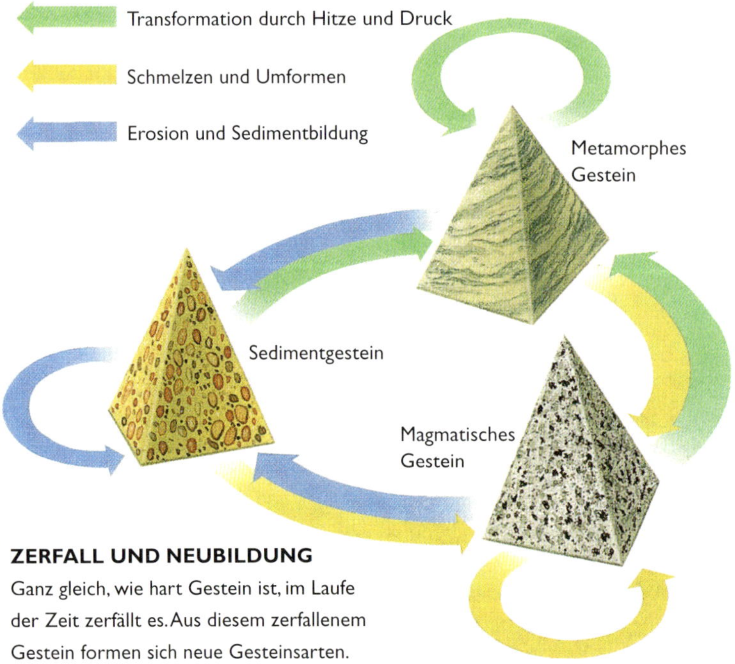

ZERFALL UND NEUBILDUNG
Ganz gleich, wie hart Gestein ist, im Laufe der Zeit zerfällt es. Aus diesem zerfallenem Gestein formen sich neue Gesteinsarten.

Schaut man vom Rand des Half Domes im kalifornischen Yosemite-Nationalpark an den vertikalen Granitschluchten hinab ins Tal, scheint es, als seien die tiefen Schluchten allein von den beiden Flüsschen Merced und Tenaya Creek geformt worden. Wie ist das möglich? Ursache dafür sind die sich verändernden Umweltbedingungen, die die geologische Entwicklung des Tals extrem beeinflussen. Der Yosemite-Granit entstand aus kochend heißer Magma, die gewaltigem Druck ausgesetzt war. Die Masse kristallisierte nach und nach und stieg langsam in Richtung Erdoberfläche, wo sie erstarrte. Je näher die Magmamas-

DEUTLICH abgegrenzte Schichten aus Sandstein und Diabasen in der Antarktis (links). Tonablagerungen in einem Überschwemmungsgebiet (unten).

Nichts wird vergeudet, nichts ist vergebens. Das Meer überschwemmt und was bleibt, sind die Steine.

Tough at the Top
A. P. HERBERT (1890–1971), englischer Schriftsteller

se der Erdoberfläche kam, desto mehr sanken der Druck und die Temperatur ab, was die Stabiliät der Mineralienstruktur schwächte und damit den Zerfallsprozess einleitete. Bei absinkender Temperatur schrumpfen Mineralien zusammen, wohingegen ein Druckabfall zu deren Ausdehnung führt. Die Ausmaße eines Minerals verändern sich also, je weiter das Gestein an die Oberfläche steigt.

Durch die Abkühlung entsteht ein Netzwerk aus Rissen, die von den schrumpfenden Mineralien verursacht werden. Durch diese Risse dringen Wasser und Sauerstoff tief in das Granitgestein ein. Feldspatkörner bilden unter solchen Umständen Risse entlang ihrer internen Spaltflächen, was den Auswaschungsprozess beschleunigt. Der ehemals harte Granit verändert sich allmählich zu einem Konglomerat aus lose zusammenhängenden Gesteinspartikeln, die leicht von Wasser, Wind und Eis ausgelöst werden können. In Folge des Zerfalls der leichtlöslichen Bestandteile von Feldspat bilden sich Tonpartikel, die von Flüssen ins Meer geschwemmt werden, wo sie sich in Meeressenken ansammeln, sich weiter zu Sedimentgestein verfestigen und darauf warten, durch die tektonische Bewegung in das Erdinnere geschoben zu werden und zu schmelzen, um so den Kreislauf von Entstehung und Zerfall von Neuem zu beginnen. Zu Anfang der Eiszeit vor 40 000 Jahren schuf ein Gletscher im heutigen Yosemite-Nationalpark ein u-förmiges Tal an den steilen Abhängen des Half Domes. Als der Gletscher schmolz, füllte sich der Talboden mit Schotter, aus dessen Quarzsand der Merced River Tonpartikel ausschwemmte.

LÖSLICHE MINERALIEN

Viele Vorgänge beschleunigen den Zerfallsprozess. Kalkstein etwa wird von Regenwasser mithilfe von darin gelösten Gasen und Pflanzensäuren aufgelöst. Letztendlich sind alle Mineralien löslich, selbst Quarz. In den salzhaltigen Sümpfen von Macquarie Harbour in Tasmanien werden aufgrund ihres hohen Säuregehaltes selbst Glasflaschen in 50 Jahren um 0,5 Millimeter aufgelöst. Nach geologischen Maßstäben ist dies eine Rekordgeschwindigkeit.

Aufgrund der extrem hohen Menge an gelöstem Quarz lagern sich Quarzkristalle als feiner Schlamm auf dem Meeresboden ab. Der Schlamm dient dort als Bindemittel bei der Verkalkung verwesender Kieselalgen, die auf dem Meeresgrund leben. Lösliche Mineralien sind unter anderem für den Salzgehalt des Meerwassers und für das Entstehen von Salzseen auf den Kontinenten verantwortlich. Tonminerale sind zum Beispiel sehr klein und werden äußerst leicht weitergeschwemmt. Sie lagern sich nur unter ungestörten Bedingungen ab, beispielsweise in Flußbetten, Seen, Meeren und Überschwemmungsgebieten.

Kommt es erneut zu einem Zusammenprall von zwei unterschiedlichen Erdplatten, beginnt der Kreislauf erneut.

DURCH EROSION entstanden spektakulär in den Himmel aufragende Gesteinsformationen, Hells Half Acre, Wyoming, USA.

DIE ENTSTEHUNG *des* ERDREICHS

Die sehr fragile und dünne Humusschicht des Bodens ist über lange Zeiträume entstanden. Für die Fruchtbarkeit unseres Planeten ist sie überaus wichtig.

Der Erdboden ist eine Mischung aus verwittertem Gestein und biologischem Material. Er entsteht in erster Linie aus in der Umgebung zu findendem Gesteinsmaterial und Gesteinstrümmern aus unter Umständen weit entfernten Gebieten. Die Qualität des Erdbodens wird durch seinen Nährstoffgehalt bestimmt, der aus pflanzlichen Zersetzungsprodukten und Mineralien aus Gesteinen besteht. Magmatische Gesteine wie Basalt und Granit enthalten eine Vielzahl von mineralischen Nährstoffen aus dem Erdmantel. Sandstein, der sich in erster Linie aus Quarzbestandteilen zusammensetzt, hat für die meisten Pflanzenarten keinen Nährwert. Bei Sandstein handelt es sich um ein Gestein, das aus verwittertem Gestein entstanden ist. Die Nährstoffe, die einst in diesem Gestein enthalten waren, wurden diesem im Laufe der Zeit durch chemische oder mechanische Prozesse entzogen. Quarzreiche Lehmböden sind daher nicht sehr fruchtbar und müssen zusätzlich gedüngt werden, wenn auf ihnen Pflanzen angebaut werden sollen.

GLETSCHER (links) sind wichtig für die Bildung von nährstoffreichem Erdreich.

Von Gletschern übereiste Lehmböden vermischen sich mit Geschiebemergel, dem von den Gletschern mitgeführten Gesteinsmaterial. Auf diese Weise entstandene Lehmböden sind wahrscheinlich die nährstoffreichsten. Die Nährstoffe sind den Pflanzen dank der Feinkörnigkeit der Lehmböden leicht zugänglich. Schmelzende Gletscher verdrängen ständig große Mengen an Geschiebemergel, der entweder großflächig oder auch hügelartig abgelagert wird. Der Geschiebemergel wird schließlich von den für Gletschergebiete so typischen starken Winden in seine vorerst endgültige Position gebracht.

NORDEN UND SÜDEN

Zwischen den Erdböden der nördlichen und südlichen Hemisphäre besteht ein deutlicher Unterschied, was auf unterschiedliche geologische Prozesse während der letzten Eiszeit zurückzuführen ist. Vor ca. 10 000 bis 40 000 Jahren entstanden in der Arktis und der Antarktis durch Abkühlung der Atmosphäre mächtige Eiskappen. Die riesigen Gletscherzungen, die dabei entstanden, bewegten sich von den Polen fort, deformierten und zermalten dabei das darunter liegende Gesteinsmaterial und führten es als Geschiebemergel viele Tausende von Kilometern mit sich. Während der letzten Eiszeit waren die nördlichen Kontinente vollständig vereist.

Die Gletscher wanderten auf ihrem Weg nach Süden durch Europa, Asien und Nordamerika und lagerten Geschiebemergel

HEUHAUFEN-FELSEN

Die endlosen Prärien im Norden der USA sowie die Landschaft Neuenglands sind geprägt von mächtigen, einsam in den Himmel ragenden Felsen, die von ihrem Aussehen her einem „Heuhaufen" ähneln. Nähere Untersuchungen haben ergeben, dass sie auf der Erdoberfläche aufliegen und keine Ähnlichkeit mit dem lokalen Untergrund aufweisen. Es handelt sich daher um riesige Findlinge, die von Gletschern bei der letzten Gletscherschmelze zusammen mit Geröll und Schutt in die heutigen Gebiete befördert wurden. Ihr Ursprung liegt sehr wahrscheinlich 1 600 Kilometer nördlicher als ihr heutiger Standort.

DIE BÖDEN der nördlichen Hemisphäre sind fruchtbar (oben), während die Böden der südlichen Hemisphäre, mit Ausnahme vulkanischer Gebiete, wie zum Beispiel am Fuße der Anden, nur wenige Nährstoffe enthalten (rechts).

ab, als sie zu schmelzen begannen. Damit erklärt sich die für die Landwirtschaft so wertvolle Fruchtbarkeit der Böden der nördlichen Hemisphäre. Die Kontinente der südlichen Hemisphäre müssen sich, da sie in der letzten Eiszeit keine „Düngung" durch frisches Gesteinsmehl erfahren haben, mit sehr viel kargeren Böden zufriedengeben.

Der maßgebliche Unterschied liegt jedoch in der Nährstoffdichte. Die Böden der nördlichen Hemisphäre bestehen aus einer dicken Schicht aus Gesteinsmehl. Im Gegensatz dazu sind die oft aus einer nur sehr dünnen Humusschicht bestehenden Böden der südlichen Hemisphäre so karg, dass Pflanzen ihre Nährstoffe nicht aus dem Boden beziehen, sondern in erster Linie aus den verwesenden Organismen älterer Pflanzengenerationen. Werden in der südlichen Hemisphäre Pflanzen abgeerntet und können dem Boden keine Nährstoffe zuführen, sind für kommende Pflanzengenerationen weniger Nährstoffe vorhanden. Sie können auch nicht durch Nährstoffe aus dem Boden ausgeglichen werden.

In Australien beispielsweise wird Weizen auf quarzreichen Böden angebaut, und im Amazonasbecken werden Bäume für die Holzproduktion auf ebenfalls quarzreichen Böden gepflanzt. Nach der Ernte werden die Böden beider Gebiete zu Wüste. Wenn häufig von einer Kluft zwischen der nördlichen und südlichen Hemisphäre gesprochen wird, liegt die wirkliche Kluft jedoch zwischen den Gebieten, die in der Eiszeit vergletschert bzw. nicht vergletschert waren.

In den Ländern der südlichen Hemisphäre zehren seit den Zeiten des Urkontinents Gondwana bis heute die Pflanzen immer von dem gleichen Erdreich. Nach 250 Millionen Jahren aber hat Regen die löslichen Mineralien aus dem Boden ausgewaschen und nur die nicht löslichen Stoffe übrig gelassen: Quarz, Eisenoxid und Aluminiumoxid. Diese Stoffe sind typische Bestandteile von Wüstensand, und es bedarf einer stetigen Pflanzenfolge, um solche Gebiete wieder in Wälder umzuwandeln.

BODENEROSION durch Abholzung in Madagaskar (rechts).

Glücklich ist der Mensch, der die Geheimnisse der Erde kennt.

EURIPIDES (480-405 v. Chr.)
altgriechischer Tragiker

Kapitel 3
Den Geheimnissen
der Gesteinsarten *auf der* Spur

DER EINFLUSS *der* GEOLOGIE *auf das* LEBEN

Alle Lebewesen, der Mensch eingeschlossen, bestehen aus den Grundbestandteilen der Erde und haben sich im Laufe der Evolutionsgeschichte den jeweiligen Lebensbedingungen angepasst.

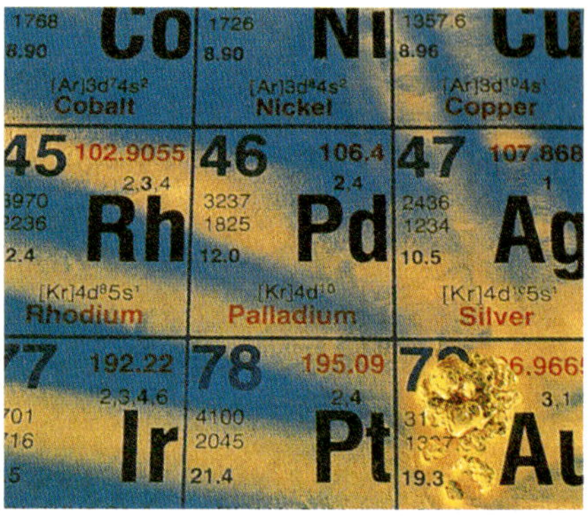

Die Erde und ihre Grundbestandteile setzen sich aus Sternenstaub zusammen, der vor 14 Millionen Jahren in einem kosmischen Prozess entstanden ist. Wir sind von der Energie der Sonne abhängig, wobei die Erdatmosphäre und das Magnetfeld uns gegen die schädlichen Einwirkungen der Sonne schützen. Sonnenergie wird auf der Erdoberfläche und in den oberen Schichten der Erde in Form von Holz, Kohle, Erdöl und Erdgas gespeichert.

Alle Lebensformen müssen sich den Lebensbedingungen auf der Erde anpassen. Jeder Wechsel dieser Lebensbedingungen, zum Beispiel eine Veränderung der Atmosphäre, des Luftdrucks, der Temperatur auf der Erdoberfläche oder der Stärke der Schwerkraft, hat verheerende Auswirkungen. Selbst relativ geringfügige Veränderungen können sich äußerst nachteilig auswirken; dies wird zum Beispiel deutlich, wenn der Mensch extremen Tiefen, Höhen oder Temperaturen ausgesetzt ist. Nicht nur der menschliche Organismus, sondern auch unsere Bräuche und Kulturen entstanden aus den Bedingungen, die der Mensch auf seinem Planeten vorfand.

Die Länge eines Tages und eines Jahres und die von den Jahreszeiten abhängigen Pflanz- und Erntezeiten werden von der Rotation der Erde um ihre eigene Achse und um die Sonne bestimmt.

DIE GRUNDBESTANDTEILE DER ERDE

Die chemischen Elemente bestehen aus Atomen, die sich wiederum aus Protonen, Neutronen und Elektronen zusammensetzen. Die auf der Erde vorkommenden Elemente sind im Periodensystem zusammengefasst. Es gibt 109 Elemente, die in der Reihenfolge der Anzahl ihrer Protonen im Atomkern (also ihres Atomgewichts) aufgeführt sind, wobei lediglich 94 davon in der Natur vorkommen.

Acht dieser Elemente kommen in praktisch jeder Materie

DIE CHEMISCHEN ELEMENTE, die „Grundbausteine" aller Materie, sind im Periodensystem zusammengefasst. Ein Ausschnitt des Periodensystems zusammen mit dem Element Gold ist oben abgebildet. Der Mensch und die gesamte Erde bestehen nur aus sehr wenigen Elementen (unten). Wasserstoff, das leichteste Element auf der Welt, wurde häufig als Gas in der Luftschifffahrt verwendet, doch kam es häufig zu Katastrophen wie zum Beispiel zu der Explosion des Luftschiffs Hindenburg (links) im Jahr 1937, bei der das hochentzündliche Gas explodierte.

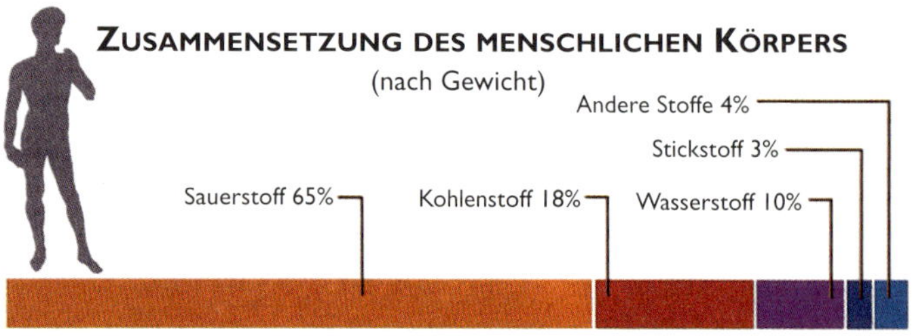

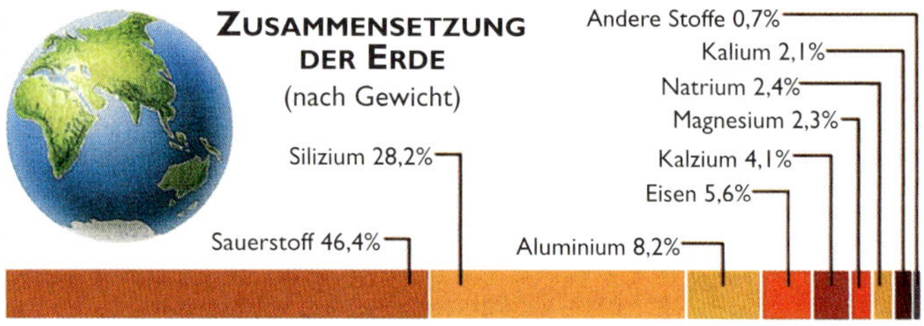

vor; die restlichen sind lediglich in winzigen Mengen auf der Erde zu finden. Das erste und leichteste der Elemente des Periodensystems ist Wasserstoff, dessen Atom nur ein Proton und ein Elektron enthält.

Es ist derart leicht, dass es nicht als selbstständiges Gas in der Atmosphäre existieren kann. Die Atome der Elemente der letzten Reihe des Periodensystems sind dagegen äußerst komplex. Spalten sich diese Elemente in leichtere und stabilere Tochterprodukte auf, werden riesige Mengen an Kernenergie freigesetzt. Instabile Elemente, zu denen beispielsweise Uranium gehört, machen ca. ein Drittel des Periodensystems aus, doch sind in der Umwelt sehr selten.

Minerale bestehen aus natürlich vorkommenden Elementen, die sich zu komplexen Verbindungen mit klaren physikalischen und chemischen Eigenschaften verbunden haben. Einige Elemente wie zum Beispiel Schwefel, Kohlenstoff, Silber, Gold und Kupfer sind als reine chemische Zusammensetzungen in der Natur zu finden und werden als gediegene oder reine Elemente bezeichnet.

Andere wiederum existieren nur als Verbindungen. Natriumchlorid, besser bekannt als Kochsalz, setzt sich beispielsweise aus Natrium und Chlor zusammen und kommt in der Natur als Halit vor. Die chemischen Verbindungen Silikat, Karbonat, Oxid, Sulfid und Sulfat zählen zu den wichtigsten Mineraliengruppen. Es sind mehr als 3 600 Mineralienarten bekannt und diese Zahl wächst stetig. Steine wiederum setzen sich aus verschiedenen Mineralien zusammen.

DAS PERIODENSYSTEM

Das Periodensystem wurde Mitte des 19. Jahrhunderts von dem russischen Chemiker Dimitri Ivanowitsch Mendelejew (1834–2007) entwickelt.

Er ordnete die damals bekannten 62 Elemente in ansteigender Reihenfolge nach ihrem Atomgewicht an. Das 101. Element des Periodensystems, erst vor kurzem entdeckt, wurde ihm zu Ehren Mendelevium genannt. Das häufigste Element des Universums ist Wasserstoff, aus dem 90 Prozent aller uns bekannten Materie besteht. Das in der Natur am seltensten vorkommende Element ist Astatin, das mit lediglich 0,16 Gramm Gesamtgewicht in der Erdkruste vertreten ist. Das leichteste feste Element ist Lithium, das schwerste ist Osmium. Es kommen ständig neue Elemente hinzu.

Zusätzlich zu den 94 natürlich vorkommenden Elementen wurden 15 schwerere Elemente künstlich geschaffen. 1982 gelang es Physikern in Darmstadt, ein Isotop des 109. Elements, Unnilenium, aus den Überresten eines einzigen Atoms zu schaffen.

DER MENSCH

Erstaunlicherweise besteht der menschliche Körper aus nur einigen wenigen ganz einfachen Elementen: Kohlenstoff, Wasserstoff, Sauerstoff und Stickstoff, einige weitere kommen in winzigen Mengen vor. Auch bedarf der menschliche Körper zur Aufrechterhaltung seines Wohlbefindens der regelmäßigen Aufnahme an Kalzium, Eisen, Natrium, Kalium und Phosphor. Im Alltag kommt der Mensch in der Regel ständig mit etwa einem Fünftel der Elemente des Periodensystems in Berührung. Unsere Behausungen, unsere Nahrung und Kleidung, sogar unser Heizmaterial und Schmuck: Alles besteht aus den gleichen Baustoffen.

DER MENSCH kommt ständig mit chemischen Elementen in Berührung, sei es in der Natur oder durch die moderne Technik.

DAS ANLEGEN *einer* STEINSAMMLUNG

Das Sammeln und Studieren von Gesteinsarten öffnet uns die Augen für den Reichtum an Naturwundern und die Schönheit unseres Planeten.

Steine und Mineralien finden sich fast überall, sei es in der Großstadt oder in ländlichen Gebieten. Sie werden zur Herstellung fast aller Alltagsgegenstände verwendet und bilden im wahrsten Sinne den Boden unter unseren Füßen.

Es lohnt sich also, sich mit den Gesteinsarten der eigenen unmittelbaren Umgebung vertraut zu machen. Selbst in der Großstadt findet sich ein erstaunlicher Reichtum an Gesteinsarten, natürlich meist in Form von Baustoffen. Sinnvoll ist es, seine Beobachtungen aufzuschreiben. Wie wird das Gestein genutzt? Handelt es sich um magmatisches, Sediment- oder metamorphes Gestein? Beachtenswert sind auch Farbe, Struktur und natürlich der Fundort. Bei den Gesteinsarten in natürlicher Formation sollte man sein Augenmerk auf charakteristische Strukturen wie Säulen, Türme oder Blockformationen richten.

DIESE FELSFORMATIONEN in Australien (oben) bestehen aus Granit, einem magmatischen Gestein. Eine Steinsammlung kann aus geschliffenen Steinen wie diesem Türkismedaillon (oben links) oder Schmucksteinen wie diesem Achat (oben rechts) bestehen.

Diese Strukturen geben häufig Aufschluss über die Art des Gesteins. Interessant ist es auch zu beobachten, welche Gesteinsarten in bestimmten Umweltbedingungen zu finden sind. Das Erdreich auf dem Gestein ist ebenfalls beachtenswert hinsichtlich seiner Farbe, Dicke, Beschaffenheit und Vegetation, die sich gegebenenfalls verändert, wenn sich die darunter liegenden Gesteinsarten verändern. Einfache Tests wie auf den Seiten 70–75 dargestellt können zudem bei der Identifizierung der einzelnen Mineralien, aus denen sich Gesteine zusammensetzen, helfen. Dazu gehört auch die Bestimmung der chemischen Elemente und Mineralien. Ausdauer lohnt sich in jedem Fall, denn wie bei so vielen Dingen gilt auch bei der Gesteinsbestimmung das Sprichwort: Nur Übung macht den Meister.

DIE STEINSAMMLUNG

Eine Steinsammlung ist ein guter Einstieg in die Geologie und fördert das Verständnis für geologische Zusammenhänge. Oft beginnt es mit einfachen geschnitzten und geschliffenen Gegenständen wie Figuren oder Buchstützen, die das Interesse an den verarbeiteten Steinen und Mineralien wecken. Preisgünstiger Schmuckstein wie Achat, Onyx, Kalkstein, Marmor, Obsidian und Hematit sind ein guter Anfang. Mit der Zeit geht man

UNGESCHLIFFENE SCHMUCKSTEINE wie dieser Malachit (links) und Chalcedon (rechts) eignen sich ebenfalls gut für eine Steinsammlung.

WINZIGE KRISTALLFORMATIONEN wie diese Kalzitkristalle (links) sind schön und von handlicher Größe. Es ist empfehlenswert, jedes Exemplar einer Steinsammlung einzeln zu beschriften.

wahrscheinlich dazu über, in der Natur nach bestimmten Gesteinsarten zu suchen. Dabei ist es zunächst völlig unwichtig, ob es sich bei den Fundstücken um perfekte Exemplare handelt. Jedes Stück Gestein oder Mineral hilft dem Hobbygeologen dabei, mit den Gesteinsarten vertraut zu werden.

Früher oder später spezialisieren sich viele Hobbygeologen auf eine bestimmte Mineralienart wie zum Beispiel Kristalle, Edelsteine, Erze und Werkstein oder auch auf bestimmte Mineraliengruppen. Interessant ist es auch, jede Mineralart in unterschiedlichen Bearbeitungs- und Rohstufen zu sammeln, zum Beispiel als fein gearbeiteter Schmuckstein, als geschliffener Stein, in unbearbeiteter Form und wenn möglich sogar als natürlicher Kristall.

Wachsender Beliebtheit erfreuen sich auch Miniaturgesteins- und Mineraliensammlungen, winzige Mineralien, die in durchsichtigen Plastikbehältern erhältlich sind und sich besonders gut für kleine Wohnungen eignen. Oft sind diese winzigen Exemplare, die man mit der Lupe betrachten muss, sogar schöner als Mineralien herkömmlicher Größe, da Kristalle umso perfekter ausgeformt erscheinen, je kleiner sie sind. Meist sind Miniaturgesteinssammlungen auch sehr viel preisgünstiger. Besonders schön zur Geltung kommen Sammlungen, die in Glaskästen präsentiert werden, doch eine gewöhnliche Schublade erfüllt auch ihren Zweck.

Die Sammlung beschriften

Viele Steinsammler haben an der Beschriftung ihrer Fundstücke genauso viel Freude wie an deren Erwerb. Empfehlenswert ist es, jedes Exemplar mit einer Nummer zu versehen, die an seinem Behältnis angebracht ist. Exemplare, die häufig in die Hand genommen werden, können auch mit schwarzer Tinte auf weißem Lack direkt nummeriert werden. Außerdem sollte man das Objekt auf einer Katalogkarte, in einer Liste oder in einer Computerdatei detailliert beschreiben. Handelt es sich um einen Stein, sollte man seinen Namen, seine Bestandteile und seinen Fundort festhalten. Mineralien sollten mit ihrer Bezeichnung und der chemischen Zusammensetzung aufgelistet werden. Wichtig ist es auch, physikalische Beschaffenheit, relative Dichte, Färbung und Schattierungen sowie eine mögliche industrielle Nutzung des Minerals aufzulisten. Eine Karte mit einer Zusammenfassung der Eigenschaften eines jeden Objekts kann man zusammen mit dem Stück ausstellen, was der Sammlung einen professionellen Eindruck verleiht.

GESTEINSFORMATIONEN wie diese Topaskristalle auf weißem Quarz sind eindrucksvoll, doch nicht ganz billig. Genauso lohnend ist es, verschiedene Formen des gleichen Minerals zu sammeln wie zum Beispiel bei diesem Türkis (oben). Eine Steinsammlung kann in speziellen Schubladenschränken aufgehoben werden.

EXKURSIONS-VORBEREITUNGEN

Eine sichere geologische Exkursion erfordert viel Planung und die richtige Ausrüstung.

Die Grundausrüstung, die für eine geologische Exkursion benötigt wird, ist simpel und kann im Laufe der Zeit aufgestockt werden. Ein Kompass und eine geologische Landkarte ist alles, was man für den Anfang braucht. Dazu kommen ein Notizbuch, in dem Details über den Fundort und die Fundstücke festgehalten werden, alte Zeitungen und Klebeband, um die Fundstücke sicher einpacken zu können, ein wasserfester Filzstift zur Beschriftung der Päckchen und schließlich ein Rucksack oder ein Karton, um die Fundstücke nach Hause zu transportieren. Ein Geologenhammer ist praktisch, wenn man Gesteinsbrocken aus einer Formation auslösen muss oder um unverwittertes Gestein zum Vorschein zu bringen. Er ist äußerst praktisch, wenn man Fundstücke bearbeiten möchte. Ein solcher Hammer hat ein flaches Ende, das dazu dient, Gesteinsbrocken aufzuschlagen, und ein spitzes Ende zum Graben und Meißeln. Einige Sammler arbeiten jedoch lieber mit Hämmern, die einen kurzen Griff und einen besonders schweren Kopf haben, wodurch das Herausbrechen von Gestein leichter und vor allem sicherer geht. Es wird auch empfohlen zum Schutz vor umherfliegenden Gesteinssplittern feste Arbeitshandschuhe und eine Schutzbrille zu tragen. Sinnvoll ist es auch, einen Meißel mit sich zu führen, der beim Bearbeiten von großen Gesteinsbrocken hilfreich sein kann und nicht besonders schwer ist. Ein flacher Meißel ermöglicht es, Gesteinsmaterial gezielt entlang von Spaltflächen oder Frakturen aufzubrechen. Dabei sollte man immer daran denken, ein gutes Fundstück nur dann zu bearbeiten, wenn man ganz sicher ist, es dabei nicht zu zerstören. Ansonsten ist es besser, es später mit einer Steinsäge zu bearbeiten.

Für schwerere Arbeiten, beispielsweise wenn man nach mit Mineralien gefüllten Hohlräumen im Gestein sucht, wird meist ein so genannter Fäustel verwendet. Dabei sollte spezielle Schutzkleidung einschließlich eines Arbeitshelms und Augen- und Gesichtsschutz getragen werden. Ein Helm ist auch besonders wichtig, wenn man an einem Steilhang oder in einem Steinbruch arbeitet. Als praktisch erweist es sich auch, eine Lupe mit etwa zehnfacher Vergrößerung, einen Magneten zum Nachweis von magnetischen Mineralien, eine Strichplatte aus Porzellan, ein Mohs-Härte-Bestimmungstest oder ähnliche Härtebestimmungshilfen (siehe S. 71) und eine gut verschließbare Plastikflache mit starkverdünnter hydrochlorischer Säure mit sich zu führen, um Karbonate, Kreide und Sandstein zu testen (siehe S. 70–75 hinsichtlich Testverfahren). Metalldetektoren sind nützlich, wenn man nach Goldklumpen oder auch nach Münzen, Orden, Ringen oder auch Gewehrkugeln sucht. Leider findet man auf diese Weise auch haufenweise alte Blechdosen, Kronkorken, Draht und Nägel.

ZUR KOMPLETTEN AUSRÜSTUNG einer Exkursion gehören eine geologische Landkarte (rechts) und spezielle Schutzkleidung.

Goldschürfer bei der Arbeit (links). Die feinen Goldteilchen werden mit einem alten Teppich herausgefiltert und von Kies und Sedimenten getrennt.

Fortgeschrittene Hobbygeologen benutzen manchmal sogar Ultraviolettlampen zum Auffinden von lumineszierenden Mineralien und Geigerzähler zum Auffinden von radioaktiven Mineralien.

Gesteinssuche in Bächen und Flüssen

In Bächen und Flüssen findet man häufig schwere Mineralien wie Gold, Saphir, Rubin, Zirkon, Spinell, Topas, Turmalin, Chrysoberyl und Zinnstein.

Um sich Zugang zum Gestein zu verschaffen und Geröll und Sediment fortzuschieben, benötigt man eine Hacke, einen Spaten und eine Kelle. Ein Stemmeisen hilft dabei, größere Gesteinsbrocken zu bewegen, und mithilfe einer Saugglocke sind auch Materialen in schmalen Spalten zu erreichen. Spezielle Maschinen werden bei der professionellen Suche nach geologischen Schätzen eingesetzt. Bagger oder Pumpen heben Kies aus dem Flussbett und entladen es über eine Rohrleitung in eine Maschine, die als Probenteiler oder auch mit dem englischen Fachbegriff „Riffle Box“ bezeichnet wird. Der Probenteiler ist im Prinzip ein riesiges Sieb, das schwere Mineralien aussortiert und sammelt. Das Gerät wird normaler nur einmal am Tag entleert.

Vorsichtsmassnahmen

Die richtige Kleidung bei einer Exkursion ist äußerst wichtig. Dazu gehören vor allem festes Schuhwerk und Kleidung, die vor Wind und Wetter schützt.

Auch sollte man sich vor Beginn der Exkursion mit den Gefahren der jeweiligen Gegend vertraut machen, seien es Tropenkrankheiten, gefährliche Tiere, instabile Bodenverhältnisse oder extremes Klima. Ratsam ist es, immer Landkarten mit sich zu führen. Gegebenenfalls sollte man sich vorab eine Genehmigung einholen, wenn man auf privatem oder öffentlichem Land nach Gesteinen und Fossilien suchen möchte. Des Weiteren sollte man andere Personen über das geplante Ziel informieren, schon allein zur eigenen Sicherheit.

Unnötige Risiken sind natürlich auf jeden Fall zu vermeiden und besondere Vorsicht ist in verlassenen Bergwerken und Steinbrüchen geboten, da insbesondere loser Untergrund und herabfallendes Gestein zu Verletzungen führen können. Unterirdische Bergwerkschächte sind oft instabil und sollten unter keinen Umständen betreten werden.

Gold- und Edelsteinwaschen

Um schwere Mineralien zu isolieren, muss man zunächst den Kies sieben. Dazu setzt man ein grobes Sieb mit ca. 5 Millimeter weiten Löchern auf ein feineres Sieb mit ca. 2,5 Millimeter weiten Löchern und setzt das Ganze auf eine Waschpfanne. Dann füllt man das oberste Sieb mit der Kiesprobe und bewegt beide Siebe kreisförmig unter Wasser.

Die schweren Mineralien sammeln sich in der Mitte der Siebe und drängen das leichtere Material an die Ränder, wobei das feinste Material in die Pfanne fällt.

Nach einigen Minuten schüttet man den Inhalt der Siebe auf ein Leintuch und sortiert alle Edelsteine mit einer Pinzette heraus. Gold und kleine Steine sammeln sich auf dem Boden der Pfanne.

Auf Exkursion

Bergformen, die Form von Flussläufen, bestimmte Boden- und Vegetationsarten liefern eindeutige Hinweise auf die darunter liegende geologische Struktur der Landschaft.

Vor einer geplanten Exkursion sollte man sich mit der Landschaft, die man erkunden möchte, vertraut machen und sich schon vorher mit den Gesteinsarten und Mineralien beschäftigen, die einen dort erwarten. Gut vorbereitet wird die Exkursion erfolgreicher sein und mit Sicherheit mehr Freude bereiten.

Geologische Landkarten

Gutes Orientierungsvermögen und ein Grundverständnis für geologische Landkarten sind hilfreich beim Steinesammeln. Geologische Landkarten geben Auskunft über das Gesteinsvorkommen in der jeweiligen Gegend. Mithilfe einer solchen Karte ist es möglich zu bestimmen, wo die Wahrscheinlichkeit am größten ist, eine bestimmte Gesteinsart zu finden. Jede Gesteinsart ist durch eine bestimmte Farbe oder ein bestimmtes Symbol dargestellt. Die Legende bietet zusätzliche Informationen über die Gesteinsart wie Aussehen, Alter, mineralische Zusammensetzung und mögliche Fossilieneinschlüsse. Es lohnt sich, sich mit der Darstellung der unterschiedlichen Gesteinsarten auf der Karte vertraut zu machen und Proben der einzelnen Gesteine zu sammeln. Mit der Zeit wird man in der Lage sein, einzelne Mineralien- und Edelsteinarten bestimmten Gesteinsarten zuzuordnen. Dies ist die Grundlage aller geologischen Forschung.

DIE FÄRBUNG der Red Mountains (rechts) in Colorado, USA, deutet auf das Vorkommen von Eisen hin. Flüsse, die Vulkanhänge hinabfließen wie etwa in den Anden (unten), sind gute Quellen für die Edelsteinsuche.

Fundstellen

Landformen, Bodenbeschaffenheit und Vegetation können gute Hinweise auf die zu erwartenden Gesteinsarten geben. Flüsse folgen in ihren Windungen oft den darunter liegenden geologischen Schichten. Es ist daher hilfreich, sich Flussläufe einer gewöhnlichen Landkarte anzuschauen. Manchmal fließen Ströme strahlenförmig aus einem bestimmten Gebiet weg oder fließen in einer Senke zusammen. Solche Phänomene deuten auf die Anwesenheit erloschener Vulkane hin, die häufig gute Edelsteinfundorte sind. Die Bodenbeschaffenheit gibt weitere Aufschlüsse. Vielleicht fällt es auf, dass bestimmte Böden eine andere Farbe aufweisen als andere Böden in der Gegend. Braun-rote Böden deuten auf die Anwesenheit von stark eisenhaltigem vulkanischen Gestein hin. Solche Böden unterscheiden sich nicht nur in ihrer Farbe von anderen Böden, sondern auch in der Vegetation und der Art ihrer landwirtschaftlichen Nutzung. Je besser man sich mit diesen Zusammenhängen auskennt, desto leichter und ergiebiger wird das Steinesammeln.

AN FELSKÜSTEN wie in Dorset (oben) findet man viel abgebrochenes Gestein. Goldschürfen an einem Fluss im Norden Madagaskars (unten).

Bachbetten und Steinbrüche sind oft die besten Fundorte, doch ist es ratsam, erst die Erlaubnis einzuholen, bevor man einen Steinbruch betritt. Abraumhalden sind ebenfalls eine gute Quelle für frisches Material und enthalten oft Mineralien, die von den Bergleuten übersehen wurden. In Australien beispielsweise werden Sammler oft auf Abraumhalden von Opalbergwerken fündig. Besonders nach Regenfällen finden sich dort immer wieder überraschend schöne Opalstücke.

Auch Steilhänge entlang der Küsten sind gute Fundorte, da sich am Fuß der Hänge immer abgefallenes Gestein sammelt. Gebirgsgegenden eignen sich ebenfalls zum Steinesuchen. Damit auch kommende Generationen an diesen Naturschönheiten noch Freude haben, sollte man kein Gestein direkt aus den Felswänden schlagen, sondern nur bereits ausgebrochenes Material aufsammeln. Flüsse und Bäche sind gute Fundstellen für schwere Mineralien.

An manchen Orten findet man besonders viele Mineralien. Solche Mineralienlagerstätten entstehen zum Beispiel an Stellen, wo sich die Fließgeschwindigkeit von Wasser verringert und sich schwere Mineralien besonders leicht ablagern. Man sollte daher auf besondere Merkmale achten. Solche Merkmale sind zum Beispiel Vertiefungen in einem Wasserlauf, die durch Auswaschung entstanden sind, außerdem Spalten, Geröllhaufen und größere Steinansammlungen, die quer zur Fließrichtung auftreten oder auch eine plötzliche Verbreiterung des Baches oder Flusses.

Wenn man sich beim Suchen auf diese Lagerstätten konzentriert, hat man häufig besonders interessante Fundergebnisse. Schweres Material, besonders Gold, sammelt sich gern direkt auf dem Grund an. Daher lohnt es sich, mit dem dort gefundenen Material besonders intensiv zu beschäftigen. Feines Material in der Pfanne muss ständig auf winzige Edelsteinrückstände überprüft werden, da es sehr wahrscheinlich ist, dass sich an Orten, wo Spuren bestimmter Mineralien vorkommen, auch größere Stücke finden lassen. Nach schweren Regenfällen füllen sich diese Lagerstätten mit neuem Material, sodass man dort immer wieder fündig werden kann.

In den Augen des Geologen ist die Welt ein einziges Puzzlespiel.

LOUIS AGASSIZ
(1807–1873),
schweizerischer Naturforscher.

WIE MAN EINEN KOMPASS BENUTZT

Der Kompass ist ein Gerät zur Bestimmung der Himmelsrichtung und ein besonders nützliches Orientierungsmittel für Geologen. Die Magnetnadel des Kompasses zeigt immer nach Norden. Will man einer bestimmten Richtung folgen, beispielsweise 40 Grad Nordost, stellt man die Visiermarke auf 40 Grad ein. Dann dreht man sich, bis die magnetische Nadel auf die Nordmarke der Skala zeigt. Nun kann man in die ausgewählte Richtung laufen, wobei die Nadel immer auf die Nordmarke fixiert bleiben muss.

DIE LANDSCHAFT „LESEN“

Die Kräfte der Natur haben die Erde im Laufe der Zeit verändert. Die Kenntnis von den Ursachen fördert das Verständnis für geologische Phänomene.

Mineralien und Edelsteine sind nicht gleichmäßig in der Erdkruste verteilt. Vielmehr neigen sie dazu, sich in bestimmten Gesteinsarten, deren Entstehung wiederum auf bestimmte geologische Ereignisse zurückzuführen ist, anzusammeln. Oft lassen die Charakteristika der Landschaft auf der Erdoberfläche Rückschlüsse auf die Gesteinstypen im Inneren des Erdmantels zu. Doch sind in manchen Fällen die geologischen Hinweise tief im Inneren der Erde verborgen und können nur mit aufwändiger geophysikalischer Technik erreicht werden.

TEKTONISCHE KRÄFTE

Die gewaltigen tektonischen Kräfte, die die Meere und Kontinente verschieben, sind auch für die Wandlung der Struktur von Mineralien und Gesteinen verantwortlich. Kenntnisse über diese Zusammenhänge und deren Auswirkung auf die geologische Landschaft sind wichtig für das Verständnis der erdgeschichtlichen Entwicklungen. Gebirge entstehen, wenn Kontinente aufeinander stoßen und dabei die ehemals horizontalen Sedimentgesteinsschichten nach oben drücken und in Falten legen. Ist der Druck stark genug, verwandelt sich das Sedimentgestein in metamorphes Gestein, das oft interessante und wertvolle Mineralien enthält, wie beispielsweise Granat, Rubin, Glimmerschiefer, Saphir, Kyanit, Andalusit and Staurolit.

Die Kollisionszonen sind häufig durch die Anwesenheit stark deformierten Meeresgesteins wie Feuerstein, Jaspis und Kalkstein gekennzeichnet. Diese Gesteine sind die Überreste einst riesiger Ozeane, die von zusammenprallenden Kontinentalplatten verdrängt wurden. Diese Gesteine enthalten eine Reihe interessanter Mineralien wie etwa Chrysoti, Antigorit, Chromit (Chromerz), Pyrolosit (Manganerz), Nephrit, Jade, Asbest, Talk, Rhodonit und kryptokristallines Quarz.

AUFSTEIGENDES MAGMA

Das heiße Innere der Erde wird nur durch eine relativ dünne Erdschicht bedeckt. Wenn sich Erdplatten verschieben und zusammenstoßen, steigt Magma nach oben und gelangt manchmal durch Vulkanausbrüche an die Erdoberfläche. Oft jedoch kühlt es ab, noch bevor es die Erdoberfläche erreicht, wobei es zur Entstehung von Granitintrusionen kommt.

Flüssigkeiten mit hohem Mineraliengehalt, Pegmatiten genannt, dringen in die Spalten ein, die um die Intrusionen herum entstanden sind und führen so zur Entstehung besonders

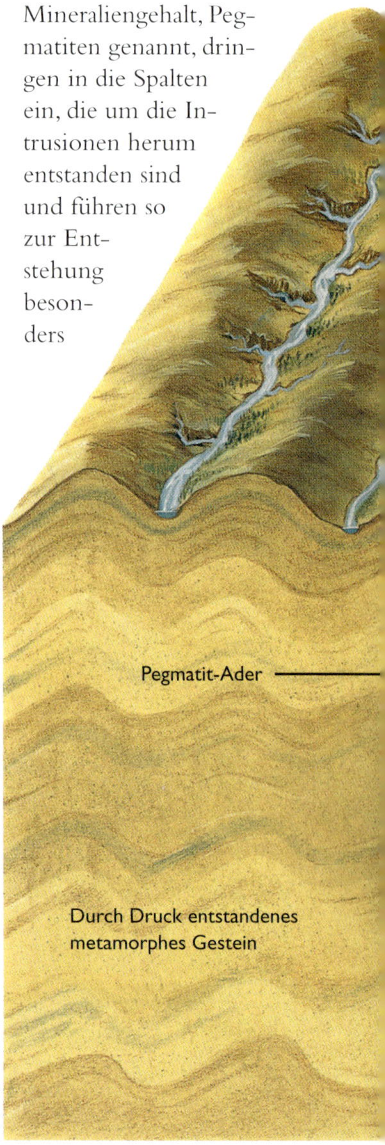

MINERALIEN UND EDELSTEINE entstehen unter bestimmten geologischen Voraussetzungen (rechts). Aktive Vulkane wie zum Beispiel der Kilauea Iki auf Hawaii (links) fördern interessante Mineralien wie etwa Olivin an die Oberfläche.

DIESE LUFTAUFNAHME (rechts) zeigt deutlich, welche Spuren der Flusslauf des Green River in Utah in der eindrucksvollen Landschaft hinterlassen hat.

großer und schöner Mineralienkristalle wie Topas, Beryl (Smaragd), Turmalin, Kassiterit (Zinnerz), Quarz, Feldspat, Gold und Glimmer. An den Rändern der Intrusionen verwandelt Hitze die umliegenden Gesteine und lässt auf diese Weise weitere Mineralien entstehen wie Kalzit (Kalkspat), Wollastonit (Tafelspat) und Lapislazuli. Durch Erosion werden diese granitischen Gesteinskörper freigelegt, die mithilfe einer geologische Landkarte zu finden sind.

Wenn Magma an die Erdoberfläche steigt, kommt es oft zur Entstehung von Basaltkuppen. Das aufsteigende Magma durchbricht die Erdoberfläche und bedeckt alle älteren geologischen Strukturen. Zu den Mineralien, die häufig in Magma enthalten sind, zählen Saphir, Rubin, Zirkon, Spinell und Peridot. Nach der Verwitterung lösen sich diese Mineralien häufig aus dem Basalt und gelangen in die Flüsse. Flache Vulkane entstehen, wenn Lava mit geringem Siliziumgehalt tief aus dem Inneren des Erdmantels aufsteigt und ausbricht. Diese Lava, die innerhalb weniger Tage zum Ausbruch gelangen kann, bringt manchmal den wertvollsten aller Edelsteine ans Tageslicht: den Diamanten.

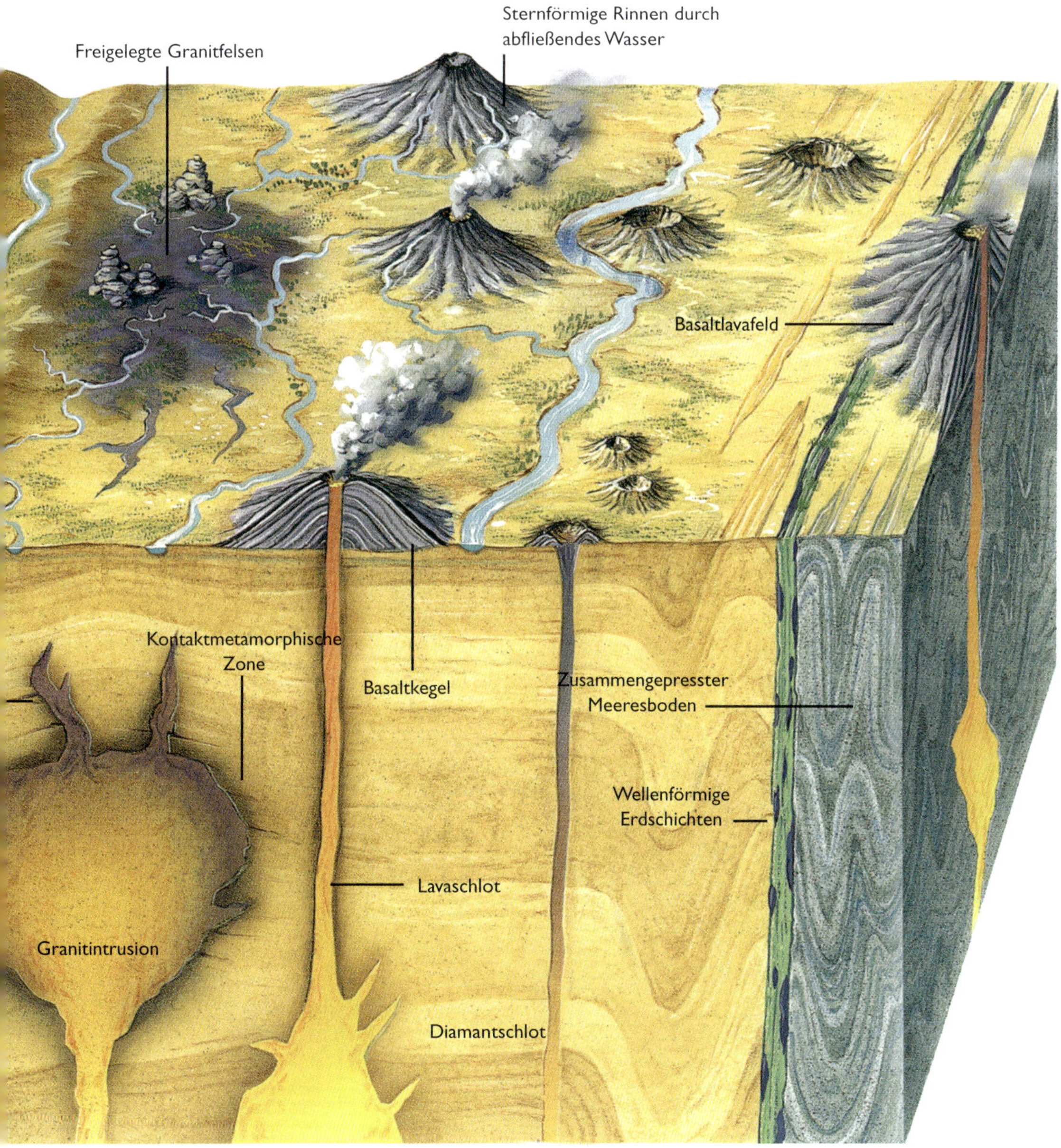

MINERALIEN BESTIMMEN

Jeder Sammler, ob Laie oder Profi, kann mithilfe einfacher Tests Mineralien ganz leicht identifizieren.

Mineralien zu bestimmen ist leicht und kann viel Freude bereiten. Die meisten Tests, die durchgeführt werden müssen, basieren auf grundsätzlichen Eigenschaften der Mineralien, daher werden keinerlei Gerätschaften benötigt. Weitere Tests können mithilfe von günstigen Geräten, entweder in der Natur oder zu Hause, durchgeführt werden. Oftmals genügen ein oder zwei Tests, um ein Mineral zu identifizieren, es kann aber auch vorkommen, dass man sich an einen Profi wenden muss. Um ein Mineral identifizieren zu können, müssen folgende Eigenschaften bestimmt werden: Härte, Säurelöslichkeit, Magnetismus, Dichte, Farbe, Strichfarbe, Transparenz, Glanz, Schimmer, Fluoreszenz und Phosphoreszenz, Kristallsystem, Habitus, Spaltbarkeit und Bruch. Diese Eigenschaften beruhen eher auf der Anordnung der Atome als auf den chemischen Zusammensetzungen des Minerals. Diamant und Grafit sind zum Beispiel bezüglich ihrer chemischen Zusammensetzung absolut identisch. Beide bestehen aus reinem Kohlenstoff, sind aber gemäß ihrer anderen Eigenschaften vollkommen verschieden. Zum einen ist Diamant die härteste bekannte Substanz, Grafit jedoch eine der weichsten. Diamant ist durchsichtig und verfügt über einen brillanten Glanz, Grafit ist dagegen undurchsichtig, stumpf und schwarz. Diese Unterschiede beruhen alle auf der völlig andersartigen Anordnung der Kohlenstoffatome im Mineral. Diamantatome sind kubisch, die des Grafits hingegen hexagonal angeordnet. Mit etwas Übung werden die meisten Bestimmungstests für jeden Sammler zur Routine. Schon beim ersten Blick auf das Mineral kann man dessen Farbe und Form erkennen und feststellen, ob es durchsichtig ist. Vielleicht sieht es ölig oder harzig aus oder reflektiert Licht auf eine ganz bestimmte Art und Weise. Mit jeder identifizierten Eigenschaft kreist man die Mineralart, der das Fundstück angehört, immer weiter ein.

DAS BESTIMMEN VON MINERALIEN kann in der freien Natur geschehen (oben). Brasilianit und Glimmerkristalle wachsen zusammen (rechts) und sind leicht zu identifizieren.

DIAMANT UND GRAFIT (oben) sind chemisch identisch, haben aber viele unterschiedliche physikalische Eigenschaften.

BESTIMMUNGSTESTS

Nehmen Sie Ihr zu identifizierendes Mineralienexemplar oder den Stein, in dem sich das Mineral befindet, und gehen Sie die folgenden Tests der Reihe nach durch. Indem Sie Ihre Ergebnisse mit gewöhnlichen Eigenschaften von Mineralien vergleichen, werden Sie in der Lage sein, Ihr Exemplar zu bestimmen.

HÄRTEGRAD

Der Härtgrad eines Minerals wird festgelegt, indem man es mit einem anderen Mineral oder Objekt, dessen Härtegrad bekannt ist, versucht einzuritzen. Eine Härteskala von 1 (Talk) bis 10 (Diamant) wurde von dem deutschen Mineralogen Friedrich Mohs (1773–1839) entwickelt. Mineralien mit einem hohen Mohs-Wert zerkratzen andere mit einem geringeren Wert. Der Einfachheit halber kann eine Reihe von tagtäglichen Objekten mit bekanntem Härtegrad benutzt werden (siehe Tabelle). Dieser Test sollte niemals an besonders guten Exemplaren durchgeführt werden, da er Kratzer auf dem Mineral hinterlässt. Außerdem darf der Härtegrad niemals mit der Dichte eines Minerals verwechselt werden. Auf diese Weise wurde schon

HÄRTESKALA

1 Talk

2 Gips

Fingernagel (2,5)

3 Calcit

Kupfermünze (3,5)

4 Fluorit

5 Apatit

Glas (5,5)

6 Orthoklas

Stahlmesser (6,5)

7 Quarz

8 Topas

Schmirgelleinen (8,5)

9 Korund

10 Diamant

HÄRTEGRADE Mohs' Härteskala geht vom weichsten bis zum härtesten Mineral, wobei hier die Gegenstände für den Ritztest mit angegeben sind. Zerkratzt beispielsweise ein unbekanntes Mineral Orthoklas (6), wird aber von Quarz (7) angekratzt, so liegt sein Härtegrad zwischen 6 und 7.

so mancher wertvolle Diamant zerstört, weil man davon ausging, dass er in seiner Eigenschaft als härtester Stein einen kraftvollen Hammerschlag problemlos aushalten kann. Tatsächlich wird er in perfekte oktaedrische Teile zerspalten.

Der Säuretest

Mithilfe dieses einfachen Feldversuchs lässt sich feststellen, ob karbonathaltige Mineralien wie zum Beispiel Calcit oder karbonathaltiges Gestein wie Kalkstein, Marmor und Kreide am Fundort vorkommen. Dabei werden vorsichtig ein paar Tropfen verdünnter Salzsäure auf die frische Gesteins- oder Mineralienoberfläche des zu identifizierenden Objekts geträufelt. Säure reagiert mit jedem Karbonat zu Kohlendioxyd. Bilden sich also Bläschen, enthält das Untersuchungsobjekt Kohlenstoff.

Magnetismus

Um herauszufinden, ob das gefundene Exemplar eisenhaltig ist, bietet sich dieser einfache Magnetismustest an. Mineralien mit einem hohen Eisenanteil wie beispielsweise Pyrrhotin werden von einem kleinen Magneten angezogen. Schwach magnetische Exemplare lassen allerdings immer noch eine Kompassnadel ausschlagen.

Dichte

Dichte ist das relative Gewicht eines Minerals im Verhältnis zum Gewicht des gleichen Volumens in Wasser. Man sollte diesen Dichtetest auf jeden Fall durchführen, da die Dichte eines Minerals eine äußerst zuverlässige Identifikationsmethode ist. Enthält das Fundstück mehr als ein Mineral, kann der Test nicht angewandt werden. Zur Durchführung des Tests benötigt man eine Waage, die das Mineral zum einen ganz normal in der Luft, zum anderen aber auch noch einmal in Wasser misst. Dabei teilt man das Gewicht des Minerals in der Luft durch die Differenz der beiden Gewichte, wodurch man die Dichte des Minerals erhält. Mit der Zeit bekommt man ein Gefühl dafür, zwischen leichten Mineralien (Dichte 1–2) wie etwa Schwefel und Grafit mittleren Mineralien (2–3) wie Gips und Quarz, mittelschweren Mineralien (3–4) wie beispielsweise Fluorit und Beryll, schweren Mineralien (4–6) wie Korund und die meisten anderen Metalloxide und -sulfide sowie extra schweren Mineralien (mehr als 6) wie Kassiterit nur mithilfe der Hand zu unterscheiden. Reines Gold und Platin sind die schwersten Mineralien mit einer Dichte von etwa 19.

ES ENTSTEHEN BLÄSCHEN, wenn Säure auf ein karbonathaltiges Mineral geträufelt wird.

MAGNETEISENERZ (links) wurde wegen seiner magnetischen Eigenschaft einst zur Navigation genutzt. Rhodochrosit und Calcit gleicher Größe zeigen ihre unterschiedliche Dichte, wenn sie auf eine Waage gelegt werden (unten). Calcit ist eindeutig leichter.

BESTIMMUNG *mithilfe* *von* OPTISCHEN EINDRÜCKEN

Das wahrscheinlich Erste, was beim Mineralienfund festgestellt werden kann, ist sein Erscheinungsbild im Licht. Farbe, Schimmer, Glanz und Transparenz liefern alle Hinweise zu seiner Bestimmung.

Die Farbe eines Minerals ist nicht immer ein eindeutiges Bestimmungsmerkmal. Es hängt stets davon ab, ob die Farbe durch die Elemente entstanden ist, die für die Entwicklung des Minerals entscheidend sind (idiochromatische Mineralien), oder von unwichtigen Spurenelementen (allochromatische Mineralien). Idiochromatische Mineralien sind unter anderem Rhodonit und Rhodochrosit (pink, gefärbt durch Mangan), Malachit (grün, gefärbt durch Kupfer), Olivin (gefärbt durch Magnesium) und Schwefel (gelb). Die Farben von allochromatischen Mineralien (vor allem nicht metallischen) sind so verschieden, dass sie bei der Bestimmung nicht behilflich sein können. Zum Beispiel sind die Mineralien Korund, Apatit, Turmalin, Beryll und Fluorid in ihrer reinen Form farblos und vollkommen durchsichtig. Man findet sie aber in einer Vielzahl von Farben. Dies ist abhängig davon, welche Spurenelemente bei der Kristallisation vorhanden waren. In diesen Fällen können andere optische Eindrücke wie Strichfarbe, Transparenz, Glanz, Schimmer und Lumineszenz zur Bestimmung genutzt werden.

FARBE alleine reicht nicht, um Fluorid zu bestimmen, da es in den verschiedensten Farben gefunden werden kann (unten). Malachit lässt sich hingegen leicht bestimmen (oben), da es ausschließlich grün ist.

STRICHFARBE

Wird ein Mineral auf eine unglasierte weiße Porzellanplatte gerieben, hinterlässt das Mineral einen Strich oder Streifen aus puderigem Material. Unabhängig von den Spurenelementen bleibt diese Strichfarbe immer gleich. Zum Beispiel hinterlassen die allochromatischen Mineralien Korund, Apatit, Turmalin, Beryll und Fluorid alle einen weißen Steifen. Strichfarbe ist ein besonders gutes Erkennungszeichen für metallische Mineralien. Zum Beispiel hinterlassen messingartig gelber Pyrit und Chalkopyrit einen grünlich-schwarzen Streifen, schwarzer Hämatit hinterlässt einen kirschroten, schwarzes Pyrolusit bildet einen schwarzen, schwarzes Wolframit einen braunen und schwarzes Kassiterit einen fast weißen Streifen.

STRICHFARBE ist konstant und unabhängig von der Farbe des Minerals. Von links nach rechts: Kassiterit (weißlicher Streifen), Kassiterit (grünlich-schwarz) und Malachit (grün).

TRANSPARENZ

Unter Transparenz versteht man die Lichtdurchlässigkeit eines Minerals. Es gibt drei Kategorien der Transparenz: Bei „durchsichtigen" Mineralien wie Quarz, Topas und Beryll können Objekte noch deutlich durch sie hindurch erkannt werden. „Durchscheinende" Mineralien wie Opal, Jade und Chalcedon lassen noch etwas Licht durch, es lässt sich aber nichts mehr durch sie erkennen. „Undurchsichtige" Mineralien wie Malachit und Hämatit sind vollkommen lichtundurchlässig. Werden Mineralien in Flüssen gefunden, sind in der Regel die Oberflächen des Minerals abgeschliffen und mattiert. Diese müssen aufpoliert werden, um die wahre Transparenz des Minerals festzustellen.

GLANZ

Der Glanz bezieht sich auf die Oberflächenerscheinung des Minerals und hängt davon ab, wie das einfallende Licht aufgenommen und reflektiert wird. Glanz variiert von

DER GLANZ von Mineralien enthält (von links nach rechts) matt (Kaolinit), Seidenglanz (Asbest), Metallglanz (Bleierz), Glasglanz (Calcit), Perlenglanz (Talk) und Wachsglanz (Türkis).

„matt" (wie Kaolinit) bis „Diamant" (ähnlich wie bei Diamanten). Es gibt aber noch diverse andere Glanzkategorien: Unter anderem gibt es „Glasglanz" (Quarz oder Beryll), „Metallglanz" (wie der vieler Metalle, Metalloxide und -sulfide), „Wachs-" oder „Fettglanz", bei dem das Mineral aussieht, als ob es mit einem dünnen Ölfilm überzogen wäre (wie etwa bei Türkis). Des Weiteren gibt es „Harzglanz" (Bernstein), „Perlmuttglanz" (Perlen, Mondstein und Talk) sowie „Seidenglanz", der bei Mineralien mit einer feinen faserigen Struktur auftritt, etwa bei Asbest.

Schimmer

Schimmer entsteht durch die Lichtreflexion innerhalb des Steins und wird somit durch die innere Struktur hervorgerufen. Schimmer darf weder mit der Farbe noch mit dem Glanz verwechselt werden, da sich diese ausschließlich auf die Oberfläche beziehen. Zum Beispiel ist die Farbe eines edlen Opals Weiß, Grau, Schwarz oder Farblos. Der wunderschöne Regenbogeneffekt, den man „Farbenspiel" bezeichnet, entsteht, wenn Licht durch die Siliziumoxidansammlungen im Inneren des Opals gebrochen wird. Schimmereffekte lassen sich am besten bei geschliffenen und polierten Steinen erkennen. Jedoch ist er auch im unbehandelten Zustand klar erkennbar. Eine Reihe von Begrifflichkeiten, die den Grad des Schimmers beschreiben: „Schillern" beschreibt den Regenbogeneffekt, der auf der Innenseite diverser Muscheln und auf polierten Oberflächen von Feldspat zu sehen ist. Die „Adulareszenz" oder auch Schiller genannt, ist ein silbern-bläulicher Schimmer, der insbesondere bei semitransparentem Mondstein und anderen Feldspatmineralien sowie in einigen Opalen vorkommt. Die „Chatoyance", auch Katzenaugeneffekt genannt, ist eine Lichtreflexion, die durch parallel liegende Fasern oder nadelähnliche Einlagerungen innerhalb des Minerals hervorgerufen werden. Dieser Effekt erscheint als eine einzelne helle Linie, nachdem das Mineral als Cabochon, also kugelartig rund geschliffen wurde. Man kann diesen Effekt auch in Quarz, der parallele Asbestfasern enthält, gut erkennen. Des Weiteren ist Chatoyance auch in verkieseltem Krokydolithasbest (Tigerauge) und Katzenaugenchrysoberyll anzutreffen. „Asterismus" ist dem Katzenaugeneffekt sehr ähnlich. Die helle Linie strahlt in unterschiedliche Richtungen. Für diese sternförmigen Lichtreflexe sind die so genannten Sternsaphire und -rubine bekannt.

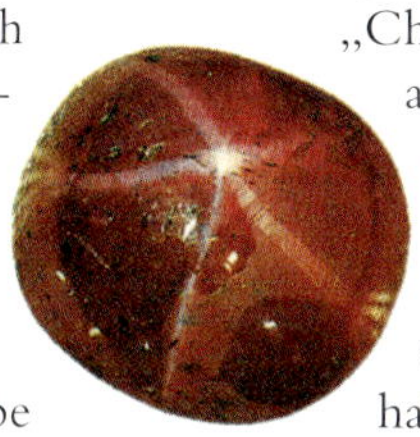

TRANSPARENZ
Die drei Kategorien von Transparenz sind (von links nach rechts) durchsichtig (Quarz), durchscheinend (Chalcedon) und undurchsichtig (Malachit).

Lumineszenz

Nicht alle optischen Eindrücke sind mit bloßem Auge zu erkennen. Gewisse Mineralien wie Scheelit, Fluorid, Calcit, Zirkon, gewöhnlicher Opal und Diamant zeigen unter ultraviolettem Licht ein bestimmtes Leuchten. Diesen Effekt nennt man Fluoreszenz oder Phosphoreszenz, wenn das Leuchten nach Ausschalten des Lichtes noch weiter anhält. Im Dunkeln glänzen diese Mineralien in wunderschönen Violett-, Grün- und Rottönen. Diese Farben entsprechen allerdings nicht den Farben, die sie in natürlichem Licht haben. Sammler fertigen häufig ganz spezielle Schaukästen an, um auch diesen Lumineszenzeffekt mancher Mineralien jederzeit genießen zu können.

GEWÖHNLICHE SCHIMMER-EFFEKTE sind unter anderem Asterismus (Sternrubin, links), blau-grüne Schiller (Labradorit, rechts) und Farbenspiel (Opal, unten).

FLUORESZENZ
Opal (unten) unter ultraviolettem und normalem Licht.

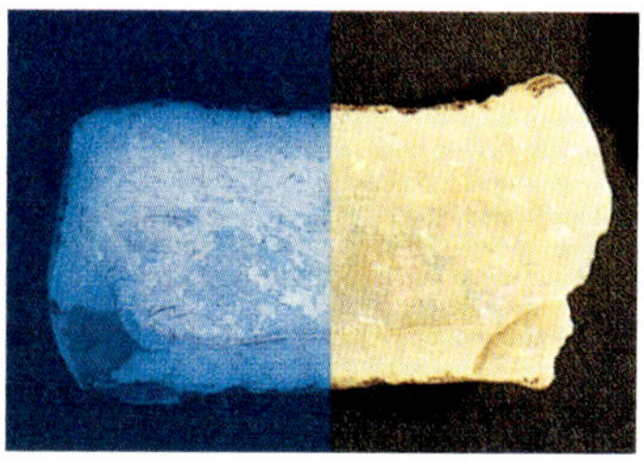

ZUORDNUNG *anhand der* PHYSIKALISCHEN EIGENSCHAFTEN

Die äußere, sichtbare Form eines Minerals ist ein Beweis für die innere, unsichtbare Struktur der Atome. Physikalische Eigenschaften liefern daher gute Hinweise auf die Identität eines Minerals.

AGGREGATE
oder miteinander verbundene Kristalle bilden sich in eingegrenzten Gebieten, wie bei diesem Gips zu sehen ist.

Viele Mineralien können durch ihre äußere Form bestimmt werden. Hierfür betrachtet man zu allererst die Vorderseiten der Kristalle. Ist dabei vielleicht zu erkennen, welche Formen gebildet werden und in welchen Winkeln die Vorderseiten aufeinander treffen? Sollte das der Fall sein, so kann man das Kristallsystem, zu dem das entsprechende Exemplar gehört, festlegen. Kristalle haben auch eine ganz bestimmte Gestalt, genannt Habitus. Wie wir auch können Kristalle kurz und flach (tafeliger Habitus) sowie groß und dünn (nadelförmiger Habitus) sein oder irgendwo dazwischenliegen. Die Kristallflächen können noch andere Merkmale haben wie beispielsweise Linien (Riffelungen) oder geometrische Vertiefungen und Kurven, die oftmals typisch für ein ganz spezielles Mineral sind. Die Untersuchung von zerstörtem Oberflächenmaterial liefert ebenfalls Anhaltspunkte. Mit etwas Übung werden Sie lernen diese Anzeichen zu erkennen und zu interpretieren.

KRISTALLSYSTEME

Mineralien kristallisieren immer in eines von sechs Kristallsystemen und geben so Auskunft über ihre Molekularstruktur. Perfekte Kristalle sind in der Natur nur selten aber gebrochene Fragmente oder entstellte Kristalle reichen aus, um sie richtig zuzuordnen. Die verschiedenen Kristallformen lassen sich in sechs Kristallsysteme einordnen: kubisch, tetragonal, hexagonal, rhombisch, monoklin und triklin. Die Kristallsysteme mit entsprechenden Beispielen sind unten aufgeführt.

HABITUS

Die Größe und Form eines Kristalls bestimmen seinen Habitus. Dieser reicht von isometrisch, wobei alle Vorderseiten gleichmäßig entwickelt sind, über pyramidal, d.h. alle Flächen des Kristalls schneiden sich in einem Punkt, bis zu tafelig, säulenförmig, nadelförmig sowie faserig. Andere Art und Weisen, wie sich die einzelnen Flächen des Kristalls ausbilden können, sind unter anderem sternförmig, verästelt, nierenförmig, traubenförmig und massiv, wobei der Kristall keine exakte Form aufweist. Mineralien des gleichen Kristallsystems oder auch das gleiche Mineral nur mit unterschiedlichen

DIE SECHS KRISTALLSYSTEME
mit Mineralienbeispielen

Pyrit *kubisch* | Versuvian *tetragonal* | Beryll *hexagonal* | Baryt *rhombisch* | Selenit *monoklin* | Amazonit *triklin*

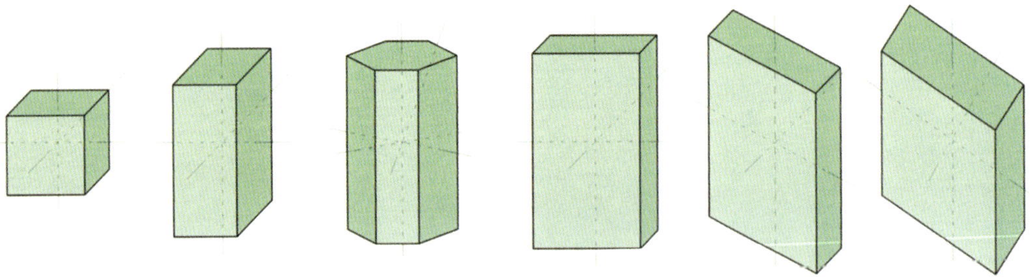

Spurenelementen könne einen sehr unterschiedlichen Habitus aufweisen. Rubinkristalle haben zum Beispiel gewöhnlich einen tafeligen Habitus, während Saphirkristalle hauptsächlich in pyramidalem Habitus vorliegen. Kristalle wachsen häufig auf sehr engem Raum zwischen bereits gebildeten Kristallen. Sie können infolgedessen entstellt sein oder sie bilden eine Art Kette aus miteinender verbundenen Kristallen, die man als Aggregate bezeichnet.

MINERALIEN HABITUS
❶ massiv (Chalkopyrit)
❷ nierenförmig (Hämatit)
❸ verästelt (Kupfer)
❹ traubenförmig (Malachit)
❺ säulenförmig (Turmalin)
❻ nadelförmig (Natrolith)
❼ sternförmig (Gips)
❽ isometrisch (Granat)
❾ pyramidal (Kassiterit)

Die Kristallflächen

Kristallflächen sind selten einfach nur flach und ohne weitere Merkmale. Oftmals sind sie gestreift, gemustert oder auf eine bestimmte Art verformt. Quarz ist normalerweise quer gestreift, wobei in Turmalin die Streifen längs verlaufen. Die oktaedrischen Vorderseiten von Diamantkristallen formen oftmals dreieckige Vertiefungen, so genannte Trigone. Saphir und Rubin können ebenso dreieckige Hügel aufweisen. Dies sind jedoch Korrosionsschäden, die während des Transports durch Magma an die Oberfläche entstanden sind.

Spaltbarkeit

Zerschlägt man Mineralien mit einem Hammer, so brechen oder spalten sie sich entlang ganz bestimmter Schwachstellen, die mit ihrer spezifischen Struktur zusammenhängen. Die Eigenschaft von Mineralien, sich aufspalten zu lassen, kann kaum (wie bei Bornit), aber auch perfekt (wie bei Glimmer und Diamant) ausgebildet sein. Manche Mineralien lassen sich in eine Spaltebene (Glimmer), aber auch zwei (Gips, Pyroxene, Amphibol, Feldpat), drei (Bleierz, Calcit, Halit), vier (Fluorid, Diamant) oder sogar fünf (Sphalerit) Spaltebenen teilen. Aus diesem Grund spalten sich Mineralien in Flächen (Glimmer, Talk), Prismen (Pyroxene, Amphibol), Würfel (Halit, Bleierz), Oktaeder (Fluorid, Diamant) und Rauten (Calcit) auf. Die Leichtigkeit der Spaltung ist ebenfalls wichtig. Sie reicht von leicht (Glimmer) bis sehr schwer (Diamant). Für sehr schöne Exemplare sollte man allerdings keinen Hammer benutzen. Beim genaueren Hinschauen ist es oft möglich, silberne, reflektierende Ebenen in durchsichtigen Mineralien zu entdecken. Diese nennt man einsetzende Spalten. Sie stehen oftmals parallel zur äußeren Oberfläche und zeigen so Spaltungsrichtungen und ihr Verhältnis zu den kristallografischen Achsen an.

GLIMMER
(oben) hat vollständige Spaltbarkeit entlang einer Ebene. Die Vergrößerung einer Diamantenvorderseite (oben rechts) zeigt dreieckige Vertiefungen, auch Trigone genannt.

Bruch

Manche Mineralien sind in keine Richtung spaltbar und zerfallen in so genannte Brüche. Die Form des Bruches kann Auskunft über eine Mineralienart geben. Die häufigste Form ist der muschelige Bruch. Dieser Bruch ist eben und muschelartig, wie man ihn in Obsidian und Quarz finden kann. Metalle und feste Mineralien wie Jade neigen zu einem hakigen Bruch wie etwa gebrochenes Gusseisen. Arsenophyrit ist ein Beispiel für einen unebenen Bruch, Kaolinit hingegen bricht erdig wie beispielsweise Ton und Kreide.

TYPISCHE BRÜCHE
enthalten folgende Formen (im Uhrzeigersinn von oben links): uneben (Arsenoyrit), erdig (Kaolinit) und muschelig (Quarz und Opal).

Die Metalle

Die Entdeckung der Metalle brachte die Entwicklung unserer Zivilisation einen großen Schritt voran.

BRONZESTATUE
von Herkules aus dem zweiten Jahrhundert v. Chr. Die grünen Verfärbungen deuten auf einen hohen Kupferanteil hin.

Etwa 75 Prozent der Elemente im Periodensystem sind Metalle.

Am häufigsten vertreten sind Aluminium, Eisen, Kalzium, Natrium, Kalium und Magnesium. Diese waren bei den alten Kulturen allerdings nicht bekannt, da sie ausschließlich in Verbindung mit anderen Elementen vorkommen. Die Metalle, die zuerst entdeckt wurden, waren die reinen Metalle wie Gold, Silber und Kupfer, die von Natur aus in reiner Form auftreten. Mit der Entdeckung eines jeden Metalls veränderten sich ganze Zivilisationen. Goldartefakte von den Sumerern lassen sich bis ins Jahr 4000 v. Chr. zurückverfolgen, obwohl Gold höchstwahrscheinlich schon vor 8 000 Jahren entdeckt wurde. Natürliche Goldklumpen können zum einen stark biegsam, aber auch unzerbrechlich sein, wodurch es sich zu feinen Kanten schleifen oder in dünne Plättchen hämmern lässt. Reines Kupfer, ein hübsches lachsrosanes Metall, wurde etwa zur selben Zeit wie Gold entdeckt, war aber wesentlich härter und fester und konnte daher zu Waffen und anderen Gerätschaften sowie zu Ornamenten verarbeitet werden. An einem bestimmten Punkt vor etwa 4000 v. Chr. wurde eine äußerst wichtige Entdeckung gemacht: Geschmolzene Metalle konnten miteinander verbunden werden. Das erste Metall, das legiert oder verbunden wurde, war Bronze.

Diese Entdeckung kennzeichnet den Beginn der Bronzezeit. Bronze besteht zu etwa 90 Prozent aus Kupfer und 10 Prozent Zinn und ist weitaus härter und brauchbarer als seine Einzelteile. Es ermöglichte die Herstellung von Waffen und Werkzeugen, was die Möglichkeiten für den Handel vielfältiger gestaltete. Man fand auch ziemlich schnell heraus, dass sich Metalle auch aus bestimmten Steinen gewinnen ließen, wenn man sie ins Feuer legte. Diese primitive Schmelzmethode führte zu der Entdeckung von Blei und Quecksilber sowie zu einer neuen Quelle für Kupfer. Das letzte Metall, das die Kulturen veränderte, war Eisen. Obwohl es schwieriger als andere Metalle zu bergen ist, veränderte die enorme Häufigkeit der Vorkommen und die Stärke des Metalls das Leben der Menschen in der Eisenzeit von Grund auf. Ab 1100 v. Chr. wurde Eisen schon weiträumig verwendet, hauptsächlich für Geräte und Waffen.

Moderne Metalle

Moderne Technologien haben eine Vielzahl neuer Metalle geschaffen. Aluminium, ein starkes, extrem leichtes Metall, das nicht rostet, wird weit verbreitet als Bau- und Verpackungsmaterial verwendet. Obwohl weit verbreitet war eine frühe Entdeckung wegen der enormen Energie, die zu seiner Herstellung aus Eisenerz und Bauxit benötigt wird, absolut unmöglich. Ein weiteres wichtiges Metall ist Titanium. Sein leichtes Gewicht und seine hohe Schmelztemperatur machen es zum idealen Material für den Raketen- und Flugzeugbau. Als Legierung kann es die Qualität anderer Metalle, besonders die von Eisen, enorm verbessern. Chrom, Wolfram und Platin sind ebenfalls wichtige moderne Metalle.

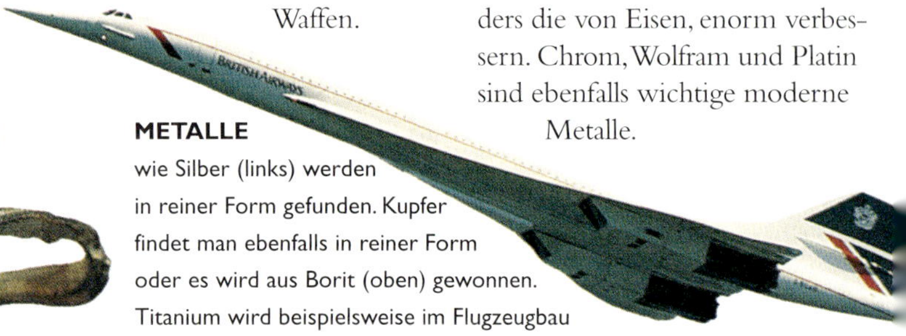

METALLE
wie Silber (links) werden in reiner Form gefunden. Kupfer findet man ebenfalls in reiner Form oder es wird aus Borit (oben) gewonnen. Titanium wird beispielsweise im Flugzeugbau (rechts) verwendet.

Metallhaltige Erze

Der Begriff „Erz" beschreibt die Mineralien, die das Rohmaterial eines wertvollen Rohstoffes bilden. Das Metall Zinn (Sn) wird beispielsweise aus dem Erz Kassiterit (SnO_2) gewonnen. In Erzablagerungen findet man ungewöhnlich hohe Konzentrationen an Rohmaterialien, die ökonomisch genutzt und verarbeitet werden können.

Die meisten Metalle können aus einer Reihe von Mineralien gewonnen werden, indem man sie in extremer Hitze zum Schmelzen bringt. Der Sauerstoff in den Erzen verbindet sich mit Kohlenstoff und bildet so Kohlendioxyd (CO_2), wodurch reines Metall zurückbleibt. Verfärbungen am Gestein können auf Erzablagerungen hindeuten. Leuchtend blaue oder grüne Verfärbungen können auf Kupfer oder Nickel hinweisen. Rote, rostfarbene Steine deuten auf Eisen hin, während eine schwarze Färbung für Mangan typisch wäre.

Die Metallerze haben in der Regel eine höhere Dichte als andere Mineralien und haben oftmals einen Metallglanz. Viele Mineralien der Metall fördernden Erze sind unglaublich hübsch. Kupfer wurde zuerst aus Karbonat, Azurit und Malachit hergestellt. Heute sind die häufigsten Kupfererze Chalkopyrith (ein messingartiges gelbes Sulfid), Bornit, Chalkosin und Covellin. Blei wurde erstmals aus karbonathaltigem Erz geschmolzen. Es wurde in den Wasserleitungen in Rom und sogar für Essens- und Wasserbehälter benutzt, bevor entdeckt wurde, dass es giftig ist. Heute ist die Hauptquelle von Blei das sehr schwere, silbergraue Bleierz. Eisen ist das wichtigste Metall, es ist weit verbreitet und billig. Hämatit, das häufigste Eisenerz, kann ganz glatt geschliffen werden und ist somit als Zierstein gut zu verwenden. Silber kommt als biegsame, drehbare und verästelte Masse aus silbrigem, reinem Metall, das grau oder schwarz anlaufen kann, oder als schwefelhaltiges Argentit vor. Zink wurde erstmals aus Zinkspat gewonnen und später mit Kupfer legiert, um Messing herstellen zu können. Heute ist die Hauptquelle Sphalerit oder „Black Jack", das normalerweise mit Erzen von Blei und Kupfer gefunden wird. Quecksilber, das einzige Metall, welches bei Zimmertemperatur flüssig ist, stammt aus dem Mineral Zinnober, obwohl es ab und zu auch in reiner Form in metallenen Tropfen gefunden wird. Quecksilber wird in Schädlingsbekämpfungsmitteln und Farbe verwendet, ist hochgiftig und bleibt in der Biosphäre bestehen.

GOLDFIEBER

Im Mittelalter waren Alchemisten von der Idee besessen, Gold aus Blei zu gewinnen (rechts). Trotz erheblicher Mühe waren alle Versuche vergebens. Heute kann mithilfe von Kernenergieanlagen synthetisches Gold hergestellt werden, nach dem die Alchemisten so verbissen gesucht haben. Allerdings sind die Kosten dafür viel höher als der heutige Marktwert von Gold. In der Finanzwelt ist Gold weltweit von allen Nationen als gebräuchliches und zuverlässiges Zahlungsmittel sowie als wichtige Vermögensanlagemöglichkeit anerkannt.

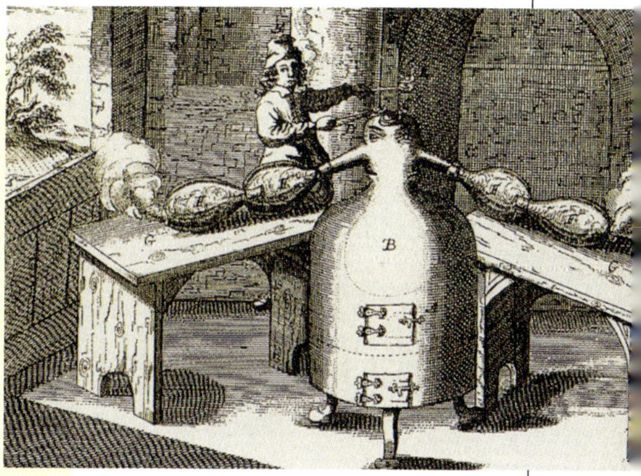

Man findet Gold in Goldadern, Flussbetten und anderer Leute Taschen. Egal wo, man muss hart arbeiten, um es zu bekommen.

Art Linkletter
(geb. 1912), nordamerikanischer Radiostar.

REINES GOLD wird oftmals in Verbindung mit Quarz gefunden (rechts). Es war wahrscheinlich das erste Metall, das vom Menschen entdeckt wurde. Dieser goldene Halsring (unten) stammt aus dem vorrömischen Britannien.

Nicht metallische Mineralien

Schon seit Beginn unserer Zeit decken viele der nicht metallischen Mineralien einen Großteil unserer Bedürfnisse.

Die am häufigsten vorkommenden Mineralien gehören zu den nicht metallischen Mineralien. Ohne sie hätten wir zum Beispiel keine Ziegelsteine, keine Fliesen, keinen Zement, keinen Gips, keine Keramik, keine Wärmeeindämmung, keine Filter, Dünger oder viele andere Chemikalien. Diese Mineralien enthalten eine Spur von Metall, werden aber nicht als Metallquelle genutzt. Eine Vielzahl dieser nicht metallischen Mineralien sind Evaporite, deren Kristalle sich durch Verdunstung von Wasser in Wüstengebieten gebildet haben. Beispiele für Evaporit sind Calcit, Gips, Halit und die Boratmineralien. Ihre wunderschönen Kristalle können auf ausgetrockneten Meeresböden gefunden werden. Evaporitkristalle wachsen sehr schnell.

Als Sammler kann man sogar seine eigenen Kristalle wachsen lassen. Tonmineralien, stumpf, weich und generell nicht besonders hübsch, waren wahrscheinlich die ersten Stoffe, die vom Menschen eingesetzt wurden. Sie sind auch weiterhin ein Grundmaterial zum Bauen und für Keramik- und Töpferware. Ein Backstein aus Ton, der unterhalb der Stadt Jericho entdeckt wurde, stammt aus der Zeit zwischen 8000–7000 v. Chr. Diese Steine wurden ebenfalls im alten Ägypten, in China und in Amerika verwendet. Bei der Herstellung von solchen Backsteinen wurde ein Gemisch aus Ton und Stroh in der Sonne getrocknet. Calcit, das am weitesten verbreitete der karbonathaltigen Mineralien, und Gips, ein weiches Evaporitmineral, waren sowohl für das alte Ägypten als auch für die Völker Amerikas von ähnlich wichtiger Bedeutung. Man entdeckte, dass diese Mineralien, zerschlagen und mit Wasser gemischt, zu einem harten Stein wurden. Auf diese Weise wurden Zement, Gips und Stuck entdeckt und flächendeckend eingesetzt. Diese karbonathaltigen Mineralien sind ebenfalls sehr schöne Sammlerstücke. Gips tritt häufig in wunderschönen Schwalbenschwanzkristallen als massiver Alabaster auf, was ebenso interessant ist. Auch Calcit kann als hübscher Kristall gefunden werden, aber auch in fester, nicht kristallisierter Form, etwa als Kreide. Als es noch keine Möglichkeiten zur Kühlung gab, waren die Mineralien Halit oder Salz im wahrsten Sinne des Wortes „Gold wert“. Die konservierenden Eigenschaften von Salz waren für Transport und Lagerung von Fleisch von äußerster Wichtigkeit. Salz ist ein Evaporit und bildet sich schichtartig nach der Verdunstung von Salzwasser. Wegen seiner geringen Dichte kann sich Salz durch aufliegende Gesteinsschichten durcharbeiten und dabei riesige Säulen und Kuppeln bilden. Diese können traditionell abgebaut oder mithilfe von Wasser, das in und durch die Erzlöcher gepumpt wird, aufgelöst werden. Neben seiner Verwendung als beliebtes Ge-

SPEKTAKULÄRE nicht metallische Mineralien sind unter anderem Selenite (links) und Chrysolit (oben), ein Asbest. Diese Seifensteinpfeife (oben links) wurde vor 800 Jahren von Indianern angefertigt.

SALZKRUSTE
Auf diesem australischen Salzsee (links) wurde ein umgewehter Busch von einer Salzkruste überzogen.

würz wird Salz auch in der Herstellung von chlorbasierten Produkten eingesetzt. Außerdem wird es in Form von Natriumkarbonat zur Glasherstellung verwendet. Ein weiteres altbekanntes Element ist Schwefel.

Es ist ein weiches, gelbfarbenes, natürliches Mineral. Wird Schwefel verbrannt, reagiert es leicht mit Sauerstoff und bildet das sehr streng riechende Gas Schwefeldioxid. Mit Wasser vermischt reagiert es zu Schwefelsäure. Da Schwefel von Urvölkern stets mit aktiven Vulkanen assoziiert wurde, nannten sie Schwefel auch „den Brennstoff des Höllenfeuers". Am häufigsten wird Schwefel als Schwefelsäure zur Herstellung von Dünger verwendet. Aufgrund seines niedrigen Schmelzpunktes kann man Schwefel von der Erdoberfläche aus bergen. Zu diesem Zweck wird heißes Wasser durch riesige Leitungen unter die Erde gepumpt, wodurch geschmolzener Schwefel herausgewaschen werden kann. Grafit ist eine extrem weiche Form von Kohle (Härtegrad 1,5). Durch seiner Eigenschaft als Schmiermittel, seine Resistenz gegenüber Chemikalien und wegen seiner elektrischen Leitfähigkeit ist Grafit ein unersetzliches Mineral für die Industrie. Es hinterlässt einen schwarzen Strich, und sein Name leitet sich vom griechischen Wort für „schreiben" ab. Das „Blei" in Bleistiften besteht tatsächlich aus einem Gemisch aus Grafit und Ton, die bei hohen Temperaturen miteinander verschmolzen und anschließend gebrannt werden. Die berüchtigsten unter den nicht metallischen Mineralien sind allgemein unter der Bezeichnung Asbest zusammengefasst. Diese faserig aussehenden Mineralien beinhalten unter anderem Krokydolith, das auch als blauer Asbest bekannt ist, und Chrysotil, eine Art Serpentin. Da ihre Fasern weder brennen noch Elektrizität leiten, wurden sie über viele Jahre als Wärmeeindämmung verwendet. Es stellte sich aber heraus, dass diese Fasern durch Einatmen bleibende Lungenschäden verursachen. Viele weitere nicht metallische Mineralien sind gute Sammlerstücke. Barit kommt wegen seiner hohen Dichte manchmal als großer, durchsichtiger oder weißlicher Kristall vor. Ein weiteres besonders schönes Mineral ist Fluorid, das in fast jeder erdenklichen Farbe vertreten ist. Talk oder „Seifenstein" ist das weichste aller Mineralien mit einem Härtegrad von 1. Es wurde seit Urzeiten als Schnitzmaterial verwendet. Heute wird es meist zur Herstellung von Puder benutzt. Die Boratmineralien sind gute Beispiele für Evaporitkristalle und in Wüsten zu finden. Zu dieser Sorte Mineralien gehören unter anderem Ulexit, auch als „Fernsehstein" bekannt, und Borax, das Hauptlieferant für Bor ist.

FERNSEHSTEIN
Wenn Ulexit (rechts) poliert wird, verhalten sich seine Kristalle wie optische Fasern und übermitteln Bilder von einer Seite auf die andere.

SELBST SALZKRISTALLE WACHSEN LASSEN

Um Salzkristalle selbst wachsen zu lassen, muss man in einem kleinen Behälter oder Glas so lange Salz mit Wasser vermischen, bis sich kein weiteres Salz mehr auflöst. Dazu sollte warmes Wasser verwendet werden. Nun muss dieses übersättigte Gemisch verdunsten, wobei sich langsam Salzkristalle an den Rändern des Behälters bilden werden. Wenn man einen Faden in die Lösung hängt, wachsen die Kristalle an ihm empor. Um große Kristalle entstehen zu lassen, müssen die kleinsten Kristalle ständig entfernt und wieder aufgelöst werden. Auf diese Weise entwickeln sich nur die besten Kristalle weiter.

Energiequelle Erde

Sonnenenergie wird in Form fossiler Brennstoffe in der Erdkruste gespeichert. Kernenergie dagegen führt zurück in eine Zeit, bevor die Erde entstand.

Ein Stück Kohle ist ein aus Pflanzenmaterial der Urzeit enstandener Stoff, der heute als Brennstoff zur Energiegewinnung verwendet wird. Für uns scheint es heute selbstverständlich, unbegrenzten Zugang zu verschiedenen Energiequellen zu haben. Um den wahren Wert dieser Energiequelle zu erkennen, sollte man sich immer vergegenwärtigen, dass diese Energiequellen vor undenklichen Zeiten entstanden sind.

Fossile Brennstoffe

Kohle gehört zur Gruppe der organischen Sedimentgesteine und ist der Brennstoff, der die industrielle Revolution erst ermöglichte. Wenn Pflanzen und Bäume unter Ausschluss von Sauerstoff durch Sand und Lehm überlagert und starkem Druck ausgesetzt werden, entweichen organische Gase und Wasser, und der Kohlenstoffgehalt steigt an. Auf diese Weise entsteht zunächst Torf, der zu 80 Prozent aus Feuchtigkeit und Gas besteht und bei dem es sich um ein Vorstadium von Kohle handelt.

Die nächste Stufe, die durch verstärkte Hitze- und Druckeinwirkung entsteht, ist Braunkohle. Aus der Braunkohle entsteht im Laufe der Zeit Steinkohle. Bei 90 Prozent der weltweit abgebauten Kohle handelt es sich um Steinkohle, da Steinkohle im Vergleich zu Braunkohle die weitaus ergiebigere Energiequelle ist. Außerdem brennt Steinkohle mit beinahe rauchloser Flamme und ist leichter zu lagern.

Unter noch größerer Druckeinwirkung entsteht Anthrazit, das zu lediglich 5 Prozent anteilig aus Wasser und Gas besteht. Auch die Entstehung von Erdöl geht auf am Meeresgrund verweste pflanzliche Lebewesen zurück. Der Flüssigkeitsgrad des Erdöls ist von der Länge seiner Wasserstoffketten abhängig. Die kürzeren Ketten bilden flüssigeres Erdöl wie beispeilsweise Kerosin, Benzin und Diesel, wohingegen sich zähflüssigere Erdöle wie Teer und Asphalt aus längeren Wasserstoffketten zusammengesetzt sind. Erdöl dringt durch poröses Gestein wie Kalkstein und sammelt sich in Reservoiren, wenn es auf undurchlässiges Gestein wie Schiefer stößt.

ENTSTEHUNG VON KOHLE
(von links nach rechts) Aus vor Urzeiten in Sumpf versunkenem Pflanzenmaterial entsteht zunächst Torf. Unter Druckeinwirkung und Wasserentzug entsteht Braunkohle, Steinkohle und schließlich Anthrazit. Diese historische Aufnahme (oben) zeigt eine aus einem Bohrloch schießende Ölfontäne.

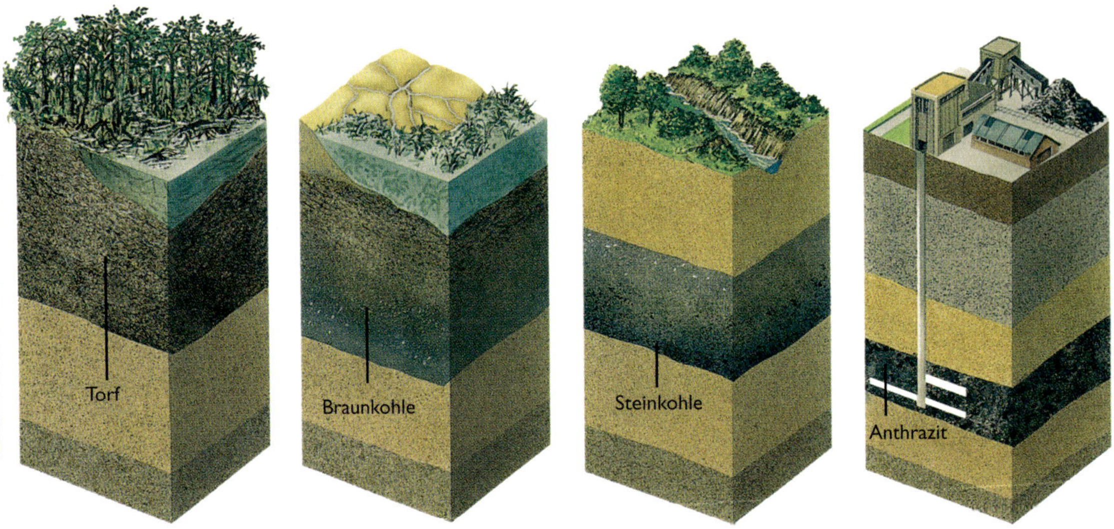

ENERGIEBEDARF Zu den modernen Energiequellen gehört Öl, das von Bohrinseln in der Nordsee gefördert wird (oben), und Atomenergie, die in Atomkraftwerken erzeugt wird (rechts). Großstädte wie New York (unten rechts) haben einen immensen Energiebedarf.

Erdgas ist eine Mischung aus leichten Kohlenwasserstoffverbindungen, die in den oberen Schichten der Erdölreservoirs gefunden wird. Der hohe Druck des Erdgases verursachte in der Vergangenheit häufig das Entstehen gefährlicher Erdölfontänen. Dies kann vermieden werden, indem der Druck des Erdgases durch Zufuhr von Flüssigkeiten mit hoher Dichte reduziert wird.

Ölschiefer ist ein ölhaltiges Gestein mit hoher Dichte an organischen Stoffen, aus dem Erdöl und Erdgas gewonnen werden kann. Gegenwärtig wird Ölschiefer nicht genutzt, doch wird sein wirtschaftlicher Wert früher oder später steigen, da flüssige Erdölquellen schon bald versiegt sein werden.

Bei Uranium handelt es sich um ein besonders schweres und instabiles Metall, das noch vor der Entstehung der Erde aus explodierenden Sternen entstanden ist. Im Laufe der Zeit spaltet es sich zu leichteren und einfacheren Elementen, wobei riesige Mengen an Atomenergie freigesetzt werden. Geschieht dies in einem Kernreaktor, kann die Energie zum Antrieb von Dampfturbinengeneratoren verwendet werden. Überschreitet die Menge an Uranium an einer Stelle eine bestimmte Grenze, die so genannte kritische Masse, wird alle verfügbare Energie auf einmal freigesetzt, ein Phänomen, auf dem das Prinzip der Atombombe basiert. Uran wird in erster Linie aus Pechblende gewonnen, einem schweren radioaktiven Erz.

Energieabhängige Industriestaaten

Die vorgestellten Energiequellen sind unabdingbar für das Funktionieren eines modernen Industriestaates und werden meist als selbstverständlich betrachtet. Doch gehen wir unverantwortlich mit den fossilen Brennstoffressourcen der Erde um. Im Gegensatz zu Metallen sind fossile Brennstoffe nicht erneuerbare Energiequellen. Das Kohlevorkommen auf der Erde wird wohl erst in ca. 300 Jahren erschöpft sein, doch wird vermutet, dass die bekannten Ölquellen bereits in 50 Jahren versiegen. Bei der Verbrennung fossiler Brennstoffe werden außerdem große Mengen an Kohlendioxid freigesetzt, was häufig als Ursache für den Treibhauseffekt, der mit einer Erwärmung der Erdatmosphäre einhergeht, genannt wird. Ebenfalls bei der Verbrennung fossiler Brennstoffe freigesetzt werden Schwefeldioxid und Stickstoffoxid, was zur Entstehung sauren Regens führt. Auch der Einsatz von Kernkraft birgt Gefahren, für deren Vermeidung wir noch keine wirkliche Lösung gefunden haben.

Wir müssen den verantwortungsbewussten Umgang mit diesen endlichen Energiequellen erst noch lernen und die Erforschung von alternativen, erneuerbaren Energiequellen wie Sonnen-, Wind- und Gezeitenenergie gezielt vorantreiben.

MINERALIEN: SCHMUCK- *und* BAUMATERIAL

Unsere Erde birgt einen unerschöpflichen Reichtum an Steinen und Mineralien, deren Wert in ihrer Beständigkeit und Schönheit liegt und die sowohl als Schmucksteine als auch als Baumaterial Verwendung finden.

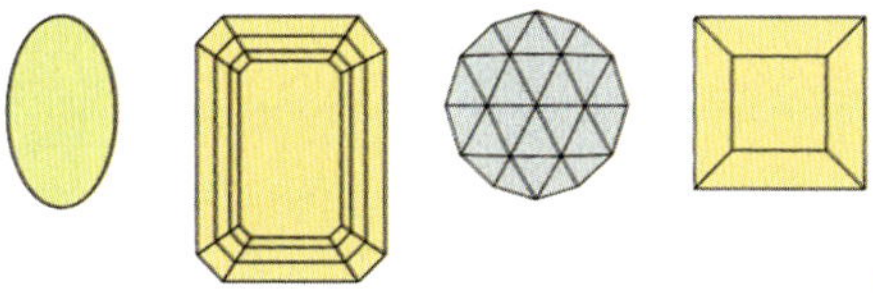

ROHEDELSTEINE
wie dieser in Quarz eingebettete Turmalinkristall (rechts) werden oft geschliffen und poliert, wobei ihre natürliche Schönheit besonders zur Geltung kommt. Zu den beliebtesten Schliffen gehören der Cabochonschliff, der Smaragdschliff, der Rosenschliff und der Tafelschliff (oben).

Der Begriff „Edelstein" bezeichnet jeden Stein und jedes Mineral, das zur Herstellung von Schmuck verwendet wird und dessen Besonderheit in seiner Farbgebung und seiner ungewöhnlichen Beschaffenheit liegt. Bereits zu Urzeiten haben Menschen Schmuck aus Edelsteinen angefertigt, und zwar noch bevor Kleidung üblich wurde. Das Gewicht eines Edelsteins wurde früher in Relation zum Gewicht des Samens des Johannesbrotbaums bestimmt. Da dieser Samen ein relativ konstantes Gewicht aufweist, wurde es schließlich zum Standardmaß für Edelsteine. Dieses Standardmaß wird heute Karat genannt und entspricht einem Gewicht von 0,2 Gramm.

DER WERT DER EDELSTEINE

Zu den drei besonderen Eigenschaften von Edelsteinen zählen Schönheit, Beständigkeit und Seltenheit. Schönheit wird bestimmt durch die Anziehungskraft, die der Stein auf den Betrachter hat, und ist abhängig von seinen optischen Eigenschaften, zu denen Farbe, Transparenz, Glanz, Schimmer, Refraktionsindex und Dispersion (das ist die Fähigkeit, weißes Licht bei der Brechung in seine Spektralfarben zu spalten) zählen.

Beständigkeit ist die Schadensresistenz des Edelsteins, was wichtig ist, wenn der Stein bearbeitet oder als Schmuck getragen wird. Die extreme Beständigkeit einiger Edelsteine hat zu ihrer fast mystischen Bedeutung beigetragen. Sie wurden häufig zu Schmuckstücken verarbeitet, die von Generation zu Generation in der Familie weitergegeben werden.

Seltenheit ist ein besonderes Merkmal eines Edelsteins und ist bei der Bestimmung seines Wertes oft wichtiger als seine physische Beschaffenheit. Bernstein und Opal sind beispielsweise sehr wertvoll, doch nicht besonders beständig.

Von den 3 600 der Wissenschaft bekannten Mineralienarten weisen nur ca. 100 die besonderen Eigenschaften eines Edelsteins auf. Diamanten, Rubine, Saphire, Smaragde und Opale wurden schon immer als wertvolle Edelsteine betrachtet. Auch sehr bekannt sind Topas, Aquamarin, Spinell, Granat und Turmalin.

Einige Edelsteine fallen weniger durch ihre Transparenz, Beständigkeit oder Seltenheit auf, sondern eher durch ihre unge-

ZEITLOSE SCHÖNHEITEN: Dieser Anhänger in Löwenform (oben) ist vor über 2 500 Jahren aus Bernstein angefertigt worden. Geschliffener Topas (links). Die Gesteinsformation in Stonehenge wurde vor ca. 4 000 Jahren aus Kalksteinblöcken geschaffen. Sedimentstruktur von Granit und Gneis (nächste Seite Mitte).

STEINBLÖCKE
Der antike Tempel der Maya (oben) in Mexiko besteht aus Kalksteinblöcken. Ein Marmorsteinbruch (rechts) in der Toskana.

wöhnliche Farbgebung. Solche Steine werden als Schmucksteine bezeichnet. Zu den bekanntesten Schmucksteinen zählen Jaspis, Onyx, Jade, Malachit, Rhodonit und Lapislazuli.

Organische Schmuckmaterialen wie Bernstein (fossiler Harz), Korallen, Perlen, Jett (Schwarzstein) und Muschelschalen werden häufig im Zusammenhang mit Edelsteinen genannt, zählen jedoch nicht zu den Mineralien.

STEINE ALS BAUMATERIAL

Viele der auf der Erde vorkommenden Gesteinsarten werden als Baumaterial verwendet. Die häufigsten Baustoffe sind Kalzit (Kalkspat), aus dem Zement hergestellt wird, und eher unspektakuläres Tonmaterial, das zu Ziegelstein geformt und gebrannt wird. Massiver Stein, der früher als Baumaterial verwendet wurde, ist im Laufe der Zeit durch Stahl, Beton und Glas ersetzt worden und kommt heute nur noch bei Fassaden zum Einsatz. Hierzu werden Gesteinsblöcke mit Kabelsägen abgebaut oder mit geringen Mengen an Sprengmaterial herausgesprengt.

Die riesigen Gesteinsblöcke, die zum Beispiel beim Bau der Pyramiden in Ägypten oder beim Bau des Steinzeitmonumentes Stonehenge verwendet wurden, stammen aus Steinbrüchen der Umgebung, da es damals fast unmöglich war, diese zu transportieren.

Magmatische Gesteine, in erster Linie Granit, finden häufig Verwendung als Baumaterial, da sie äußerst wetterbeständig sind und intensiver Belastung standhalten. Metamorphes Gestein wie zum Beispiel Gneis wird dank seiner schönen Maserung ebenfalls gern als Baumaterial eingesetzt.

Schiefer, der sich leicht zu dünnen Platten zurechtbrechen lässt, wird oft beim Dachdecken und Bodenlegen verwendet.

Weißer, schwarzer, rosafarbener oder gemusterter Marmor wird besonders von Bildhauern geschätzt, da er weicher als Granit oder Gneis ist und sich daher leichter bearbeiten lässt. Nachteilig ist jedoch die Tatsache, dass er nicht besonders wetterbeständig und anfälliger für Schäden durch Luftverschmutzung ist. Ein bekanntes Marmorbauwerk ist das Taj Mahal in Indien.

Sedimentgestein wie Sandstein erfreut sich dank seiner schönen Maserung ebenfalls großer Beliebtheit als Baustoff. Auch ist Sandstein leicht abzubauen und zu bearbeiten. Ähnlich wie Marmor jedoch ist er nicht besonders wetterbeständig. Kalksteinarten, vor allem diejenigen, die fossile Einschlüsse aus Korallen, Muschelschalen und anderen Meeresorganismen aufweisen, sind besonders attraktiv und interessant, wenn sie für den Einsatz als Baumaterial geschliffen und poliert werden. Die Pyramiden und Statuen antiker Kulturen in Ägypten und Mexiko sind Beispiele für Bauten aus Kalkstein.

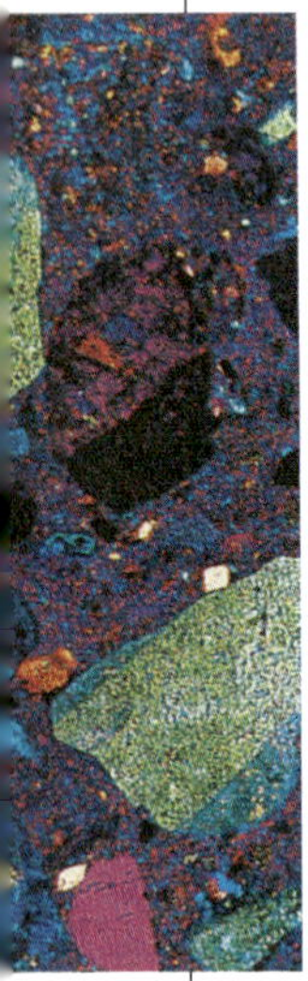

Wissenschaftliche Untersuchungsmethoden

Auch in der Geologie sind moderne technische Hilfsmittel und ihre Untersuchungsergebnisse nicht mehr wegzudenken.

Moderne Technik erlaubt es den Geologen heutzutage, Gesteinsproben intensiver zu untersuchen, als es bisher möglich war. Enorme Fortschritte sind in der letzten Zeit bei der Erforschung von Mineralien- und Erdölvorkommen dank äußerst präziser und effizienter Untersuchungsmethoden erzielt worden.

VON NAH UND FERN: Vergrößerte Satellitenaufnahme einer Region im US-Bundesstaat Nevada (oben). Aufnahme eines dünnen Plättchens Quarzprophyr, das mithilfe eines Mikroskops erzeugt wurde (oben links).

Unter dem Mikroskop

Unter dem Mikroskop bei normalem oder polarisiertem Licht betrachtete dünne Gesteinsscheibchen verraten mehr über das Gestein, als mit bloßem Auge zu erkennen ist. Mithilfe des Mikroskops ist es möglich, die genaue Mineralienzusammensetzung des Gesteins zu bestimmen und herauszufinden, wie die Mineralien in das Gestein gelangt sind. Des Weiteren gibt es Aufschluss darüber, ob sich das Gestein unter Hitze- oder Druckeinwirkung verändert hat. Geräte zur Durchführung chemischer Testverfahren wie der Atomabsorptionsspektograf werden ebenfalls bei der Untersuchung von Gesteins- und Bodenproben eingesetzt. Dieses Gerät ist in der Lage, die Anwesenheit von 0,01 Prozent eines Elements in einer Probe nachzuweisen.

Geologen führen solche Tests regelmäßig durch, um versteckte Mineralvorkommen in einem Gestein nachzuweisen. Noch genauer sind Elektronen- und Protonenmikroskope. Mit diesen extrem vergrößernden Mikroskopen können nicht nur Mineralien und deren Zusammensetzungen bestimmt werden; sie können auch dabei helfen, den Zeitpunkt der Entstehung ihrer Kristalle zu berechnen. Eine Altersbestimmung ist möglich, wenn

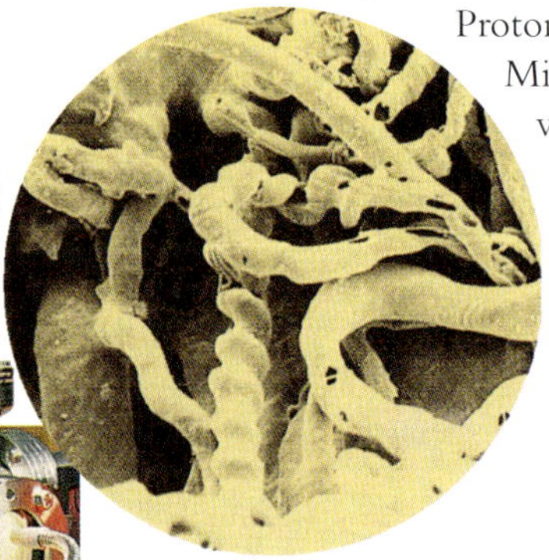

PROTONENMIKROSKOP (links). Eine Aufnahme mit dem Elektronenmikroskop von bakteriell hergestelltem Gold (oben).

BEI DER SUCHE nach Erdöl werden häufig seismische Geräte verwendet (links). Schockwellen werden dabei in den Stein gesendet, die von der unterliegenden Gesteinsschicht abprallen und ein seismisches Profil der Erdschicht aufzeichnen.

Mineralien instabile radioaktive Elemente enthalten, die sich innerhalb eines bestimmten Zeitrahmens in stabile Elemente verwandeln.

Uran beispielsweise weist Bleibestandteile auf. Wenn man also das Verhältnis von Uran und Blei miteinander vergleicht, ist es möglich, sein genaues Alter zu bestimmen. Für den Hobbygeologen sind solche Geräte natürlich unerschwinglich, doch die wissenschaftliche Forschung kommt nicht mehr ohne sie aus.

Satellitenbilder

Satellitenbilder der Erde aus dem Weltraum gehören zu den wichtigsten wissenschaftlichen Fortschritten der letzten Jahrzehnte. Sie liefern eine Vielzahl wertvoller Informationen über unseren Planeten und seine geologische Entwicklungsgeschichte.

Satellitenbilder werden mit unterschiedlichen Wellenlängen aufgenommen und können durch spezielle Computerprogramme sichtbar gemacht werden. Beispielsweise sieht man mit dem bloßen Auge Erdboden und Gestein nur in bestimmten Brauntönen, doch eine Satellitenaufnahme ermöglicht die Wahrnehmung eines sehr viel größeren Spektrums an Farbunterschieden. Das bedeutet, sogar Elemente, die nur in geringen Mengen vorhanden sind, kann man auf der Aufnahme erkennen. Mit geophysikalischen Werkzeugen kann der Geologe das Erdinnere erforschen. Seismografische Stationen auf der ganzen Welt zeichnen Erdbebenaktivitäten auf. Diese Aufzeichnungen geben Aufschluss über die Strukturen im Inneren der Erde. Seismische Energie, die auf Erschütterungen zurückzuführen ist, prallt von den unterschiedlichen unterirdischen Gesteinsschichten ab. Auf diese Weise hilft die Messung seismischer Energie dabei, neue Gesteinsschichten zu entdecken, in denen sich beispielsweise Erdölvorkommen befinden können.

Ablagerungen von Erzmineralen weisen meist eine hohe Dichte auf, sind oft magnetisch und können Strom leiten. Daher wurde eine Reihe von Messinstrumenten entwickelt, mit denen diese besonderen Eigenschaften in den Gesteinen nachgewiesen werden können.

Zum Beispiel messen so genannte Magnetometer die kleinsten Veränderungen im Magnetfeld der Erde, wodurch sich Eisenerzablagerungen lokalisieren lassen. Dieses und andere Messgeräte sind so konstruiert, dass sie entweder an Bord eines Schiffes oder Flugzeugs eingesetzt werden können. So ist es möglich, binnen kürzester Zeit sehr große Gebiete schnell und effektiv zu erforschen.

Bohrungen

Bohrungen werden durchgeführt, um an tief im Erdinneren liegendes Gestein zu gelangen. Mit diamantverstärkten Bohrspitzen werden dem Boden Gesteinsproben zur Untersuchung entnommen, wobei die Größe der Maschinen von relativ kleinen fahrbaren Bohrgeräten bis zu riesigen Ölbohrinseln variieren kann. Das Prinzip, auf dem sie basieren, ist jedoch immer das gleiche.

EINE ÖLBOHRINSEL in der Nordsee (rechts) benötigt eine große Anzahl an Besatzungsmitgliedern und ist ein sehr kostspieliges Unterfangen.

Verantwortungsvolle Rohstoffgewinnung

Vor nicht allzu langer Zeit erst ist uns bewusst geworden, welch verheerende Konsequenzen die rücksichtslose Ausbeutung der natürlichen Ressourcen unseres Planeten auf die Zukunft des Menschen hat.

Die modernen Industriegesellschaften sind abhängig von den natürlichen Ressourcen der Erde. Um unseren Lebensstandard aufrechterhalten zu können, wird immer mehr natürliche Energie aus Rohstoffen benötigt. Ganze Wirtschaftszweige sind auf den Rohstoffabbau angewiesen. Jede Form des Rohstoffabbaus fordert ihren Zoll von der Umwelt und damit von der Menschheit. Es ist nun unsere Aufgabe, Lösungen für dieses Problem zu finden.

KATASTROPHE für die Umwelt: Entsorgung radioaktiven Abfalls (oben), Ölteppich vor der Küste der Shetland Inseln 1993 (rechts), die Verschmutzung des Flusses Ok Tedi in Papua-Neuguinea durch Abfallprodukte aus dem Rohstoffabbau.

Die Probleme des Rohstoffabbaus

Rohstoffabbau bedeutet immer eine starke Beeinträchtigung der Umwelt, und das unabhängig von den angewandten Methoden. Die Entdeckung von Mineralvorkommen in entlegenen Regionen dieser Erde hat oft tragische Auswirkungen auf die dort lebende Bevölkerung. Geologen und Bergleute ziehen zu, Wälder werden gerodet, Städte entstehen aus dem Nichts. Häufig geschieht es auch, dass die Bevölkerung einfach umgesiedelt wird, was mit dem Zusammenbruch ganzer Gesellschaften einhergeht.

Auch wenn die vom Rohstoffabbau betroffene Landfläche im Vergleich zu der Fläche, die für die Land- und Waldwirtschaft benötigt wird, relativ gering ist, sind die entstehenden Schäden für die Umwelt verheerend.

Zur Gewinnung wertvoller Ressourcen müssen riesige Mengen an Material verarbeitet werden. Beispielsweise sind 99,9 Prozent der Erze, die zur Silbergewinnung abgebaut werden, letztlich Abfallprodukt. Wenn ergiebige Abbaugebiete erschöpft sind, wenden sich die Abbaugesellschaften den weniger ergiebigen Abbaugebieten zu, mit der Folge, dass noch mehr Material verarbeitet werden muss, um die gleiche Menge an Mineralien zu gewinnen, das heißt, es entsteht immer mehr Abfall. Diese Abfallprodukte entstellen die Landschaft und verschmutzen Flüsse und Seen.

Da beim Rohstoffabbau häufig Chemikalien eingesetzt werden, sind die Abfälle oft auch giftig. Im Amazonasbecken wird hochgiftiges Quecksilber als Amalgam bei der Goldgewinnung verwendet, das schließlich in Boden und Flüsse und damit in die Nahrungskette gelangt. Die Folge sind schwere Krankheiten und eine hohe Zahl an Geburtsschäden in der örtlichen Bevölkerung.

Auch der Transport von Rohstoffen kann Probleme verursachen. Öltanker transportieren riesige Mengen an Rohöl um die ganze Welt. Auch wenn Unfälle selten sind, kommt es immer wieder zu verheerenden Ölkatastrophen. Als der Tanker Exxon Valdez im März 1989 sank, sind 50 Millionen Liter Rohöl an der unberührten Küste Alaskas in den Pazifik geflossen. Selbst wenn die Rohstoffe schließlich, ohne Schäden angerichtet zu haben, an ihrem Bestimmungsort angelangt sind, stellt ihr Nutzen trotzdem noch ein Risiko für die Umwelt dar. Fossile Brennstoffe sind die Hauptenergiequelle unserer

ROHSTOFFABBAU IN TASMANIEN hat Teile des Regenwaldes entlang des King Rivers zerstört (links). Ein mit Sonnenenergie betriebenes Heizwerk (unten links) und eine Recycling-Anlage in den USA (unten) zeigen das wachsende Umweltbewusstsein.

Gesellschaft und deren Verbrauch wächst ständig. Dies hat zur Erhöhung der Kohlendioxid- und Schwefeldioxidkonzentration in der Atmosphäre geführt, die für den Treibhauseffekt und sauren Regen verantwortlich gemacht werden.

Atomenergie wird oft als die „saubere" Energiequelle betrachtet, doch auch sie birgt Gefahren. Bei der Reaktorkatastrophe von Tschernobyl 1986 wurden 7,1 Tonnen radioaktiven Materials in die Atmosphäre entlassen, mit der Folge, dass Lebensmittel und Wasser in ganz Europa verseucht wurden. Unvorhersehbare Unfälle, Missbrauch von Atomenergie zur Herstellung von Waffen und das Fehlen sicherer Entsorgungsmethoden sind gewichtige Argumente gegen den Einsatz von Atomenergie. Und wer kann schon mit Gewissheit behaupten, dass die Standorte heutiger Atomkraftwerke und Wiederaufbereitungsanlagen geologisch gesehen in den nächsten 1.000 Jahren stabil sind?

Verantwortungsvoller Umgang

In wessen Verantwortung liegt es nun zu handeln? Was kann der Einzelne tun? Bergbauunternehmen sehen sich heute mehr und mehr gezwungen, Verantwortung für ihre Abbautätigkeit zu übernehmen. Die meisten Länder verlangen Umweltverträglichkeitsberichte vor Beginn des Abbaus und die Anforderungsstandards für die Renaturierung der Region nach Schließung der Bergwerke sind allgemein hoch.

Auch wächst das Bewusstsein für die Notwendigkeit, Material wiederzuverwerten und alternative Energiequellen zu entwickeln. Die globalen Auswirkungen der wachsenden Abhängigkeit von fossilen Brennstoffen fördert die Zusammenarbeit zwischen den einzelnen Ländern.

Wenn Energiequellen knapp werden, sehen Regierungen sich gezwungen, nach Alternativen zur Sicherung des eigenen wirtschaftlichen Überlebens und dem der Umwelt zu suchen.

Die Verantwortung für solche Veränderungen liegt bei jedem einzelnen Staat selbst, doch sind es die entwickelten Länder, die den ersten Schritt tun müssen. Immerhin werden rund 80 Prozent der Energieressourcen von nur gut 25 Prozent der Weltbevölkerung verbraucht.

Wir können es uns inzwischen nicht mehr leisten, die Energiequellen der Erde als unerschöpflich zu betrachten. Wir müssen nach einem Ausgleich suchen zwischen den Auswirkungen, die der Abbau von Rohstoff auf Umwelt und Gesellschaft hat, und den wirtschaftlichen Erfordernissen, wobei das Ziel die Entwicklung umweltverträglicher Abbaumethoden und alternativer Energiequellen sein muss.

Berühre die Erde,

liebe und halte sie

in Ehren.

The Outermost House,
HENRY BESTON
(1888–1968), amerikanischer Schriftsteller.

Die Natur ist wie das Buch des Schicksals:

Ist eine Seite einmal umgeschlagen, gibt es kein Zurück.

The Conduct of Life, RALPH WALDO EMERSON (1803–1882), amerikanischer Schriftsteller und Philosoph

KAPITEL 4

DIE KRÄFTE des LEBENS

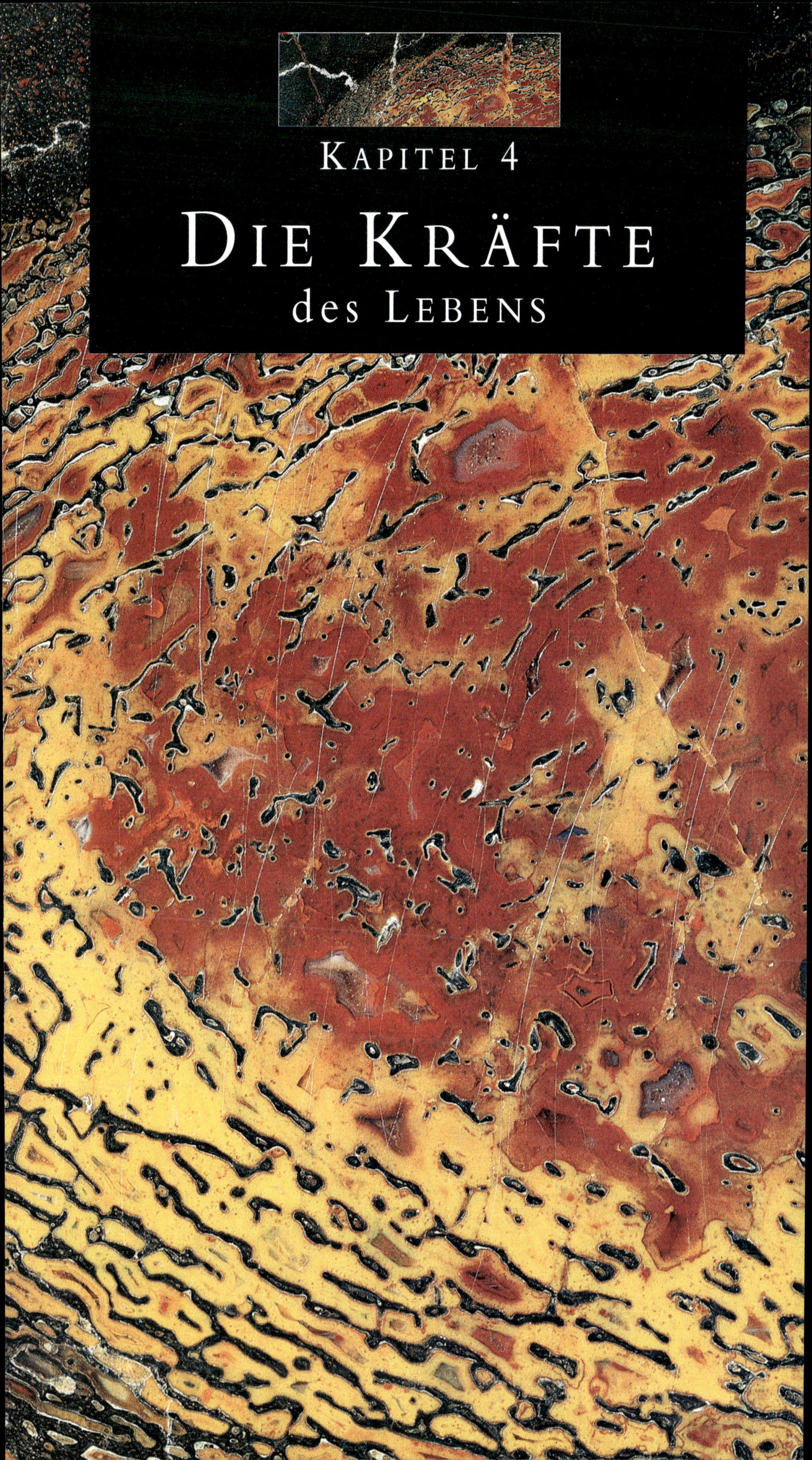

DER STAMMBAUM *des* LEBENS

Die Entwicklung des Lebens auf der Erde ist vergleichbar mit einem Baum, dessen Äste und Zweige sich in alle Richtungen verzweigen.

Alle Tiere, Pflanzen, Pilze, Bakterien und Viren, die je existierten, sind abstammungsgeschichtlich mit einander verwandt. Während der letzten 3.500 Millionen Jahre hat das Leben durch Wachstum, Abspaltung und Entwicklung die unendliche Artenvielfalt entstehen lassen, die wir heute kennen. Man kann sich dieses Phänomen als eine Art Stammbaum des Lebens vorstellen. Dieser vierdimensionale Baum wächst durch die drei Dimensionen des Raums und die vierte Dimension der Zeit.
Die Grafik auf der gegenüberliegenden Seite zeigt einen Teil des Baumes, der lediglich die letzten 600 Millionen Jahre umfasst. Die ältesten Lebensformen befinden sich am unteren Teil des Stammes, und die Zeit schreitet entlang des Stammes nach oben bis zur Gegenwart fort. Die Grafik zeigt nur einige der wichtigsten Äste. Es ist interessant, sich mit der Struktur des Stammbaums vertraut zu machen und die Entwicklung der Fossilien entlang der Zweige zu verfolgen.

ZWEI KÄFER – eine heute noch auf der Erde existierende Art (oben) und ein 50 Millionen Jahre altes versteinertes Fossil eines urzeitlichen Käfers. Beide Exemplare sind schimmernd blau gefärbt, was eindrucksvoll die Kontinuität des Lebens durch die Zeiten hindurch veranschaulicht.

DIE ENTWICKLUNGSGESCHICHTE DES LEBENS

Es wird vermutet, dass das erste Leben auf der Erde vor rund 3.500 Millionen Jahren erschien und von nur einer einzigen Lebensform abstammt. Wie genau diese erste Lebensform entstand, ist nicht bekannt, doch mit diesem Zeitpunkt begann auch die

TEIL EINES FOSSILEN STROMATOLITEN (oben) und heutige Stromatolites (rechts) in Shark Bay im Westen Australiens. Ihre Struktur hat sich seit dem frühen Präkambrium nicht mehr verändert.

STAMMBAUM DES LEBENS Jede Linie in der Grafik (rechts) repräsentiert eine bestimmte Gruppe von Organismen und veranschaulicht ihr Vorkommen in der Evolutionsgeschichte und ihr Verwandtschaftsverhältnis zu anderen Gruppen von Organismen. Die Erdzeitalter sind am linken Rand dargestellt und beginnen von unten mit dem ältesten Zeitalter. Folgende Abkürzungen werden verwendet:

T **Tertiär**
K **Kreide**
J **Jura**
Tr **Trias**
P **Perm**
C **Karbon**
D **Devon**
S **Silur**
O **Ordovizium**
€ **Kambrium**
P€ **Präkambrium**

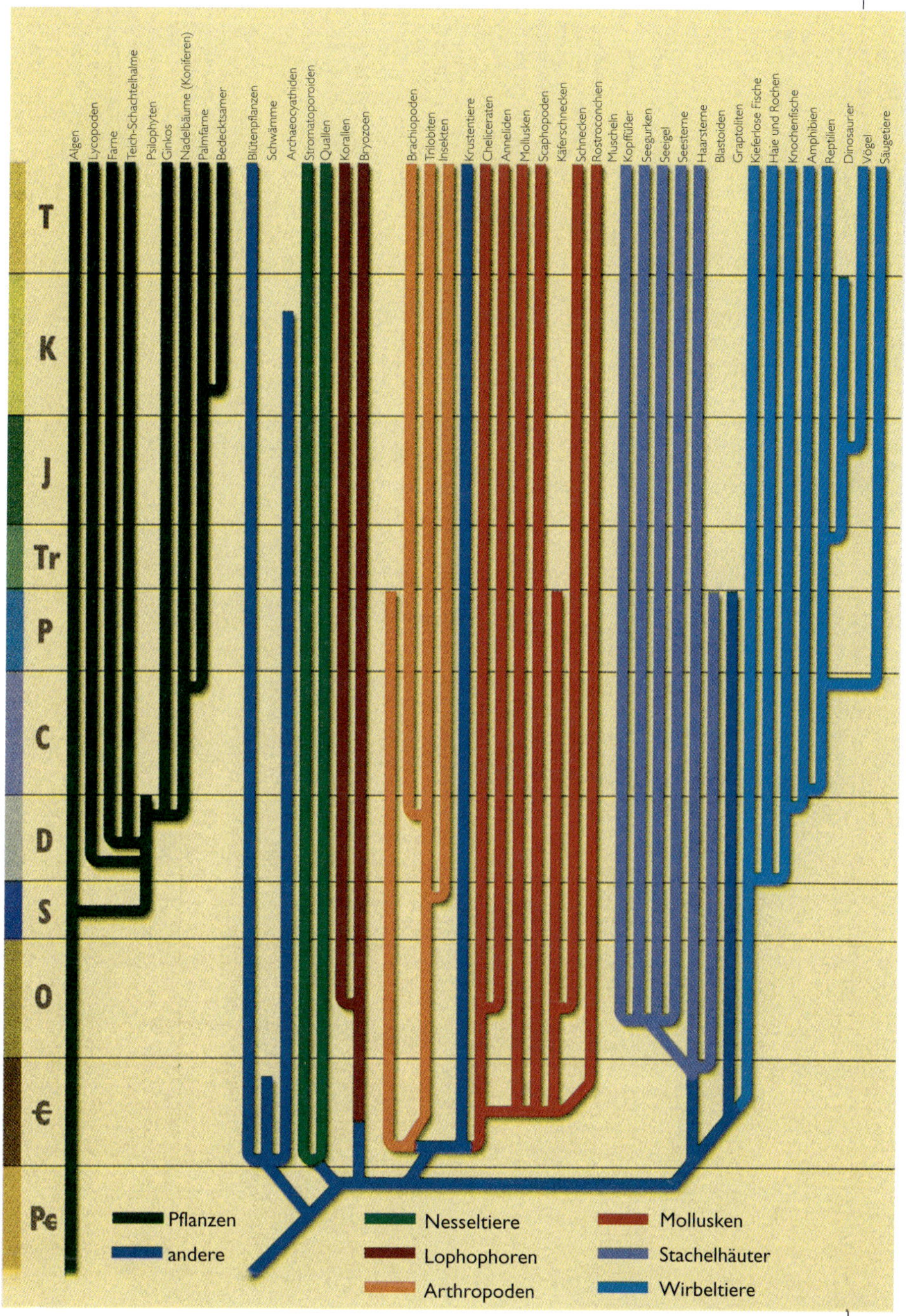

Evolution, der wir den heutigen Reichtum an Lebewesen zu verdanken haben.

In den ersten 3.000 Millionen Jahren bestand das Leben nur aus einzelligen Organismen, die manchmal Kolonien, so genannte Stromatoliten, gründeten. Vor ca. 600 Millionen Jahren entstanden die ersten komplexen Lebensformen, mehrzellige quallenähnliche Organismen. Der nächste wichtige Schritt war die Entwicklung von Schalentieren und Tieren mit Hartskeletten vor 570 Millionen Jahren. Leben fand die meiste Zeit (ungefähr die ersten 3.000 Millionen Jahre) im Meer statt. Erst vor evolutionsgeschichtlich relativ kurzer Zeit verließen die ersten Lebensformen das Wasser und eroberten das Land. Die ersten Landpflanzen entwickelten sich vor 410 Millionen Jahren, die ersten Landwirbeltiere tauchten erst 20 Millionen Jahre später auf.

ZEUGEN DER URZEIT

Auch wenn sich das Leben ständig wandelt, haben sich einige Lebensformen über einen langen Zeitraum nicht verändert. Solche Lebensformen werden „lebende Fossilien" genannt. Stromatoliten in Shark Bay in Australien sind beinahe identisch mit ihren Ahnen, die vor Tausenden Millionen Jahren lebten. Auch die kleine Brachiopodenart Lingula ist seit ihrem Auftauchen vor 550 Millionen Jahren unverändert geblieben. Die meisten Lebensformen erscheinen und verschwinden jedoch in relativ kurzer Zeit. Der kleinste Dinosaurier, Compsognathus, ist zum Beispiel nur durch ein einziges Exemplar bekannt (oben), Das Fossil, das im bayerischen Solnhofen gefunden wurde, ist der einzige Vertreter seiner Art, die wahrscheinlich nur eine Million Jahre existierte.

Die Geschichte *der* Evolution

Fossilien sind die Zeugnisse der Evolution und dafür, dass Lebewesen immer dazu tendieren, komplexer zu werden.

Das Leben musste sich im Laufe der Zeit immer den sich verändernden Umwelteinflüssen anpassen. Diese Entwicklung des Lebens bezeichnet man als Evolution.

Es gibt viele nicht wissenschaftliche Erklärungen für die Ursprünge des Lebens, die im Allgemeinen von der Existenz eines Schöpfergottes oder mehrerer Götter ausgehen. Zum ersten Mal taucht die Idee, dass das Leben auf dem Prinzip der Abstammung basiert, in frühen griechischen Texten auf. Den Griechen fielen gewisse physikalische Gemeinsamkeiten zwischen Organismen auf und sie vermuteten, dass dies auf Verwandtschaft untereinander zurückzuführen sei, doch waren sie nicht in der Lage, diese Verwandtschaftsverhältnisse zu erklären.

Bis zur Mitte des 18. Jahrhunderts hatte das Verständnis von den Verwandtschaftsverhältnissen der Organismen wenig Fortschritte gemacht, bis der schwedische Naturforscher Carl von Linné (1707–1778) seine Systema naturae veröffentlichte, in dem er sein noch heute gültiges System zur Klassifizierung von Pflanzen und Tieren vorstellte. Das linnésche System ordnet jede Art einer Gruppe (Genus) ähnlicher Pflanzen und Tiere zu. Diese Genera wiederum werden einer Gruppe zugeordnet, deren Mitglieder ähnliche Strukturen aufweisen. Von Linné bezeichnete die Ordnung, die er in der Natur vorfand, als „Leiter Gottes". Nach seiner Ansicht war sie weniger das Ergebnis der Evolutionsgeschichte.

Den Fortschritten in der geologischen Forschung im späten 18. Jahrhundert ist die Erkenntnis zu verdanken, dass die Erde sehr viel älter sein musste, als bisher angenommen worden war. Die Beschäftigung mit Fossilien brachte weitere erstaunliche Tatsachen zu Tage. Beispielsweise erkannte man, dass Fossilien zu Urzeiten entstanden waren, als noch keine neuzeitlichen Lebensformen existierten, und dass die meisten Organismen der Vergangenheit bereits ausgestorben sind. Die meisten Arten von Organismen tauchten irgendwann einmal als Fossilien auf und verschwanden wieder. Es entstanden also immer wieder neue Lebensformen und Organismen, diese waren nicht von Anfang an auf eine ganz bestimmte Erscheinung festgelegt, wie es von einem göttlichen Schöpfungsakt zu erwarten gewesen wäre.

Bis zur Mitte des 19. Jahrhunderts nahm die moderne Evolutionstheorie langsam Gestalt an, nachdem sich genügend Hinweise aus der Biologie (Ähnlichkeiten der Organismen) und der Paläontologie (die komplexe Entwicklungsgeschichte des Lebens) gesammelt

SCHÖPFUNGSTHEORIEN wie die Geschichte von Adam und Eva (unten) blieben bis ins 19. Jahrhundert unangefochten. Der französische Naturforscher Georges Cuvier (rechts).

Der Unsinn von heute ist die Wahrheit von morgen.

Wissenschaft und die moderne Welt
Alfred North Whitehead
(1861–1947),
englischer Philosoph und Mathematiker

NATÜRLICHE SELEKTION, dargelegt von Charles Darwin (linke Seite oben) in seinem Werk „Der Ursprung der Arten“ (links) gilt noch heute als die Grundlage der Evolutionstheorie. Variationen entstehen (unten links) zwischen eng verwandten Arten wie den Finken.

hatten. Erasmus Darwin (1731–1802), Charles Darwins Großvater, dachte bereits über die Möglichkeit nach, dass Organismen voneinander abstammen könnten.

Die französischen Naturforscher Etienne Geoffroy Saint-Hilaire (1772-1844) und Georges Cuvier (1769-1832) studierten und dokumentierten die ähnlichen Strukturen unterschiedlicher Organismen. Geoffroy glaubte, diese Ähnlichkeiten beruhten auf Evolution. Trotz dieser Belege wurde die Evolutionstheorie lange Zeit nicht akzeptiert, da noch niemand die Grundlagen formulieren konnte, auf deren Basis eine solche Theorie standhalten könnte.

Natürliche Selektion

Jean-Baptiste de Monet Lamarck (1744-1829) war der erste Biologe, der sich an die Formulierung dieser Grundlagen wagte.

Er stellte die Vermutung auf, dass sich Organismen während ihrer Lebensspanne vor dem Hintergrund sich wandelnder Lebensbedingungen und -bedürfnisse veränderten und diese Veränderungen an ihre Nachkommen weitergeben. Er vermutete, dass solche geringen Veränderungen durch viele Generationen hindurch weitergetragen würden und es so zu der Entwicklung einer neuen Art kommen kann. Doch seine Theorie wurde in den meisten Kreisen abgelehnt.

Erst durch das Werk der englischen Biologen Charles Darwin (1809–1882) und Alfred Russel Wallace (1823–1913) fand die Evolutionstheorie breitere Akzeptanz. Beide entwickelten unabhängig voneinander die Theorie der natürlichen Selektion.

Die Theorie basierte auf ausführlichen wissenschaftlichen Beweisen hinsichtlich des Konkurrenzkampfes von Organismen untereinander, deren Erfolg und Überleben von ihren veränderten Formen und ihrer Fähigkeit abhängt, entwickelte Eigenschaften, die sich als erfolgreich erwiesen haben, an kommende Generationen weiterzugeben. Mit der Akzeptanz dieser Theorie über die natürliche Selektion wurde die Evolutionstheorie zum Kernstück der modernen Biologie. In letzter Zeit wurde sie durch die Erkenntnisse aus der Genforschung weiterentwickelt.

ALFRED RUSSEL WALLACE

Obwohl die Theorie der natürlichen Selektion meist mit Darwin in Verbindung gebracht wird, sollte die Rolle von Alfred Russel Wallace (1823–1913) bei der Entwicklung dieser Theorie nicht übersehen werden. Wie Darwin hatte Wallace lange Zeit in Asien und Südamerika verbracht, wo er Exemplare von Pflanzen und Tieren sammelte. Seine Erkenntnisse der Zusammenhänge in der Natur führten ihn zu ähnlichen Schlussfolgerungen. Ironischerweise schickte Wallace sein Manuskript, das die natürliche Selektion beschreibt, an Darwin mit der Bitte um dessen Meinung. Darwin, der bis dahin im Geheimen an seiner Theorie gearbeitet hatte, war verblüfft von der Ähnlichkeit der Ideen. Die Theorie wurde schließlich unter beider Namen veröffentlicht.

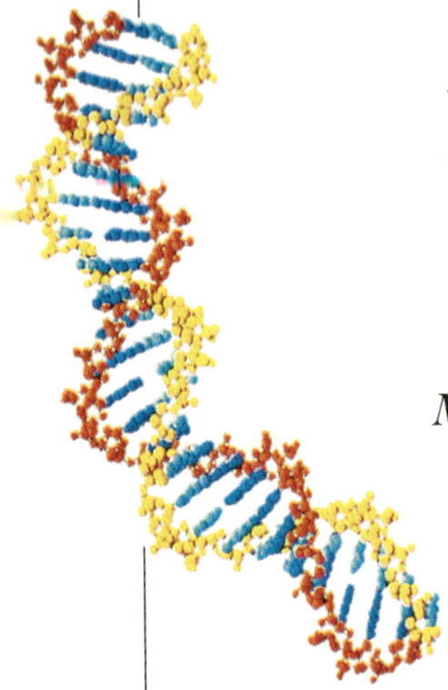

DIE PRINZIPIEN *der* EVOLUTION

Millionen von Pflanzen- und Tierarten, die alle auf einen gemeinsamen Vorfahren zurückgehen, haben sich durch eine Vielzahl komplizierter Vorgänge entwickelt.

Obwohl die Evolutionstheorie allgemein bekannt und akzeptiert ist, sind die Mechanismen, auf denen sie beruht, relativ ungewiss. Beweise für die Richtigkeit der Evolutionstheorie gibt es hingegen viele. Verwandte Tier- und Pflanzenarten weisen ähnliche Strukturen auf.

EVOLUTION: DIE FAKTEN

Desoxyribonukleinsäure (DNA) ist die chemische Grundsubstanz des Lebens. Dabei handelt es sich um ein in jedem Lebewesen zu findendes chemisches Molekül. Es ist der Code für die Bauweise des Organismus. DNA wird vererbt. Die Ähnlichkeit zwischen Eltern und Kindern ist also hinsichtlich der Zusammensetzung ihrer DNA sehr groß.
Je enger Organismen miteinander verwandt sind, desto größere Ähnlichkeit weist ihre DNA-Struktur auf. Auf diese Weise ist es möglich, die Verwandtschaftsgeschichte von Organismen nachzuvollziehen.

Fossilien untermauern die Evolutionstheorie, da man an ihnen die Entwicklung der einzelnen Lebensformen im Laufe der Zeit ablesen kann.

In seinem Werk „Der Ursprung der Arten" bezeichnet Darwin das Fehlen von Übergangsformen, die als Fossil erhalten sind, als ein Problem der Evolutionstheorie. 1861 fanden Bergleute im bayerischen Solnhofen eine solche Übergangsform, und zwar das erste Exemplar eines fossilen Archaeopteryx. Zunächst glaubte man, das Exemplar sei ein kleiner Dinosaurier, doch dann bemerkte man, dass das Fossil deutliche Abdrücke von Federn aufwies, die seinen Körper bedeckten. Es handelte sich also um das Bindeglied zwischen Vögeln und Dinosauriern, zwei Gruppen, zwischen denen man bis dahin keine Verwandtschaftsbeziehung hatte herstellen können.

Die Ähnlichkeit der einzelnen Körperteile (Homologie), die Ähnlichkeit der DNA-Sequenzen und die Entwicklung der Lebewesen, wie sie speziell an Fossilien nachzuvollziehen sind, ergeben im Kontext der Evolutionstheorie betrachtet plötzlich einen Sinn.

GEFEDERTER DINOSAURIER?
Der Archaeopteryx (rechts), der sowohl zu den Dinosauriern als auch zu den Vögeln zählt, stellt das Bindeglied zwischen den beiden Gruppen dar und bestätigte die Evolutionstheorie. Das DNA-Molekül (oben) bestimmt die Form aller Lebewesen.

NUR EIN TEIL DES SKORPIONNACHWUCHSES (links) erreicht das Erwachsenenalter. Auch innerhalb einer Familie weisen die Nachkommen individuelle Unterschiede auf, wie bei den Pinguinen auf der Abbildung (unten) zu sehen ist.

DER ARM DER EVOLUTION

Der Vorderfuß eines Krokodils, der Flügel einer Fledermaus, die Flosse eines Wals und der Flügel eines Vogels unterscheiden sich oberflächlich betrachtet recht stark. Schaut man jedoch genauer hin, scheinen diese Unterschiede zu schwinden. Beispielsweise ist die Anordnung der Knochen der Vorderglieder dieser vier Tiere identisch, auch wenn die Form der Knochen verschieden ist. Diese Ähnlichkeit in der Anordnung der Knochen, die auch für das menschliche Skelett gilt, ist Beweis dafür, dass die Knochenstruktur aller Lebewesen auf einen gemeinsamen Bauplan zurückzuführen ist.

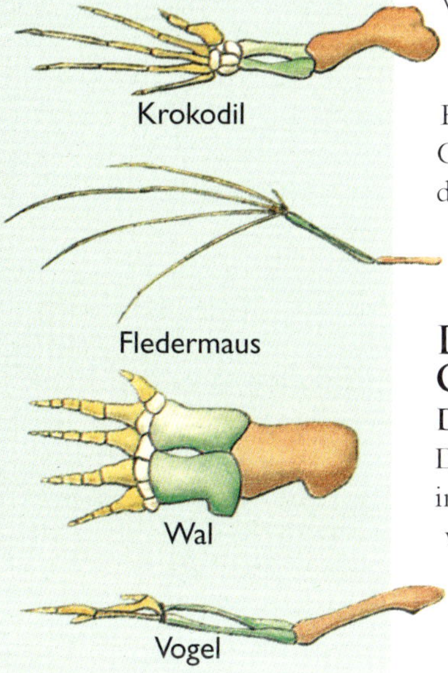

MECHANISMEN DER EVOLUTION

Natürliche Selektion ist die Grundlage der Evolutionstheorie, wie sie von Darwin und Wallace beschrieben wurde.

Die Theorie der beiden Wissenschaftler basiert auf drei grundlegenden Beobachtungen. Erstens: Jede Generation zeugt mehr Nachwuchs, als dann überleben kann. Dies führt zum Konkurrenzkampf um Nahrungsquellen. Zweitens: Alle Individuen unterscheiden sich, selbst Geschwister aus einer Familie. Per Zufall entwickeln vereinzelt einige Individuen Eigenschaften, die ihnen aufgrund der besseren Anpassung an die Umweltbedingungen bessere Überlebenschancen geben. Drittens: Eigenschaften, die sich als vorteilhaft erwiesen haben, werden an den Nachwuchs weitervererbt. Der Kampf ums Überleben, die natürliche Selektion und die Vererbung günstiger Eigenschaften auf die nächste Generation führen zur Veränderung der Art, um sich an veränderte Lebensumstände anzupassen.

DIE GESCHWINDIGKEIT DER EVOLUTION

Die Evolution, wie sie Darwin in seiner Theorie beschrieb, wurde lange Zeit als gradueller Prozess verstanden, der Auswirkungen auf eine ganze Art hatte. Bei diesem Erklärungsmodell, das man als Gradualismus bezeichnet, ging man davon aus, dass sich eine Art als Gesamtheit in allmählichen und in eher kleinen Schritten evolutionär weiterentwickelt.

Diese Theorie hatte sehr lange Zeit Geltung, bis im Jahr 1972 die Paläontologen Stephen Jay Gould und Niles Eldredge die Behauptung aufstellten, dass sich Evolution sprunghaft vollzieht und nicht kontinuierlich wie von Darwin beschrieben. Dieses Erklärungsmodell wird punktuelles Gleichgewicht genannt. Bis in die 1980er-Jahre hinein wurden beide Erklärungsmodelle heftig diskutiert.

Die Theorie des Gradualismus wurde von der Genetik und Biochemie unterstützt, während fossile Dokumente, in denen neue Arten „plötzlich" auftauchen und eine Zeit lang ohne Veränderung existieren, bis sie schließlich aussterben, Beweise für die Richtigkeit der Theorie des punktuellen Gleichgewichts zu liefern schienen. Heute wird allgemein davon ausgegangen, dass Evolution sich sowohl graduell als auch punktuell vollzieht.

DIE ENTSTEHUNG *von* FOSSILIEN

Pflanzen und Tiere, die als Fossilien erhalten sind, sind der Schlüssel zum Geheimnis des Lebens auf der Erde.

Als Fossilien werden im Allgemeinen die erhaltenen Überreste von Pflanzen und Tieren aus der Urzeit bezeichnet. Meist handelt es sich dabei um versteinertes Material, doch ist Versteinerung nicht die einzige Art der Fossilienbildung.

In Eis eingefrorene Mammuts und in Berstein eingeschlossene Insekten werden ebenfalls als Fossilien bezeichnet, auch wenn sich in solchen Fällen die ursprüngliche Zusammensetzung des Organismus nicht verändert hat.

Viele Fossilien sind die Überreste längst ausgestorbener Arten, doch manchmal finden sich auch fossile Formen von Pflanzen und Tieren, die noch immer existieren. Pollen, Exkremente, Fußabdrücke und Eier können ebenfalls als fossile Formen erhalten bleiben.

IM SCHLAMM GEFANGEN
Diese Libelle (unten) versteinert vielleicht auf dieselbe Weise wie das wunderschöne Exemplar auf der linken Seite (zusammen mit einem lebenden Exemplar). Muscheln wie diese Gastropode (weiter links) versteinern sehr leicht.

Bei den meisten Fossilien handelt es sich aber um versteinerte Abdrücke einst lebender Organismen. Die Entstehung von Fossilien basiert auf einer Reihe chemischer und biologischer Vorgänge, die meist nach einem bestimmten Schema ablaufen. Nach dem Absterben des Tieres oder der Pflanze verwesen die Weichteile (Innereien, Muskeln, Blätter usw.). Zurück bleiben nur die Hartteile wie Knochen, Zähne oder Holz.

Der Organismus versinkt rasch nach seinem Tod dabei in Sediment, zum Beispiel im weichen Schlamm auf dem Grund von Seen oder Flüssen. Lösliche Mineralien aus dem Wasser beginnen nun, den Organismus zu durchdringen und das organische Material zu ersetzen, was zur Versteinerung des Organismus führt. Bevor das Fossil jedoch

AD-HOC-FOSSILISATION

Ein recht häufig an vielen Küsten im Norden Australiens zu findendes Fossil ist der Thalassina, eine Art Hummer, die in Schlammlöchern auf dem Meeresgrund lebt. Wie alle Krustentiere muss er seine Schale abwerfen, um zu wachsen. Im Laufe seines Lebens produziert ein einziges Tier ein Dutzend oder mehr Schalen, die im Schlamm versinken und innerhalb kürzester Zeit, oft innerhalb nur eines Jahres, fossilieren. Manche dieser so entstandenen Fossilien sind so jung, dass die Tiere, die die Schalen abgeworfen haben, noch leben.

Die Welt ist wie ein Schachbrett, die Naturerscheinungen sind unsere Spielfiguren und die Naturgesetze bestimmen die Spielregeln.

A Liberal Education,
THOMAS HENRY HUXLEY
(1825–1895), englischer Biologe

gefunden werden kann, muss das Gestein, das es umschließt an die Oberfläche gelangen und aus dem umliegenden Stein erodieren und dabei das Fossil freigeben.

FOSSILIENFUNDORTE

Die Verbreitung einzelner Tierarten hängt von vielen Faktoren ab: Wale leben im Meer, Hunde an Land, und einige Primatenarten sind in Waldgebieten heimisch. Fossilien werden normalerweise dort gefunden, wo der Organismus verendet ist. Mit großer Wahrscheinlichkeit ist dies der Ort, wo er gelebt hat.

Das Auftreten von Fossilien an einem bestimmten Fundort wird von drei Faktoren bestimmt: den Umweltbedingungen, unter denen der Organismus lebte, der Gesteinsart, in der er konserviert ist, und der Zugänglichkeit und Erreichbarkeit dieser Gesteinsart von außen.

Nur bestimmte Gesteinsarten sind für die Fossilienbildung geeignet. Magmatische Gesteine, die tief im Erdinneren entstanden sind, sind nicht an der Fossilienbildung beteiligt. Auch ist es sehr selten, dass Gestein mit sehr grober Struktur Fossilien enthält, da diese Strukturen die Überreste von Organismen häufig zerstören, bevor es zu einer Entstehung von Fossilien kommt. Die besten Gesteinsarten für die Konservierung von organischem Material sind Kalkstein und feinkörniges Sedimentgestein wie Schiefer und Schlammstein.

Auch wenn eine Gesteinsart besonders günstige Voraussetzungen für die Fossilisation schafft, kann das eingeschlossene Fossil nur entdeckt werden, wenn das Gestein freigelegt, also zugänglich ist. Gebirge, die durch Erosion abgetragen werden, sind häufig gute Fundstellen. Für Fossiliensammler kann daher auch künstlich freigelegtes Gestein wie in Steinbrüchen und Bergwerken sehr interessant sein.

FOSSILISATION in großem Dimensionen: Im US-Bundesstaat Utah ist ein riesiges Dinosaurierskelett konserviert.

ERSTE STUFE DER FOSSILISATION ist die Verwesung von Weichteilen, bei der nur die Hartteile des Organismus wie Zähne und Knochen übrig bleiben.

NACH UND NACH versinken die Knochen in Sedimentschichten, und das Knochenmaterial wird durch Mineralien aus dem Grundwasser ersetzt.

AUFGRUND LANGSAMER HEBUNG der umliegenden Gesteinsschichten wandert das eingeschlossene Fossil mit der Zeit an die Oberfläche.

AN DER ERDOBERFLÄCHE angelangt erodiert das Fossil oder wird von einem Fossiliensammler freigelegt.

DIE VIELFALT *der* FOSSILIEN

Fossilien der Urzeit sind erstaunlich variationsreich; erstaunlich nicht nur hinsichtlich der Vielzahl an verschiedenen Organismen, sondern auch, was die unterschiedlichen Formen der Konservierung betrifft.

Bei den meisten Fossilien handelt es sich um im Gestein erhaltene Abdrücke gestorbener Organismen. Ein Vorgang, vergleichbar damit, wenn man das Blatt einer Pflanze mit leichtem Druck in feuchten Zement presst und dann wieder entfernt. Der Abdruck, der nach dem Trocknen im Zement zurückbleibt, gleicht einem „fossilen“ Abdruck des Blattes. Meist bleibt nur der Hohlraum erhalten, der nach dem Verwesen des im Stein eingeschlossenen Körpers entsteht.

Seltener zerfallen die organischen Bestandteile des Organismus zu einer Schicht aus Kohlenstoff, die dann im Inneren des natürlichen Hohlraums zurückbleibt. Hin und wieder füllt sich dieser Hohlraum mit Mineralien, die durch ins Gestein einsickerndes Wasser abgelagert werden.

In manchen Fällen ersetzen die abgelagerten Mineralien aus dem Wasser jede einzelne Zelle des verwesenden Organismus; dies bezeichnet man als Versteinerung. Gelegentlich kommt es vor, dass der auf diese Weise entstandene „Abguss“ härter ist als das ihn umschließende Gestein. Dies kann dazu führen, dass das Fossil schließlich aus dem Gestein ausgewaschen wird und lose auf der Erdoberfläche zu finden ist. Normalerweise handelt es sich bei den Mineralien der Versteinerung um in der Umgebung häufig vorzufindende Stoffe. Manchmal jedoch sind auch seltenere Mineralien an der Entstehung von Fossilien beteiligt. In Australien findet man beispielsweise Fossilien aus Opal.

FORMEN DER KONSERVIERUNG Diese Farnwedel sind in Form einer Schicht aus Kohlenstoff auf der Gesteinsoberfläche konserviert worden (oben); die Zellen des Baumstamms wurden durch Opal ersetzt (oben links).

WEITERE FORMEN DER KONSERVIERUNG

Neben den bereits beschriebenen gibt es noch viele weitere Arten der Fossilienbildung. Durch den Film *Jurassic Park* sind besonders Bernsteinfossilien bekannt geworden. Bernstein ist eine zu den Halbedelsteinen zählende mineralähnliche Substanz, die vor Urzeiten aus verhärtetem Baumharz entstanden ist. Gelegentlich wurde eine Spinne, ein Insekt oder ein anderes kleines Tier von einem solchen Tropfen Harz eingeschlossen. Als das Harz dann aushärtete, war das Ergebnis ein bis ins kleinste Detail perfekt konserviertes Lebewesen.

Bei einigen Fossilien ist selbst die ursprüngliche organische Zu-

PERLMUTT Das Gehäuse dieses Ammoniten aus dem Jura hat seine ursprüngliche Perlmuttschicht, wie sie auch an neuzeitlichen Austernschalen zu finden ist, beibehalten.

sammensetzung des Lebewesens erhalten geblieben. Das am häufigsten vorkommende Beispiel hierfür sind Weichtierschalen aus Kalksubstrat, wobei das Kalkgehäuse als das Fossil zurückbleibt. Oftmals geht dies mit einer Umstrukturierung der Moleküle einher.

Es gibt Fälle, bei denen die Perlmuttschicht der Schale des lebenden Tieres am Fossil erhalten geblieben ist. Auch Knochensubstanz kann Teile ihrer ursprünglichen Zusammensetzung beibehalten, doch sind auf diese Weise konservierte Knochenüberreste aufgrund der raschen Verwesung von Fettgewebe nach dem Tod des Tieres häufig sehr porös und kalkig.

VERGANGENHEIT UND GEGENWART Trotz des zweidimensionalen Abdrucks ist die Ähnlichkeit zwischen der fossilen Samenschote und ihren neuzeitlichen Verwandten mehr als deutlich zu erkennen.

Eine weitere seltene Art der Konservierung entsteht, wenn ein Lebewesen in einem Moor verendet ist. Der hohe Gerbsäuregehalt des Moors hält die Verwesung durch Bakterien und andere zersetzende Organismen auf und konserviert so den toten Körper. Unter solch seltenen Umständen kann es vorkommen, dass Weichteile, Knochen, Zähne und sogar der Mageninhalt erhalten bleiben.

Urzeitliche Lebewesen, die im Eis eingefroren konserviert sind, vermitteln einen besonders guten Eindruck vom Leben der Urzeit; man spricht in solchen Fällen häufig jedoch nicht mehr von Fossilien, sondern von Subfossilien. Tiefgefrorene „Fossilien" von Mammuts, Wollnashörnern und sogar von Menschen wurden in Hochgebirgen und in den Dauerfrostgebieten Nordeuropas und Asiens gefunden. Einige auf diese Weise erhaltene Exemplare sind bis zu eine Million Jahre alt. Hier hat kein Ersatz des ursprünglichen organischen Gewebes durch Mineralien stattgefunden und die Exemplare haben keinen Abdruck im Gestein hinterlassen.

Gewöhnlich bleiben nur die Hartteile eines Organismus wie Gehäuse, Knochen oder Zähne als Fossil erhalten.

An einigen seltenen Fundstellen findet man jedoch aufgrund verschiedener Faktoren auch Weichteilfossilien. Solche Fundstellen werden als Lagerstätten bezeichnet und sind äußerst wichtig für das Verständnis der Evolutionsgeschichte von unterschiedlichen Lebensformen.

Obwohl Fossilien uns vor Augen führen, wie sich das Leben im Laufe der Zeit verändert hat, ist dieses Zeugnis der Urzeit nur unvollständig. 99 Prozent aller Lebensformen, die je existierten, haben keine Fossilien hinterlassen. Und diejenigen Lebensformen, die uns in fossiler Form erhalten sind, kennen wir nur anhand einzelner oder einiger weniger Exemplare. Dies ist natürlich nur ein unvollständiges Zeugnis, doch es sind die einzigen Zeugen der Vergangenheit, die überliefert sind. Viele Geheimnisse der Evolutionsgeschichte werden wir wohl nie entschlüsseln, doch sind wir zumindest in der Lage, uns ein Bild von ihren Grundzügen zu machen.

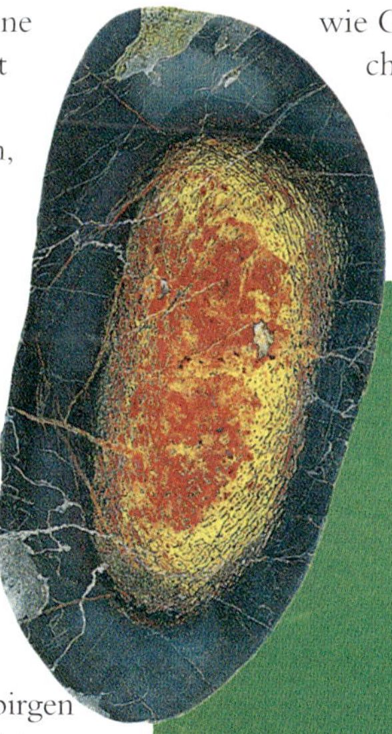

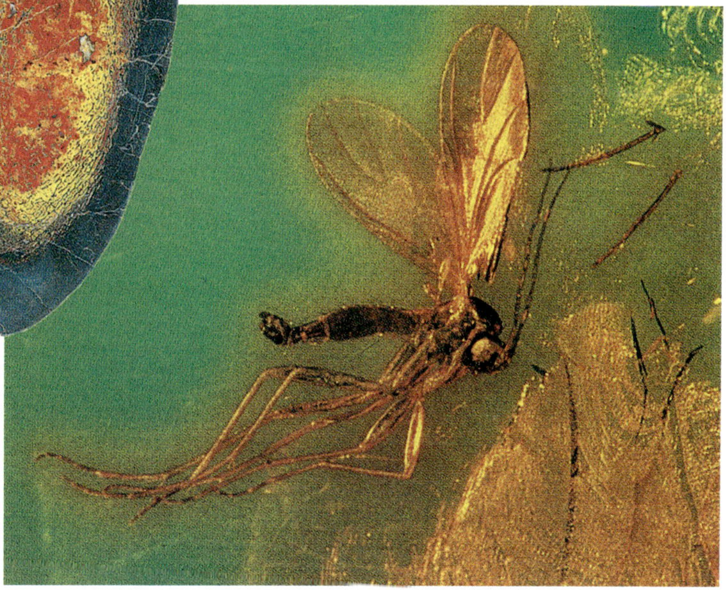

KNOCHEN UND INSEKTEN Ein Teil dieses Dinosaurierknochens ist versteinert und durch Achat ersetzt worden (oben); eine winzige Mücke ist in Bernstein bis ins kleinste Detail erhalten geblieben (rechts).

FOSSILIEN *zum* LEBEN ERWECKT

Fossilien sind die einzigen heute noch erhaltenen Zeugen, die uns vom Leben der Urzeit berichten können.

Die Paläontologie beschäftigt sich mit der Flora und Fauna der Urzeit. Fossilien sind dabei die einzigen Zeugen, die dem Paläontologen bei der Erforschung der Entwicklung des Lebens zur Seite stehen. Meist sind nur die Hartteile eines Tieres oder einer Pflanze erhalten. Häufig sind auch nur Teile des Skeletts als Fossil konserviert, doch genügt einem Paläontologen oft ein nur winziges Stück des Skeletts, um das ganze Tier rekonstruieren zu können.

Zur Einordnung des Fossils wird zunächst anhand von Knochen-, Zahn- oder Gehäusefragmenten die Familie bestimmt, zu der das konservierte Tier gehört. Die Zuordnung zu einer Familie ist meist eindeutig, da jede Art bestimmte Charakteristika hinsichtlich der Struktur ihrer Hartteile aufweist. Die Überreste eines Tieres ähneln meist denen seiner nahen Verwandten. Daher kann auch eine neu entdeckte Tierart anhand dieser Ähnlichkeiten mit anderen Arten rasch einer bestimmten Familie zugeordnet werden. Wenn die Bestandteile des Fossils identifiziert sind, kann danach das Skelett des Tieres oft vollständig ergänzt werden. Die Skelettstruktur nah verwandter Tiere dient dabei als Orientierungshilfe.

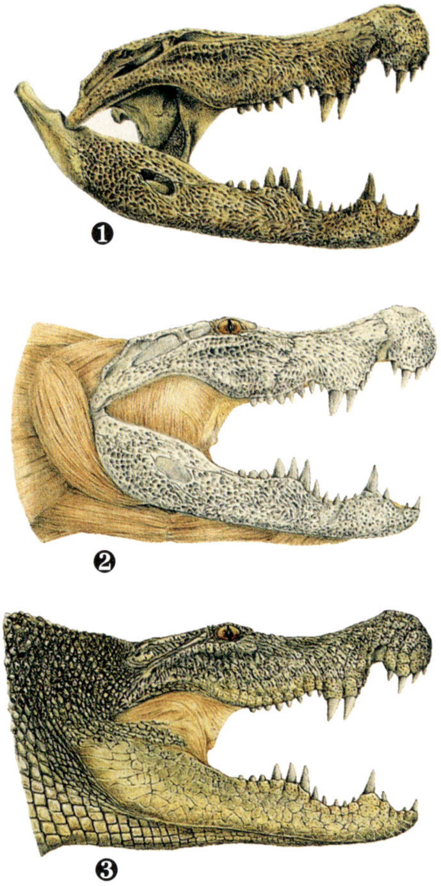

REKONSTRUKTION EINER AUSGESTORBENEN TIERART, die in fossiler Form erhalten ist. ❶ Rekonstruktion von Skelett und Muskulatur, ❷ Überzug mit künstlicher Haut, die für die Tierart typisch scheint. ❸ Jeder dieser Schritte erfolgt im Vergleich mit lebenden Verwandten der Tierart. Bei der Auswahl der Haut für ein urzeitliches Krokodil dient die Haut eines neuzeitlichen Krokodils (unten links) als Vorbild.

Da die Anordnung bestimmter Muskelgruppen bei allen Wirbeltieren gleich ist, ist der Paläontologe in der Lage, an einem vollständig rekonstruierten Skelett die Muskulatur nachzubilden und damit Größe und Form des Tieres zu bestimmen.

Im letzten Schritt wird dann versucht, Farbe und Hautbeschaffenheit des Tiers zu rekonstruieren. Da Haut nur selten in fossiler Form erhalten ist, kann der Paläontologe nur vermuten, wie die Haut des Tieres ausgesehen haben mag, indem die Hautbeschaffenheit naher, heute noch lebender Verwandter als Vergleich herangezogen wird. Ähnlich schwierig ist die Bestimmung der Farbe des Tieres, die jedoch eher unwichtig ist.

REKONSTRUKTION DURCH VERGLEICH

Die Rekonstruktion einer ausgestorbenen Tierart ist nur eine Möglichkeit dafür, wie das Tier ausgesehen haben könnte. Man kann nie mit Sicherheit sagen, ob das Modell der Wirklichkeit entspricht, es ist und bleibt ein Erklärungs- und Deutungsversuch dessen, was über die Urzeit bekannt ist.

Mit jedem neuen Fund erweitert sich das Wissen über ausgestorbene Tier- und Pflanzenarten, und die neuen Erkenntnisse werden bei späteren Rekonstruktionen berücksichtigt.

Die ersten Funde von Überresten des Dinosauriers *Iguanodon* (lat. Leguanzahn) bestanden aus wenigen Knochen, Zähnen und einem rätselhaften Dorn. Die Zähne ließen auf Verwandtschaft

VON EINEM KNOCHEN-FRAGMENT wie diesem Haizahn (rechts) kann man das ganze ursprüngliche Tier rekonstruieren. Viele fossile Haie kennt man nur durch solche Zahnfunde.

mit einem neuzeitlichen Leguan schließen. Daher ähnelte die erste Rekonstruktion des *Iguanodon* einem riesigen Leguan mit einem Dorn auf der Nase. Als dann komplette Skelette gefunden wurden, erkannte man, dass das Tier sich zwar auf allen vieren fortbewegen konnte, doch wahrscheinlich meistens auf seinen Hinterbeinen stand und sich dabei auf seinen Schwanz, der dem heutiger Känguruhs ähnelt, stützte. Auch ließen die Skelette den Schluss zu, dass der Dorn nicht auf der Nase saß, sondern auf den Daumen. Die neue Rekonstruktion des *Iguanodon* berücksichtigte diese Erkenntnisse. Sie stellte ein Tier mit einem Dorn an den Daumen in einer känguruhähnlichen Pose dar. Heute ist bekannt, dass der *Iguanodon* seinen Schwanz nicht als Stütze benutzte, sondern ihn vielmehr hoch aufgerichtet hinter sich hertrug. Auch glaubt man heute, dass das Tier sich meist auf allen vieren bewegte, doch auch auf den Hinterbeinen laufen konnte.

Fossilien geben nicht nur Aufschluss über das Aussehen ausgestorbener Tierarten. Die Analyse von Zähnen und Krallen und die Auswertung von Mageninhalten (die manchmal konserviert wurden) liefern auch Hinweise auf die Nahrung des Tieres.

Die Ansammlung fossiler Überreste unterschiedlicher Tier- und Pflanzenarten an einer einzigen Fundstelle lassen Vermutungen über deren Umwelt- und Lebensbedingungen und Stellung innerhalb der Nahrungskette zu. Anhand konservierter Fußabdrücke kann der Paläontologe ablesen, wie das Tier sich fortbewegt hat.

Manchmal sind Fossilien derselben Tierart in unterschiedlichen Wachstumsstufen erhalten, was einen Vergleich der Entwicklung der Individuen dieser Tierart erlaubt. Oft ist es möglich, anhand der erhaltenen Fossilien ein relativ vollständiges Bild des urzeitlichen Ökosystems zu rekonstruieren.

Das Universum ist seltsamer, als wir es uns je vorstellen können.

Possible Words,
J. B. S. HALDANE
(1892–1964), britischer Genforscher

NEUE ERKENNTNISSE
Die Rekonstruktion ausgestorbener Tierarten verändert sich mit dem wissen das aus jedem neuen Fund gewonnen werden kann. Frühe Modelle des Iguanodon (oben) stellten diese Saurierart als riesige Echse mit einem Dorn auf der Nase da. Spätere Darstellungen (oben links) zeigten das Tier in känguruhartiger Pose mit Dornen auf den Daumen. Selbst die jüngsten Modelle (links) müssen möglicherweise irgendwann neuen Erkenntnissen angepasst werden.

FOSSILIEN ERKENNEN *und* KLASSIFIZIEREN

Als Überreste lebender Organismen können Fossilien wie ihre lebenden Verwandten bestimmten Gruppen zugeordnet werden.

Jede Kultur hat ihr eigenes System zur Klassifizierung von Pflanzen und Tieren. In der Biologie jedoch ist eine einheitliche und logische Nomenklatur unverzichtbar. Daher wurde jedem lebenden Organismus, der wissenschaftlich beschrieben wurde, ein zweiteiliger Name (lat. binomen) gegeben. Der erste Teil des Namens bezeichnet die Gattung und der zweite Teil bezeichnet die Art des Lebewesens. Darüber hinaus werden alle Pflanzen und Tiere nach Reich, Stamm, Klasse, Ordnung und Familie eingeteilt. Dieses System ist auf den schwedischen Naturforscher Carl von Linné zurückzuführen. Daher gilt er durch sein Werk „Systema naturae" als Mitbegründer der Taxonomie. Später wurde seine Systematik erweitert, damit alle lebenden Organismen berücksichtigt werden konnten.

Wie ihre lebenden Verwandten werden auch Fossilien in Arten, welches die unterste Stufe der Klassifikation ist, eingeteilt. Arten werden im nächsten Schritt in Gattungen zusammengefasst. Diese wiederum werden bestimmten Familien zugeordnet. Die Familien bilden dann Ordnungen, Stämme und Reiche.

Die Klassifizierung des *Tyrannosaurus rex* beispielsweise sieht folgendermaßen aus:

Reich:	Animalia (Tiere)
Stamm:	Chordata (Tiere mit zentralem Nervensystem)
Klasse:	Archosauria (Dinosaurier)
Ordnung:	Saurischia (Echsen, Beckensaurier)
Familie:	Tyrannosauridae (große, Fleisch fressende Dinosaurier mit kurzen Armen)
Gattung:	*Tyrannosaurus*
Art:	*T. rex*

1735 veröffentlichte der schwedische Naturforscher Carl von Linné (rechts) ein System, mit dem eine einheitliche Klassifizierung von sämtlichen erforschten Pflanzen und Tieren möglich wurde. Sein „Systema naturae" wurde später erweitert und ist heute weiterhin unabdingbar für die Biologie und für die Paläontologie.

FOSSILE SPUREN
Diese 400 Millionen Jahre alten Erypteriden-Spuren werden anders klassifiziert als die urzeitlichen Tiere, die sie hinterlassen haben. Käfer weisen eine sehr hohe Artenvielfalt auf, sodass ihre Identifikation häufig extrem schwierig ist (oben links).

Da die Binomen meist lateinischen oder griechischen Ursprungs sind, hat es sich eingebürgert, sie stets kursiv zu schreiben. Die Gattung wird immer groß geschrieben, während die Art klein geschrieben wird. Außerdem ist zu beachten, dass der Gattungsname allein genannt werden kann (zum Beispiel *Tyrannosaurus*), die Art jedoch immer zusammen mit der Gattung (*Tyrannosaurus rex*).

Nachdem der Gattungsname einmal vollständig ge-

LEBENDE ORGANISMEN wie der Nautilus (Perlboot) (links) und fossile Organismen wie der Ammonit (unten) werden auf Grundlage der gleichen Systematik klassifiziert.

nannt wurde, kann er, wenn er wiederholt wird, mit dem Anfangsbuchstaben abgekürzt werden (*T. rex*).

Eine Art ist eine Gruppe von Lebewesen, die sich mit anderen Mitgliedern dieser Gruppe fortpflanzen kann. Eine Fortpflanzung mit Mitgliedern anderer Gruppen ist allerdings nicht möglich.

Dieses Phänomen wird als Reproduktionsisolation bezeichnet. Da Aussagen über das Reproduktionsverhalten fossiler Lebewesen nicht möglich sind, müssen bei der Artenbestimmung von Fossilien auch noch weitere Charakteristika untersucht werden.

In der Paläontologie werden Arten nach ihrer Gestalt (oder Morphologie) unterschieden. Fossilien, die Ähnlichkeiten hinsichtlich ihrer Morphologie aufweisen, werden also einer gemeinsamen Art zugeordnet.

Probleme der Klassifizierung

Das Artenkonzept stellt die Paläontologie vor eine ganze Reihe von Schwierigkeiten. Jungtiere sehen häufig völlig anders aus als ausgewachsene Tiere, was ihre Zuordnung zu einer bestimmten Art erschwert. Auch Eier und Fußspuren können nicht immer einer bestimmten Art zugeordnet werden. In einigen Fällen wurden Jungtiere und erwachsene Tiere der selben Art irrtümlicherweise als unterschiedliche Arten beschrieben. Beispielsweise wurde der *Brontosaurus* (Jungtier) und der *Apatosaurus* (ausgewachsenes Tier) verschiedenen Arten zugeordnet. Als der Irrtum bemerkt wurde, wählte man den Namen *Apatosaurus* zur Bezeichnung der Art, da dies der Name war, der zuerst benutzt worden war.

Die Identifikation von Spurenfossilien wie Eiern und Fußabdrücken ist noch schwieriger. Spurenfossilien erhalten ein Binomen, das sich aus Gattungs- und Artbezeichnung zusammensetzt, doch da man ein Spurenfossil häufig nicht eindeutig einer Tierart zuordnen kann, unterscheidet man allgemein zwischen Spuren einer Gattung und Spuren einer Art. Beispielsweise stammen große, dreizehige Fußabdrücke mit scharfen Krallen, die als Fossil konserviert wurden, eindeutig von einem Fleisch fressenden Dinosaurier. Man nennt sie allerdings *Anchisauripus* anstelle von *Tyrannosaurus* oder *Allosaurus*. Daher kommt es vor, dass ein ausgestorbenes Tier vier verschiedene Namen hat: einen für das Jungtier, einen für das erwachsene Tier, einen für seine Fußspuren und einen für seine Eier. Möglicherweise werden nie genug Beweise gefunden werden, dass es sich bei diesen vier Bezeichnungen um ein und dieselbe Tierart handelt.

TYRANNOSAURUS REX ist wahrscheinlich das bekannteste Binomen und bedeutet „tyrannischer Echsenkönig".

Spuren- *und* Mikrofossilien

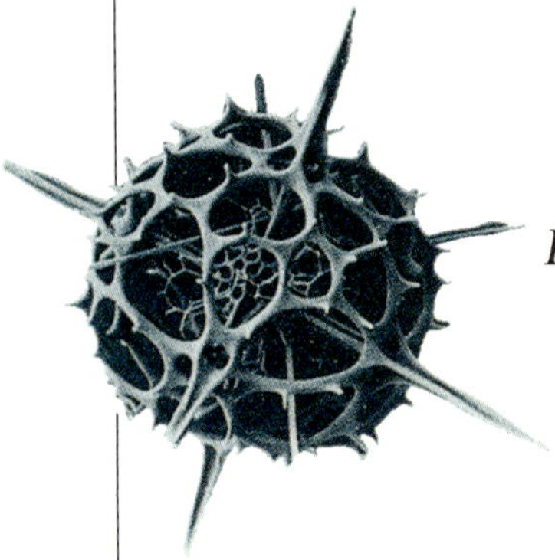

Fossilien eines Organismus enthalten Informationen über das ehemals lebendige Tier, wohingegen Spurenfossilien Zeugnisse seiner Lebensbedingungen und -weise sind.

Fossilien lassen sich in zwei Gruppen unterteilen: Körperfossilien (Überreste des eigentlichen Organismus) und Spurenfossilien (Zeugnisse der Lebensweise des Tieres wie Fußspuren, Gebissabdrücke, Futter- und Wohnhöhlen, Nester, Eier, Exkremente und Magensteine). Da Körper- und Spurenfossilien unter unterschiedlichen Voraussetzungen entstehen, kommt es selten vor, dass beide Fossilientypen an der gleichen Stelle gefunden werden. Auch ist es nur sehr selten möglich, eindeutig zu bestimmen, von welcher Tierart das jeweilige Spurenfossil stammt, was häufig zu unterschiedlichen Namensgebungen von Spurenfossilien und lebenden Organismen führt.

Spuren und Fussabdrücke

Anhand fossiler Fußabdrücke kann man das Gewicht des urzeitlichen Tieres berechnen, und die Abstände zwischen den einzelnen Abdrücken lassen Rückschlüsse auf die Laufgeschwindigkeit des Tieres zu. Aus einer Folge von Fußspuren kann man auch ablesen, ob das Tier ein Einzelgänger war, in einer kleinen Gruppe lebte oder Mitglied einer großen Herde war. Manchmal lassen sich sogar Vermutungen über das Verhalten dieser Gruppen anstellen. In Lark Quarry in der Nähe von Winton im australischen Bundesstaat Queensland sind die Fußabdrücke einer Herde von 190 kleinen Dinosauriern konserviert, die vor einem großen Fleisch fressenden Dinosaurier, dessen Abdrücke ebenfalls erhalten sind, flüchten.
Diese Szene urzeitlichen Lebens wurde vor 98 Millionen Jahren konserviert. Spurenfossilien dieser Art findet man in Sandbänken und ehemaligen Überschwemmungsgebieten von Flüssen und Seen. Andere bekannte Fundstellen von Dinosaurierfußspuren sind Glen Rose, Texas, und das Connecticut Valley, USA.

Konservierte Futterhöhlen von Wirbeltieren gehören ebenfalls zu den Spurenfossilien, aus denen Rückschlüsse auf die Fressgewohnheiten und die Nahrung der unterschiedlichen Tierarten gezogen werden können. Auch die Wohnhöhlen von unterirdisch lebenden Tieren können konserviert sein. In seltenen Fällen kommt es vor, dass die Sedimentstruktur des umliegenden Erdreichs von den Aktivitäten fressender oder höhlengrabender Tiere gestört wird. Man spricht in solchen Fällen von Bioturbation.

In äußerst seltenen Fällen werden die Eier und das Nest

SPURENFOSSILIEN: Bei diesen röhrenartigen Strukturen (links) in einer Matrix aus faserigem Dolomitgestein handelt es sich wahrscheinlich um Wurmhöhlen. Kriechspuren und von Wellen verursachte Zeichnungen (unten) auf dem Meeresboden aus Sandstein des Unteren Kambriums. Plankton (oben links), hier extrem stark vergrößert, ist eine von vielen Mikrofossilienarten.

FUSSSPUREN DER GIGANTEN

Es gibt auf der ganzen Welt Fundstellen von fossilen Dinosaurierfußspuren und Fußabdrücken anderer Tiere. In Amerika wurden die ersten Dinosaurierspuren in den Buntsandsteinbrüchen in New England gefunden. Die ersten wissenschaftlichen Untersuchungen dieser Spuren wurden von Edward Hitchcock (1793–1864) durchgeführt. Er glaubte zunächst, es handle sich um die Fußspuren riesiger Vögel.

Eine noch ergiebigere Fundstätte ist die Gegend um Glen Rose im US-Bundesstaat Texas. Hier findet sich eine Vielzahl von Fußabdrücken und -spuren, die lange nur der einheimischen Bevölkerung bekannt waren, bis 1938 Roland T. Bird (1899–1978) die Region besuchte. Bird fand Spuren unterschiedlicher Dinosaurier: Darunter waren die eines Fleisch fressenden Dinosauriers, der einen langhalsigen Dinosaurier, dessen Spuren ebenfalls erhalten sind, verfolgte. Der Fund befindet sich heute im Naturhistorischen Museum in New York.

SELTENES FUNDSTÜCK: Dinosauriereier, die zusammen mit ihrem Nest fossilierten (oben). Solche Funde sind sehr selten, wurden aber auf mehreren Kontinenten entdeckt. Diese Steinchen (unten) wurden neben den Fossilien eines riesigen Vogels gefunden und stammen aus dem Kropf des Vogels.

eines Tieres konserviert. Solche Funde geben Auskunft über das Fortpflanzungs- und Brutpflegeverhalten einer Tierart.

Dank einer fossilierten Dinosaurierbrutstätte in Montana weiß man, dass zumindest eine Dinosaurierart in großen Kolonien brütete, wobei die Jungtiere eine relativ lange Zeit im Nest blieben und von den Eltern gefüttert wurden.

In fossiler Form erhaltene Exkremente, auch Koproliten genannt, erlauben Rückschlüsse auf die Nahrung einer Tierart und ihr Verdauungssystem.

Viele Tiere verschlucken Steine zur Unterstützung ihres Verdauungssystems oder auch als Ballast im Wasser. Diese Steine, die im Laufe der Zeit im Darm des Tieres glatt und rund werden, heißen Gastrolithen. Gastrolithen tauchen manchmal im Fossil eines Tieres auf oder allein im Sediment.

Gebissabdrücke eines Fleisch- oder Aasfressers können manchmal an fossilen Knochenüberresten gefunden werden und geben Auskunft darüber, welche Tierart von einer anderen gejagt wurde. In einigen Fällen stammen die Gebissabdrücke nicht von einer anderen Art, sondern von einem Mitglied der gleichen Art, und lassen auf einen Kampf um Futter oder um einen Geschlechtspartner schließen.

MIKROFOSSILIEN

Die bisherigen Fossilienarten sind alle mit dem bloßen Auge zu sehen, doch zahlreiche Fossilienarten sind nur unter starker Vergrößerung zu erkennen. Die Vielzahl dieser Mikroorganismen, die für die Wissenschaft von ganz besonderer Bedeutung sind, ist enorm.

Viele der mikroskopisch kleinen, einzelligen Organismen haben ein hartes Gehäuse, das rasch fossiliert. Typische Vertreter solcher Organismen sind Dinoflagellaten, Plankton und Kieselalgen. Dinoflagellaten, die auch Panzeralgen genannt werden, weisen sowohl pflanzliche als auch tierische Charakteristika auf und hinterlassen Fossilien ihres „Panzers", der gewöhnlich 0,02-0,15 Millimeter groß ist.

Plankton ist mit 0,1-2,0 Millimetern etwas größer. Kieselalgen sind einzellige Algen, deren Siliziumpanzer konserviert werden und sich zu einem Gesteinskonglomerat formieren, das Diatomit genannt wird. Diatomit wird als Filter in Trinkwasseranlagen und Kläranlagen eingesetzt.

Blütenpollen und Sporen können ebenfalls als Mikrofossilien konserviert werden und liefern Informationen für die Rekonstruktion der urzeitlichen Pflanzenwelt. Auch einige Teile von Tieren wie z.B. Fischschuppen werden zu den Mikrofossilien gerechnet. Andere Arten von Mikrofossilien wie Conodonten, Foraminiferen und Coccolithophoren werden im siebten Kapitel vorgestellt.

PFLANZENFOSSILIEN

Als die Pflanzen vor rund 410 Millionen Jahren das Wasser verließen und das Land eroberten, hatten sie mit vielen Schwierigkeiten zu kämpfen.

Pflanzen gibt es seit Urzeiten. Die ältesten fossilen Pflanzenfunde stammen aus Gestein aus dem Präkambrium. Bis vor rund 410 Millionen Jahren bestand die Pflanzenwelt jedoch lediglich aus Algen. Algen bilden Fossilien in Form von geschichteten Algenmatten, so genannten Stromatoliten, oder sie werden, ähnlich wie Korallen, als kalkhaltige Skelette konserviert. Stromatoliten stammen in erster Linie aus dem Kambrium, während kalkhaltige Algen häufig im Ordovizian und im Silur vorkamen.

Die ersten Landpflanzen passten sich rasch an die veränderten Lebensumstände an. Sie unterschieden sich von den Wasserpflanzen durch zwei grundlegende Merkmale. Erstens durch die Entwicklung eines Gefäßsystems, das Wasser und Nährstoffe durch ihr Gewebe transportierte und auch als Skelett fungierte, und zweitens durch die Produktion holziger Pflanzenteile, die die Pflanze stabiler machten, was für ein Leben an Land unverzichtbar war. Die holzigen Fasern waren sehr viel härter als andere Pflanzenteile, was zur Folge hatte, dass diese Pflanzen eher zu Fossilien wurden.

Die ersten Landpflanzen, die so genannten Psilophyta, waren dicht am Boden wachsende Wurzelsysteme mit vertikalen Samenschoten und hatten sehr wahrscheinlich keine Blätter.

Farne, Pterophyta, tauchten im Devon auf. Ihre nahen Verwandten, die Samenfarne (Pteridospermophyta) und Lycopoden, eine Gruppe von baumartigen Farnpflanzen, waren im Karbon in großer Vielfalt vertreten. Die ersten Kohlevorkommen entstanden aus ihren Überresten. Samenfarne sind heute ausgestorben, doch nahe verwandt mit heute noch existierenden Farnen. Trotz ihres frühen Erfolgs sind Lycopoden heute nur noch mit drei Gattungen vertreten.

Palmfarne waren im Erdzeitalter des Mesozoikum relativ häufig, doch existieren heute nur noch sehr wenige Arten, die in tropischen und gemäßigten Klimaregionen wachsen.

Nadelbäume dominierten die Pflanzenwelt im Mesozoikum und waren zusammen mit den Palmfarnen wohl die wichtigste Nahrungsquelle für die Pflanzen fressenden Dinosaurier.

PFLANZEN (dunkelgrüne Linien in der Grafik, rechts) entwickelten an Land rasch eine Vielzahl von Arten, nachdem sie im Silur das Wasser verlassen hatten. Die heute dominierenden Pflanzen sind die Blütenpflanzen, die zum ersten Mal in der Kreide auftauchten.

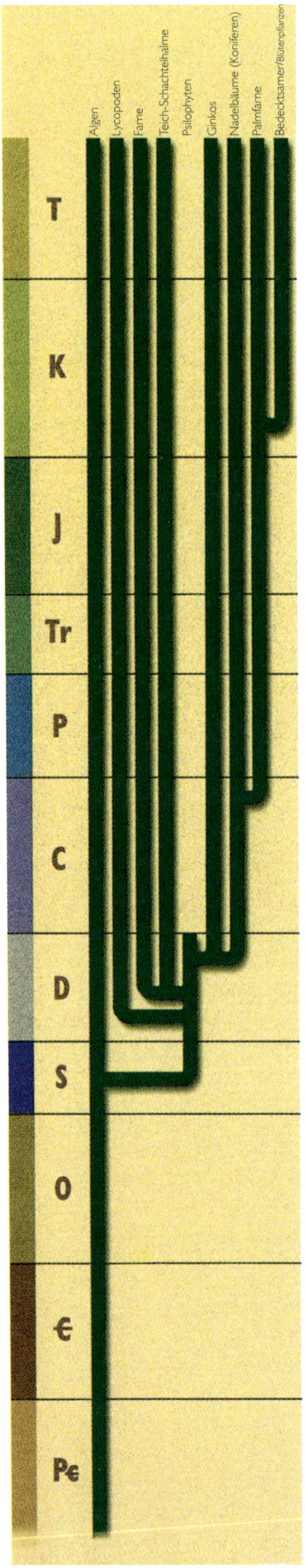

KONSERVIERTE ZAPFEN (oben links) der Andentanne. Der rechte Zapfen wurde aufgeschnitten und geschliffen. Die feingliedrige Form eines Blattes (oben) aus dem Eozän.

Die heutige Pflanzenwelt wird von den Bedecktsamern oder Blütenpflanzen dominiert, zu denen alle Grasarten und die meisten Bäume, Palmen und Sträucher gehören. Blütenpflanzen tauchten zu Beginn der Kreide auf, doch waren sie erst gegen Ende dieses Zeitalters häufig vertreten. Pflanzenteile (Blätter, Samen, Wurzeln, Stämme usw.) können einzeln konserviert sein und als unterschiedliche Organismen identifiziert werden. Nur wenn alle Pflanzenteile als Gesamtheit erhalten sind, kann die Pflanze eindeutig einer bestimmten Art zugeordnet werden. Es ist vorgekommen, dass eine einzige Lycopodenart einen Namen für ihren fossilierten Stamm (*Lepidodendron*), einen anderen Namen für Fossilien ihrer Wurzeln (*Stigmaria*), einen dritten für die konservierten Blätter (*Lepidophyllum*) und einen vierten für die Zapfen (*Lepidostrobus*) bekam.

Pflanzenfossilien werden hauptsächlich in Gestein gefunden, das unter leicht säurehaltigen Umweltverhältnissen entstanden ist. Schlammsteine und Schiefer, besonders wenn sie in Verbindung mit Kohleablagerungen auftreten, sind gute Fundstellen für Pflanzenfossilien. Pflanzenteile sind in dieses feinkörnige Gestein abgesunken und bis ins Detail konserviert worden. Durch den Druck von sich darüber ablagerndem Gestein bleibt das eingeschlossene Fossil meist nur als Abdruck erhalten. Manchmal wird jedoch auch der Kohlenstoff der Pflanze in Form einer Kohlenstoffschicht auf der Gesteinsoberfläche konserviert.
Die holzigen Pflanzenteile wie Stamm, Äste, Zapfen oder Samen können rauen Umweltverhältnissen eher standhalten, und Fossilien dieser Pflanzenteile kann man zum Beispiel in Kalkstein finden. In solchen Fällen ist das ursprüngliche Pflanzenmaterial vollständig durch Mineralien ersetzt worden. Dieser Prozess wird Versteinerung genannt. Das Ergebnis ist eine originalgetreue Reproduktion des Pflanzenmaterials durch die eingelagerten Mineralien, wobei sogar die Zellstruktur beibehalten wurde. In den USA sind ganze Wälder auf diese Weise konserviert worden, zum Beispiel im Yellowstone-Nationalpark, in Wyoming und Arizona. In Australien wurden auch Fossilien gefunden, bei denen die Holzteile der ursprünglichen Pflanze durch Opal ersetzt wurden.

FARNE SIND SCHON seit 300 Millionen Jahren in annähernd unveränderter Form auf der Erde überliefert (oben fossile Farne; unten heute noch lebende Verwandte). Das versteinerte Holz (unten) stammt aus dem späten Trias. Versteinertes Holz wird unter Sammlern wegen seiner Schönheit und Farbe hoch geschätzt.

ETRUSKISCHE KULTGEGENSTÄNDE

Vor 2 500 Jahren wurde einem etruskischen Stammeshäuptling ein Stück eines versteinerten Farnstamms, Cycadeoidea, mit in sein Grab gelegt. Das Fossil war so gut erhalten, dass man sogar darauf erkennen konnte wo die Farnwedel aus dem Stamm wuchsen. Es ist kaum anzunehmen, dass der Stammeshäuptling um die paläologische Bedeutung des Fossils wusste, trotzdem schien es wichtig für ihn zu sein. Wahrscheinlich wurden dem Fossil zur damaligen Zeit aufgrund seines ungewöhnlichen Aussehens magische Fähigkeiten zugeschrieben. Das Fundstück befindet sich heute in einem Museum in Bologna, Italien.

FOSSILIEN NIEDERER TIERE

An den Fossilien der Niederen Tiere kann man sehr gut die Entwicklung der Fauna von einfachen Strukturen hin zu komplizierten Lebensformen erkennen.

Die große Vielzahl an Fossilien Niederer Tiere (Invertebraten) ist auf eine Reihe von Faktoren zurückzuführen. Ihre Schalen und Gehäuse sind hart genug, um Fossilien bilden zu können, die Tiere leben meist in großen Kolonien und sie leben häufig unter Umweltbedingungen, die die Fossilisation begünstigen.

Die ältesten Fossilien vielzelliger Tiere, auch Metazoen genannt, stammen aus dem Präkambrium, doch sind Spurenfossilien dieser Tiere auch aus früheren Erdzeitaltern gefunden worden. Die Klassifizierung dieser Tiere ist nicht ganz eindeutig. Möglicherweise sind sie frühe Vertreter später auftretender Gruppen wie Quallen, Würmer (Anneliden) und Krustentiere, oder sie gehören zu einer Gruppe, die noch vor Beginn des Kambriums ausgestorben war.

Interessanterweise sind Fossilien aus dem späten Kambrium gefunden worden, die zu keiner der heute bekannten Gruppen der Niederen Tiere gehören. Ein Beispiel dafür ist die Lebensform *Tribachidium*, die eine dreifache Symmetrie aufweist, die noch bei keiner anderen Lebensform beobachtet wurde.

KAMBRISCHE EXPLOSION

Aus dem frühen Kambrium sind nur wenige Fossilien erhalten. Diese stammen von nur einigen wenigen Tierarten. Auffälligerweise gibt es jedoch zahlreiche Fossilienfunde aus der zweiten Hälfte des kambrischen Zeitalters. Dieses plötzliche Aufblühen des Lebens, auch als die kambrische Explosion bekannt, geht wohl auf verschiedene Ursachen zurück. Ökologische Nischen, die die Entstehung neuer Lebensformen begünstigten, sind eine mögliche Erklärung für dieses Phänomen. Auch ist es möglich, dass das plötzliche Auftreten so vieler Niederer Tiere mit Kalkgehäusen auf eine Veränderung der Umweltbedingungen zurückzuführen ist.

Was auch die Ursachen sein mögen, bis zur Mitte des Kambriums waren die meisten der heute noch existierenden und einige mittlerweile ausgestorbene Niedere Tiere entstanden. Schwämme (Phylum porifera) und ihre Verwandten, die Archäozyathiden und Stromatoporoiden, sind allesamt vielzellige Tiere, doch werden sie nicht zu den Metazoen gerechnet. Von diesen drei Gattungen, die zum ersten Mal im Kambrium auftraten, existieren heute nur noch die Schwämme. Schwämme bestehen zum größten Teil aus mikroskopischen, nadelförmigen kristallinen Strukturen und werden als makroskopische kalkhaltige Strukturen konserviert, die entweder halbkugelförmig oder zylindrisch sind. Stromatoporoiden waren maßgeblich an der

Zeit ist ein Wechselspiel von Leben und Tod; so war es schon immer und wird immer so sein.

Zeitkurven: Ein Leben,
ARTHUR MILLER (1915–2005),
amerikanischer Bühnenautor und Schriftsteller

BRACHIOPODEN (oben), bodenbewohnende Meereslebewesen mit zwei Schalenklappen, sind als Fossilien besonders zahlreich vertreten. Kambrischer Kalkstein (rechts) mit fossilen Archäozyathiden.

SCHWÄMME UND KORALLEN
Schwämme und Korallen gehören zu den entwicklungsgeschichtlich ältesten Vielzellern. Dieses Schwammfossil (unten links) stammt aus der Kreidezeit. Das berühmte Great Barrier Riff in Australien (links).

Entstehung von Korallenriffen zwischen Ordovizium und Devon beteiligt.

Nesseltiere

Die wahrscheinlich primitivste Lebensform sind Nesseltiere (Cnidaria), zu denen Quallen, Korallen und Hydrozoen zählen. Die äußere Körperwand der Nesseltiere besteht aus zwei Zellschichten, die radialsymmetrisch angeordnet sind. Viele Nesseltiere durchlaufen während ihrer Lebensspanne zwei verschiedende Zyklen, und zwar eine medusoide Phase und eine Phase als auf einer Oberfläche verankertes Hydroid. Bei manchen Gattungen überwiegt eine der beiden Phasen, bei anderen fehlt eine komplett. Quallen beispielsweise treten nur in Medusenform auf, während Korallen nur am Boden verankert existieren.

Fossilien von Nesseltieren gehören zu den ältesten fossilen Vielzellern, wobei fossile Quallen nur sehr selten gefunden werden, versteinerte Korallen jedoch relativ häufig sind.

Alle anderen höher entwickelten Tiergruppen, sowohl Wirbeltiere als auch Wirbellose, besitzen eine dreischichtige Körperwandung. Die mittlere Schicht, das Mesoderm, bildet bei manchen Tieren eine Körperhöhlung, auch Coelum genannt. Primitivere Formen dieser als Hohltiere bezeichneten Gruppe waren ursprünglich wohl einmal bilateral-symmetrisch und wiesen Kammern oder Segmente entlang ihrer Längsrichtung auf. Viele Hohltiere haben diesen Körperbau bis heute beibehalten, und auch diejenigen, die nicht durch Kammern unterteilt sind, stammen sehr wahrscheinlich ursprünglich von segmentierten Vorfahren ab.

Lophophoraten

Die Lophophoraten bilden eine relativ kleine Gruppe innerhalb der Gruppe der Hohltiere und sind sehr häufig in fossiler Form erhalten. Bryozoen und Brachiopoden sind die bekanntesten Vertreter dieser Gruppe, die mit zwei armförmigen Tentakeln in erster Linie Mikroorganismen als Nahrung aufnehmen. Bryozoen oder Kaltwasserkorallen sind Kolonien bildende Meeresbewohner, von denen es heute mehr als 3 500 Arten gibt.

Brachiopoden sind dagegen muschelartige Lebewesen mit zwei Schalenklappen, die in ihrer Form an Lampenschirme erinnern. Sie sind heute nur noch durch 70 Arten vertreten und meist in sehr spezialisierten, kleinen Lebensräumen zu finden.

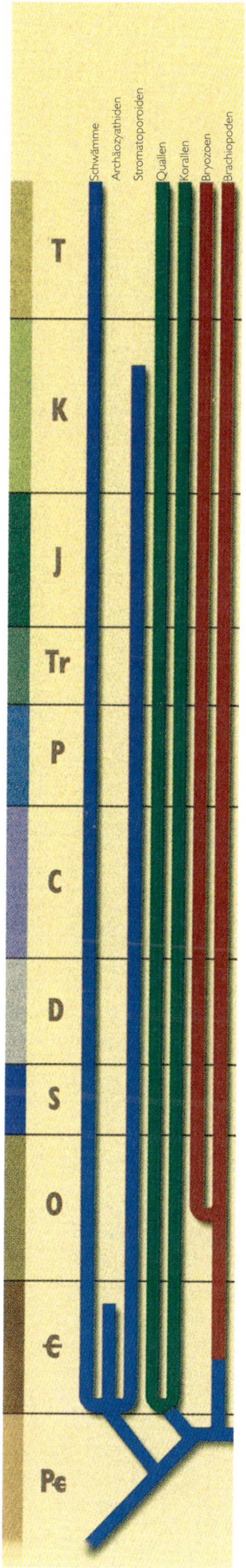

DIE GRUPPE der Niederen Tiere (Schwämme dunkelblau, Nesseltiere hellgrün, Lophophoraten rot), dargestellt in der Grafik rechts, besteht aus sehr einfachen Lebewesen. Ihr gemeinsamer Vorfahr ist ebenfalls in Dunkelblau eingezeichnet.

Weitere Niedere Tiere

Die Niederen Tiere zählen zur artenreichsten Tiergruppe und sind in fossiler Form zahlreich vertreten.

Zu einer großen Gruppe der Klasse der Niederen Tiere zählen Würmer (Gliederwürmer und Blutegel), Gliederfüßer (Krabben, Garnelen, Insekten, Spinnen und Trilobiten) und Weichtiere (Schnecken, Muscheln und Tintenfische). Sie alle durchlaufen ähnliche Larven- und Entwicklungsstadien, und die meisten von ihnen sind bilateralsymmetrisch. Würmer und Gliederfüßer sind deutlich segmentiert, während Weichtiere keine Segmente aufweisen, was die Vermutung nahelegt, dass diese sich entwicklungsgeschichtlich recht früh von der Gruppe abgespaltet haben.

Würmer, zu denen Regenwürmer und Meereswürmer zählen, sind selten als Fossilien erhalten, da sie keine Hartteile besitzen.

Gliederfüsser

Gliederfüßer findet man hingegen recht häufig als Fossilien, da sie steife Außenskelette besitzen, die leicht fossilisieren. Die Tatsache, dass manche Arten im Laufe ihrer Lebenszeit ihre Außenskelette mehrmals abwerfen und neu bilden, ist mit ein Grund für die hohe Zahl fossiler Gliederfüßer, da auf diese Weise ein einziges Tier mehrere fossile Dokumente hinterlassen kann.

Gliederfüßer können leicht anhand ihrer zweiästigen Gliedmaßen, die einen Teil ihres Außenskeletts darstellen, identifiziert werden. Das stabile Außenskelett ist für den evolutionsgeschichtlich so großen Erfolg dieser Tiergruppe verantwortlich. Es bietet Schutz vor Feinden und schränkt die Beweglichkeit des Tieres nicht ein.

Zur Stammgruppe der Gliedertiere zählen vier Klassen: Trilobiten, Tracheentiere (*Uniramia*), Krustentiere (*Crustacea*) und Kieferklauenträger (*Chelicerata*). Trilobiten gehören zu den wichtigsten Fossilien des frühen bis mittleren Paläozoikums und sind dank ihres interessanten

DIE UREINWOHNER NORDAMERIKAS haben einen besonderen Namen für Trilobitenfossilien, der übersetzt „kleine Wasserkäfer im Stein“ bedeutet (oben).

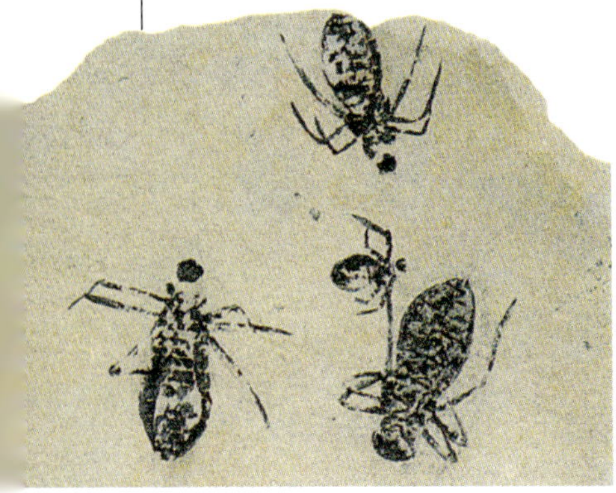

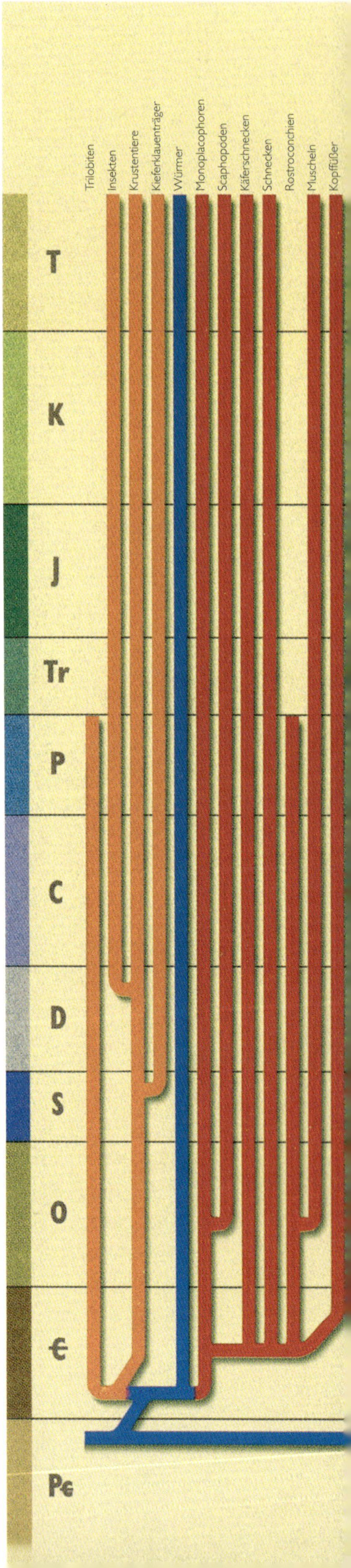

DIE SCHEINBAR SO UNTERSCHIEDLICHEN GRUPPEN der Gliederfüßer (orange), Weichtiere (rot) und Würmer (dunkelblau) haben einen gemeinsamen Vorfahren (ebenfalls dunkelblau). Insekten (links) gehören zu den am weitesten verbreiteten Vielzellern, sie sind aber selten als Fossilien erhalten.

Aussehens bei Fossiliensammlern besonders beliebt. Sie sind durch einen dreigeteilten Körperbau, bestehend aus einem breiten Kopfschild (Cephalon), einem Rumpf (Thorax) und einem Schwanz (Pygidium), gekennzeichnet. Jeder Körperteil ist wiederum in drei Sektionen unterteilt. Trilobiten sind seit Ende des Perms ausgestorben.

Die Tracheentiere bilden eine eigene Klasse der Gliedertiere, die durch Gliedmaßen mit jeweils nur einem Ast gekennzeichnet sind. Zu dieser Gruppe zählen Insekten (Hexapoden oder Sechsfüßer), Onychophorane (oberflächlich an Raupen erinnernde Gliederfüßer) und Tausendfüßer (Myriapoden).

Die Insekten gehören zu den artenreichsten heute noch vertretenen Vielzellern und sind eher selten als Fossilien erhalten geblieben. Nur einige wenige Fossilien, beispielsweise in Bernstein konservierte Insekten, erzählen von der Entwicklungsgeschichte dieser Gruppe. Krustentiere (Garnelen, Krabben und Hummer) sind in erster Linie marine Lebewesen mit zweiästigen Gliedmaßen. Die ältesten Vertreter sind ungefähr 550 Millionen Jahre

KRUSTENTIERE wie dieser Hummer (links) gehören zu den Gliederfüßern mit zweiästigen Gliedmaßen.

alt. Die meisten Krustentiere besitzen eine relativ dünne Schale, die nach dem Tod des Tieres rasch verfällt und deshalb nur unter besonderen Umständen konserviert wird.

WEICHTIERE

Weichtiere sind ebenfalls größtenteils Meeresbewohner, mit nur wenigen in Süßwasser lebenden Arten und nur einer einzigen landlebenden Gruppe, den Landschnecken. Dank ihrer harten Kalkgehäuse werden häufig fossile Weichtiere gefunden. Auch der evolutionsgeschichtliche Erfolg der Weichtiere ist auf ihre schützenden Gehäuse zurückzuführen.

Man unterscheidet zwischen sechs verschiedenen Weichtiergruppen, den Monoplacophoranen, Käferschnecken, Schnecken, Scaphopoden, Muscheln und Kopffüßern (Tintenfische, Kraken, Nautiloiden, Ammonoiden).

Schnecken kommen als Salz- und Süßwasserarten sowie als landlebende Tiere vor. Die spiralförmigen Schneckenhäuser sind typische Fossilien aus den Erdzeitaltern ab dem Kambrium bis in die Neuzeit hinein.

Bei den Muscheln handelt es sich um zweischalige Weichtiere, die zum ersten Mal im Ordovizium auftauchten, doch die Entstehung ihrer mutmaßlichen Urahnen, der Rostroconchien, geht auf das späte Kambrium bis ins Perm zurück.

Die Kopffüßer sind die höchstentwickelten Weichtiere. Sie besitzen eine einteilige Schale, die entweder spiralförmig gewunden oder röhrenförmig sein kann. Bei manchen Gruppen hat sich das Gehäuse stark oder vollständig zurückgebildet. Es hat Kopffüßerarten mit Gehäuse gegeben, die sogar eine Größe von bis zu 3 Meter Durchmesser erreichen konnten, doch die größte Kopffüßerart ist der noch heute existierende Riesentintenfisch, der bis zu 15 Meter lang werden kann.

SCHNECKEN (oben) und Kopffüßer (unten) gehören zur Gruppe der Weichtiere.

STACHELHÄUTER *und* WIRBELTIERE

Komplexere Lebensformen wie Stachelhäuter und Wirbeltiere zählen sicherlich zu den faszinierendsten Fossilien und können viel von der Entwicklung des Lebens erzählen.

SEELILIEN (links) sind mit ihren Stängeln fest auf dem Meeresboden verankert. Seesterne (oben) nehmen aufgrund ihrer fünffachen radialen Symmetrie eine besondere Stellung unter den marinen wirbellosen Räubern ein.

Die letzte große Gruppe fossiler Tiere im Stammbaum des Lebens bilden die Stachelhäuter (Seesterne, Seeigel und Seelilien), Protochordaten (z. B. Graptoliten) und Chordaten (Fische, Amphibien, Reptilien, Vögel und Säugetiere). Diese Tiere werden in einer Gruppe zusammengefasst, da sie eine Reihe von Ähnlichkeiten hinsichtlich ihrer Larvenform, der Anwesenheit von Körpersegmenten und einer entweder bilateralen oder fünffachen Symmetrie entlang einer Mittelachse aufweisen.

STACHELHÄUTER

Stachelhäuter weisen eine fünffache radiale Symmetrie, also eine symmetrische Anordnung von fünf Gliedern entlang einer Mittelachse, auf und nehmen dadurch eine besondere Stellung in der Tierwelt ein. Vermutlich stammen sie von einem bilateralsymmetrischen Vorfahren ab. Das Skelett der Stachelhäuter besteht aus zahlreichen miteinander verbundenen Plättchen aus Kalzit. Auch besitzen diese Tiere ein internes Kanalsystem, das aus einer Reihe von mit Flüssigkeit gefüllten Röhrchen und Kammern besteht, durch die Wasser und Nahrung fließt. Stachelhäuter sind ausschließlich Meeresbewohner und werden in vier große Gruppen geteilt.

Echinozoen, einschließlich Seeigel (Echinoiden), und Seegurken (Holothuroiden), sind meist kugelig oder scheibenförmig. Die Nahrungssuche der Echinoiden ist von Art zu Art unterschiedlich. Manche sind aktive Jäger, die sich rasch auf dem Meeresboden bewegen können. Andere sind Höhlenbewohner, die Schlamm auf der Suche nach mikroskopischen Organismen durchsieben. Einige haben sogar derart starke Kiefer, dass sie in der Lage sind, Gestein auszuhöhlen. Die ältesten fossilen Echinoiden und Holothuroiden stammen aus dem Ordovizium.

Zu den Asterozoen zählen die Seesterne (Asteroiden) und Haarsterne (Ophiuroiden). Beide Gruppen weisen die typische Sternenform mit fünf oder mehr Armen auf und liegen recht zahlreich als fossile Dokumente aus dem Ordovizium vor. Seelilien (Crinoiden) leben vor allem in der Tiefsee und sind bisher nicht sehr intensiv erforscht worden.

Blastozoen gehören zu einer inzwischen ausgestorbenen Gruppe von fest auf dem Boden verankerten Stachelhäutern, die auf den ersten Blick den Seelilien ähneln. Beide Gruppen tauchten im Kambrium zum ersten Mal auf.

BEI DIESEM FOSSILEN ABDRUCK eines urzeitlichen Fischs sind Skelett und Fächerflossen deutlich sichtbar. Knochenfische traten zum ersten Mal im Silur auf.

PROTOCHORDATEN

Graptoliten sind Kolonien bildende Organismen, die in den Meeren des Paläozoikums lebten. Diese zur Gruppe der Protochordaten zählenden Tiere sind als dünne Abdrücke ganzer Kolonien erhalten. Andere Vertreter dieser Gruppe liegen nur selten in fossiler Form vor.

CHORDATEN

Chordaten sind bilateral-symmetrische Tiere mit segmentierten Muskeln an v-förmigen Bändern und einem ursprünglich knorpeligen Rückgrat (Notochord), das mit einem Nervenstrang verbunden ist. Die primitiven Urformen der Chordaten besaßen noch keine Hartteile und sind daher nur selten in fossiler Form erhalten. Der älteste Fund stammt aus dem mittleren Kambrium.

Aus der Gruppe der Chordaten entwickelten sich die Wirbeltiere oder Vertebraten, die ein festes Skelett und eine knöcherne Wirbelsäule besaßen und von denen zahlreiche fossile Zeugnisse vorliegen. Die ältesten Wirbeltierfossilien sind mikroskopische Knochenschuppen, die im Gestein des oberen Kambriums gefunden wurden. Sie stammen wahrscheinlich von Kieferlosen (Agnathane), die im Silur und Devon weit verbreitet waren.

Obwohl die knorpeligen Skelette von Haien und Rochen (Chondrichthyen) nur schlecht fossilieren, gibt es einige wenige Fossilienfunde dieser Fische aus dem Devon.

Neben den vorgestellten Arten gab es im Laufe der Evolutionsgeschichte viele Arten, die inzwischen ausgestorben sind. Die meisten der heute existierenden Fische gehören zur Gruppe der Fächerflosser (Actinopterygien), die zum ersten Mal im späten Silur auftraten.

Die ersten Landwirbeltiere waren Amphibien, die den neuzeitlichen Salamandern ähnelten. Der nächste bedeutende Schritt in der Evolutionsgeschichte war die Entwicklung von Tieren, die ihre Eier an Land und nicht wie bisher im Wasser ablegten. Diese Entwicklung hat vermutlich im Karbon stattgefunden und leitete die Evolution der Reptilien, Vögel und Säugetiere ein.

FOSSILER FROSCH (links). Die ältesten Froschfossilien stammen aus dem Jura. Graptoliten (unten) entstanden im Ordovizium und starben gegen Ende des Perm aus.

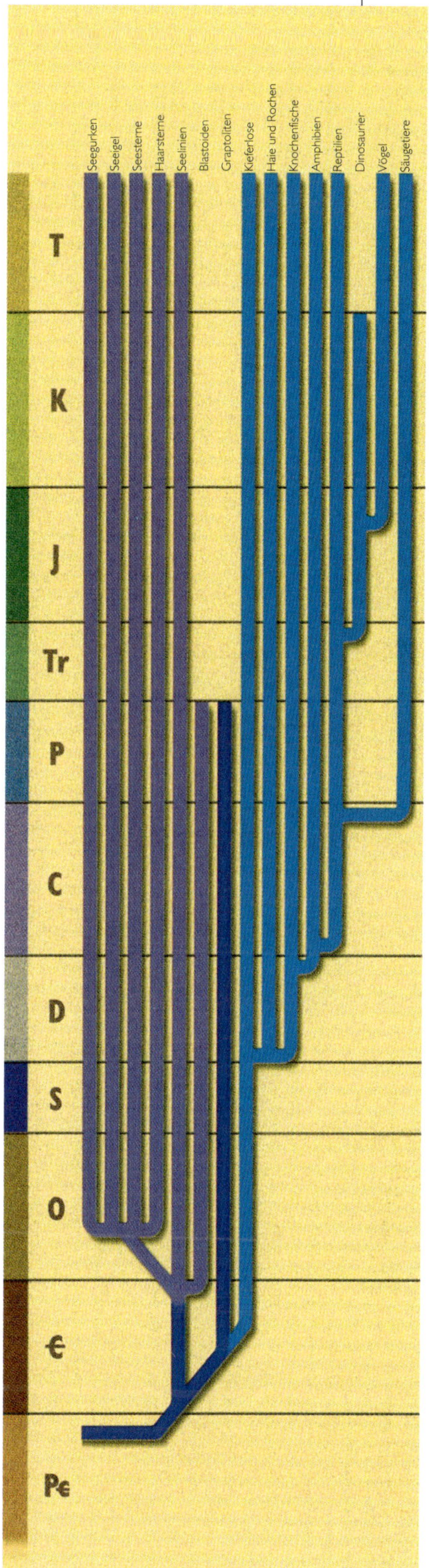

DIE SO ARTENREICHEN GRUPPEN der Stachelhäuter (violett) und der Chordaten (dunkelblau), einschließlich der Wirbeltiere (hellblau), lassen sich aufgrund ihrer Entwicklungsgeschichte und Morphologie auf einen gemeinsamen Vorfahren im unteren Kambrium zurückführen.

Kapitel 5

Den Geheimnissen *der* Fossilien *auf der* Spur

Solange nicht das Unerwartete erwartet wird, kann die Wahrheit niemals gefunden werden, denn es ist schwer, sie zu entdecken, und schwer, sie zu erreichen.

Fragmente,
HERAKLIT (ca. 500 v. Chr.), griechischer Philosoph

Fossilien erforschen

Die faszinierende Wissenschaft der Paläontologie lüftet nicht nur die Geheimnisse der Vergangenheit, sie bietet auch eine Reihe praktischer Verwendungsmöglichkeiten.

DIE ERBITTERTE KONKURRENZ zwischen Othniel Charles Marsh (oben) und Edward Drinker Cope (links) führte zu enormen Funden von Dinosaurierfossilien.

Fossilienforschung, genannt Paläontologie, ist ein wissenschaftlicher Zweig, der sich aus der immerwährenden Faszination des Menschen für Relikte der Vergangenheit entwickelt hat.

Nach langwierigen intellektuellen Auseinandersetzungen werden Fossilien heute als Überbleibsel urzeitlicher Lebensformen verstanden.

Die alten Ägypter nutzten Fossilien für Straßenbau und Schnitzereien; sie schienen jedoch an ihrer Herkunft nicht sonderlich interessiert zu sein. Schon im siebten Jahrhundert v. Chr. erforschten die alten Griechen, unter ihnen Xenophanes, Pythagoras, Xanthus und Herodot, diverse Muscheln und einen fossilen Fisch, die man in den Bergen gefunden hatte. Sie kamen zu dem Entschluss, dass diese Gebiete einst unterhalb des Meeresspiegels gelegen haben müssen. Obwohl Plinius der Ältere (23-79 n. Chr.) erkannte, dass es sich bei Bernstein um uraltes Tannenharz handelt, glaubte er fest daran, dass fossile Haifischzähne demjenigen magische Kräfte verleihen kann, der auf der Suche nach einer geeigneten Frau war.

Im Mittelalter fanden Fossilien so gut wie keine Beachtung. Man empfand sie lediglich als Kuriosität oder Laune der Natur. Zwar hatten einige wie beispielsweise der persische Philosoph Avicenna (980-1037) recht genaue Vorstellungen von Fossilien und der Erdgeschichte, jedoch waren deren Ansichten nicht sehr weit verbreitet.

Leonardo da Vinci (1452–1512) ging davon aus, dass Fossilien einst lebendige Organismen waren, und unternahm einige Anstrengungen, um zu erklären, wie sie durch Verschüttung im Gestein entstanden sein könnten.

PLINIUS DER ÄLTERE (links) war mit einigen Arten von Fossilien, unter anderem Haifischzähnen, vertraut. Indianer glaubten, versteinerte Stämme (oben) seien Knochen von Monstern.

Der Anatom Gabriello Fallopio (1523–1562) war der Meinung, Fossilien seien durch Bewegungen im Erdinneren entstanden. Diese Vorstellung, dass Fossilien im Inneren der Erde durch verschiedenste Vorgänge heranwuchsen, war im Mittelalter weit verbreitet.

Der Irrglaube, Fossilien seien Überreste von Opfern der biblischen Sintflut, verzögerte die Bildung einer wissenschaftlichen Erklärung erheblich. In der Renaissance setzte sich schließlich eine rationale Herangehensweise bezüglich diverser Fossilienfunde weitestgehend durch. Gelehrte dieser Epoche begannen damit,

Fossiliensammlungen anzulegen und die Exemplare in Zeichnungen und Schriften festzuhalten. Der schottische Physiker und Mathematiker Robert Hooke (1635–1703) war der Erste, der die Struktur versteinerter Bäume unter dem Mikroskop ausführlich untersuchte. Seiner Überzeugung nach musste es sich bei Fossilien einst um lebendige Organismen gehandelt haben.

Das achtzehnte Jahrhundert war die Geburtsstunde der Geologie und Paläontologie, die ihren Ruf als ernsthafte Wissenschaft im neunzehnten Jahrhundert weiter verfestigten sollten. Anhand von Fossilien konnte man beweisen, dass sich die Erde verändert hatte, dass zahlreiche Organismen entstanden und auch wieder verschwunden waren.

Fossilien dienten dazu, die Evolution als eine wissenschaftliche Lehre zu etablieren und zu verbreiten. Sie waren von nun an

nicht mehr kuriose Launen der Natur, sondern dienten somit als Zeugnisse der Geschichte des Lebens.

Im neunzehnten Jahrhundert bemühten sich die bedeutendsten Museen der Welt um die besten Sammlungen von Objekten aus der Natur. Fossiliensammlungen waren dabei sehr begehrt. Im späten neunzehnten Jahrhundert rangen die Rivalen Othaniel Charles Marsh und Edward Drinker Cope um die allerneuesten und größten Dinosaurierfossilien.

Marsh und Drinker Cope waren sehr wohlhabend und beschäftigten professionelle Fossiljäger, um das Ödland der westlichen USA nach Dinosaurierfossilien abzusuchen.

Heutzutage ist die Paläontologie mehr als das geheime Sammeln von Fossilien und der daraus resultierenden Interpretation von Leben. Sie ist eine aktive und starke Wissenschaft, die weltweit von Leuten praktiziert wird, die für Universitäten, Museen, geologische Gutachten und Bergbauunternehmen arbeiten. Vor allem für die Industriezweige, die sich mit der Suche nach Erdöl beschäftigen, ist die Paläontologie von großem Nutzen. Durch ihre Eigenschaft, das Erdklima aus verschiedenen Phasen der Erdgeschichte rekonstruieren zu können, wird die Paläontologie bei der Bewertung aktueller Umweltprobleme als wichtiges Hilfsmittel mit herangezogen.

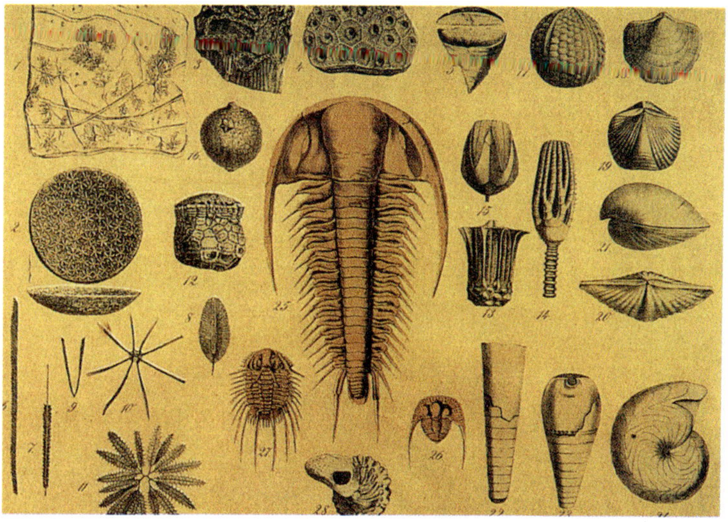

IM SPÄTEN achtzehnten Jahrhundert wurden Fossilien sowohl von Wissenschaftlern als auch von Hobbypaläontologen gesammelt.

Jeder große und gebieterische Moment in den Annalen der Welt ist der Sieg von etwas Begeisterung.

Nature Addresses and Lectures, RALPH WALDO EMERSON, (1803–1882), amerikanischer Essayist

SIE VERKAUFT MUSCHELN ...

Mary Anning (1799–1847) lebte in Lyme Regis, Dorset, England. Ihr Vater hatte ein Souvenirgeschäft. Als Mary entdeckte, dass die zahlreichen Muscheln der Region hohe Preise erzielten, begann sie damit, sie zu sammeln und zu verkaufen. Mary inspirierte den englischen Zungenbrecher „She sells seashells on the seashore" (Sie verkauft Muscheln am Strand).

Im Jahre 1811 fand sie ihr erstes Dinosaurierskelett: einen Ichthysaurus (ein delfinartiges Reptil). In den kommenden Jahren fand sie viele weitere Skelette von Meeresdinosauriern. Viele erstklassige Exemplare, die heute im Britischen Museum der Naturgeschichte und vielen anderen Museen weltweit zu sehen sind, wurden von Mary Anning entdeckt.

VON *der* EVOLUTION *bis zur* AUSROTTUNG

Von Fossilien lernen wir, dass wir eng mit jedem anderen Leben auf der Erde verbunden sind. Wie alle Lebewesen sind auch wir vom Aussterben bedroht.

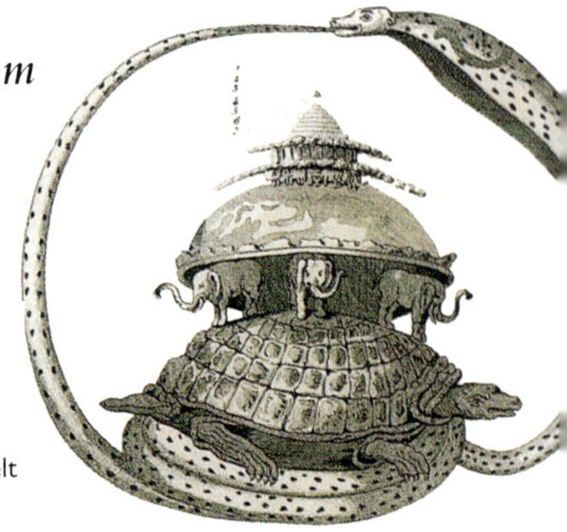

IN DER HINDUIKONOGRAFIE wird der Kosmos als eine Schildkröte, auf deren Rücken vier Elefanten die Welt tragen, dargestellt.

Betrachtet man die Menschheit und ihre Schöpfungsgeschichte, ging man davon aus, dass die Erde und all ihre Bewohner in nicht allzu ferner Vergangenheit, d.h. auf jeden Fall in den vergangenen 100.000, wenn nicht sogar 10.000 Jahren von einem Gott oder mehreren Göttern geschaffen worden war. In diesem Kontext stellt die Religion der Hindus eine Ausnahme dar. Hindus verstanden das Universum als einen Traum der Götter, der sich in einem Zehnmilliarden-Jahreszyklus wiederholt.

Das Konzept eines vor Milliarden von Jahren entstandenen Universums, mit oder ohne göttliche Einwirkung, fand erst vor kurzer Zeit seinen Weg in die westliche Philosophie. Man erkannte, dass sich das Universum, die Erde und alles Leben mit der Zeit verändert hatte.

Vor der wissenschaftlichen Revolution des achtzehnten und neunzehnten Jahrhunderts war man in der westlichen Welt davon überzeugt, dass der Mensch von Gott dazu auserwählt war, über alles Leben auf dem Planeten zu herrschen. Der Mensch stand somit im Mittelpunkt eines von Gott erschaffenen Universums. Die Astronomie hat uns gelehrt, dass die Erde nur ein unbedeutender Planet inmitten von Milliarden von Sternen, an der Grenze von Milliarden von Galaxien, innerhalb eines sich ständig ausbreitenden und uralten Universums ist. Die Geologie lehrt uns, dass die Erde sehr alt und die Menschheit eine äußerst junge Spezies ist.

SCHICKSAL

Eine überraschende Lektion aus der Geschichte des Lebens ist die Möglichkeit eines periodisch eintretenden Aussterbens von Lebewesen.

Die systematische Fossilienforschung fand früh heraus, dass es mindestens sieben Begebenheiten in der Geschichte unseres Planeten gab, bei denen eine enorme Vielfalt an Leben plötzlich auf nur wenige Arten reduziert wurde. Im schlimmsten Fall, am Ende des Perm, wurden 95 Prozent allen Lebens auf der Erde ausgelöscht. Die zweitgrößte Massenausrottung fand vor 65 Millionen Jahren statt. Sie führte zum Aussterben der Dinosaurier und etwa 80 Prozent aller übrigen Lebewesen, die mit ihnen die Erde bevölkerten. Obwohl wir seit fast 200 Jahren über solche Massenausrottungen Bescheid wissen, wurden diese Vorgänge schlicht als „kleines Problem“ innerhalb der Evolution der Amöbe zum Menschen betrachtet.

Die möglichen Ursachen für das Aussterben lieferten jedoch seit langem Stoff für Spekulationen. In der Vergangenheit wurden mehr als 200 Theorien zu diesem Thema veröffentlicht, jedoch fehlte allen an zuverlässigen Beweisen.

Seit den frühen 1980er-Jahren musste die Paläontologie sowohl den Ursprung einer Massenausrottung als auch ihre Auswirkungen neu bewerten.

METEORITENEINSCHLAG Dieser Krater im Wolf Creek in Westaustralien ist nur einer von vielen spektakulären Einschlagsorten auf der Welt.

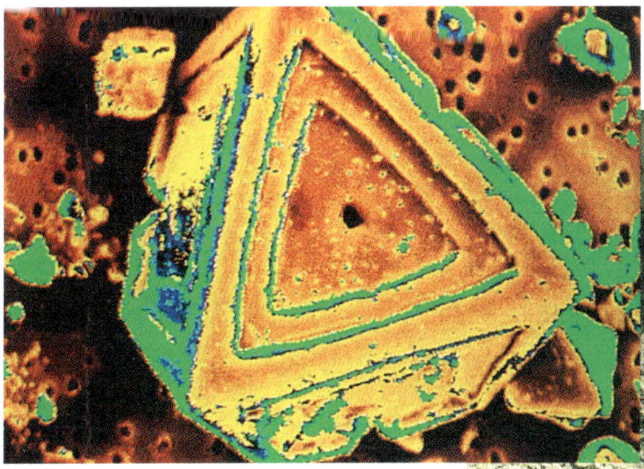

DAS GESTEIN der Kreidezeit wird durch eine dünne weiße Schicht aus iridiumreichem Ton von den Gesteinsschichten des Tertiär (rechts) getrennt. Dies weist auf einen Meteoriteneinschlag zu der Zeit, als die Dinosaurier ausstarben, hin. Die Schicht enthält somit außerirdische Magnetite (oben).

Denn damals fanden Arbeiter, die in Norditalien Steine untersuchten, hohe Konzentrationen des seltenen Stoffes Iridium in einer Schicht aus Lehm, die charakteristisch für die Kreidezeit ist. Man schlussfolgerte daraus, dass das Iridium durch einen Meteoriteneinschlag in dünner Schicht abgelagert worden war. Dies würde jedoch bedeuten, dass ein riesiger Meteorit, mit einem Durchmesser von etwa 10 Kilometern, auf der Erde eingeschlagen sein musste. Der Einschlag muss zu einer enormen Explosion geführt haben, die wesentlich stärker gewesen sein muss als die Sprengkraft aller auf der Erde verfügbaren Nuklearwaffen.
Die Folge muss eine monatelange, wenn nicht sogar jahrelange Verdunkelung der Sonne gewesen sein, was zum Massensterben fast allen Lebens geführt haben muss.

Massenausrottungen sind sozusagen Schicksalsschläge der Evolutionsgeschichte. Sie zeigen uns, dass bereits eine Reihe von nuklearen Sprengsätzen ausreichen kann, um beinahe sämtliches Leben auf diesem Planeten auszulöschen. Des Weiteren zeigt uns dieses Phänomen, dass die Entstehung menschlichen Lebens von der Evolution nicht so vorbestimmt gewesen ist.

DAS AUSSTERBEN DER DINOSAURIER

Fossilien liefern oftmals überraschende Fakten über die Geschichte des Lebens.
Bis vor kurzem ging man davon aus, dass das Leben einem ständig fort laufenden Verbesserungsprozess unterliegt, bei dem schwächere durch bessere und stärkere Lebewesen ersetzt wurden.

Aktuelle Forschungen über urzeitliche Organismen deuten allerdings darauf hin, dass es schon von Anfang an eine enorme Vielfalt an Leben gegeben hat.

Angeblich war die Auswahl der überlebenden Spezies nicht ausschließlich von der darwinistischen Selektion abhängig. Die Zufallstheorie der Paläontologie verfolgt einen anderen Standpunkt, der sich am besten mit Hilfe der Vernichtung der Dinosaurier erklären lässt. Nach 160 Millionen Jahren der Evolution waren die Dinosaurier perfekt an ihren jeweiligen Lebensraum angepasst. Keine Form der darwinistischen Selektion hätte die Dinosaurier besser gegen die Auswirkungen eines riesigen Meteoriteneinschlags wappnen können. Es ist sehr wahrscheinlich, das diese unvorhersehbare Katastrophe zum einen für die Ausrottung der Dinosaurier und somit für das Ende ihrer langen Vorherrschaft über die verschiedensten ökologischen Nischen der Erde verantwortlich ist. Zum anderen machte die Katastrophe aber auch den Weg für die Entwicklung der Säugetiere frei.

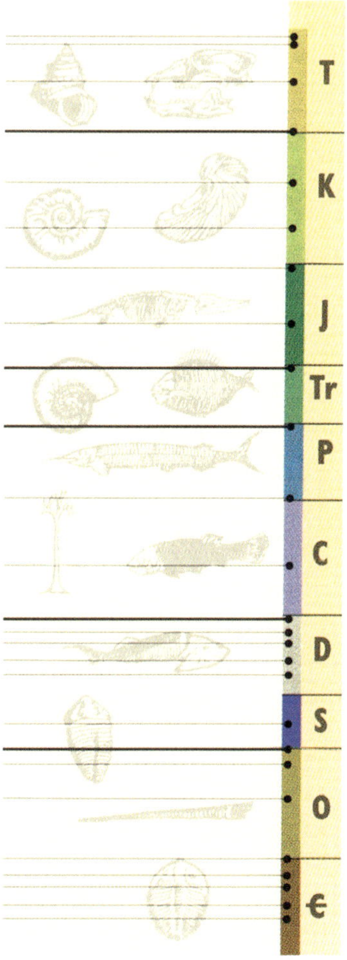

AUSROTTUNGEN
in der Erdgeschichte:
Ausrottung von über 60 Prozent aller Lebensformen
Ausrottung von 30–60 Prozent aller Lebensformen

DIE ENTHÜLLUNG *der* VERGANGENHEIT

Wenn wir die Wunder der Erde für zukünftige Generationen erhalten wollen, müssen wir den Tatsachen ins Auge sehen und so viel wie möglich aus der Vergangenheit lernen.

Fossilien erzählen uns etwas darüber, wie die urzeitliche Welt einmal ausgesehen hat: Man könne sie daher als eine Art „Schnappschuss" der Vergangenheit bezeichnen. Fossilien liefern uns eine regelrechte Chronik von der Evolution unserer Biosphäre. Wie ein historisches Dokument liefern Fossilien wichtige Hinweise für die Gegenwart.

ERDERWÄRMUNG

Der Temperaturanstieg in der Erdatmosphäre ist die wohl größte Krise, der die Welt wohl heutzutage gegenübersteht. Dieser so genannte Treibhauseffekt ist direkt auf den Lebensstil des Menschen zurückzuführen und wird hauptsächlich durch die Verbrennung fossiler Brennstoffe erzeugt.

Dabei stellt sich die Frage, welche Auswirkungen ein Temperaturanstieg der Erdatmosphäre haben kann. Einerseits können hierbei komplizierte Computermodelle zu Rate gezogen werden. Diese sind jedoch nur so gut wie die Annahmen, die ihnen einprogrammiert werden. Andererseits könnte man in die Vergangenheit blicken, in eine Zeit, als die Erdatmosphäre wärmer war als heute.

Die Bestimmung der Temperatur der einstigen Atmosphäre gestaltet sich wesentlich schwieriger als bei der Temperatur der Ozeane. Es besteht aber eine Wechselbeziehung zwischen der Temperatur der Ozeane und der Erdatmosphäre. Für diesen Zweck kann eine chemische Analyse bestimmter Mineralien, die in den Fossilien von Muscheln urzeitlicher Tiere noch vorhanden sind, herangezogen werden.

In den Schalen lebender Tiere werden Sauerstoffmoleküle abgelagert. Das Verhältnis der zwei am häufigsten vorkommenden Sauerstoffisotope steht in Wechselbeziehung mit der Umgebungstemperatur. Analysiert man die Sauerstoffisotope einer Muschel, gibt dies Auskunft über die Temperatur des Ozeans zu Lebenszeiten des Organismus. Diese Methode wurde mit fossilen Schalen, die aus dem frühen Kambrium

CHEMISCHE ANALYSEN fossiler Muscheln (oben) geben Auskunft über die Temperatur der urzeitlichen Erde.

EINE WÜSTE ENTSTEHT

Fossilien können uns auch beängstigende Tatsachen vor Augen führen, und zwar nicht nur im Hinblick auf natürliche Umweltveränderungen, sondern auch bezüglich Veränderungen, die vom Menschen herbeigeführt werden.

Nordafrika hat sich über die vergangenen Millionen Jahre hinweg langsam verändert. Fossilienfunde beweisen, dass ein großer Teil Nordafrikas bis noch vor relativ kurzer Zeit mit Savannenwäldern bedeckt war. Berichten zufolge durchstreiften früher Tiere wie Elefanten und Flusspferde weite Teile des heutigen Nordafrika. Die dort herrschenden Umweltbedingungen machen es für Pflanzen, Tiere und Menschen immer schwieriger, dort zu überleben.

Solche Veränderungen werden durch den Menschen herbeigeführt: Abweidung, Feuer- und sonstige Abrodung beschleunigen den Wüstenbildungsprozess.

AUF DIESER sich ständig verändernden Welt wurden urzeitliche Regenwälder (oben), die einst weite Gebiete Australiens und anderer Kontinente der Südhalbkugel bedeckten, von Wüsten ersetzt. Gletscher (oben) hielten so viel Wasser, dass der Meeresspiegel abfiel, und so natürliche Landbrücken entstanden, die es den Arten ermöglichten, neues Land zu erreichen.

stammten, durchgeführt, wodurch Temperaturdaten der Erdatmosphäre seit dieser Zeit gewonnen werden konnten.

Außer den bereits genannten Methoden gibt es noch weitere Verfahren, die Temperatur urzeitlicher Erdatmosphären und Ozeanen zu messen. Neben Temperaturinformationen können Fossilien auch Angaben über die Lebensbedingungen verschiedenster Lebewesen während einer bestimmten Zeit liefern. Als das Klima der Erde zum Beispiel wärmer war als heute, waren größere Waldgebiete keine Seltenheit. Pflanzen und Tiere wanderten aus extrem warmen Regionen in höhergelegene Gebiete ab, da die Umweltbedingungen dort günstiger für sie waren.

Im Allgemeinen bedeutet wärmeres auch feuchteres Klima. Durch hohe Temperaturen steigt der Meeresspiegel an, da Schmelzwasser des Polareises ins Meer strömt. In der mittleren Kreidezeit sowie im Eozän herrschten solche Klimabedingungen. Regenwälder bedeckten Regionen wie das heutige Australien oder die Antarktis. Beide Kontinente zählen heute zu den niederschlagsärmsten Gebieten der Erde.

Fossilien können uns aber auch Informationen zu den Lebensbedingungen aus wesentlich kälteren Phasen der Erde bieten. In vergangenen Eiszeiten bedeckten Gletscher große Flächen der Nordhalbkugel. Sie dehnten sich nach Süden bis etwa zum Breitengrad New Yorks aus. Aufgrund der großen Eismassen lag der Meeresspiegel entsprechend niedriger als heute und die Niederschlagsmenge war ebenfalls viel geringer.

Durch das Absinken des Meeresspiegels wurden Landbrücken freigelegt, die es Pflanzen und Tieren ermöglichten, in für sie sonst unerreichbare Gebiete vorzudringen. Durch solche Landbrücken der letzten Eiszeit (vor 100.000 bis 15.000 Jahren) konnten unsere Urahnen die meisten Gebiete des Globus, unter anderem Nord- und Südamerika sowie Australasien, als neuen Lebensraum für sich erschließen.

In dieser kalten, trockenen und im Durchschnitt fünf Grad kälteren Umgebung erstreckten sich Wüsten über wesentlich größere Gebiete als heute.

STUDIEN vergangener Klimaveränderungen können uns heute dabei helfen, uns mit aktuellen Umweltproblemen, wie beispielsweise der Umweltverschmutzung, auseinander zu setzen.

PALÄONTOLOGIE *in der* PRAXIS

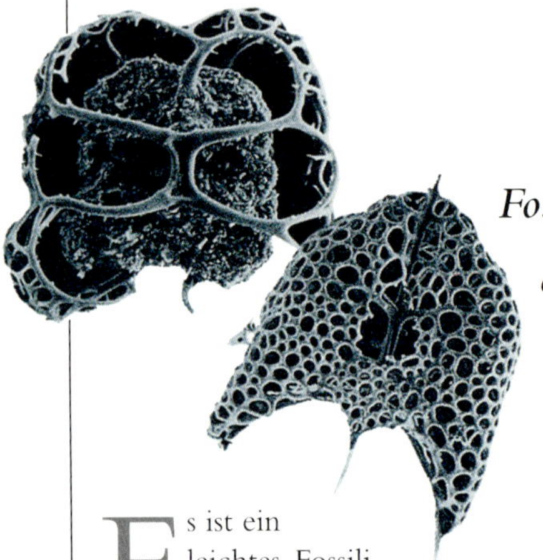

Fossilien sind in vielen Stoffen zu finden, die heute als Selbstverständlichkeit betrachtet werden – oft auch in Baumaterialien oder Brennstoffen, auf die wir inzwischen ange,wiesen sind.

Es ist ein leichtes, Fossilien als Merkwürdigkeit oder lediglich als Objekt einer seltsamen Wissenschaft abzutun. Dabei wird jedoch außer Acht gelassen, dass die Fossilienforschung wichtige Informationen mit direkter und indirekter ökonomischer Bedeutung liefern.

Fossile Brennstoffe wie Gas-, Öl- oder Kohleablagerungen sind Überreste ehemals lebender Organismen. Die Rückstände verschütteter Wälder bildeten etwa Kohleschichten im Gestein. Wegen ihrer organischen Bestandteile sind Kohle und andere Ablagerungen stark mit vielschichtigem Kohlenwasserstoff angereichert. Werden Kohleablagerungen erwärmt, werden flüchtige Bestandteile aus den Ablagerungen verdrängt und anderweitig als Gas oder Öl abgelagert. Somit entstanden unser heutiges Gas und Treibstoff vor Millionen von Jahren aus den Überresten von Pflanzen und Tieren.

Auch ein Großteil unserer Elektrizität entsteht durch kohlebetriebene Generatoren. Es ist also tatsächlich so, dass unser heutiger Energiebedarf durch fossile Rückstände urzeitlicher Welten gestillt wird.

STEINE VERSTEHEN

Die Gesteinsschichten der Erde wurden nach und nach zu einer so genannten stratigrafischen Säule aufgeschichtet. Keine Gesteinsart ist überall auf der Welt vorhanden. Die meisten sind geografisch sehr stark beschränkt. Obwohl stratigrafische Säulen an sämtlichen Gebieten der Erde entstehen, ist es schwierig, eine Verbindung zwischen den Schichten einer stratigrafischen Säule mit der eines anderen Gebietes herzustellen. Dies ist nur anhand einer Analyse ihrer Fossilien möglich.

Im Gegensatz zu Gesteinsarten sind Pflanzen und Tiere über weite Gebiete verbreitet, einige sogar weltweit. Ihre Fossilien sind daher nützlich, um geografisch voneinander entfernte Gesteinsarten miteinender zu vergleichen.

Stammen die Fossilien von Organismen, die sich schnell entwickeln und in kurzen, leicht überschaubaren Zeitabschnitten auftraten, dann sollte eine Verbindung zwischen den Gesteinsarten ziemlich exakt sein. Existierten die Lebewesen über einen längeren Zeitraum, kann keine genaue Angabe mehr getroffen werden. Es ist äußerst hilfreich, wenn die fossilen Organismen in großer Zahl auftreten und so leichter zu finden sind.

Somit sind rasche Evolution, große Verbreitung und eine Fülle von Mikrofossilien wie zum Beispiel Radiolaren, Foraminiferen und Conodonts nützliche Hinweise auf sich entsprechende Gesteinseinheiten. Versteinerte Pflanzenpollen und Sporen können viel über die Zusammenhänge von Gesteinsschichten, die

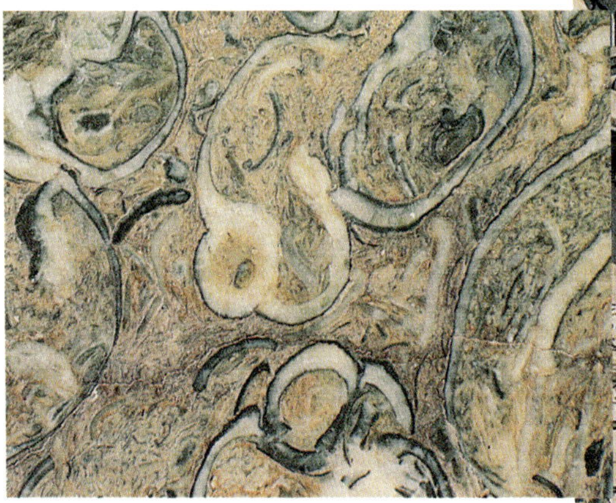

PALLUDINA-KALKSTEIN (oben) ist ein dekorativer Stein, der größtenteils aus Fossilien besteht. Ähnliche Steine wurden für den Bau des Taj Mahal (rechts) in Indien verwendet.

ÜPPIGE, Kohle produzierende Sumpflandschaften (oben) wurden im Laufe der Zeit zu Kohleablagerungen. Durch geologische Prozesse wurden Kohle- zu Ölablagerungen. Viele solcher Ölquellen wurden in Kuwait (rechts) im Krieg zerstört.

jünger als 290 Millionen Jahre sind, aussagen. Die Wechselbeziehungen zwischen den Gesteinsformen ist von ökonomischer Wichtigkeit bei der Suche nach Mineralien-, Öl-, Gas- und Kohleablagerungen.

Wird eine bestimmte Art von Mineralienrückständen in Gestein eines bestimmten Alters gefunden, sollte man bei der Suche nach ähnlichen Rückständen Steine gleichen Alters begutachten.

Bauen mit Fossilien

Es gibt nur wenige Gebäude auf der Welt, die nicht auf irgendeine Art und Weise mit Fossilien urzeitlicher Organismen errichtet wurden.

Zement (pulverisierter Kalkstein) ist wahrscheinlich das am häufigsten genutzte Material, entweder als reiner Zement oder durch die Beimischung von Zuschlagstoffen zu Beton verarbeitet. Die meisten Kalksteinablage-rungen, die sich zur Zementproduktion eignen, bieten versteinerte Riffsysteme. Urzeitliche Organismen entnahmen dem umliegenden Meerwasser zum Bau ihrer „Häuser“ Kalziumkarbonat. Heute „recyceln“ wir ihre uralten Behausungen, um die unseren zu bauen.

Dekoratives Gestein, meistens Marmor, wird ebenfalls in großem Maß vor allem für Küchen und Badezimmer verwendet. Marmor entsteht, wenn Kalkstein erhitzt und so starkem Druck ausgesetzt wurde. Auf diese Weise veränderte sich die Kristallstruktur des ursprünglichen Steins. Einige Marmorarten beinhalten versteinerte Reste urzeitlicher Riffbauer, weshalb man Marmor stets nach Anzeichen von versteinerten Tieren untersuchen sollte.

MIKROSKOPISCH kleine Kieselalgen (oben ganz links) bilden das so genannte Kieselgur, eine Gesteinsart, die zum Filtern von Bier verwendet wird.

Weitere Verwendungszwecke

Obwohl Sammler gute Preise für außergewöhnliche Exemplare zahlen, bieten Fossilien noch andere Verwendungsmöglichkeiten. Zum Filtern von Bier wird meist Kieselgur genutzt. Dieser poröse Stein setzt sich aus versteinerten Schalen von mikroskopisch kleinen Kieselalgen zusammen.

Die Hauptquelle für das zur Düngemittelherstellung benötigte Superphosphat ist der Kot von Seevögeln, auch Guano genannt. Manchmal ist Guano so tief im Gestein abgelagert und daher so alt, dass er durchaus als „fossiler Vogelmist“ bezeichnet werden kann.

Die Stoßzähne von in Sibirien gesammelten Mammutfossilien, auch schwarzes Elfenbein genannt, hat eine Reihe von Verwendungszwecken. Unter anderem wurden daraus die schwarzen Klaviertasten hergestellt. In der Mitte des zwanzigsten Jahrhundert waren diese Ressourcen allerdings weit gehend ausgeschöpft. Auch spezielle Arten von Bernsteinvorkommen, die zur Herstellung von Glasuren und Lacken verwendet wurden, sind größtenteils nicht mehr verfügbar.

Fossilien sind begrenzt

Alle Fossilienressourcen kommen nur begrenzt vor. Sie sind über Tausende, oftmals Millionen von Jahren entstanden und würden daher auch wieder genauso lange brauchen, um aufgefüllt zu werden. Wir nutzen Fossilvorkommen, vor allem unsere begrenzten Erdölreserven, viel schneller, als sie wieder aufgefüllt werden können. Wir müssen uns also nach anderen Möglichkeiten umsehen, um diese Ressourcen zu ersetzen.

FOSSILIEN SUCHEN *und* FINDEN

Mithilfe einer kleinen Ausrüstung, der entsprechenden Sorgfalt und etwas Planung kann die Fossiliensuche ein faszinierendes Hobby sein.

HAMMER, MEISSEL (oben links) und Augenschutz ist alles, was man normalerweise benötigt. Aber auch ein Vorschlaghammer (links) und weitere Spezialausrüstung können sehr hilfreich sein.

Das Suchen und Finden von Fossilien ist ein Hobby, das körperlichen Einsatz, etwas Forschung und Grundwissen, einige schnell zu lernende Fertigkeiten und ein Minimum an speziellen Gerätschaften erfordert.

VORBEREITUNGEN TREFFEN

Da Fossilien nicht in jedem Stein gefunden werden können, sollte man vor einer Fossilienexpedition zu allererst einige Nachforschungen betreiben. Dabei gilt es nicht nur herauszufinden, wo, sondern auch was man für Fossilienarten an welchen Stellen suchen sollte. Des Weiteren muss herausgefunden werden, wem das Gelände gehört, ob der Zugang gestattet ist und ob es bestimmte Gefahrenquellen gibt, die beachtet werden müssen. Hobbysammler, die sich bereits in den entsprechenden Gebieten auskennen, sind normalerweise hilfsbereit und können häufig durch Steinsammler- oder Edelsteinvereine kontaktiert werden. Man kann sich auch bei Touristeninformationszentren, Souvenir- und Gesteinsläden sowie bei regionalen Museen nach potenziellen Fundstätten informieren. Hat man eine viel versprechende Stelle ausfindig gemacht, lohnt es sich, diese nach frischen Erdrutschen oder Ähnlichem zu untersuchen, da so frisches Fossilienmaterial freigelegt worden sein könnte. Steinbrüche sind sehr viel versprechende Sammelstellen, da durch fortlaufende Arbeiten am Gestein ständig neue Gesteinsschichten zum Vorschein kommen.

Jedoch sollte man immer daran denken, dass Steinbrüche auch sehr gefährlich sein können.

WIE ENTDECKT MAN FOSSILIEN IM GESTEIN?

Es ist eine Seltenheit, Fossilien direkt auf der Erdoberfläche zu finden. Bessere Exemplare verbergen sich im Gestein und müssen mithilfe von Hämmern, Meißeln oder Stemmeisen herausgebrochen werden. Experimentieren Sie zuerst mit den unterschiedlichen Gesteinsarten, um herauszufinden, wie diese zerbrechen. Normalerweise findet man Fossilien zwischen verschiedenen Schichten, in denen sie wie ein Lesezeichen zwischen den Seiten liegen. Der Trick besteht darin, den bestmöglichen Weg zu finden, die unterschiedlichen Schichten einer bestimmten Gesteinsart aufzuspalten. In einigen Fällen ist es einfacher, den Stein quer zur Schicht aufzubrechen, in anderen

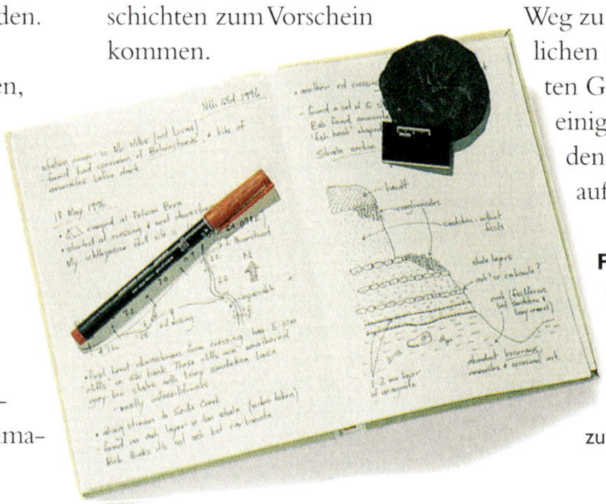

FERTIGEN SIE stets detaillierte Notizen von Ihren Ausgrabungen an. Behalten Sie Informationen über Fundorte und ihren Zugang für zukünftige Zwecke.

MAN BENUTZT PINSEL (links), um loses Geröll von Fundstücken zu entfernen. Durchhaltevermögen ist die beste Methode, erfolgreich Fossilien zu finden. Systematisches Vorgehen ist die Grunddevise, um Gestein erfolgreich aufzubrechen (Mitte).

Fällen ist es besser, an ihnen entlang zu schneiden. Ausprobieren ist meist der beste Weg, um sich mit den Verfahren vertraut zu machen. Oft ist es von Vorteil, das fest im Stein eingeschlossene Fossil mit nach Hause zu nehmen, um es später vorsichtig und in Ruhe herausnehmen zu können.

Der Transport nach Hause

Obwohl Fossilien aus Stein sind, sollte man sie so behandeln, als ob sie aus Glas wären. Wenn Sie am Fundort so viel Stein wie notwendig abgeschlagen haben, beschriften Sie entweder das Fossil oder den das Fossil umschließenden Stein mit einer Nummer. Auf diese Weise können Sie es später viel leichter zuordnen. Wickeln Sie ihren Fund anschließend in reichlich Zeitungspapier ein, damit es nicht beschädigt wird. Nehmen Sie niemals mehr Fossilien mit, als Sie für Ihre Sammlung benötigen. Je mehr Sie sammeln, desto weniger können andere begeisterte Fossilienjäger finden. Aus Respekt vor den anderen sollten Sie die Fundstätte so verlassen, wie Sie sie vorgefunden haben.

WAS BRAUCHT MAN AUF EINER EXPEDITION?

Der wichtigste Teil der Ausrüstung ist die Schutzkleidung. Sucht man unter besonders staubigen oder pulvrigen Bedingungen, sollte man über eine Schutzmaske verfügen. Fossilienfundstätten sind normalerweise in eher unzugänglichen Gebieten zu finden. Aus diesem Grund sollte man an festes Schuhwerk denken. Stiefel mit Stahlkappen haben schon so manchen Zeh vor herabfallenden Steinen gerettet. Um weitere Schutzgegenstände wie Sonnen- beziehungsweise Regenschutz (Sonnencreme, Sonnenhut, langärmliges T-Shirt und Regenkleidung) einplanen zu können, sollte man den Wetterbericht beachten. Auch ein Erste-Hilfe-Koffer sollte dabei sein.

Notizbuch und Stift sind ebenfalls sehr wichtig. So kann man sich etwa notieren, wo etwas gefunden wurde. Filzstifte schreiben auf den meisten Steinen und Fossilien. Man sollte seine Funde immer sofort beschriften, damit sie später besser zu identifizieren sind. Wichtige Informationen sollten direkt auf das Fossil und nicht auf separate Zettel geschrieben werden, da diese verloren gehen könnten. Sehr hilfreich ist eine Karte des Geländes, wo nach Fossilien gesucht wird. Fundorte oder andere wichtige Stellen können in diese Karte eingezeichnet werden. Verpackungsmaterial wie Zeitungen, Luftpolsterfolie und Plastiktüten sollte man immer dabeihaben, um die Fundstücke auch transportieren zu können. Selbstverständlich werden auch Gerätschaften benötigt, um die Steine aufzubrechen. Ein geologischer Hammer und Meißel in verschiedenen Größen sind alles, was man benötigt.

Manchmal sind die Fakten selbst Gold wert, denn ab und zu findet jemand den Schlüssel zu einer ganz neuen Welt.

The Molds and Man,
Clyde Christensen
(1905–1993),
Professor für
Pflanzenpathologie

Aufbereitung *und* Pflege *von* Fossilien

Das Sammeln von Fossilien beginnt am Fundort. Allerdings ist dies nur die erste Station auf der Reise durch das gesamte Spektrum der Paläontologie.

BEI DER AUSWAHL der Werkzeuge sind unter anderem Pinsel und einige spitze Hacken wichtig. Manchmal ist es notwendig, Exemplare zu kleben (rechts).

Normalerweise kommen Fossilien sicher in ihrem schützenden Steinmantel bei Ihnen zu Hause an. Nun gilt es, die gesammelten Exemplare zu säubern, zu identifizieren, zu katalogisieren und sie letztendlich korrekt aufzubewahren.

Zuerst muss das Fossil von überflüssigen Gesteinsresten befreit werden. Dabei helfen feine Meißel, kleine Hämmer oder spitze Haken, wie sie von Zahnärzten verwendet werden. Für diese Arbeiten sind sogar elektrische Gravierungsgeräte gut geeignet. Diese Arbeit erfordert Geduld und Können. Die Auswahl der Geräte sowie die Vorgehensweise ist bei jedem Fossil verschieden. Es müssen eine Reihe von Geräten und Vorgehensweisen langsam und vorsichtig ausprobiert werden, um die für das jeweilige Fossil angemessene Praxis herauszufinden. Die Erfahrungen und der Rat anderer Fossiliensammler sind hierbei unersetzlich. Am Anfang ist es oft besser, ein Exemplar lieber teilweise in seiner Matrix, d. h. in dem es noch umschließenden Gestein, stecken zu lassen. Man vermeidet so das Risiko, das Fundstück zu beschädigen. Nachdem ein Fossil freigelegt wurde, kann es vorkommen, dass es verhärtet werden muss. Hierfür vermischt man wasserlöslichen Holzkleber mit ein oder zwei Tropfen Reinigungsmittel in Wasser. Dabei sollte eine zehnprozentige Klebstofflösung für die Arbeit mit Fossilien völlig ausreichen. Anschließend träufelt man diese Lösung auf die Oberfläche des Fossils, wodurch sich eine durchsichtige, harte Schicht bildet. Sollte das Fossil jedoch porös oder bröckelig sein, benötigt man eher azetonlöslichen Klebstoff. Auch hierbei sollte eine zehnprozentige Lösung dieses in Azeton gelösten Klebstoffes ausreichen. Diese Lösung dringt in das poröse Fundstück ein und erhärtet es von innen heraus. Bei der Arbeit mit Klebstoffen sollte darauf geachtet werden, dass unterschiedliche Klebstoffsorten nie miteinander vermischt werden, da sich sonst eine unlösliche zementartige Schicht bildet, die nicht wieder entfernt werden kann.

Sind Fossilien zerbrochen, können sie, wenn sie gesäubert und erhärtet sind, wieder zusammengeklebt werden. Dabei muss sichergestellt werden, dass die aufeinander treffenden Oberflächen sauber sind und zusammenpassen. Zu diesem Zweck sollte ein azetonlöslicher Klebstoff benutzt werden, da mit diesem Kleber im Notfall noch Fehler korrigiert werden können. Für besonders große Exemplare eignet sich am besten

ZUR IDENTIFIKATION von Funden sollten sie mit Abbildungen aus Fachbüchern verglichen werden.

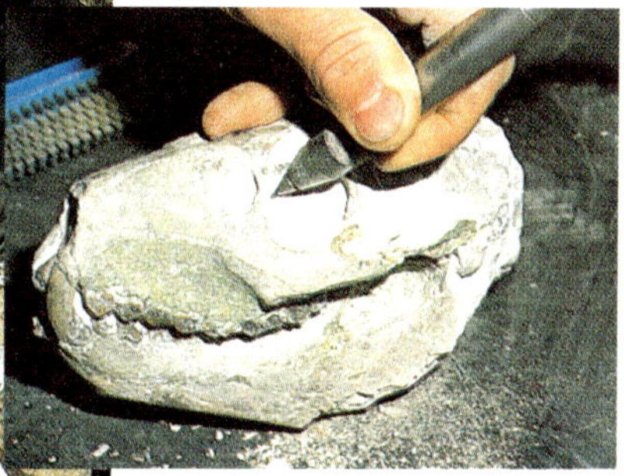

DIE EXEMPLARE werden mit einem feinen, spitzen Werkzeug gesäubert (unten). Größere Fossilien müssen eventuell in einer Gipsform geschützt werden (links).

Epoxidkleber, da recht große Flächen verklebt werden müssen. Dieser Klebstoff ist bei etwaigen Fehlern jedoch unmöglich lösbar. Während der Klebstoff trocknet, lagert man Fossilien am besten in einem mit Sand gefüllten Kasten.

Fossilien zuordnen

Wie genau ein Hobbysammler seine Funde zuordnen will, kann sehr unterschiedlich sein. Mithilfe dieses Buches ist ein Laie in der Lage, ein Fossil seiner Hauptgruppe zuzuordnen und in einigen Fällen auch die Gattung zu bestimmen. Für viele Hobbysammler ist das völlig ausreichend. Um einen Fund jedoch genauer zu bestimmen, sollte man ein Buch mit detailliert erläuterten Abbildungen und Fotos von verschiedenen Fossilienarten zu Rate ziehen. Solche Bücher sind in Stein- und Fossiliengeschäften, örtlichen geologischen Vermessungsämtern oder bei Bergbauämtern erhältlich.

Fossilien aufbewahren

Grundsätzlich kann man Fossilien auf zwei Arten aufbewahren: Einerseits kann man sehr außergewöhnliche Fossilien in einer Vitrine ausstellen, andererseits bieten Sammelkästen eine gute Aufbewahrungsmöglichkeit für nicht allzu aufregende Exemplare. In beiden Fällen müssen Temperatur und Luftfeuchtigkeit so niedrig und konstant wie möglich gehalten werden. Daher muss bei der Auswahl der Vitrinenbeleuchtung genau darauf geachtet werden, dass die Fossilien nicht erhitzt werden. Holz ist ein perfektes Material für Schaukästen, da es die Fossilien vor Luftfeuchtigkeit und Temperaturschwankungen schützt. Sammelkästen sind im Normalfall aufeinander gestapelte Schubladen. Dabei sollten die Schubfächer mit weichem Material ausgelegt werden, oder man lagert die Fossilien nochmals in kleinen Schachteln. So verhindert man, dass die Fossilien beim Öffnen und Schließen umherrollen.

Katalogisieren

Da Sammler viele unterschiedliche Arten von Fossilien an den verschiedensten Orten finden, ist es wichtig, ein System für die Katalogisierung zu entwickeln. Dabei sollte der Sammler nicht auf sein Erinnerungsvermögen vertrauen. Jedes Fossil benötigt eine eigene Nummer.
Diese Nummer, die Art des Fossils, und Informationen zum Fundort sollten auf Karteikarten festgehalten werden, die zusammen mit dem zugehörigen Fossil aufbewahrt werden. Des Weiteren ist ein Hauptregister der Fossilienfunde eine gute Ergänzung. Dort sollten die Anzahl, die Art, wichtige Informationen zum Fundort, Einzelheiten zur Aufbereitung und die Konservierungsmethoden notiert werden.

ES SOLLTE, wenn möglich, immer Stück und Gegenstück (oben) eines Fossils gesammelt werden. Geeignete Aufbewahrungsschubladen sind eine gute Investition.

Spezielle Methoden

Obwohl der Laie viele Arten von Fossilien aufbereiten kann, sind bei einigen Exemplaren Spezialwerkzeuge, enorm viel Geduld, Können und weitere anspruchsvolle Methoden gefragt.

Viele Arten von Fossilien können von Hobbysammlern mithilfe von einfachen, überall erhältlichen Werkzeuge zu Hause aufbereitet werden. Es gibt allerdings auch Aufbereitungsmethoden, die wesentlich aufwändiger sind und daher Spezialwerkzeug nötig macht, zu dem der Durchschnittssammler gewöhnlich keinen Zugriff hat.

Dünne Schichten

Schneidet man Fossilien mit einer Diamantensäge in hauchdünne Scheiben, können Paläontologen die innere Struktur des Organismus untersuchen.

Um umfassendere Informationen aus diesen Scheiben gewinnen zu können, werden sie so dünn geschliffen, bis sie lichtdurchlässig werden. Auf diese Weise kann man sie schließlich unter dem Mikroskop betrachten. Mithilfe von Licht polarisierenden Mikroskopen können beispielsweise Aufbau und Zusammensetzung des Fossils erforscht werden.

Säurebehandlung

Einige Steine, vor allem solche mit einer hohen Konzentration an Kalziumkarbonat, können in Säure zersetzt werden. Auf diese Weise kann man das Innere der Fossilien freilegen. Normalerweise werden ausschließlich schwache Säuren wie Ameisen- oder Essigsäure benutzt. Dieser sanfte Prozess garantiert, dass sehr kleine und zerbrechliche Exemplare sicher geborgen werden können. Säurebehandlung ist außerdem der einfachste Weg, Mikrofossilien aus dem Stein herauszulösen. Um an Mikrofossilien wie beispielsweise Strahlentierchen, deren harte Schalen sehr säurebeständig sind, zu gelangen, müssen erheblich stärkere Säuren benutzt werden.

SÄUREBEHANDLUNGEN führen zu einer vorsichtigen Zersetzung des umliegenden Steins (links) und zu einer Erhärtung des zum Vorschein kommenden Fossils.

DÜNNE SCHEIBEN versteinerter Knochen (oben links) zeigen das Innere des Fossils. Das kleine Säugetier (oben) wurde mit Harz präpariert und enthält sein ursprüngliches Haar.

Andererseits können Säuren auch dazu verwendet werden, Fossilien zu verflüssigen. Diese Methode ist besonders dann von Nutzen, wenn das Fossil sehr zerbrechlich, der umliegende Stein jedoch gegenüber Säureangriffen resistent und auch sonst nicht zu entfernen ist. Wird dieser Stein in Säure getränkt, die ausschließlich das Fossil zersetzen soll, wird die Kammer, in der das Fossil liegt, vollständig gereinigt. Anschließend füllt man diese Kammer mit Latex und zerschlägt den Stein. Das Ergebnis ist eine perfekte Latexkopie des ursprünglichen Fossils.

Fossilien nachbilden

Es gibt zahlreiche Methoden, Fossilien nachzubilden. Nachdem das Fossil aus seiner Kammer entfernt wurde, wird diese anschlie-

ßend mit Gips oder einem harten Harz aufgefüllt. Auf diese Weise wird ein exakter Latex- oder Gummiabdruck des Fossils angefertigt. Eine sehr einfache Methode, die von vielen Hobbysammlern angewandt wird, ist, das Fossil in Knetmasse zu pressen. So erhält man schnell und ohne viel Aufwand einen Abdruck des Fossils. Die anschließenden Nachbildungen werden dann aus Gips angefertigt. Beim Experimentieren bei der Herstellung von Abdrücken sollte immer unbedingt ein geeignetes Schmiermittel zwischen dem Fossil und der Pressmasse verwendet werden. Ideal wären Seifenwasser oder Vaseline. Man sollte diese Methoden zuerst an weniger wertvollen Objekten ausprobieren.

In Harz einbetten

Besonders anfällige Fossilien, die ihre angrenzende Steinmatrix als Stütze brauchen, können durch Einbettung in Harz befreit werden. Obwohl das Verfahren an sich recht einfach ist, braucht man doch ein wenig Übung und Geduld. Ist das Exemplar auf einer Seite vorbereitet, wird ein klares Glasurharz auf die Oberfläche des Fossils gegossen. Dabei muss man der Flüssigkeit genügend Zeit geben auszuhärten. Anschließend wird der Stein umgedreht und die Steinmatrix vorsichtig entfernt. Ist die Prozedur abgeschlossen, bleibt ein in Harz eingebettetes Fossil zurück.

Röntgenstrahlung und Computertomografie

In einigen Fällen, vor allem wenn das Fossil sehr zerbrechlich und von ähnlicher Härte wie der anliegende Stein ist, wird das Fundstück mit Röntgenstrahlen oder mithilfe von Computertomografie untersucht. Röntgerstrahlung eignet sich am besten für flache Fossilien. Sind die Exemplare eher dreidimensional, sollten sie mithilfe der Computertomografie untersucht werden. Diese Verfahren werden angewendet, um Bilder von Fossilien zu erhalten, ohne sie aus dem Stein zu entfernen. Auf diesem Weg können zum Beispiel die Gehirnhöhle oder Knochendichte von Fossilien erkannt und gemessen werden, ohne dass dem Fossil dabei Schaden zugefügt wird. Mithilfe von Daten, die der Computertomograf erzeugt, ist es heute sogar möglich, eine dreidimensionale Rekonstruktion des Fossils in Harz anzufertigen. Tatsächlich liefert diese Methode ein perfektes Abbild des ursprünglichen Fossils, ohne dass es seine Gesteinshülle verlässt.

EIN ZERBRECHLICHES FOSSIL (links) wurde aufbereitet, indem sein Steinmantel mit Säure weggeätzt wurde. Jetzt ist es bis ins kleinste Detail zu erkennen.

ES KÖNNEN ABDRÜCKE von Fossilien angefertigt werden, indem man sie zuerst mit Latex beschichtet (links). Einige Fossilien wie beispielsweise der Gliederfüßler aus dem Devon (unten) können am besten mithilfe von Röntgenstrahlung untersucht werden.

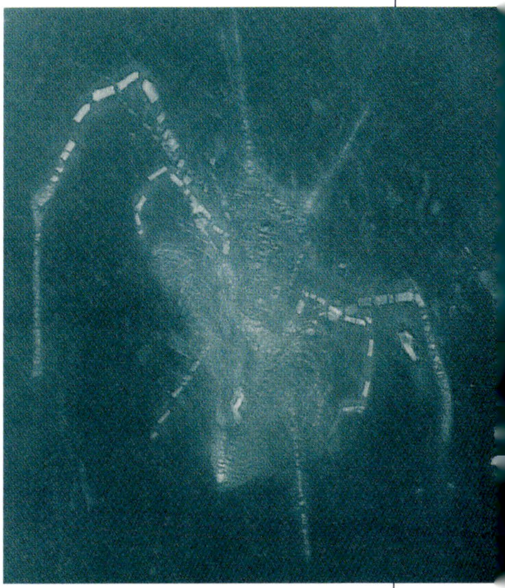

Fluoreszierende Fossilien

Einige Fossilien sind in Mineralien eingeschlossen, die unter UV-Licht zum Leuchten gebracht werden können. Das Fossil kann oft nur unter UV-Licht erkannt und betrachtet werden. Ein Beispiel dieses Phänomens sind die Überbleibsel eines Seismosaurus. Uraniumhaltige Mineralien lagerten sich in den versteinerten Knochen ab. Diese Mineralien beginnen zu leuchten, wenn man sie mit UV-Licht bestrahlt. Da diese Mineralien im umliegenden Stein nicht zu finden sind, treten die Knochen unter UV-Licht besonders gut hervor.

CLUBS, VEREINE *und* INFORMATIONEN

Wie bei jedem Hobby oder Beruf sind Rat und Hilfe von erfahrenen Menschen für den Anfänger unersetzlich.

Andere Hobbypaläontologen zu treffen erfordert nur ein wenig Eigeninitiative. Es gibt viele Vereine für Stein- und Edelsteinsammler sowie Clubs und Vereine für Fossilienforscher. Mehr oder weniger eignen sich alle für Fossilienbegeisterte. Es gibt sie weltweit, und es sollte Ihnen ein leichtes sein, auch in Ihrer Nähe einen Club ausfindig zu machen.

IN EINER GEFÜHRTEN GRUPPE kann man bei einer Ausgrabung vieles über das Hobby des Fossiliensammelns lernen.

CLUBS

Clubs sind meist sehr aktiv und organisieren oft viele Ausflüge zu bestimmten Fundstellen. Durch einen Club kann man andere, erfahrenere Sammler kennen lernen, die in der Regel gerne ihre Informationen über Fundstellen teilen. Die meisten sind auch gerne bereit, Tipps und Tricks zum Finden, Aufbereiten und zur Pflege von Fossilien zu geben. Clubs verfügen außerdem über große Fossilien-Tauschnetzwerke. Diese Netzwerke sind eine gute Möglichkeit, die eigene Sammlung zu erweitern und neue Bekanntschaften auf der ganzen Welt zu knüpfen.

VEREINE

In der Regel setzen sich Vereine eher mit dem theoretischen Aspekt der Paläontologie auseinander. Sie beschäftigen sich weniger mit der Erweiterung persönlicher Fossiliensammlungen, interessieren sich stattdessen aber für das Zusammentragen und die Auswertung technischer Daten. Vereine wissen oft Bescheid über wissenschaftliche Ausgrabungen und ob noch freiwillige Helfer benötigen werden.

FREIWILLIGE können durch die Mitarbeit an wissenschaftlichen Ausgrabungen vieles von den Experten lernen.

Sollten Sie Interesse daran haben, ein Dinosaurierskelett auszugraben, können über bestimmte Vereinigungen entsprechende Kontakte vermittelt werden.

ANDERE INFORMATIONSQUELLEN

Das Internet ist sicher eine geeignete Plattform, um sich über Paläontologie zu informieren. Besonders interessant sind Diskussionsforen wie *www.steinkern.de*, die Sie mit Tausenden von Hobbysammlern und Fachleuten in Verbindung bringen können. Auch das Internetforum *www.geosciences-forum.com* veröffentlicht regelmäßig Bekanntmachungen bezüglich unter-

Es gibt diesen besonderen Moment, der nicht wiederkehrt ... wenn das erste Exemplar sicher geborgen ist.

Galapagos: Das Ende der Welt,
CHARLES WILLIAM BEEBE
(1877–1962),
amerikanischer Wissenschaftler

AMMONITEN (oben links) werden mithilfe von Beispielen gesucht. Viele naturhistorische Museen haben Informationszentren (ähnlich wie auf der oberen Abbildung), die auch jedem Hobbyfossiliensammler für Recherchen zur Verfügung stehen.

schiedlicher Aspekte des Faches. Viele der Informationen sind auch für den Laien durchaus interessant.

Fossilien- und Steingeschäfte bieten eine weitere Möglichkeit, sich in seiner Freizeit mit Paläontologie zu befassen. In der Regel gehören solche Geschäfte ebenfalls Hobbypaläontologen, die sicher gerne Auskunft über örtliche Clubs und Verbände geben können. In solchen Geschäften kann man meist besonders schöne Steine und Fossilien für die eigene Sammlung entdecken.

Des Weiteren gibt es eine Reihe von Zeitschriften zum Thema „Steine und Fossilien". Dort finden Sie in jedem Fall weitere Informationen bezüglich Clubs und Vereinen und Geschäfte, die für einen Hobbysammler von Interesse sein könnten. Bücher sind ebenfalls eine wertvolle Informationsquelle über das ganze Spektrum der Steine- und Fossiliensuche. Da Fossilien in der Regel eher ein spezielles Thema sind, findet man qualitativ bessere Bücher am ehesten in wissenschaftlichen Buchhandlungen, Universitätsbibliotheken und -buchhandlungen oder in Fossilien- und Steingeschäften. Man sollte allerdings nicht vergessen, auch in der örtlichen Bibliothek nachzufragen. So erspart man sich unnötig lange Wege.

Naturwissenschaftsmuseen sind auch eine gute Quelle, um sich über regionale Fossilienforschung zu informieren. Viele naturwissenschaftliche Museen verfügen über ein Verzeichnis der regionalen Clubs und Vereine. Normalerweise bieten wissenschaftliche Institute auch Hilfe bei der Zuordnung und Bestimmung der Funde von Hobbysammlern an. Man sollte aber eher versuchen, seine Funde selbst zu bestimmen. Nur auf diese Weise kann man sein Wissen über Steine und Fossilien weiter ausbauen. Es lohnt sich ebenfalls, örtliche geologische Vermessungs- und Bergbauämter zu kontaktieren, um Auskünfte zu guten Fundstellen und Aktivitäten anderer Hobbysammler zu bekommen.

Wie findet man einen geeigneten Verein?

Im Anhang dieses Buches finden Sie eine Liste mit vielen Clubs und Vereinen, die auf der Suche nach weiteren Informationen zu diesem interessanten Hobby von Interesse sein können.

SICH GEGENSEITIG unter Hobbysammlern auszutauschen bringt für beide einen enormen Wissensgewinn. In Museumsshops (unten) und in speziellen Fossilien- oder Gesteinsgeschäften kann man einschlägige Literatur und selbst Fossilien erhalten.

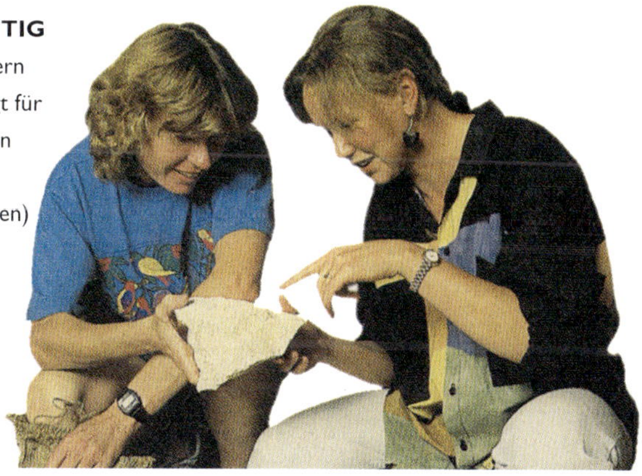

Ein wahrhaftiger Wissenschaftler verliert niemals seine Begeisterungsfähigkeit. Sie ist der Kern seiner Existenz.

Newsweek, 31. Mai 1958

HANS SELYE (1907–1982), in der Schweiz geborener kanadischer Mediziner

Kapitel 6

Gesteins-führer

WIE BENUTZT *man den* GESTEINSFÜHRER?

Dieser Ratgeber stellt Ihnen unterschiedliche Landschaften und Schätze diese Erde vor. Er enthüllt viele faszinierende Geheimnisse, die sich hinter der langen Entstehungsgeschichte unseres Planeten verbergen.

An jedem Ort gibt es Steine im Überfluss. Dieser Ratgeber kann dazu genutzt werden, einige interessante Landschaften zu entdecken oder nach im Erdinneren versteckten seltenen Edelsteinen zu suchen.

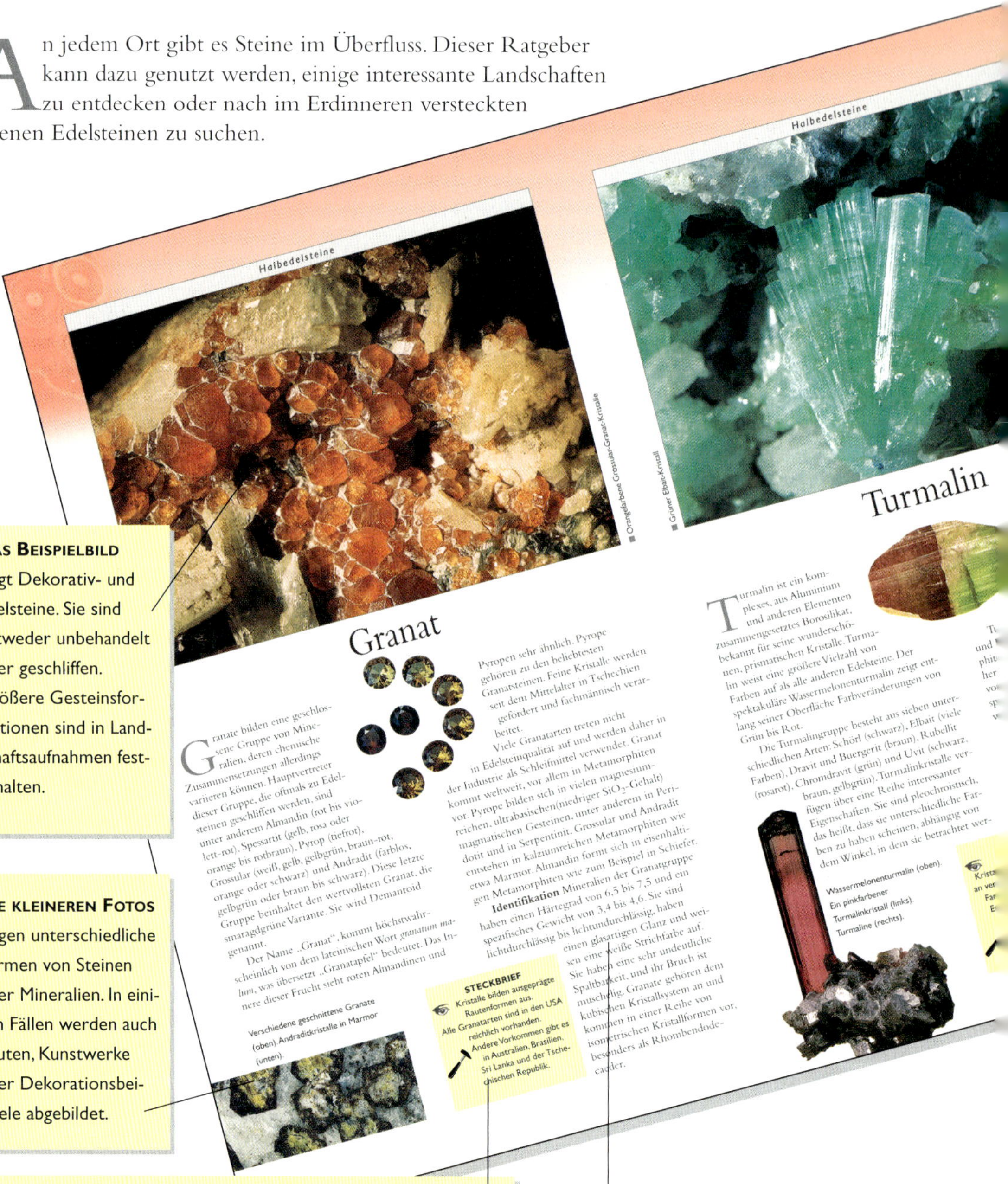

DAS BEISPIELBILD zeigt Dekorativ- und Edelsteine. Sie sind entweder unbehandelt oder geschliffen. Größere Gesteinsformationen sind in Landschaftsaufnahmen festgehalten.

DIE KLEINEREN FOTOS zeigen unterschiedliche Formen von Steinen oder Mineralien. In einigen Fällen werden auch Bauten, Kunstwerke oder Dekorationsbeispiele abgebildet.

STECKBRIEF

ERKENNUNGSMERKMALE: Hier finden Sie eine kurze Liste charakteristischer Merkmale der vorgestellten Steine oder Mineralien, die unterwegs dabei helfen, dass Fundstück zu identifizieren.

FUNDORTE: Hilfreiche Hinweise zu typischen Fundorten von Steinen und Mineralien. Bei Gesteinen wird das geologische Umfeld näher erläutert, bei Mineralien finden Sie eine Liste der Länder mit den reichsten Vorkommen.

DER TEXT LIEFERT Informationen bezüglich der Entstehungsgeschichte und Mineralienvorkommen einer Gesteinsart. Bei Mineralien, beinhaltet der Eintrag charakteristische Merkmale des entsprechenden Minerals (siehe Mineralienidentifikation, Seite 70–75).

Die kleine Überschrift am oberen Rand der Seite nennt die generelle Zuordnung der Gesteinsart oder Gesteinslandschaft (siehe unten).

An dieser Stelle werden Orte mit besonderer geologischer Bedeutung aufgelistet. In manchen Fällen wird auf ähnliche plattentektonisch aktive Gebiete verwiesen, um ein größeres Spektrum an interessanten Orten zu vermitteln.

Gesteinsarten 136

Granit, Rhyolith, Obsidian, Andesit, Basalt, Brekzie, Konglomerat, Sandstein, Tonstein, Kalkstein, Horn- und Feuerstein, Evaporit, Marmor, Quarzit, Schiefer, Schiefer und Gneis, Diamant, Rubin und Saphir, Smaragd und andere Arten von Beryll, Opal, Chrysoberyll, Topas, Granat, Turmalin, Peridot (Olivin), Quarz, Spinell, Feldspat, Zirkon, Hämatit, Achat, weitere Arten von Chalcedon, Rhodochrosit, Rhodonit, Lapislazuli, Türkis, Malachit und Azurit, Jade, Berggold, ausgeschwemmtes Gold, Silber, Steine aus dem Weltall, Verkieselung, Gagat, Perlen, Muscheln.

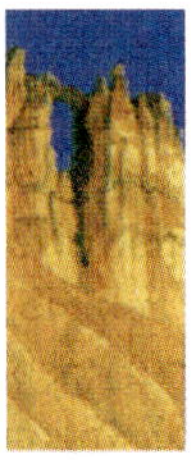

Gesteinslandschaften 184

Explosive Vulkane, Schildvulkane, Basaltsäulen, Kissenbasalt und Basaltströme, verwitterte Sedimentablagerungen, Flusslandschaften, Höhlen, Lavaröhren, Felsverwerfungen, Schluchten und Canyons, Gletschertäler, Riftgräben, Wüsten, schräg geschichtete Sedimente, Geysire, Meteoritenkrater.

Gesteinsarten

Granit

Granit ist ein helles, grobkörniges magmatisches Gestein. Er ist reich an Quarz und Orthoklas, einer Feldspatvarietät, enthält jedoch kaum eisen- und magnesiumhaltige Mineralien. Da Granit sehr lange unter der Erde auskühlte, sind seine großen Kristalle mit dem bloßen Auge zu erkennen. Granit weist keine besondere Struktur auf, wodurch er zu schroffen Felsen verwittert und aus der übrigen, oft sanft geschlungenen Landschaften heraussticht. Da diese Gesteinsart tief unter der Erdoberfläche entsteht, kommt es zu einer starken Verringerung von Druck und Temperatur, wenn das Gestein an der Oberfläche freigelegt wird. Aus diesem Grund lässt sich Granit so leicht abbauen. Die Temperaturschwankungen an der Erdoberfläche führen dazu, dass Granit großflächig abbröckelt. Granit entsteht oberhalb von Subduktionszonen, wo zwei Erdplatten miteinander kollidieren. Dabei wird Erdkrustengestein durch starke Hitze zum Schmelzen gebracht (siehe S. 40). Durch Konvektion wird das geschmolzene Gestein nahe der Subduktionszone gehalten. Wenn Granit abkühlt, wird er brüchig. Die bei der Abkühlung entstandenen Risse füllen sich mit dem restlichen geschmolzenen Gestein. Die so entstehenden Eruptivgänge sind entweder aus feinkörnigem Aplit oder grobkörnigem Pegmatit. Pegmatit entsteht aus wasserangereicherten Schmelzen, in denen sich kleinste Bestandteile leicht bewegen können. Pegmatitkristalle können enorme Größen erreichen. Zum Teil werden sie größer als ein Mensch. Man findet Granit häufig zusammen mit Metamorphgestein im Inneren alter Faltengebirge, was charakteristisch für eine alte Subduktionszone ist. Da Granit, solange es unter der Erde liegt, ein sehr hartes Gestein ist, kann seine Oberfläche auf Hochglanz poliert werden. Aufgrund dieser Eigenschaft ist er ein gefragtes Baumaterial. Zwei der spektakulärsten Vorkommen von erodiertem Granit sind die Devil's Marbles in Australien und der Half Dome im Yosemite Nationalpark in Kalifornien, USA.

Granit im Detail (oben). Schnitzereien auf dem Sarg von Ramses II.

STECKBRIEF

Hell gefärbtes Gestein mit großen Kristallen. Oftmals blockig geklüftet. Kann weiche, rundliche Formen ausbilden oder zu kantigen Felsspitzen erodieren.

Entsteht an der Kollisionszone kontinentaler Platten und findet sich daher im Inneren alter Faltengebirge.

Rhyolith

Rhyolith ist gewöhnlich hellgrau, pink oder gelb gefärbt und entsteht generell, wenn granithaltiges Erdkrustengestein zum Schmelzen gebracht wird. In Nordamerika kommen solche Gesteinsformen im Westen von Texas, New Mexico, Arizona und Nevada häufig vor. Im Westen von Texas floss ungewöhnlich flüssiges Rhyolith aus den unterschiedlichen Erdspalten, wodurch Tausende von Quadratkilometern mit dem Gestein überzogen sind.

Rhyolith hat beinahe die gleiche Zusammensetzung wie Granit. Allerdings entsteht seine feinkörnige Struktur nur durch sehr schnelles Abkühlen. Das Gestein enthält einige große Kristalle, die sich sehr früh innerhalb von Magmakammern bilden. Die vielen kleinen Kristalle eines Rhyolithen reagieren auf den Magmafluss, indem sie sich miteinander verketten.

Kommt Rhyolith mit heißem Dampf in Berührung, kommt es zu einer lautstarken Explosion, wobei Dampf- und Aschewolken ausgestoßen werden. Wenn nur wenig Dampf mit dem Magma in Berührung kommt, wird das Magma zähflüssig und der Magmafluss kommt ins Stocken. Die Folge ist, dass Magma direkt aus dem Boden dringt und sich heiße Gesteinshügel auftürmen. Bei einer extrem schnellen Abkühlung kann es zu einer Kristallisation kommen, wodurch dann anstelle von Rhyolith Obsidian entsteht.

Ist die abkühlende Lava sehr zähflüssig und gashaltig, entsteht der so genannte Bimsstein. Dieses Mitglied der Rhyolithgesteinsfamilie ist sehr porös und extrem leicht, sodass er sogar auf der Wasseroberfläche schwimmen kann. Bimsstein ist die einzige Gesteinsart, die diese Eigenschaft besitzt.

In gasgefüllten Kammern von Rhyolithgesteinen lagern sich sehr oft Quarze ab wie beispielsweise Achat. Wird ein solcher Stein abgeschlagen und daraufhin bearbeitet und geschliffen, entsteht ein Mosaik aus Rhyolith und Achat. Diese wunderschönen Steine sind bei Sammlern sehr begehrt.

Rhyolith im Detail (oben). Lavaspitze (rechts) in Arizona, USA.

STECKBRIEF

Feinkörniges, helles Vulkangestein, oft rötlich oder grau. Zeigt häufig ein wellenförmiges Streifenmuster.

Entsteht bei der Eruption von Lava mit granitischer Zusammensetzung.

Obsidian

Wie Rhyolith entsteht auch Obsidian, wenn tief liegendes Granitgestein zum Schmelzen gebracht wird. Bei der Bildung von Obsidian wird die Kristallisation durch extrem schnelle Abkühlung verhindert. Auf diese Weise entsteht ein hartes, vulkanisches Glas – Obsidian. Es wird gewöhnlich als kleiner Aufschluss gefunden, dieser kann aber durchaus sehr dick sein. In seltenen Fällen wie zum Beispiel in der riesigen Valles Caldera in New Mexiko, USA, gibt es Obsidianschichten die hunderte von Metern dick sind.

Die Glass Buttes in Oregon, USA, bestehen ausschließlich aus Obsidian. Mit seinem glasigen Schimmer und scharfen muschelartiger Bruchstellen, ist Obsidian ein unverwechselbarer Stein. Arten von Obsidian lassen sind anhand ihres Glanzes und ihrer unterschiedlichen Färbungen klassifizieren. Die Färbungen variieren von reinstem Schwarz, Hellbraun, Braun mit Schwarzen Flecken bis hin zu Schwarz mit einem wunderschönen Gold- oder Silberschimmer. Eine weitere Form ist der Schneeflockenobsidian. Er ist dort mit weißen Flecken gesprenkelt, wo der Kristallisationsprozess bereits begonnen hat. Am wertvollsten ist

jedoch der Regenbogenobsidian, der mit lila, grün und gold schimmernden Bändern durchwirkt ist. Da Obsidian kein kristallisiertes Gestein ist und über muschelartige Bruchstellen verfügt, kann er intensiv geschliffen und somit zu messerscharfen Kanten verarbeitet werden, schärfer und spitzer als die Kanten von Feuerstein. Aufgrund dieser Eigenschaften wurde der Stein von früheren Kulturen hoch geschätzt. Obsidian war bei Tauschgeschäften und zur Herstellung von empfindlichen Pfeilspitzen und Speeren sehr begehrt. Heute wird Obsidian weltweit als Halbedelstein für Schmuck und Dekorationen verwendet.

STECKBRIEF

Im Allgemeinen schwarz und glasartig, enthält keine Kristalle. Neigt zur Bildung kleinflächiger Aufschlüsse (Stelle der Erdoberfläche, die den unverhüllten Gesteinsuntergrund zu Tage treten lässt), die aber auch mächtiger sein können.

Entsteht bei der Eruption von Magma an der Erdoberfläche, wenn diese extrem schnell abkühlt.

Nachbildung eines Olmec-Kopfes aus Regenbogenobsidian (links).
Obsidian im Detail (Mitte).
Aztekische Pfeilspitze aus Obsidian (rechts).

Die drei Hauptkrater des Mount Bromo, Java, Indonesien

Andesit

Andesit liegt bezüglich seiner Zusammensetzung zwischen Granit und Basalt. Geringe Eisen- und Magnesiumanteile verleihen dem Stein ein gesprenkeltes Aussehen.

Andesitmagma ist sehr zähflüssig und erstarrt äußerst schnell. Aufgrund dieser Eigenschaft bildet Andesit außerordentlich steile Vulkane wie zum Beispiel den Fuji in Japan oder den Anak Krakatau in Indonesien.

Magmaströme aus Andesit verstopfen oftmals Vulkanöffnungen, wodurch sich der Druck im Inneren des Vulkans so sehr erhöht, dass es zu einer Explosion kommt.

Ignimbrit ist ein magmatisches Gestein, das aus andesitartigen Bestandteilen zusammengesetzt ist. Es kann recht große Kristalle enthalten, hauptsächlich besteht es aus äußerst feinen Partikeln vulkanischen Glases. Ignimbrit entsteht, wenn Magmakammern einbrechen und verflüssigte Gase der Lava plötzlich stark erhitzt werden, was zu einer Explosion führt. Durch den Druck wird das geschmolzene Gestein in kleinste Stücke gesprengt, die sich in der Regel als feine Asche ablagern. Bleiben nach einer Explosion glühende Fragmente am Boden zurück, bildet sich durch Abkühlung Ignimbrit. Andesit- und Ignimbritgestein lagert sich meist an Subduktionszonen ab. Vermischt sich dort aufsteigendes flüssiges Basaltgestein mit geschmolzenem Granit, entstehen Bergketten wie die Kaskaden in Washington und Oregon, USA oder wie die Anden in Südamerika. Da Andesit in den Anden weit verbreitet ist, erhielt das Gestein so seinen Namen.

Vulkane, die aus Andesit bestehen, sind äußerst explosiv. Seit dem Pleistozän gab es zum Beispiel im Yellowstone Park immer wieder solche Vulkaneruptionen, die eine große Menge Asche in die Atmosphäre schleuderten, und von denen ausgegangen wird, dass sie das globale Klima stark mitbeeinflusst haben. Kleinere Ignimbritexplosionen haben historische Stätten verschüttet wie zum Beispiel die römische Stadt Pompeji.

STECKBRIEF

Gesprenkeltes, normalerweise braunes oder dunkelgraues Gestein. Ignimbritablagerungen können große Kristalle enthalten.

Vulkanisches Gestein („Ergussgestein"), das an Subduktionszonen, wie zum Beispiel in den südamerikanischen Anden, entsteht.

Opfer des Vesuvausbruchs in Pompeji (unten). Hornblendenandesit im Detail (Mitte).

Basalt

Basalt ist die am häufigsten vorkommende Gesteinsart der Erde. Es ist ein feinkörniger, schwarzer, vulkanischer Stein, mit einem geringen Anteil an Siliziumdioxid und besteht überwiegend aus eisen- und magnesiumhaltigen Silikatmineralien.

Oftmals sind große Kristalle des grünen Minerals Olivin im Basalt eingeschlossen. Bei feuchtem Klima verwittern eisen- und magnesiumhaltigen Minerale, wodurch Basalt sehr schnell zu Lehm wird. Schwarzer Sand, wie beispielsweise auf Hawaii, entsteht, wenn heiße Basaltlava ins Meer fließt. Durch die plötzliche Abkühlung wird das Gestein vollständig zersplittert.

Basalt ist gewöhnlich die erste Lava, die aus einem Vulkan austritt. Basalt wird hauptsächlich an den mittelozeanischen Rücken gefördert. 70 Prozent der Erdoberfläche bestehen aus Basaltgestein.

Die meisten durch Basaltgestein gebildeten Ozeanvulkane, wie etwa die Hawaii-Inselkette, entstanden aufgrund von Hot Spots. Inseln, die näher an einem Kontinent liegen, können ebenfalls aus Basalt bestehen, obgleich die Zusammensetzung des Gesteins an Kontinenten oder über Subduktionsplatten eher aus Andesit besteht. Wenn heißer, dünnflüssiger Basalt abkühlt, formt sich eine Haut mit seilähnlicher Struktur, so genannte „pahoehoe", die sich immer weiter ausdehnen und verdrehen. Kühlt der Basalt weiter ab, und verliert er dabei die in ihm enthaltenen Gase, wird er zähflüssiger und fließt auch langsamer. Diese Forn wird „Aa-Lava" genannt. Basalt tritt außerdem auch aus kontinentalen Riftzonen aus. Basaltlava ist sehr flüssig und kann Hunderte von Kilometern weit fließen. Dabei bedeckt sie riesige Landflächen. Innerhalb der Kontinente kommt Basalt überwiegend in Gebieten vor, die einer Extension oder einem Rifting unterlagen, wie etwa der Graben des Rio Grande in New Mexico oder das Columbia River Plateau in den US-Bundesstaaten Washington und Oregon.

Amygdaloider Basalt (Mandelstein) im Detail (oben). Die Moai (unten) am Anakena Beach auf den Osterinseln.

STECKBRIEF

Schwarzes, feinkörniges Gestein, gelegentlich mit großen Olivin-, also Silikat-Mineral-Kristallen.

Vulkanisches Gestein, das man häufig auf ozeanischen Inseln und in Riftzonen findet. Basalt ist das weltweit am häufigsten vorkommende Gestein.

Brekzie

Brekzie ist eine Gesteinsart, die sich aus verschiedenen kantigen Gesteinsfragmenten unterschiedlicher Größe zusammensetzt. Diese diversen Gesteinsstücke sind durch eine zementartige Masse miteinander verbunden. Die einzelnen Bruchstücke können durch Vulkanausbrüche, Verwerfungen oder Massenbewegungen wie etwa einen Hangrutsch entstehen. Die meist scharfen Kanten der Fragmente deuten darauf hin, dass Fundort und jener Ort, an dem die Zertrümmerung des Ausgangsmaterials stattfand, nicht weit voneinander entfernt liegen. Im Gegensatz zu Brekzien bestehen Konglomerate aus runden Fragmenten, die in einem Bindemittel eingeschlossen sind. Die runde Form weist darauf hin, dass diese Steine eine beachtliche Reise zurückgelegt haben, bevor sie sich zu Konglomeraten verfestigten. Brekzie entsteht in vulkanischen Gebieten der Konvergenzzonen und in Gesteinsverwerfung. Des Weiteren kann Brekzie durch Massenbewegungen wie beispielsweise Schlammlawinen gebildet werden. Dabei vermischt sich Geröll mit Wasser und anderen feinen Partikeln. Diese Lawinen fließen als wässriger Schlamm einen Hang oder Berg hinab, wobei sie sich zu einer zementartigen Masse verfestigen, sodass selbst Autos und große Felsblöcke mitgerissen werden. Manchmal sind diese Lawinen so schnell, dass selbst Bäume entwurzelt werden.

Der Ausbruch des Mount St. Helens, im US-Bundesstaat Washington 1980 führte zu so einer gewaltigen Schlammlawine. Heiße Asche fiel auf die schneebedeckten Hänge des Vulkans, sodass der geschmolzene Schnee Geröll und Schlamm mit ins Tal riss. Die Ablagerungen solcher Schlammlawinen bestehen meist aus Partikeln von verschiedenster Größe. Oft werden steile Täler durch eine solche Lawine abgeflacht. Wenn die Umgebung eines recht ebenen Tals ansonsten sehr steil wirkt, kann das ein Hinweis auf eine zurückliegende Schlammlawine sein.

Brekzie im Detail (oben). Ein von einer Schlammlawine verschlungenes Haus (rechts).

STECKBRIEF

Brekzie ist ein Gemisch von nicht gerundeten Gesteinsfragmenten in allen Formen und Größen.

Brekzien finden sich oft in Störungszonen, in Schlammlawinen seitlich von Vulkanen und in Felswüsten.

Konglomerat

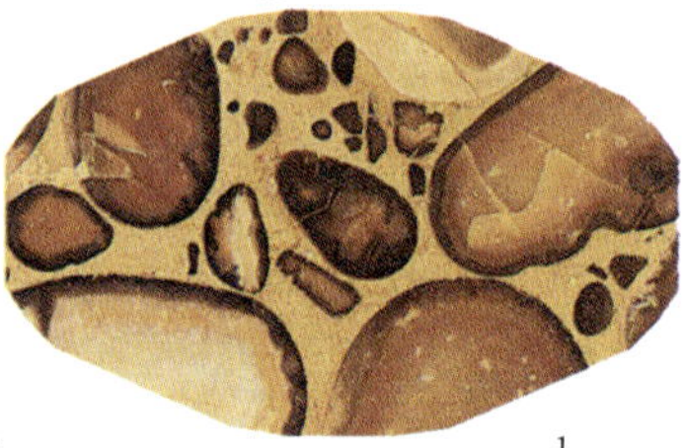

Konglomerat ist ein Sedimentgestein mit einer Zusammensetzung aus sowohl groben als auch feinkörnigen Fragmenten. Die abgerundete Form weist darauf hin, dass die Gesteine im Wasser transportiert wurden. Man findet Konglomerate oftmals an Bergen mit geringer Steigung, da dort die Fließgeschwindigkeit der Flüsse abnimmt. Aufgrund der geringeren Geschwindigkeit ist der Fluss nicht mehr in der Lage, grobe Ablagerungen weiter mit sich zu tragen.

Konglomerat ist sowohl an den heutigen als auch an den urzeitlichen Kontinentalrändern eine weit verbreitete Gesteinsart. In Wüstenregionen sind Konglomerate in Schwemmfächern sehr oft zu finden und erfreulicherweise leicht zugänglich wie im Death Valley in Kalifornien, USA. In uralten, riesigen Schwemmfächern wie den Olgas in Australien oder dem Van Horn im Westen von Texas, USA, kann man Konglomeratablagerungen finden, die Hunderte von Metern dick sind.

Viele der großen Konglomeratablagerungen entstehen im Zuge von Gebirgsbildung, wenn Flüsse das Geröll der Berge stromabwärts transportieren und es letztlich in den flachen Schwemmländern abgelagert und verfestigt wird.

Später kann dieses grobe Material von festen Sandablagerungen überdeckt werden. Viele urzeitliche Buchten wie zum Beispiel die Bucht von Sydney sind auf diese Weise entstanden.

Andere urzeitliche Gebiete, in denen sich Konglomerate ablagerten, sind zum einen Steinstrände sowie die Vorderseite von Korallenriffen, wo sich am Hangfuß Korallenüberreste angesammelt haben. Aufgrund dessen ist es nicht verwunderlich, wenn so Teile von Flachwasserorganismen in Konglomeraten aus wesentlich tieferen Wasserschichten gefunden werden. In Wüstenregionen können Konglomerate manchmal am Straßenrand gefunden werden, wenn die Straße zum Beispiel entlang von Schwemmfächern verläuft. Dort könnten erst kürzlich abgelagerte Konglomerate durch im Grundwasser gelöste Minerale verfestigt worden sein.

Hertfordshire-Pudding-Stein (Mitte). Ein Konglomerat aus Partikeln unterschiedlichster Größen (oben).

STECKBRIEF

Konglomerate sind aus groben, gerundeten Fragmenten verschiedener Größen zusammengesetzt.

Sedimentgestein, das sich in Grabenbrüchen und in der Nähe von Gebirgen bildet. Findet sich verbreitet in felsigen Wüstengebieten.

Sandstein

Jedes Gestein, das aus bis zu zwei Millimeter großen Teilchen besteht, wird als Sandstein bezeichnet. Er setzt sich fast ausschließlich aus abgerundeten Quarzpartikeln zusammen, zum Teil können sogar Feldspat und andere Steinfragmente enthalten sein. Sandstein ist ein weit verbreitetes Sedimentgestein und leicht zu finden. Landschaften, die aus Sandstein geformt sind, lassen den Verlauf ihrer unterschiedlichen Schichten erkennen. Flache Schichten erodieren zu Kliffen wie im Grand Canyon in Arizona, USA. Hingegen erodieren gefaltete Sandsteinschichten zu Gipfeln wie in den europäischen Alpen.

In Wüstenlandschaften können sich durch Verwitterung Sandsteinklippen zu gewaltigen Bögen und tiefen Höhlen verformen. Dies geschieht, wenn Wind den losen Sand wie in einem Sandstrahlgebläse verfrachtet oder der Sandstein durch physikalische Verwitterung zerfällt. Sand kann eigentlich überall gefunden werden: an Flüssen, Stränden, Seen, in küstennahen Seegebieten und in Wüstenregionen wie der Sahara.

Anhand typischer Eigenschaften von Sandstein kann man ablesen, wie die ursprüngliche Ablagerung stattgefunden haben könnte. Versteinerte Sandhügel, wie sie beispielsweise im Zion Canyon im US-Bundesstaat Utah zu sehen sind, weisen immer noch ihre ursprüngliche Dünenform auf. In den USA ist Sandstein die am häufigsten auftretende Gesteinsart, insbesondere im Arches National Monument und in den Naturhöhlen, in denen Felsbehausungen des Mesa-Verde-Nationalparks liegen.

Viele Wirbeltierfossilien findet man in Sandstein an Flüssen und Seen. Der Dinosaurierfriedhof im Dinosaurier-Nationalmuseum im US-Bundesstaat Utah besteht aus Sandstein, der sich durch diverse Ablagerungen urzeitlicher Überschwemmungen gebildet hat.

Sandstein im Detail (oben). Das Huefano County Gerichtsgebäude (rechts) im US-Bundesstaat Colorado.

STECKBRIEF

Sedimentgestein mit einheitlicher, mittlerer Korngröße. Ablagerung erfolgt in Schichten. Viele Farbvarianten.

Verbreitete Entstehung sowohl in Meeresnähe als auch auf dem Festland, in Wüsten, Flüssen, Uferlinien.

Tonstein

Tonstein entsteht aus kleinsten Tonmineralteilchen. Wie Sandstein kann man auch Tonstein überall dort finden, wo es auf Kontinenten einst ruhige Gewässer gab. Der größte Teil an Tonstein wird jedoch in ruhigen Meeresgebieten abgelagert. Mächtige Ablagerungen gibt es auch im Bereich von Flussdeltas, wo das Wasser langsamer und ruhiger wird. Es ergibt sich eine horizontale Schichtung in den Ablagerungen, da sich die flachen Tonpartikel waagerecht ausrichten. Tonstein wird für die Produktion von Ziegelsteinen und Keramik verwendet.

Da Tonstein schnell verwittert, findet man ihn in frischen Aufschlüssen oder in Wüstenregionen, in denen es nur wenig Erosion gibt. Bunte Tonablagerungen, die auch Paläoböden genannt werden, stellen alte überlieferte Bodenhorizonte dar. Sie kommen häufig in Wüstenregionen vor, und man kann sie gut an ihren abwechselnden rot, violett, grau, und grün gefärbten ehemaligen Bodenhorizonten erkennen. Ein ausgezeichnetes Beispiel ist die „Painted Desert“ (die gemalte Wüste) im US-Bundesstaat Arizona.

Obwohl Tonstein leicht verwittert und in der Landschaft ein schwaches Relief zeigt, können Turbiditablagerungen, die mehr Sand enthalten, der Erosion trotzen und eine hügeligere Landschaft bilden. Turbidite bestehen aus sich abwechselnden Schichten von Tonschiefer und Sandstein. Sie entstehen am Fuß der Kontinentalhänge, wenn loses Sediment von der Kante den Kontinentalhang hinunter in die Tiefe des Ozeans gleitet. Die Türbeströme, in denen das Material den Kontinentalhang hinunterfließt, können mehr als 160 Kilometer pro Stunde erreichen und haben schon vielfach die unterseeisch verlaufenden Tiefseekommunikationskabel zwischen Amerika und Europa durchtrennt. Die Sedimente von Turbiditen können kompaktiert und verfestigt werden und im Zuge von Gebirgsbildungen auf die Kontinente geschoben werden wie zum Beispiel entlang der Voralpen. Kleinere Turbidite können auch in tief liegenden Ablagerungen von Seen auftreten.

Turbidit im Detail (oben). Zusammengeschlossener Tonstein (links), in Oregon, USA.

STECKBRIEF

Tonstein setzt sich aus kleinsten Tonpartikeln zusammen. Er ist grau bis rötlich mit deutlich erkennbaren Schichtflächen.

Das Sedimentgestein entsteht in ruhigem Ablagerungsmilieu. Turbidite entstehen am Fuß der Kontinentalhänge in der Tiefsee und in kleiner Form in Seen auf dem Festland.

Kalkstein

Kalkstein entsteht aus Kalziumkarbonat und setzt sich in warmen, tropischen Gewässern auf flachen Meeresböden ab, wo kaum andere Sedimente das Wasser trüben. Kalksteine entstanden in den weiten Gebieten inmitten überfluteter Kontinente und entlang der Ränder von Kontinentalhängen, an denen sich Riffe bilden. So bestehen auch viele Kalksteine aus Skeletten riffbildender Tiere.

Süßwasserkalkstein bildet sich in tropischen Seen, oder dort, wo heiße karbonatgesättigte Lösungen an die Oberfläche steigen, wie zum Beispiel im Yellowstone-Nationalpark in Wyoming, USA. Kühlt sich dieses Wasser ab, bilden die Ablagerungen so genannte Flowstones. Die verwandten Dolomiten sind Kalzium-Magnesiumkarbonate, deren Vorkommen auf wasserärmere Perioden zur Zeit ihrer Ablagerung schließen lässt. Da diese Gesteinsart leicht aufzulösen ist, entstehen bei Verwitterung leicht Höhlen, Spalten und Schlundlöcher.

Kalkstein speichert Kohlendioxyd in fester Form. Die Menge von Kalksteinablagerungen kann folglich in enger Verbindung zum Volumen des Treibhausgases in der Atmosphäre und dessen Wasserlöslichkeit stehen. In Kalksteingebieten zeigen sich häufig die Auswirkungen chemischer Verwitterung. Eindrucksvolle Karstformationen, die ihren Namen von der Karst-Region im ehemaligen Jugoslawien erhielten, entstehen durch Kalksteinauflösung. Die turmartigen Verkarstungen in Asien sind besondere Beispiele für solche Landschaften. Die Kalksteinformationen des White Cliffs bei Dover in England und diejenigen in weiten Gebieten Texas' in den USA sind regelrechte Wahrzeichen dieser Regionen. Wegen seiner besonderen Löslichkeit bilden sich in diesem Gestein häufig unterirdische Bäche und Höhlen, in denen Tropfsteine entstehen.

Kalkstein im Detail (oben). Die Pyramide von Kukulkan (links) in Chichen Itza, Yucatan, Mexiko.

STECKBRIEF

Kalkstein ist ein dichtes, massives Gestein. Es ist normalerweise von heller Farbe, kann aber durch organisches Material verdunkeln. Sprudelt in verdünnter Salzsäure.

Sedimentgestein, das in tropischem Meerwasser und warmen Süßwasserseen entsteht.

Horn- und Feuerstein

Wie Quarz ist Horn- und Feuerstein aus Siliziumdioxyd zusammengesetzt. Da diese Gesteinsarten aber immer nur in Ablagerungen entstehen, ist es sehr wahrscheinlich, dass sie ebenfalls Spuren anderer Elemente beinhalten.

Alle ins Meer fließenden Flüsse tragen auch Kieselerde mit sich. Ozeane, die bereits stark mit Kieselerde organischen Ursprungs angereichert sind, werden somit noch mehr belastet, wodurch sich in tieferen Gewässern eine feine Schlammschicht aus Kieselerde bildet. Bedecken keine weiteren Ablagerungen diesen Schlamm, so verfestigt er sich zu Hornstein, der kontinuierlich in tiefen Ozeanen gebildet wird. Sind geringe Mengen an Eisen im Schlamm vorhanden, entsteht roter Jaspis. Der Name „Feuerstein“ wurde benutzt, um förderwürdige Hornsteinklumpen zu beschreiben, die in den Kreideablagerungen Westeuropas gefunden wurden. Da Horn- und Feuerstein Verwitterung gegenüber wenig anfällig sind, können sie an der Oberfläche erodierter Kalksteinlandschaften als kleine „Klümpchen“ zurückbleiben. Hornsteinschichten treten oftmals als hohe, widerstandsfähige Felsgrate zu Tage. Sowohl Horn- als auch Feuerstein sind in Flussbetten fließender Gewässer leicht zu finden. Sie bestehen dort länger als die meisten anderen Steine. Hornsteinkugeln sind extrem dicht und haben keine sichtbaren Kristalle.

Horn- und Feuerstein waren die materielle Grundlage der ersten Waffen und Werkzeuge der Menschheit. Sie wurden zur Herstellung von Pfeil- und Speerspitzen für die Jagd verwendet. Auch äußerst scharfe Messer wurden aus diesem Material hergestellt, um damit Fleisch zu schneiden und Tiere zu häuten. Außerdem benutze man Feuerstein, um Funken zu erzeugen, um so das Schießpulver in den Schusswaffen zu entzünden. Hornstein ist in Westeuropa und Nordamerika weit verbreitet. Ein klassisches Beispiel ist Marble Bar in Australien.

STECKBRIEF

Extrem hartes Gestein. Entweder einfarbig oder farbig gebändert. Massiv und ohne sichtbare Kristalle.

Zu finden in Verbindung mit ehemaligen Meeresböden.

Ist verwitterungsbeständig und findet sich daher oft in Form von widerstandsfähigen Felsrücken oder massiven Aufschlüssen.

Hornsteinband im Detail (Mitte). Speerspitzen aus Feuerstein (links und oben rechts).

Evaporit

Evaporit oder Salzgestein ist kristallisiertes Restmaterial, das nach der Verdunstung von mineralienhaltigem Wasser entsteht. Die häufigsten Evaporite sind Gips und Steinsalz. Gips bildet häufig wunderschöne „Desert Roses“ (Wüstenrosen).

Evaporite sind gegenüber Erosionen leicht anfällig. Oft lösen sie sich unterhalb der Oberfläche ab und verursachen so Einstürze. Sie entstehen in Binnengewässern, Flusslandschaften und geschlossenen Buchten wie dem Golf von Aden. Während des Miozän wurden im gesamten Mittelmeer große Mengen Evaporit erzeugt. Gewöhnlich entsteht diese Gesteinsart in kontinentalen Gräben, in die von einer Seite her Meerwasser einströmt, das im heißen Klima verdunstet.

Evaporit kommt häufig weltweit in Gesteinen des Perm vor. Da er sich leicht auflöst, ist dieser Stein in Wüsten am besten erhalten. Ist er einmal aufgelöst, so fällt er als weißer Reststoff auf den Wüstenboden. Generell ist Evaporit nicht oft zu finden. Steinsalz kommt normalerweise nur in Wüstenseen wie dem Eyre See in Australien oder im Death Valley in Kalifornien vor. Gips kristallisiert in trockenen Seen zu durchsichtigen, weichen Kristallen mit grauer oder pinker Färbung.

Zu einer bestimmten Zeit des Tertiär war das Mittelmeer von der Straße von Gibraltar abgeschlossen. Es verdunstete vollständig, und am Meeresboden entstanden dicke Salzablagerungen. Diese Salzformationen sind von geringer Dichte und somit durch Verschüttung leicht zu bewegen. Sie können als riesige, domartige Strukturen an die Oberfläche dringen. Solche Strukturen werden Diapir genannt, und dort, wo sie vorkommen, können sie als Erdölfallen dienen.

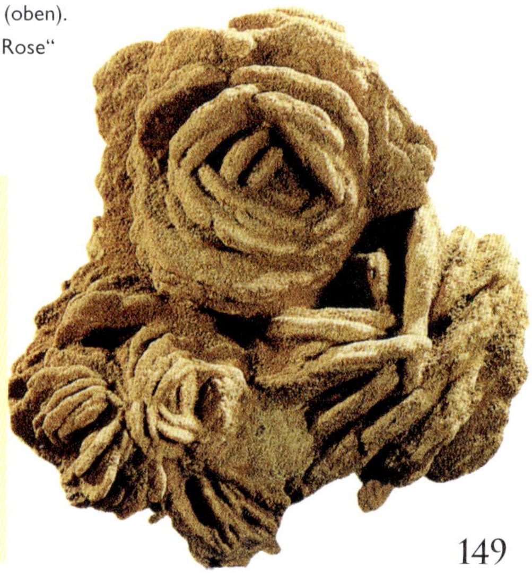

Gips-Kristalle (oben). Gips „Desert Rose“ (rechts).

STECKBRIEF

Sind normalerweise in hohem Grade chemisch rein und von geringer Härte. Können als schöne große Kristalle auftreten.

Wüsten und ehemalige Ozeanbecken mit hoher Verdunstungsrate. Das Salz kann unter der Oberfläche Diapire (aufsteigende Körper eines Materials mit einer geringeren Dichte als das umliegende Material) ausbilden.

Marmor

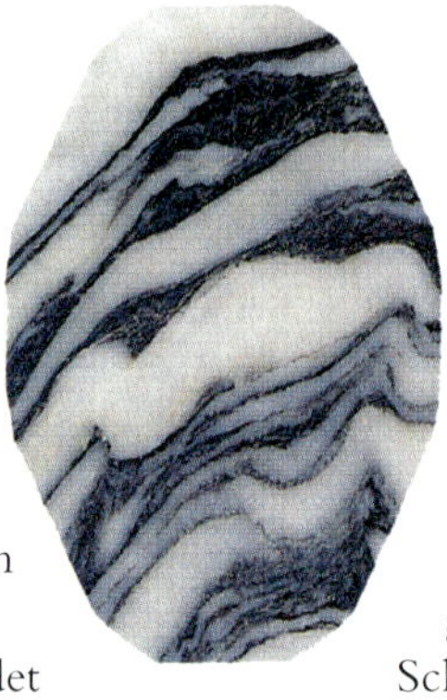

Marmor entsteht aus metamorphisiertem Karbonatgestein, normalerweise aus Kalkstein. Es kann in folgenden Gebieten gefunden werden: An Kollisionspunkten von Kontinentalplatten, am Fuße von Faltengebirgen, in Gebieten einst flacher Meeresböden mit einer Vielzahl von Korallenriffen. Man findet Marmor häufig in der Alpenregion und im Oregon Caves National Monument in den USA.

Reiner Marmor, der zum Großteil aus Kalzit mit nur wenigen Unreinheiten besteht, ist weiß. Abhängig vom Grad der Metamorphose und den chemischen Unreinheiten innerhalb des ursprünglichen Kalksteins können auch unterschiedliche Färbungen und Kristallgrößen vorhanden sein. Da Marmor ein weicher, wunderschön gefärbter Stein ist, wurde er schon immer gerne für die Herstellung von Skulpturen verwendet. Die Werke vieler Künstler wie Michelangelo und Bernini wurden aus Carrara-Marmor hergestellt, der in Steinbrüchen der italienischen Apenninen abgebaut wird. Die ungewöhnlichen Strukturen und Farben haben Marmor zu einem beliebten Gestein zum Verzieren von Häusern gemacht. Einige der größten und beeindruckendsten Bauwerke der Antike, unter ihnen beispielsweise das Pantheon in Griechenland oder das Taj Mahal in Indien, wurden aus Marmor gebaut. Leider hat dieses wunderschöne Gestein einen gewaltigen Nachteil: Es verwittert sehr schnell und ist insbesondere gegenüber saurem Regen und industriellen Schadstoffbelastungen sehr anfällig. Viele berühmte Marmorstatuen und Gebäude sind deshalb heute so stark angegriffen, dass sie sogar von Zerfall bedroht sind. Wenn Marmor in ausreichenden Mengen vorhanden ist, kann der Stein, wie Kalkstein, zu Karstformationen verwittern.

STECKBRIEF

Oft weiß und einheitlich kristallin, teilweise auch geädert und farbig. Sprudelt in verdünnter Salzsäure.

Findet sich in Kollisionszonen kontinentaler Platten, in denen Kalksteinsedimente ehemaliger Ozeanböden metamorphisiert wurden.

Berninis „Verzückung der heiligen Theresa".

Quarzit

Wenn es zur Metamorphose von Quarzsandstein mit einem mindestens 95-prozentigen Anteil an Quarzsand kommt, so entsteht Quarzit. Da Sandstein im Flachland oder in Gebieten mit marinem Sedimentgestein gebildet wird, kann dort auch Quarzit in vielen metamorphen Stationen gefunden werden.

Suchen Sie nach Quarzit am Fuße urzeitlicher Faltengebirgsketten und an den Grenzen der Gebiete, an denen Kontinentalplatten zusammenstoßen. Quarzit kann ebenfalls durch Kontaktmetamorphose entstehen und so findet man ihn auch bei Granitintrusionen.

Da Quarz ein sehr stabiles Mineral ist, übersteht es fast jeden Grad der Gesteinsmetamorphose. Erosion gegenüber ist der Stein sehr widerstandsfähig und ermöglicht nur selten Vegetation. Aus diesem Grund bildet er kahle, felsige Landschaften oder raue Gebirgskämme. Am Verlauf von fließenden Gewässern und an Berghängen ist Quarzit gut erkennbar und gewöhnlich von den dazwischenliegenden Schieferschichten leicht zu unterscheiden. Sandsteinschieferung ist oftmals in Quarzit konserviert und liefert somit Hinweise zum Ursprung des Sandsteins. Eine bekannte Quarzitablagerung ist der Mount Arapiles in Australien. Je höher Quarzit verdichtet wird, desto mehr erhärtet er sich. Wird der Stein erhitzt und einem hohen Druck ausgesetzt lösen sich Quarzpartikel von den Körnern und setzen sich in den Zwischenräumen ab, wodurch die Dichte erhöht wird. Das Ergebnis ist ein harter Stein, der sich nur schwer bearbeiten lässt. Aus diesem Grund findet er nur selten als Baumaterial Verwendung.

Obwohl das meiste Quarzitgestein weiß ist, können geringe Anteile an Elementen wie Eisen und Mangan rote, grüne, oder graue Schattierungen hervorrufen. Es wird davon ausgegangen, dass einige Quarzite im Westen Australiens 3 500 Millionen Jahre alt sind und somit eines der ältesten Gesteine der Erdkruste darstellen.

STECKBRIEF

Im Allgemeinen von heller Farbe. Massiges Gestein mit sichtbarer Körnung. Ursprüngliche Schichtung kann erhalten sein.

Quarzit findet sich in kontinentalen Kollisionszonen, wo Sand- oder Hornstein metamorphisiert wurden.

Quarzitaufschluss, Mount Narryer, Westaustralien. Quarzit im Detail (oben Mitte).

Schiefer

Schiefer ist ein umgewandelter Tonstein, der sehr stark verdichtet wurde. Seine Färbung ist Schwarz bis Grau und er kommt am häufigsten an den Grenzen von Kontinentalplatten vor. Schiefer ist am Fuße alter Faltengebirgsketten wie den Appalachen in den USA und den europäischen Alpen weiträumig zu finden. Er zerbricht plattig, da seine Glimmermineralien rechtwinklig zur Druckrichtung perfekt aneinander gereiht sind. Da Schiefer sehr brüchig ist, können oftmals Scheiben von enormer Größe freigelegt werden. Schiefer ist sehr wetterbeständig und daher häufig an unebenen und steilen Berghängen zu finden. Entlang aufgespalteter Schichten zerbricht das Gestein sehr leicht zu spröden, großflächigen Splittern. Die Fähigkeit, Verwitterung und sogar saurem Regen im industrialisierten, Kohle verbrennenden England zu widerstehen, macht Schiefer seit Jahrhunderten zu einem bevorzugten Material zum Dachdecken. Die Ziegel können einfach abgetragen, gespalten und anschließend leicht auf Dächern befestigt werden und stellen somit ein günstiges Baumaterial dar. Schiefer wurde häufig auch zur Herstellung von Schultafeln verwendet. Die englische Bezeichnung „blackboard“ für Tafel bekam diesen Namen aufgrund der schwarzen Färbung des Schiefergesteins. Heute wird Schiefer häufig für die Herstellung von Billardtischen verwendet, da hierbei das Gewicht und die Ebenheit von essenzieller Bedeutung sind. Die wenigen Steinbrüche die heutzutage noch Schiefer fördern, stellen überwiegend Tischplatten und Bodenfliesen her. In einigen Gebieten gibt es rote, braune, grüne und gelbe Schiefervorkommen, oftmals mit anmutigen Streifen und einer schönen Struktur. Schiefervorkommen sind in Steinbrüchen und in metamorph überprägten Gebieten des gesamten europäischen Raumes leicht zu finden.

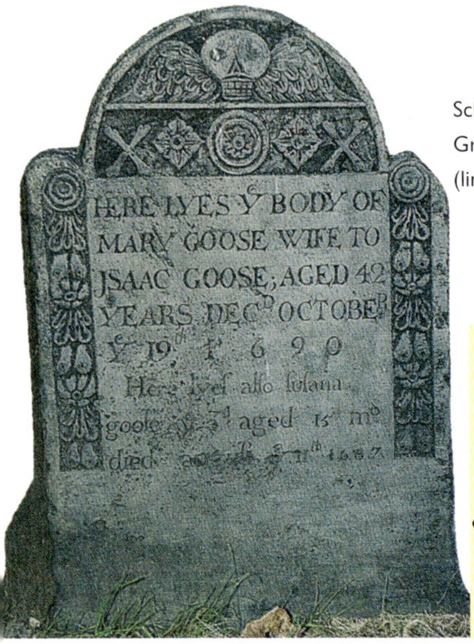

Schiefer im Detail (oben). Grabstein aus Schiefer (links) in Boston, USA.

STECKBRIEF

Überwiegend schwarz bis grau. Spaltet sich in Platten. Erosionsbeständig.

Entsteht an kontinentalen Kollisionszonen, oft in der Wurzelzone alter Faltengebirge. Können als raue, zerklüftete Aufschlüsse an Hügeln freigelegt sein.

Schiefer und Gneis

Schiefer und Gneis sind Regionalmetamorphgesteine, die in großen Tiefen an den Kollisionszonen von Kontinentalplatten entstehen. Sie bestehen aus grobkörnigen Mineralien wie beispielsweise Glimmer, die mit bloßem Auge zu erkennen sind. Schiefer weist oftmals ein schuppiges, plattenförmiges Erscheinungsbild auf, während Gneis Streifen von abwechselnd dunklen, eisen- und magnesiumreichen und hellen Mineralien wie Quarz und Feldspat aufweist. Schiefer entsteht bei der Metamorphose von Tonstein oder auch magmatischen Gesteinen und setzt sich zum Großteil aus Mineralien zusammen, die für die Metamorphose typisch sind, wie etwa Muscovit und der Halbedelstein Granat. Dort wo Schichten aus Sand- oder Tonstein vorhanden waren, wurde der Sandstein durch Metamorphose zu Quarzit und der Tonstein zu Tonschiefer. Gneis entsteht entweder aus magmatischem Gestein mit granitischer Zusammensetzung oder aus Sedimentgestein. Da Tonschiefer ein recht weiches Gestein ist, verwittert es leicht und hinterlässt eine Landschaft mit flachem Relief. Gneis ist Verwitterung gegenüber widerstandsfähiger und bildet gewöhnlich Bergrücken und zerklüftete, felsige Landschaften. Schiefer und Gneis gehören zu den am weitesten verbreiteten metamorphen Gesteinen, da sie aus den meisten anderen Steinen entstehen können und bei der Subduktion in großen Tiefen gebildet werden. Im Schiefer bilden sich einige wunderschöne Mineralien, vor allem Granat. Granat ist rot oder braun und bildet zwölfflächige Kristalle, die die Größe von Tennisbällen erreichen können.

Talk, ein viel genutztes Schmiermittel und Puder, wird aus der Sorte Schiefer hergestellt, die aus Basalt entstanden ist. Sowohl Schiefer als auch Gneis weisen parallele Anordnungen von Mineralienkörnern auf, die während der Metamorphose entstehen. Dies verleiht dem Gestein ein lagig-blättriges Erscheinungsbild, das als Foliation bezeichnet wird. Wird Schiefer mit Sedimentanteil höheren Temperaturen oder stärkerem Druck ausgesetzt, wird er zu Gneis. Schiefer und Gneis sind beispielsweise in der Gegend rund um den Idaho Batholithen (das sind Intrusivgesteine mit einer Oberflächenausdehnung von mehr als 100 Quadratkilometern) in den USA zu finden.

STECKBRIEF

Gneis ist ein grobkörniges Gestein. Schiefer ist blättrig. Gneis weist abwechselnde Streifen auf.

Es findet sich an kontinentalen Kollisionszonen.

Glimmerschiefer verwittert leicht, Gneis ist erosionsbeständiger und bringt felsige Landschaftsarten hervor.

Gneis im Detail (oben Mitte), Schiefer mit Granatkristallen (oben rechts).

Diamant

Diamant ist die härteste natürliche Substanz und als seltener Edelstein sehr geschätzt. Überraschenderweise ist ein Diamant nichts anderes als kristalliner Kohlenstoff. In der Regel ist er farblos oder zumindest hell, obwohl manchmal auch intensivere Schattierungen, so genannte Fancy-Farben (englisch *fancy* = kunstvoll) auftreten.

Der begehrteste farbige Diamant ist blutrot gefärbt. Weniger begehrte Industriediamanten, als „Bort" und „Carbonado" bezeichnet, werden in Bohrmaschinen und Sägen sowie als Abschleif- und Poliermaterial verwendet. Diamanten entstehen unter extrem starkem Druck im Kern sehr alter Kontinente (so genannter Kratone), wie sie in Afrika, Sibirien, Indien und Australien vorkommen. Dort können Diamanten für Millionen von Jahren verborgen liegen, bis sie in einen Vulkanausbruch gelangen, bei dem sie innerhalb weniger Stunden an die Erdoberfläche transportiert werden können. Bergarbeiter bauen die Diamanten in Eruptionsschloten ab oder bergen sie in umliegenden Flüssen.

Diamantkristalle können sehr groß sein. Der größte bisher entdeckte Diamant, der „Cullinan", wurde 1905 in der Premier Mine in der Nähe von Pretoria in Südafrika gefunden. Er wog 3 106 Karat und wurde in neun große und 96 kleinere Steine gespalten. Der größte dieser Steine ist im königlichen Szepter von Großbritannien eingefasst. Da die Wahrscheinlichkeit für die Entdeckung eines Diamanten bekanntermaßen nicht sehr hoch ist, sollten Sie, wenn Sie einen Diamanten sehen wollen, am besten ein Museum besuchen. Das National History Museum in Washington, D.C. (USA), der Tower of London in England und der Louvre in Paris stellen spektakuläre Exemplare aus.

Identifikation Ein Diamant (chemische Struktur C) hat einen Härtegrad von 10 und eine Dichte von 3,52. Er ist durchsichtig bis trüb, hat einen diamantenen Glanz und seine Strichfarbe ist Weiß. Er hat eine vollkommene oktaedrische Flächenformung und weist einen muscheligen Bruch auf. Diamanten gehören dem kubischen Kristallsystem an.

Diamantenkristalle (Mitte).
Diamantkristall in Gestein (links).

STECKBRIEF

Extreme Härte (10) und diamantener Glanz.

Hauptvorkommen in Australien und Südafrika. Andere Herkunftsländer sind Brasilien, Russland, Venezuela, Indien, Namibia, Angola, Ghana und Borneo.

Rubin und Saphir

Rubin und Saphir sind farbige Arten von Korund und heutzutage die beliebtesten farbigen Steine bei der Schmuckherstellung. Reiner Korund ist farblos und in der Natur eher selten zu finden. Rubin ist die rote Art von Korund und verdankt seine Farbe Spuren von Chrom. Alle anderen Arten von Korund bezeichnet man als Saphire. Diese gibt es, dank ihrer unterschiedlichen Zusammensetzungen von Eisen und Titan, in einer Vielzahl von Farben, unter anderem in Blau-, Grün- und Gelbtönen. Nach Diamant ist Korund der zweithärteste Edelstein. Ein Rubin von hoher Qualität ist wertvoller als ein Diamant von ähnlicher Qualität und Größe. Allerdings sinkt der Wert rapide bei weniger intensiver Färbung, geringerer Größe und Qualität. Die Farbe der Korunde zeigt sich häufig in Flecken oder Streifen. Die Steine müssen vorsichtig geschnitten werden, damit keine Unebenheiten entstehen. Einige Korunde zeigen einen sternförmigen Lichtreflex, auch Asterismus genannt. Dieser entsteht durch Reflexionserscheinungen von kleinen, nadelähnlichen Rutilen (kristallisierendes Oxid-Mineral) im Stein. Diese Steine nennt man Sternrubine oder -saphire. Korund entsteht in aluminiumreichem, kieselerdearmem Pegmatitgestein und kommt mit dem vulkanischen Gestein Basalt an die Erdoberfläche. Es kann außerdem in aluminiumreichem metamorphem Gestein entstehen. Verwitterung gegenüber nicht sehr anfällig kann man Korund oftmals auch in Flüssen finden.

Identifikation Korund (Al_2O_3) hat einen Härtegrad von 9 und eine Dichte von 3,9 bis 4,1. Es ist durchsichtig bis teilweise lichtdurchlässig, hat einen glasartigen Glanz und seine Strichfarbe ist Weiß. Korund hat keine Spaltneigung, und sein Bruch ist uneben und muschelig. Er gehört dem trigonalen Kristallsystem an. Rubinkristalle sind in der Regel tafelig bis prismatisch, Saphirkristalle dagegen oftmals tonnen- oder pyramidenförmig.

Saphirkristalle und -edelsteine (oben). In Gestein eingeschlossener Rubinkristall (rechts).

STECKBRIEF

Hoher Härtegrad (9) und horizontale Streifung auf einer Kristalloberfläche.

Die ergiebigsten Standorte für Rubine sind Burma, Thailand und Indien. Saphire sind in Australien und Sri Lanka reichlich vorhanden.

Smaragd und andere Arten von Beryll

Als Smaragd (von griechisch *smaragdos* = grüner Edelstein) bezeichnet man die wertvolle grüne Art des Minerals Beryll. Seine Farbe ist das Ergebnis einer Chrombeimengung während seiner Entstehung. Weitere Berylle sind: Aquamarin (blaugrün und hellblau), Morganit (rosa), Goldberyll (goldgelb), Helidor (gelb bis zu hellem Gelbgrün), Goshenit (durchsichtig, farblos), Bixbit (rot) und Bazzit (blau). Beryllkristalle entwickeln sich gemeinsam mit Topas, Quarz, Turmlin, Fluorit und Zinnstein in granitischen Pegmatiten manchmal zu enormen Größen. Außerdem entstehen sie in regionalmetamorph überprägten Gesteinen. Der größte einzelne Smaragdkristall von Edelsteinqualität mit einem Gewicht von 7 025 Karat wurde 1961 in Kolumbien gefunden. Außerdem wurden schon riesige bis zu 18 Meter hohe Beryllkristalle, allerdings von geringer Qualität, entdeckt. Bereits etwa 1500 v. Chr. wurden in Ägypten Smaragde abgebaut. Es heißt, Kleopatra habe einen Smaragd mit einer Gravur ihres Porträts besessen. Heute kommen die qualitativ besten Smaragde aus Kolumbien.

Identifikation Beryll ($Be_3Al_2Si_6O_{18}$) hat einen Härtegrad von 7,5 bis 8 und eine Dichte von 2,6 bis 2,9. Er ist durchsichtig bis lichtdurchlässig, hat einen glasartigen Glanz und seine Strichfarbe ist Weiß. Er hat eine undeutliche Spaltbarkeit, und sein Bruch ist muschelig. Beryllkristalle gehören zum hexagonalen Kristallsystem und sind in der Regel prismatisch mit flachen Enden, obwohl sie auch ab und zu als Platten auftauchen.

STECKBRIEF

Sechskantiger, harter (7,5 bis 8) Kristall.

Kolumbien ist die ergiebigste Smaragdquelle. Weitere Beryllvorkommen befinden sich in Australien, Brasilien, Indien, Australien und den USA.

Geschnittene und ungeschnittene Aquamarinkristalle (Mitte). Smaragdkristalle in Stein und ein geschnittener Edelstein (links).

Opal

Opal unterscheidet sich aufgrund seiner amorphen (ohne Kristallstruktur vorkommenden) Eigenschaft von den meisten Edelsteinen. Er kommt in vielen Farben vor. Die beliebteste davon ist Schwarz. Weitere Opalarten sind weiß (Milchopal), rot (Feueropal) oder farblos (Wasseropal). Die herausragendste Eigenschaft von Edelopal ist sein Farbspiel (Opalisieren), wenn man ihn im Licht hin und her dreht. Dieser Effekt wird durch winzige Siliziumsphären hervorgerufen, die weißes Licht reflektieren und brechen. Kleinere Sphären erzeugen ausschließlich Blau und Grün, während größere das gesamte Farbspektrum beinhalten. Schwarzer Opal zeigt dieses Farbspiel am deutlichsten.

Der Wert eines Opals hängt von seiner Farbe, seinem Farbspiel und seinem Zustand ab. Ein schwarzer, makelloser Opal mit gleichmäßigem Muster aus leuchtenden, klaren Farben, einschließlich Rot, kann unter Umständen pro Karat mehr wert sein als ein Diamant. Gewöhnliche Opale weisen kein Farbenspiel auf und sind somit wertlos. Opale entstehen in Oberflächensediment, wenn silikatreiches Wasser durch Spalten, Fugen und Hohlräume fließt und Kieselgel ablagert. Sie treten als dünne Adern, Platten oder Knoten, manchmal in traubenförmiger Kristallform auf.

Identifikation Opal (SiO_2 H_2O) hat einen Härtegrad von 5,5 bis 6,5 und eine Dichte von 2,1 bis 2,2. Er ist durchsichtig bis undurchsichtig, hat einen glasigen, speckigen, matten oder wachsartigen Glanz und seine Strichfarbe ist Weiß. Opal ist allochromatisch (nicht oder nur schwach farbig, kann aber durch eine Verunreinigung gefärbt sein) und zeigt häufig ein helles Farbspiel. Er hat keine Spaltbarkeit, und sein Bruch ist muschelig. Opal ist amorph und tritt in einer Reihe von Kristallformen auf, unter anderem fest, nadelig und traubenförmig.

STECKBRIEF

Opale zeigen ein lebhaftes Farbspiel und fühlen sich speckig an.

Das größte Vorkommen ist in Australien, wobei Lightning Ridge berühmt für seine schwarzen Opale ist. Kleinere Quellen sind in Mexiko, den USA und in Brasilien.

Schwarze und weiße Opale (Mitte). Ein geschliffener schwarzer Opal (links). Ein geschnittener und geschliffener Feueropal (oben).

Chrysoberyll

Chrysoberyll, einst fälschlicherweise als eine Art von Beryll angesehen, kommt wegen der Spuren von Eisen, Titan und Chrom während seiner Entstehung in einer Reihe von gelblichen und bräunlich grünen Schattierungen vor. Nach Diamant und Saphir ist Chrysoberyll der dritthärteste Edelstein.

Die wertvollste Art von Chrysoberyll ist Alexandrit, erstmals im Jahr 1830 am 21. Geburtstag des russischen Zaren Alexander II. im russischen Uralgebirge gefunden. Dieser Stein zeichnet sich durch seine Farbveränderung aus. Bei Tageslicht nimmt er eine grüne Färbung an, unter künstlicher Beleuchtung leuchtet er jedoch rot. Heute gehört er zu den wertvollsten Edelsteinen der Welt. Eine weitere erwähnenswerte Art des Chrysoberylls ist der goldgelbe Cymophan, besser bekannt als Chrysoberyll-Katzenauge. Wird er als Cabochon (gewölbter Schliff) geschnitten, reflektiert er das Licht als silberweiße, schillernde Linie aus vielen feinen, gerichteten Einschlüssen.

Chrysoberyll entwickelt sich als tafeliger Kristall in granitischen Pegmatiten zusammen mit Beryll, Turmalin, Granat und Spinell. Er entsteht ebenfalls in metamorphem Gneis und Glimmerschiefer. Wegen seiner Härte ist er sehr wetterbeständig und wird häufig in alluvialen Ablagerungen gefunden.

Der größte Chrysoberyll wurde in Sri Lanka entdeckt und wog 16 Gramm. Heute sucht man nicht mehr im Ural nach Alexandritvorkommen, da diese schon seit langem erschöpft sind.

Identifikation Chrysoberyll ($BeAl_2O_4$) hat einen Härtegrad von 8,5 und eine Dichte von 3,7. Er ist durchsichtig bis lichtdurchlässig mit einem glasartigen Glanz. Seine Strichfarbe ist Weiß. Er hat eine gute basale Spaltbarkeit. Sein Bruch ist uneben und muschelig. Er gehört mit seinen tafeligen oder prismatischen Kristallen zum rhombischen Kristallsystem, häufig in der Struktur von Kristallzwillingen.

STECKBRIEF

Hoher Härtegrad (8,5).
Alexandrit changiert unter künstlicher Beleuchtung zwischen grün und rot.
Alluviale (angeschwemmte) Ablagerungen finden sich in Sri Lanka.
Chryoberyllminen gibt es in Brasilien, Russland, Italien, Afrika, Burma und in den USA.

Chrysoberyll-Katzenauge (Mitte) und ein Chrysoberyllkristall (oben).

Topas

Topas kommt in einer Vielzahl von Farben vor, abhängig vom Fluoranteil während der Entstehung. Die Farbvielfalt erstreckt sich von Farblos über Hellgrün, Hellblau, Rosarot, Rot, Lila, Honiggelb bis Braun. Topas in einem dunklen Orange wird „Hyazinth" genannt. Einige, vor allem purpurfarbene Arten von Topas wurden mit Hitze behandelt, um ihre Farbe zu intensivieren.

Topas war ein wertvoller Edelstein, bis Mitte des neunzehnten Jahrhunderts reiche Opalfelder in Brasilien gefunden wurden. Heute ist er durchaus erschwinglich und extrem beliebt, vor allem in seinen blau-, pink- und honigfarbenen Varianten.

Topas entsteht bei hohen Temperaturen in magmatischen Gesteinen wie beispielsweise Granitpegmatiten, Quarzporphyr oder in Adern und Hohlräumen in Granitgestein. Topas kommt auch mit Fluorit, Quarz, Turmalin, Beryll, Apatit und Zinnstein zusammen vor. Oftmals tritt er in wohlgeformten prismatischen Kristallen auf, die mehr als 100 Kilogramm wiegen können.

Man findet Topas außerdem als Alluvialkonzentrat. Eine der für Topas typischen Eigenschaften ist die vollkommene, leichte Spaltbarkeit. Kleinste planare Bruchschichten oder einsetzende Risse parallel zum Fuß des Kristalls unterscheiden Topas von anderen farblosen Steinen. Wegen seiner Spaltbarkeit bedarf Topas besonderer Vorsicht, wenn er geschnitten oder geschliffen wird.

Identifikation Topas ($Al_2SiO_4F_2$) hat einen Härtegrad von 8 und eine Dichte von 3,5 bis 3,6. Er ist durchsichtig bis lichtdurchlässig mit glasartigem Glanz, und seine Strichfarbe ist Weiß. Er zeigt goldgelbe, beige oder grüne Fluoreszenzen. Topas hat eine basale vollkommene Spaltbarkeit. Sein Bruch ist uneben und muschelig. Er gehört mit seinen Kristallen, die vertikal gestreifte Prismen formen, zum rhombischen Kristallsystem.

Rhyolith im Detail (oben).
Lavaspitze (unten) in Arizona, USA.

STECKBRIEF

Hoher Härtegrad und durchgehende Schieferung.

Die Hauptvorkommen von Topas finden sich in Brasilien. Weitere Vorkommen befinden sich in Sri Lanka, Mexiko, Japan und Russland.

Granat

Granate bilden eine geschlossene Gruppe von Mineralien, deren chemische Zusammensetzungen allerdings variieren können. Hauptvertreter dieser Gruppe, die oftmals zu Edelsteinen geschliffen werden, sind unter anderem Almandin (rot bis violett-rot), Spessartit (gelb, rosa oder orange bis rotbraun), Pyrop (tiefrot), Grossular (weiß, gelb, gelbgrün, braun-rot, orange oder schwarz) und Andradit (farblos, gelbgrün oder braun bis schwarz). Diese letzte Gruppe beinhaltet den wertvollsten Granat, die smaragdgrüne Variante. Sie wird Demantoid genannt.

Der Name „Granat", kommt höchstwahrscheinlich von dem lateinischen Wort *granatum malum*, was übersetzt „Granatapfel" bedeutet. Das Innere dieser Frucht sieht roten Almandinen und Pyropen sehr ähnlich. Pyrope gehören zu den beliebtesten Granatsteinen. Feine Kristalle werden seit dem Mittelalter in Tschechien gefördert und fachmännisch verarbeitet.

Viele Granatarten treten nicht in Edelsteinqualität auf und werden daher in der Industrie als Schleifmittel verwendet. Granat kommt weltweit, vor allem in Metamorphiten vor. Pyrope bilden sich in vielen magnesiumreichen, ultrabasischen (niedriger SiO_2-Gehalt) magmatischen Gesteinen, unter anderem in Peridotit und in Serpentinit. Grossular und Andradit entstehen in kalziumreichen Metamorphiten wie etwa Marmor. Almandin formt sich in eisenhaltigen Metamorphiten wie zum Beispiel in Schiefer.

Identifikation Mineralien der Granatgruppe haben einen Härtegrad von 6,5 bis 7,5 und ein spezifisches Gewicht von 3,4 bis 4,6. Sie sind lichtdurchlässig bis lichtundurchlässig, haben einen glasartigen Glanz und weisen eine weiße Strichfarbe auf. Sie haben eine sehr undeutliche Spaltbarkeit, und ihr Bruch ist muschelig. Granate gehören dem kubischen Kristallsystem an und kommen in einer Reihe von isometrischen Kristallformen vor, besonders als Rhombendodecaeder.

Verschiedene geschnittene Granate (oben). Andraditkristalle in Marmor (unten).

STECKBRIEF

Kristalle bilden ausgeprägte Rautenformen aus.

Alle Granatarten sind in den USA reichlich vorhanden.

Andere Vorkommen gibt es in Australien, Brasilien, Sri Lanka und der Tschechischen Republik.

Turmalin

Turmalin ist ein komplexes, aus Aluminium und anderen Elementen zusammengesetztes Borosilikat, bekannt für seine wunderschönen, prismatischen Kristalle. Turmalin weist eine größere Vielzahl von Farben auf als alle anderen Edelsteine. Der spektakuläre Wassermelonenturmalin zeigt entlang seiner Oberfläche Farbveränderungen von Grün bis Rot.

Die Turmalingruppe besteht aus sieben unterschiedlichen Arten: Schörl (schwarz), Elbait (viele Farben), Dravit und Buergerit (braun), Rubellit (rosarot), Chromdravit (grün) und Uvit (schwarz, braun, gelbgrün). Turmalinkristalle verfügen über eine Reihe interessanter Eigenschaften. Sie sind pleochroistisch, das heißt, dass sie unterschiedliche Farben zu haben scheinen, abhängig von dem Winkel, in dem sie betrachtet werden. Sind die beiden Enden des Kristalls erhalten, sind diese morphologisch unterschiedlich. Wird das Kristall erhitzt, werden die Enden entgegengesetzt elektrisch aufgeladen und ziehen Staubpartikel an.

Turmalin findet sich hauptsächlich in Graniten und Pegmatiten, aber auch in einigen Metamorphiten. Die Kristalle können zu enormen Größen heranwachsen und zusammen mit einer Vielzahl von Mineralen, unter anderem mit Quarz, Feldspat, Beryll und Topas, vorkommen. Extrem verwitterungsbeständig findet sich Turmalin häufig in alluvialen Ablagerungen.

Identifikation Turmalin hat einen Härtegrad von 7 bis 7,5 und eine Dichte von 3 bis 3,3. Er ist durchsichtig bis undurchsichtig und hat einen glasartigen Glanz, die Strichfarbe ist Weiß. Turmalin hat eine geringe Spaltbarkeit, und der Bruch ist ungleichmäßig bis muschelig. Er gehört dem trigonalen Kristallsystem an und weist einen säulig-prismatischen Habitus auf.

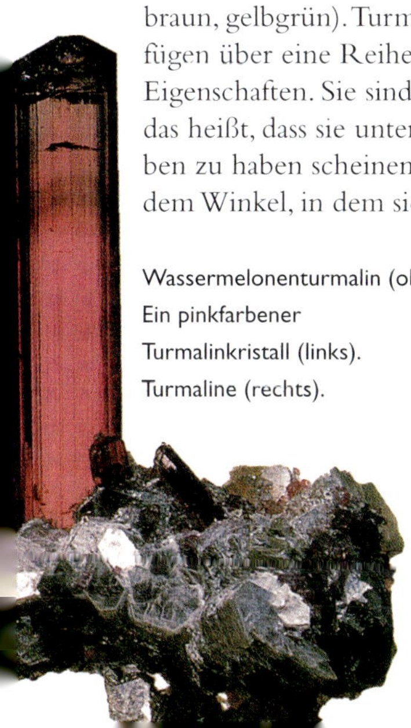

Wassermelonenturmalin (oben). Ein pinkfarbener Turmalinkristall (links). Turmaline (rechts).

STECKBRIEF

Vertikal gestreifte, stängelige Kristalle. Können vielfarbig sein oder an verschiedenen Achsen verschiedene Farben aufweisen. Entwickelt beim Erhitzen oder Reiben elektrische Eigenschaften.

Vorkommen sind in Afghanistan, Brasilien, Russland und den USA.

Peridot (Olivin)

Peridot ist die Bezeichnung für das Mineral Olivin, wenn dieses in Edelsteinqualität auftritt. Olivin ist ein idiochromatisches (sich selbst farbgebendes) Mineral, das ausschließlich in Grüntönen auftritt. Das Verhältnis von Eisen und Magnesium ist in diesem Mineral immer unterschiedlich.

Olivin ist ein wichtiger Gesteinsbildner. Es ist eines der Hauptbestandteile der Erdkruste, wo es in Verbindung mit Pyroxenen (bestimmten Silikatmineralen) schwere, grobkörnige, grüne Steine, so genannte Peridotite, bildet. Diese Steine werden durch Basaltvulkane an die Oberfläche gebracht und oftmals als vulkanische Bomben (bei einem Vulkanausbruch herausgeschleuderte Lavafetzen mit einem Durchmesser von mehr als 64 Millimetern) ausgeworfen. Olivin kommt auch in Meteoriten vor und wurde im Basaltgestein entdeckt, das von den Apollo-Astronauten von der Mondoberfläche geborgen wurde. Am häufigsten taucht Olivin in kleinsten Körnermassen gemeinsam mit anderen Mineralien auf. Größere Olivinkristalle mit Edelsteinqualität sind extrem rar, kleinere Kristalle allerdings weit verbreitet. Ihre Form ist entweder kurz und säulig oder dick und tafelig. Es gibt sie aber auch mit keilförmigen Enden in basischem und ultrabasischem magmatischem Gestein wie zum Beispiel Basalt. Außerdem können Olivine in einigen Marmorarten entstehen.

Identifikation Olivin $(Mg,Fe)_2SiO_4$ hat einen Härtegrad von 6,5 bis 7, eine Dichte von 3,3 (Forsterit) bis 4,2 (Fayalit), und seine Strichfarbe ist Weiß. Er ist durchsichtig bis lichtdurchlässig und hat einen glasartigen Glanz. Olivin hat eine unvollkommene Spaltbarkeit, und sein Bruch ist muschelig. Er gehört dem rhombischen Kristallsystem an und kann kurze, prismatische Kristalle bilden. Für gewöhnlich ist er jedoch in eher körnigen Gebilden zu finden.

Verschiedene geschnittene Peridotsteine (ganz links).
Detail eines Olivin (Mitte).
Talisman aus Peridot (unten) aus dem alten Ägypten.

STECKBRIEF

Olivin hat immer einen grünen Farbton und enthält oft schwarze Chromit-Einschlüsse.

Die Hauptvorkommen liegen in Burma und in Arizona in den USA. Weitere Vorkommen befinden sich in Brasilien, Sri Lanka und Russland.

Quarz

Eines der am häufigsten vorkommenden Mineralien auf der Erde ist Quarz. Er kommt in einer Vielzahl von Farben und Formen vor.

Die reinste Art ist der farblos-klare Bergkristall. Einer der beliebtesten Quarzkristalle ist der violette Amethyst. Andere Arten sind unter anderem Citrin (gelb), Rauchquarz (braun bis schwarz), Milchquarz (weiß), Rosenquarz (rosa), Blauquarz (blau) und Morion (schwarz). Rutil-Einlagerungen sind keine Seltenheit. Quarz ist ein wichtiges gesteinsbildendes Mineral und ein Hauptbestandteil in säurereichem magmatischem Gestein, gemeinsam mit Feldspat, Glimmer, Amphibolen (ein Silikatmineral) und Pyroxenen.

Quarz kommt in Gestalt von sechsseitigen Prismen vor, die oftmals horizontal gestreift sind und einen rhombischen oder pyramidalen Abschluss bilden. In Pegmatiten können diese Kristalle zu enormen Größen heranwachsen. Ein einzelner Kristall mit einem Gewicht von etwa 40 Tonnen wurde in Brasilien, ein 70 Tonnen schwerer Stein wurde in Kasachstan gefunden. Im antiken Rom wurden riesige Bergkristalle geschnitten und zu Kugeln verarbeitet, mit deren Hilfe sich reiche Bürgerinnen und Bürger im Sommer ihre Hände kühlten. Eine 48 Kilogramm schwere Kugel aus Bergkristall kann im National History Museum in Washington, D.C. (USA) bewundert werden. Als ein wichtiges gesteinsbildendes Mineral ist Quarz in allen geologischen Gebieten weit verbreitet und bildet außerdem einen Großteil an Staub in der Luft. Jeder Edelstein mit einem geringeren Härtegrad als dem von Quarz (7) wird von der Witterung abgetragen und somit nicht als tatsächlicher Edelstein betrachtet.

Identifikation Quarz (SiO_2) hat einen Härtegrad von 7, eine Dichte von 2,65 (wenn er rein ist), und seine Strichfarbe ist Weiß. Er ist durchsichtig bis undurchsichtig und hat einen glasartigen Glanz. Quarz hat keine Spaltbarkeit, und sein Bruch ist muschelig. Er gehört zum trigonalen Kristallsystem und formt prismatische, horizontal gestreifte Kristalle.

STECKBRIEF

Die Kristalle sind im Allgemeinen horizontal gestreift. Sie weisen hexagonale Prismen auf, die von rhombischen oder pyramidalen Formen gegrenzt werden.

Weltweit verbreitete Vorkommen. Die hochwertigsten Amethyste kommen aus Russland, Indien und Brasilien.

Quarz mit Hämatit (unten). Detail eines Rutilquarz (Mitte) und ein geschnittener Amethyst (rechts).

Spinell

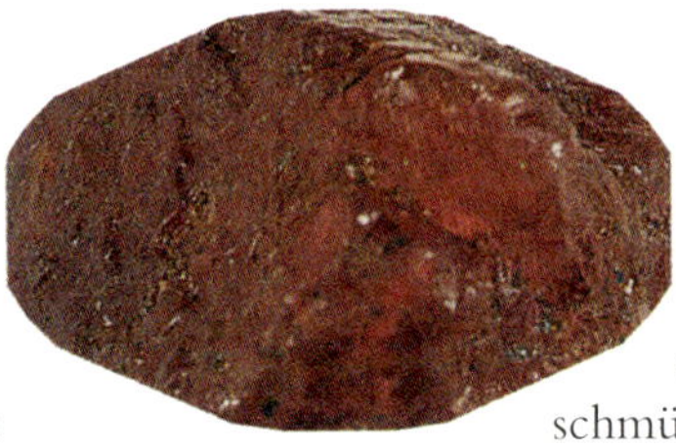

Der Name Spinell verweist auf das gleichnamige Mineral, das einer Gruppe von Oxidmineralen angehört. Der Begriff stammt aus dem Lateinischen. *Spina* bedeutet Rückrad oder Dorn – ein konkreter Hinweis auf seine scharfen, kubischen Kristalle.

Spinelle, die eine Edelsteinqualität erreicht haben, gibt es in den verschiedensten Farben, unter anderem in Blau, Rot, Blaugrün, Grün und Violett. Als Edelstein war Spinell schon immer sehr geschätzt und wurde früher häufig mit Rubinen und Saphiren verwechselt.

Obwohl große Spinellkristalle in Edelsteinqualität recht rar sind, haben sie doch meist weniger Mängel als Rubine und wurden deshalb häufig in Königshäusern zu wertvollen Schmuckstücken verarbeitet und von Königen getragen. Der wohl bekannteste rubinrote Spinellkristall ist der so genannte Timur-Rubin. Er hat 352 Karat und ist Teil der britischen Kronjuwelen.

Ein weiterer berühmter Spinell ist der fünf Zentimeter dicke, ovale Black Prince's Ruby, der die britische Imperial State Crown (eine der britischen Königskronen) schmückt.

Spinell entwickelt sich im Allgemeinen zu wohlgeformten kubischen Kristallen oder zu kubischen Zwillingskristallen. Er bildet sich in basischem magmatischem Gestein und in einer Vielzahl von Metamorphiten, unter anderem in Serpentinit, Gneis, Schiefer und Marmor. Außerdem bildet er sich in sekundären alluvialen Ablagerungen, in denen er oftmals gemeinsam mit den bekannten Korunden Rubin und Saphir auftritt.

Identifikation Spinell ($MgAl_2O_4$) hat einen Härtegrad von 8, eine Dichte von 3,6, und seine Strichfarbe ist Weiß. Er ist durchsichtig bis lichtdurchlässig und hat einen glasartigen Glanz. Spinell hat keine Spaltbarkeit, sein Bruch ist muschelig, und er formt kubische Kristalle, oftmals mit Zwillingsbildung.

STECKBRIEF

Spitze, achteckige Kristalle oft mit Zwillingsbildung. Hoher Härtegrad (8).

Die ergiebigsten Spinellquellen liegen in Sri Lanka und Burma. Kleinere Vorkommen gibt es in Italien, Deutschland, Russland, Thailand und den USA.

Rubinroter Spinellkristall im Detail (Mitte). Verschiedene geschnittene Spinelle (links und rechts).

Feldspat

Feldspäte sind Aluminiumsilikate, die über 50 Prozent der Erdkruste ausmachen. Sie sind die verbreitetsten gesteinsbildenden Mineralien, fünf Mal verbreiteter als Quarz. Sie treten weitestgehend in allen Gesteinsarten auf. In Pegmatiten bilden sie riesige Kristalle.

Feldspäte gliedern sich in zwei große Untergruppen. Zum einen in die Alkalifeldspäte, darunter Orthoklas, Mikroklin und Sanidin, und zum anderen in die Plagioklase, darunter Oligoklas, Albit, Anorthit und Labradorit.

Eine große Anzahl an Edelsteinen gehören zur Familie der Feldspäte. Mondstein ist ein durchsichtiger Orthoklas, der reflektiertes Licht bricht und so einen silberblauen, wolkenähnlichen Schein, ein so genanntes Schillern, erzeugt.

Amazonit ist eine hellgrüne Mikrolinart mit einem silbrigen Schimmer. Sonnenstein ist eine Varietät des Oligoklas, die Licht von kleinsten, gerichteten, flockigen Einschlüssen aus Goethit (Nadeleisenerz) und Hämatit reflektiert. Labradorit ist ein grauer Plagioklas mit einem wunderschönen irisierenden Glanz. Da er vollkommen durchsichtig ist, kann goldgelber Orthoklas problemlos zu Schmuck verarbeitet werden, genau wie seine reine und farblose Variante Adular.

Mit einem Härtegrad von 6 bis 6,5 ist Feldspat nicht besonders widerstandsfähig und bricht und zerkratzt somit äußerst schnell.

Identifikation Alkalifeldspäte ($KAlSi_3O_8$) und Plagioklase ($NaAlSi_3O_8$ bis $CaAl_2SiO_8$) haben Härtegrade von 6 bis 6,5 und eine Dichte von 2,5 bis 2,7. Ihre Strichfarbe ist Weiß. Sie sind durchsichtig bis lichtdurchlässig und haben einen glasartigen Glanz. Feldspat hat zwei gute bis vollkommene Spaltbarkeiten und bricht uneben auseinander. Plagioklase gehören zum triklinen Kristallsystem, wohingegen Alkalifeldspäte eher zum monoklinen Kristallsystem gehören (mit Ausnahme des Mikroklin, der triklin ist).

Mondstein-Cabochons (Mitte).
Ein ungeschnittener Amazonitkristall (oben).

STECKBRIEF

Einige Arten zeigen einen ausgeprägten Glanz. Oft sind zwei flache Schieferungsflächen sichtbar.

Weltweite Vorkommen. Die ergiebigste Amazonitquelle ist Russland. Mondstein findet sich oft in Edelsteinseifen in Indien und Sri Lanka.

Zirkon

Zirkon ist ein Siliziumsilikat, das in seiner reinen Form farblos ist, aber in einer Reihe von Gelb-, Braun- und Rottönen auftritt. Es zeigt einen fast diamantartigen Glanz und hat wie Diamant die Fähigkeit, weißes Licht in sein gesamtes Farbspektrum zu brechen. Dies geschieht hauptsächlich bei geschnittenen Steinen. Darum wurde farbloser Zirkon auch seit jeher als Diamantenersatz verwendet.

Die doppelte Lichtbrechung von Zirkon ist so stark, dass die Kanten der Hinterseite eines geschnittenen Steines unter einer Lupe betrachtet doppelt erscheinen. Trotz seines Härtegrades von 7,5 ist Zirkon sehr brüchig, und die Kanten des Steins stoßen sich leicht ab.

Zirkonkristalle entwickeln sich in vielen Arten von Magmatiten und Metamorphiten. Man findet sie ebenfalls in Sedimentgestein und alluvialen Ablagerungen, auch wenn dies nicht die Hauptquelle für Zirkon ist.

Das meiste Zirkon in Edelsteinqualität stammt aus alluvialen Ablagerungen. Obwohl viele dieser Steine meist sehr klein sind, wurden in Kanada auch Kristalle von geringerer Qualität gefunden, die allerdings bis zu sieben Kilogramm schwer waren.

Zirkone enthalten Spuren radioaktiver Elemente, die sich in einer bestimmten Geschwindigkeit zersetzen und somit dazu dienen können, das Alter des Minerals festzustellen.

Identifikation Zirkon ($ZrSiO_4$) hat einen Härtegrad von 7,5, eine Dichte von 4,6 bis 4,8, und seine Strichfarbe ist Weiß. Es ist durchsichtig bis lichtdurchlässig und hat einen diamantartigen Glanz. Zirkon hat eine unvollkommene Spaltbarkeit parallel zu seiner Prismaoberfläche und bricht mit unebener Fraktur. Er gehört dem tetragonalen Kristallsystem an und formt prismatische und bipyramidale Kristalle. Oftmals findet man Zirkon auch in Form von Kristallzwillingen.

STECKBRIEF

Diamantartiger Glanz, starke Farbenstreuung und doppelte Brechung. Hohe Brüchigkeit.

Die ergiebigsten Quellen für Zirkon in Edelsteinqualität sind alluviale Ablagerungen in Sri Lanka, Kambodscha und Thailand.

Verschiedene Zirkonkristalle (links). Geschnittener Zirkon (rechts).

Hämatit

Hämatit ist ein Eisenoxyd, das in verschiedenen Färbungen, von mattem Braun bis Braunrot, Hellrot, Grau oder einem glänzendem Schwarz vorkommt. Sein Name stammt vom griechischen Wort *haima* (Blut) wegen seines leicht zu erkennenden kirschroten Streifens.

Hämatit ist ein wichtiges Eisenerz. Die erdroten, ockerfarbenen Varianten werden als kosmetisches Puder (Rouge) verwendet. Außerdem wurden sie seit ältesten Zeiten als Rohmaterial für rote Farbe genutzt. Die Azteken verwendeten einst dichte kristalline Sorten, so genannte Specularite, in flache Stücke geschnitten und hoch poliert als Spiegel. Hämatit ist häufig, preiswert und als Schmuckstein sehr beliebt. Der einzige Nachteil des Hämatits als Zierstein ist sein Gewicht.

In vielen Ländern verbreitet tritt er in Sedimentgestein, metamorphem oder magmatischem Gestein auf. Er bildet sich durch Abscheidung aus hydrothermalen Lösungen, als Sekundärmineral nach der Bildung des ihn umgebenden Gesteins, als Konkretion oder indem es Spalten und Gänge füllt.

Hämatit kristallisiert in rhomboedrische oder tafelige Kristalle. Die tafeligen Kristalle formen manchmal rosettenartige Aggregate, die man Eisenrosen nennt und die bei Sammlern sehr begehrt sind. Andere Vorkommen sind dicht, krustig, körnig, erdig, glänzend und nierenförmig.

Der Härtegrad von Hämatit schwankt zwischen 6,5 bei den kristallinen, dichten Arten und einem niedrigen Wert von 1 bei den faserigen und erdigen Sorten.

Identifikation Hämatit (Fe_2O_3) hat einen Härtegrad von 6,6 (als Kristall), eine Dichte von 5,0 bis 5,3, und seine Strichfarbe ist Kirschrot. Er ist undurchsichtig, mit einem matten, metallischen Glanz, und sein Bruch ist muschelig. Seine Kristalle sind trigonal, und er kommt in einer Vielzahl von Formen vor.

Geschliffene Hämatitsteine (Mitte). Eine Kette aus Hämatitperlen (unten).

STECKBRIEF

Ausgeprägte kirschrote Linien. Hohes spezifisches Gewicht (5,3). Arten mit einer großen Dichte lassen sich von einem Handmagneten anziehen.

Weltweites Vorkommen, einschließlich der Standorte in Nordamerika, Europa und Australien.

Achat

Die kryptokristallinen Quarze, genannt Chalcedone, umfassen eine Vielzahl von Mineraliengruppen aus winzigen, miteinander verbundenen mikrokristallinen Quarzvarietäten. Sowohl in den Farben als auch in den Formen ihrer Exemplare ist diese wohl die disparateste von allen Gesteinsarten. Sammler und Schmuckhersteller gaben den Achaten eine Vielzahl von Namen, abhängig von ihrer Farbe und Musterung. Chalcedon entsteht aus mit Silizium angereichertem Grundwasser, in Spalten und Hohlräumen. Achat hat leuchtende, dünne, parallel verlaufende Streifen, die sich entlang der Umrisse der Hohlräume bilden, in denen Kieselgel verhärtet. Diese konzentrische Anordnung lässt sich am besten in gesägten und geschliffenen Achatscheiben erkennen. Manchmal, wenn die Hohlräume nicht vollständig gefüllt sind, kann ihr Inneres Kristalle wie Amethysten, Bergkristalle oder Rauchquarz enthalten. Achate sind ihrem Aussehen entsprechend benannt. Blauer Spitzenachat hat Streifen aus feinstem, lichtdurchlässigem Malvenblau und undurchsichtigem Weiß. Wolkenachat hat einige dunkle, lichtdurchlässige Zentren vor einem wolkenähnlichen weißen Hintergrund. Trümmerachat ist eine interessante, seltene Form, die entsteht, wenn mit Achat gefüllte Hohlräume von Erdbewegung zerbrochen wurden, und diese gebrochenen Stücke dann wiederum mit Chalcedon verschiedenster Farben verwachsen. Moosachat ist ein durchsichtiger Chalcedon mit grünen, moosähnlichen Teilchen aus Chlorid. Onyx ist ein Achat mit schwarzen und weißen Streifen, Sardonyx hat rotbraune und weiße Streifen. Weitere Arten sind der Sternachat und der Augenachat. Achat war von den alten Sumerern und Ägyptern hoch geschätzt. Sie verwendeten den Stein für Schmuck, Behälter, Amulette und Talismane. Künstler im alten Griechenland und Rom schnitzten Achatkameen und -gemmen, indem sie die verschiedenfarbigen Schichten nutzten, um Einzelheiten in der Gestaltung hervorzuheben.

Achat- und Quarzkristalle, entstanden in einer Druse aus Rhyolithgestein (oben). Achat im Detail (Mitte).

STECKBRIEF

Achate können durch ihre charakteristischen Farben und Streifen unterschieden werden.

Bildet sich in Spalten und Gruben, häufig in vulkanischem Gestein. Wie alle kryptokristallinen Quarze (winzige, nur durch das Mikroskop erkennbare Kristalle) findet man sie auf der ganzen Welt.

Andere Arten von Chalcedon

Es gibt viele ungestreifte Arten von Chalcedon, die von Sammlern und Juwelieren sehr geschätzt werden. Dies sind beispielsweise Chalcedonvarianten in Hellblau oder Gelb. Die wunderschöne, lichtdurchlässige, orange-rote Variante nennt sich Karneol, die rot-braune Art nennt sich Sarder, und Chrysopras ist ein dunkelgrüner Chalcedon. Der Heliotrop ist eine interessante Plasmaart mit einer Vielzahl von roten Punkten, von denen der umgangssprachliche Name Blutstein herrührt.

Der Chrysopras erhält sein leuchtendes Apfelgrün durch seinen Nickelanteil. Diese Art ist die beliebteste und wird wegen ihres Aussehens und der Tatsache, dass ein Großteil der Chrysoprasminen im australischen Queensland zu finden ist, oftmals als „australische Jade“ bezeichnet.

Jaspis ist ein Gemisch aus Chalcedon, Quarz und Opal. Er ist undurchsichtig und kommt in einer Reihe von Farben, unter anderem in Rot, Grün und Braun, aber auch in interessanten Kombinationen vor.

Der Gebrauch von Jaspis, Chalcedon und Achat lässt sich bis in die Zeiten der alten Griechen und Römer zurückverfolgen. Im russischen Ural und in der Ukraine wurden Jaspisblöcke, die Hunderte von Kilos wogen, zu wunderschönen Kunstwerken verarbeitet. Die Beliebtheit von Chalcedon als Skulpturstein beruht auf seiner Härte und der Tatsache, dass er weit verbreitet in großen, unzerbrochenen Klötzen vorkommt.

Identifikation Kryptokristalliner Quarz (SiO_2) hat einen Härtegrad von 7 und eine Dichte von 2,6 bis 2,9. Er ist durchsichtig bis lichtdurchlässig, hat einen wachsartigen, glasigen oder stumpfen Glanz, und seine Strichfarbe ist Weiß. Er hat keine Spaltbarkeit, und sein Bruch ist muschelartig. Am häufigsten tritt er als traubenförmige Kruste und in Drusen auf.

Gestreifter Jaspis im Detail (Mitte).
Geschnittene und ungeschnittene Karneole (unten).

STECKBRIEF

Unter einem Mikroskop erweist sich der Chalcedon entweder als ein Gemenge feiner Kristalle, oder aus Schichten mit einer nierenförmigen Oberfläche.

Entsteht in Spalten und Gruben. Weltweite Fundorte.

Rhodochrosit

Rhodochrosit (Manganspat) kommt in vielen verschiedenen Rosa- und Rottönen vor. Man findet ihn zwar auch in kristalliner Form, am häufigsten kommt er aber in Form von dichten, körnigen, stalaktitischen und trauben- oder nierenförmigen Aggregaten vor. In diesen Formen ist Rhodochrosit oftmals fein gestreift und weist Schattierungen von lichtdurchlässigem bis durchsichtigem Rosa und undurchsichtigem Weiß auf.

Diese wunderschön gefärbten Arten von Rhodochrosit werden oftmals zu Dekorationsgegenständen verarbeitet. Rhodochrosit kommt in mäßigwarmen Kupfer-, Blei- und Silbersulfid führenden hydrothermalen Gesteinsadern und ebenfalls in ehemaligen Manganablagerungen vor.

Rhodochrosit ist häufig als Sekundärmineral in der Oxidgruppe schwefelhaltiger Mineralien vertreten und kann, wenn er in größeren Mengen auftritt, als Manganspat verwendet werden. An der Luft entwickelt Rhodochrosit eine dünne Oxidationsschicht. Die Hauptquelle von Rhodochrosit ist in San Luis (Argentinien), wo schon einst von den Inkas Silberminen betrieben wurden. Er wird auch in den Minen von Capillitas in der Nähe von Andalgalá und Catamarca, östlich von Tucumán, in Argentinien gefördert.

Identifikation Rhodochrosit ($MnCO_3$) hat einen Härtegrad von 4 und eine Dichte von 3,4 bis 3,7. Er ist lichtdurchlässig, hat einen glasartigen Glanz, wobei seine Strichfarbe Weiß ist. Rhodochrosit hat eine vollkommene Spaltbarkeit und einen unebenen Bruch. Rhodochrosit gehört dem trigonalen Kristallsystem an, ist aber am häufigsten in körnigen, dichten, nierenförmigen oder auch stalaktitischen Formen zu finden.

Große Rhodochrositkristalle (Mitte) sind eine Seltenheit. Eine geschliffene Scheibe aus Rhodochrosit (unten).

STECKBRIEF

Rötlich bis rot. In knolliger Form zeigt er eine ausgeprägte rosarote und weiße Streifung. Lösbar in warmer Salzsäure.

Die Hauptquelle ist San Luis in Argentinien. Weitere Vorkommen sind in Rumänien und in den USA.

Rhodonit

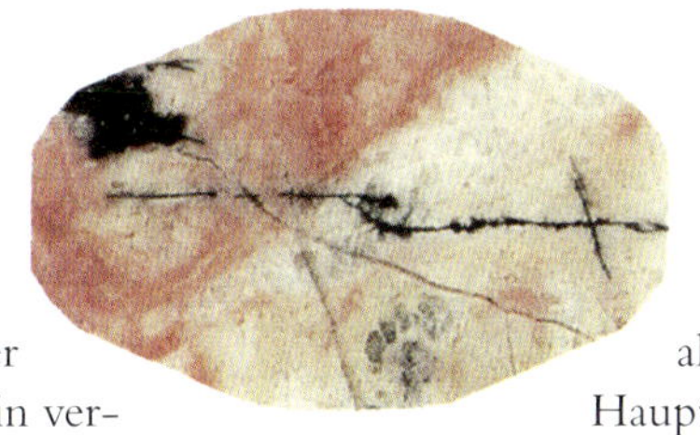

Rhodonit ist ein manganhaltiges Silikat, das wie Rhodochrosit seinen Namen nach dem griechischen Wort *rhodos* (Rose) erhielt. Wie der Name schon andeutet, kommt er in verschiedenen Farben von Rosa bis Rot vor. Kardinalrote Steine sind hierbei die wertvollsten Rhodoniten.

Seit dem neunzehnten Jahrhundert wurde Rhodonit zu dekorativen Zwecken verwendet, in neuester Zeit steigt seine Beliebtheit als Schmuckedelstein. Große, transparente Rhodonitkristalle, die sich zu diesen Zwecken eignen, sind eine Seltenheit. In der Regel entwickelt sich Rhodonit in dichten, kryptokristallinen Aggregaten, die oftmals schwarze Punkte, Streifen oder feinste Äderchen aus Manganoxid aufweisen. Diese Einschlüsse stechen aus den magentafarbigen Schattierungen des Minerals stark heraus. Diese durchsichtige, dichte Form von Rhodonit wird hauptsächlich zur Schmuckherstellung genutzt. Sie ist ideal für den Carbochonschliff, Perlenketten und geschnitzte Dekorgegenstände.

Rhodonit tritt in Erzadern auf und bildet sich durch Metamorphose von manganreichem Gestein wie etwa tief liegenden Meeresablagerungen und unreinem Kalkstein. Obwohl es aus Manganoxidverbindungen entsteht, wird Rhodonit selbst nicht als Mangandioxid angesehen.

Hauptvorkommen befinden sich im Ural und bei Jekaterinburg in Russland sowie in der Ukraine, wo das Mineral sehr beliebt ist. Ergiebige Ansammlungen des Steins finden sich in Australien, vor allem in Broken Hill, wo große rote Kristalle in Blei-Zink-Adern gefunden werden.

Identifikation Rhodonit ($MnSiO_3$) hat einen Härtegrad von 5,5 bis 6 und eine Dichte von 3,3 bis 3,7. Es ist lichtdurchlässig, hat einen glas- oder perlmuttartigen Glanz, und seine Strichfarbe ist Weiß. Manchmal zeigt er eine dunkelrote Fluoreszenz. Rhodonit hat zwei vollkommene Spaltbarkeiten, und sein Bruch ist uneben. Er gehört dem triklinen Kristallsystem an, kommt aber hauptsächlich in dichten und körnigen Aggregaten oder als Krustenüberzug vor.

STECKBRIEF

Rötlich bis rot gefärbt mit charakteristischer schwarzer Äderung.

Hauptvorkommen liegen bei Jekatarinburg, im Ural und in der Ukraine. Kristalle findet man auch bei Broken Hill in New South Wales in Australien.

Geschliffener Rhodonit im Detail (Mitte). Rhodonit in seiner natürlichen Form (rechts).

Lapislazuli

Lapislazuli ist ein Stein, der viele Mineralien enthält. Qualität und Preis werden durch die Färbung und den Anteil des blauen Minerals Lazurit bestimmt. Dieses Mineral ist ein Feldspatvertreter aus der Familie der Sodalithen, und sein Farbspektrum reicht von Dunkel- bis zu Azur- oder Grünlichblau. Andere Mineralien, die in Lapislazuli enthalten sind, sind unter anderem Hauyn, Sodalith, Wollastonit, Pyroxen, Amphibol und Kalzit. Geringe Spuren von Pyrit sprenkeln den Stein unverwechselbar goldgelb.

Lapislazuli im Detail (Mitte). Sumerische Platte (links) aus Lapislazuli und Muscheln.

Lapislazuli entsteht in regional- und kontaktmetamorphen Gesteinen, in Verbindung mit Kalzit und Pyrit. Hinweise auf Lapislazuli lassen sich bis in das Jahr 2650 v. Chr. im sumerischen Gilgameschepos zurückverfolgen.

Im alten Ägypten wurde er von den Pharaonen verwendet, und wunderschöne Exemplare wurden auf dem Sarg von Tutenchamun gefunden.

Die ältesten und berühmtesten Lapislazulivorkommen der Welt finden sich in den Minen von Sar-e-Sang in den Bergen der Badagshanregion in Afghanistan. In diesen Minen wird seit 6000 Jahren Lapislazuli abgebaut, und noch immer liefern sie die besten Exemplare.

Identifikation Das Primärmineral in Lapislazuli, Lazurit $(Na, Ca)_8 (Al, Si)_{12}O_{24}(S, SO)_4$, hat einen Härtegrad von 5,5 und eine Dichte von 2,4 bis 2,5. Seine Strichfarbe ist Hellblau. Lapislazuli ist undurchsichtig und hat einen speckigen, stumpfen Glanz. Der Stein hat eine unvollkommene Spaltbarkeit und sein Bruch ist muschelig. Lapislazuli gehört dem kubischen Kristallsystem an, die Kristalle sind allerdings eine wahre Seltenheit. Lapislazuli kommt gewöhnlich in dichter, fester Form oder auch in feinen körnigen Aggregaten vor.

STECKBRIEF

Blaues Mineral mit Einsprengungen aus goldgelben Pyrit-Kristallen. Der beste Lapislazuli kommt aus Afghanistan.

Weitere Vorkommen findet man in Chile, Tadschikistan, Colorado, USA und in der Pamirregion Zentralasiens.

Türkis

Türkis ist ein hydratisiertes Kupfer-Aluminium-Phosphat. Seine Farbvielfalt erstreckt sich von leuchtendem Blau, gefärbt durch Kupfer, bis hin zu Blaugrün, hervorgerufen von feinen Eisenspuren.

Türkis ist undurchsichtig, durchzogen mit braunen Limonit- oder schwarzen Manganoxidadern. Kristalle bilden sich nur selten. Zumeist tritt das Mineral in massivem, körnigem und kryptokristallinem Habitus auf. Er kann mit anderen Aluminiumphosphaten, etwa Variscit, Wardit oder Lazulit, verwechselt werden. Türkis bildet sich sekundär, in wasserarmen Gebieten als Ausfällung aus mineralhaltigen Böden. Auf verwittertem Stein bildet er Krusten oder füllt Gänge.

Türkis wird seit tausenden von Jahren, so zum Beispiel bereits von den alten Ägyptern, als Edelstein verwendet. Er wird gewöhnlich für Cabochonschliff oder für Figurenschnitzereien verwendet. Die Azteken benutzten kleine Türkisplättchen zur Dekoration kunstvoller Masken. Türkis ist sehr hitzeanfällig, daher muss beim Schneiden und Polieren mit besonderer Sorgfalt vorgegangen werden. Wird er auf 250 °C erhitzt, so ändert er seine Farbe in ein unschönes Grün.

Identifikation Türkis ($CuAl_6(PO_4)_4(OH)_8 \cdot 5H_2O$) hat einen Härtegrad von 5 bis 6, eine Dichte von 2,2 bis 2,9, und seine Strichfarbe ist Weiß. Er ist undurchsichtig und hat einen fettigen, wachsartigen Glanz. Türkis hat keine Spaltbarkeit, und sein Bruch ist muschelig. Er gehört dem triklinen Kristallsystem an, obwohl Kristalle rar sind. Er bildet sich normalerweise in dichten Formen, in kompakten Adern und Krusten.

STECKBRIEF

Hellblau-grün mit kleinen Äderchen. Speckiger Glanz. Die beste Quelle sind die Ali-Mirsa-Kuh-Berge im Iran.

Weitere gute Vorkommen befinden sich in den USA, besonders in Arizona, Colorado, Nevada, New Mexico und Utah.

Eine aztekische Türkismaske (links).
Türkis im Detail (Mitte).
Ein Türkisohrring (oben).

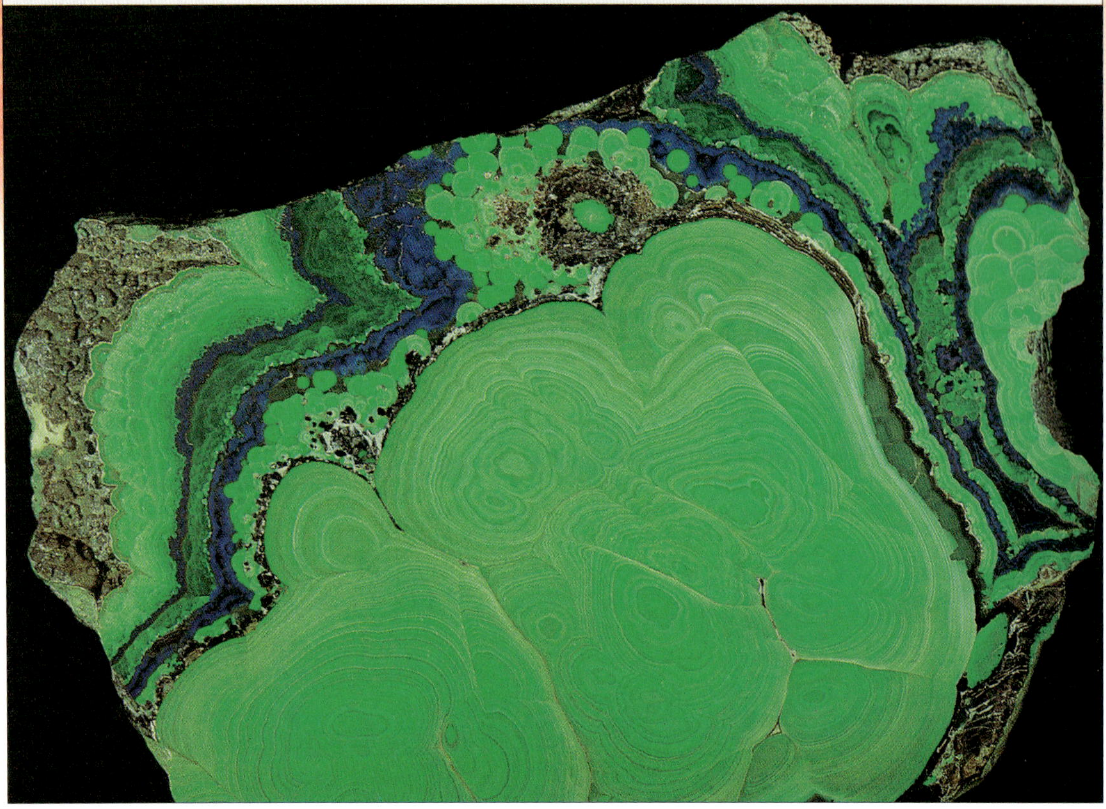

Malachit und Azurit

Malachit und Azurit sind Kupferkarbonate, die in der Regel gemeinsam entstehen. Malachit ist ein gestreiftes, tiefgrünes Mineral, Azurit kommt in einem tiefen Azurblau vor.

Bevor man sie als Schmucksteine entdeckte, wurden sie als Kupfererze genutzt. Damals wurde Azurit im Orient als blaues Farbpigment für die Wandmalerei benutzt, heute wird es zur Herstellung von Farbe benötigt. Seine Verwendung als Schmuckedelstein ist begrenzt, da er mit einem Härtegrad von 3,5 bis 4 eigentlich viel zu weich ist.

Malachit war sowohl bei den Griechen als auch bei den Römern sehr beliebt und wurde häufig als Amulett getragen. Ein solches Amulett sollte den Träger vor bösen Geistern schützen. Am Hof der russischen Zaren war er ein begehrter Schmuckstein. Die majestätischen Malachitsäulen der St.-Isaac-Kathedrale in Sankt Petersburg stammen aus dieser Zeit.

Malachit und Azurit bilden hauptsächlich nadelige, knoten- oder traubenförmige Strukturen, obwohl Azurit auch als tafeliger Kristall zu finden ist. Beide treten häufig gemeinsam mit Eisenoxyd oder anderen sekundären Kupfermineralien wie zum Beispiel Cuprit, Chalcocit und Chrysokoll (auch Kieselkupfer) in der Oxidationszone von Kupferablagerungen auf.

Identifikation Malachit ($Cu_2CO_3(OH)_2$) hat einen Härtegrad von 4 und eine Dichte von 3,3 bis 4,1. Seine Strichfarbe ist Hellgrün. Azurit ($Cu_3(CO_3)_2(OH)_2$) hat einen Härtegrad von 3,5 bis 4, eine Dichte von 3,7 bis 3,9, und seine Strichfarbe ist Hellblau. Beide sind lichtundurchlässig bis undurchsichtig mit einem glasartigen bis matten Glanz. Ihr Bruch ist uneben, muschelig, und beide haben ein monoklines Kristallsystem. Malachitkristalle sind prismatisch, während Azuritkristalle tafelig oder säulig sind. Beide treten jedoch am häufigsten in körnigen und massiven Formen auf.

STECKBRIEF

Malachit ist lichtundurchlässig mit grüner Streifung, während Azurit ein dunkles Azurblau aufweist.

Man findet sie im Allgemeinen zusammen. Beide reagieren mit Salzsäure.

Vorkommen sind in Australien, Namibia, Russland und den USA.

Geschliffener Malachit (oben) aus der Demokratischen Republik Kongo, Afrika. Ungeschliffener blauer Azurit im Detail (Mitte).

Jade

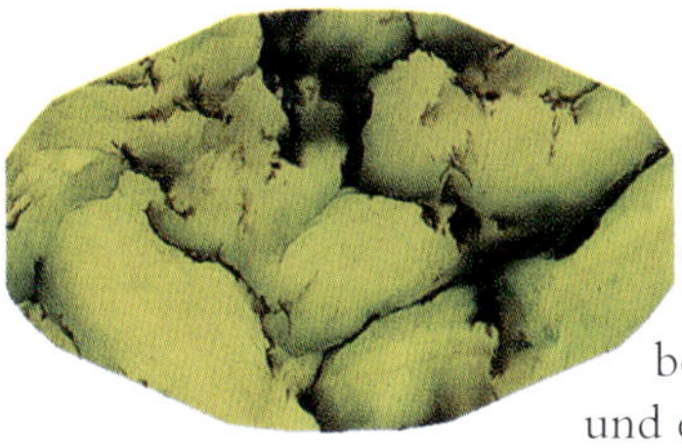

Der Begriff „Jade“ bezeichnet zwei unterschiedliche Mineralien: zum einen Nephrit (ein Mitglied der amphibolen Gruppe) und zum anderen Jadeit (ein Pyroxen).

Wegen ihrer erstaunlichen Härte erlangten diese beiden Mineralien eine große kulturelle und historische Bedeutung. Sie wurden zu wichtigen Gebrauchsgegenständen wie beispielsweise Steinäxte, Hämmer, Angelhaken und teilweise sogar zu Messern verarbeitet. Nephrit kommt in den Farben Schwarz, Dunkelgrün, Braun, Gelb und Weiß vor. Jadeit kann grün, gelb, weiß, rosarot, lila, orange, bläulich, braun oder grau sein. Die smaragdgrüne Jadesorte, die so genannte Kaiserjade, ist sehr begehrt. Nephrit- und Jadeitgestein tauchen in massiven Formen auf und sind schwer auseinander zu halten. In der Tat wurden sie bis ins neunzehnte Jahrhundert für ein und dasselbe Mineral gehalten.

Sowohl Nephrite als auch Jadeite entstehen aus mikroskopisch kleinen, miteinander verbundenen Kristallen, die sie zu den härtesten natürlich vorkommenden Mineralien machen. Sie halten enormen Druck stand und sind elastischer als Stahl.

Nephrit- und Jadesteine entstehen bei der Metamorphose von ultrabasischem und basischem magmatischem Gestein, bei der ein hoher Druck und eine niedrige Temperatur herrschen.

Identifikation Nephrit ($Ca_2(Mg,Fe)_5Si_8O_{22}(OH)_2$) hat einen Härtegrad von 5 bis 6, eine Dichte von 2,9 bis 3,1, und seine Strichfarbe ist Weiß. Jadeit ($NaAlSi_2O_6$) hat einen Härtegrad von 6,5, eine Dichte von 3,3 bis 3,5, und seine Strichfarbe ist Weiß oder Grau. Beide sind lichtdurchlässig bis fast durchsichtig. Sie haben keine Spaltbarkeit, und ihr Bruch ist hakig. Sie gehören zum monoklinen Kristallsystem, kommen aber normalerweise in massiven Formen oder als körnige Aggregate vor.

STECKBRIEF

Jadeite und Nephrite kann man am besten durch ihr spezifisches Gewicht unterscheiden.

Die besten Quellen für Jadeite sind China, Südamerika und Mexiko. Die größten Vorkommen von Nephrit findet man in Kanada und Neuseeland.

Geschnitzte Nephritmesser aus Neuseeland (oben). Detail eines geschliffenen Nephrits aus New South Wales, Australien (Mitte).

Mienengold

Gold ist ein Edelmetall, das mit Wasser und Sauerstoff keinerlei Verbindung eingeht. Darum kommt es gewöhnlich in reiner, metallischer Form in Erzkörpern (Form von Erzvorkommen) vor. Wie auch Silber wird es als elementares oder natürliches Metall bezeichnet. Reines Gold ist tiefgelb und nicht matt. Manchmal wird es mit Pyrit oder Chalkopyrit (bekannt als Narrengold) verwechselt, es kann durch seine goldgelbe Strichfarbe allerdings gut unterschieden werden. Pyrit und Chalkopyrit weisen hingegen eine grünlich schwarze Strichfarbe auf.

Gold vermischt sich oftmals mit anderen Metallen wie Silber, Kupfer, Rhodium, Iridium und Platin, was zu einer Farbveränderung führen kann. Enthält Gold beispielsweise Silber, ist es heller oder in Verbindung mit Kupfer rötlicher. Gold bildet sich als natürliches Metall in hydrothermalen Adern in magmatischen Gesteinen. Es kann gemeinsam mit Quarz und Sulfidmineralien wie Stibnit, Chalkopyrit, Arsenopyrit, Pyrit, Pyrrhotin, Tellurid und Silbermineralien auftreten.

Gold kristallisiert häufig zu Würfeln oder Oktaedern, aber meistens zu unregelmäßigen und dendritischen Formen. Erst kürzlich wurde entdeckt, dass Gold von Bakterien und anderen Organismen im Boden abgelagert werden kann. Es kommt auch vor, dass Gold in dicken Krusten in Quarzadern gefunden wird. Meistens taucht Gold allerdings in Form von kleinen Klümpchen auf. In vielen Fällen sind die Partikel aber zu klein, um mit dem bloßem Auge gesehen zu werden. So bleiben sie in Sulfidmineralien verborgen. Während ihrer Verarbeitung müssen diese Steine zerschlagen und gemahlen werden, um das Gold freizulegen. Dies kann dann mithilfe von Quecksilber oder Cyanid gelöst werden. In Verbindung mit Quecksilber bildet Gold Amalgam, das vom verarbeiteten Erz getrennt werden kann. Beim Cyanid-Laugverfahren, der so genannten Cyanidlaugerei, reagiert Gold mit Natrium- oder Kaliumcyanid und bildet Natriumgoldcyanid beziehungsweise Kaliumgoldcyanid, das dann zur Goldextraktion genutzt werden kann.

Goldener Krug aus dem zehnten Jahrhundert (links). Berggold in Quarz (Mitte).

STECKBRIEF

Zu unterscheiden durch sein hohes spezifisches Gewicht, seine geringe Härte und seine Formbarkeit. Gelbe Streifen. Die Witwatersrand-Minen in Südamerika bringen ein Drittel des weltweiten Goldes hervor. Weitere Quellen sind Australien, Russland und die USA.

Ausgeschwemmtes Gold

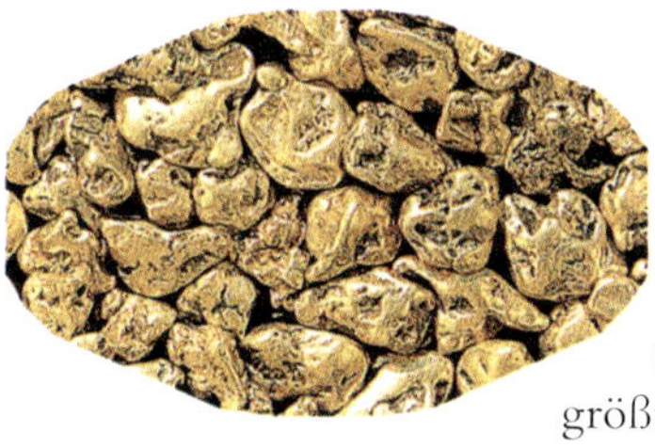

Wegen seiner hohen Dichte und Erosionsbeständigkeit wird Gold oftmals aus Ablagerungen in Adern ausgeschwemmt. Die Goldkörner und -klümpchen finden dann ihren Weg bergabwärts und enden schließlich in Ablagerungen in Flüssen oder in Sedimentgestein, das aus diesen Ablagerungen gebildet wurde.

Während diese Körner eher winzig sind, findet man aber auch größere Klumpen, so genannte Nuggets. Da Gold formbar ist, haben diese Nuggets oftmals eine abgerundete Form. Goldnuggets sind selten größer als Kieselsteine, es gibt allerdings auch Ausnahmen. Der größte Klumpen aus reinem Gold, der „Welcome Stranger", wurde 1869 in Moliagul, Victoria (Australien) gefunden und wog 70,9 Kilogramm. Der „Holtermann Nugget", wog 286 Kilogramm und wurde 1872 in Hill End, Australien, gefunden. Oftmals wird er als der wohl größte Goldnugget der Welt beschrieben. Dies ist allerdings nicht ganz korrekt. Der größte gefundene Goldnugget war eine Schieferplatte, die 100 Kilogramm Berggold enthielt.

Die uralte Methode, nach ausgeschwemmtem Gold zu suchen, ist das Schürfen, obwohl inzwischen auch modernere Methoden entwickelt wurden. Unabhängig von der Methode, ist das Prinzip das gleiche: Dichte Goldpartikel werden von leichterem Sand und Kies getrennt.

Identifikation Gold (Au) hat einen Härtegrad von 2,5 bis 3 und eine Dichte von 19,28 (in reinem Zustand). Es ist undurchsichtig, hat einen metallischen Glanz, und seine Strichfarbe ist Goldgelb. Es hat keine Spaltbarkeit, und sein Bruch ist hakig. Gold gehört der kubischen Kristallstruktur an und entwickelt sich in kristallinen oder dendritischen Formen in Adern.

Goldnugget vom Mount Kari in Papua-Neuguinea (oben). Goldnuggets (Mitte). Eine Zeichnung von 1869 zeigt das Goldschürfen in Kalifornien (USA) (rechts).

STECKBRIEF

Körner, Flocken oder Nuggets weniger harten goldgelben Materials.

Sammeln sich normalerweise auf dem Boden der Goldwäscherpfanne. Gold kann dort gewaschen werden, wo Flüsse aus goldführenden Gebieten kommen.

Silber

Wie auch Gold kommt Silber als reines Metall vor, obwohl es häufig in Verbindung mit Blei-, Zink- und Kupfersulfiden (Bleiglanz, Sphalerit und Chalkopyrit) auftritt. In seiner reinen Form kommt Silber in sternförmigen, dendritischen oder verzweigten Gebilden oder in massivem Habitus vor. Gelegentlich kristallisiert es zu Würfeln oder Oktaedern.

Silber entsteht als primäres Mineral in hydrothermalen, supergenen Ablagerungen und in Adern, normalerweise gemeinsam mit Blei, Zink oder Kupfer. Es ist sehr weich und wird gewöhnlich legiert, um es härter zu machen. Die bekannteste Legierung ist Sterlingsilber, das zu 92,5 Prozent aus Silber und zu 7,5 Prozent aus Kupfer besteht. Es wird schon seit langem für seine Verarbeitbarkeit und Korrosionsbeständigkeit geschätzt. Seine Hauptverwendungszwecke findet Silber in der Münz- und Schmuckherstellung sowie in der Medizin, der Chemie und der Fotografie. Silber ist außerdem der beste Wärme- und Elektrizitätsleiter und so in der Elektrotechnik sehr wichtig.

Die ersten nennenswerten Silberminen waren die der Vorhethiter im ostanatolischen Kappadokien. Seit 2000 v. Chr. wurden Bleierze zur Silberförderung verhüttet. Heute ist die Guanajuato-Mine in Mexiko der größte Silberförderer. Hier wird seit 1500 n. Chr. nach Silber gegraben. Über die Hälfte aller Silbervorkommen befindet sich in folgenden Ländern: Mexiko, Australien, Polen, Kanada und USA.

Identifikation Silber (Ag) hat einen Härtegrad von 2,5 bis 3 und eine Dichte von 9,6 bis 12 (im reinen Zustand). Es ist undurchsichtig, hat einen metallischen Glanz, und seine Strichfarbe ist Silberweiß. Es hat keine Spaltbarkeit, und sein Bruch ist hakig. Silber gehört dem kubischen Kristallsystem an. Kristalle sind allerdings rar und bilden sich in okta- oder hexaedrischen Formen. Am häufigsten tritt Silber in dendritischen Drahtstrukturen oder in Platten auf.

Wikingeramulett aus Silber (oben). Silberkristalle (Mitte).

STECKBRIEF

Hohes spezifisches Gewicht, geringe Härte und gute Formbarkeit. Farbig.

Die Guanajuatomine in Mexiko ist das weltweit beste Vorkommen. Ebenfalls in Nordamerika und Russland. Fein verzweigte und drahtige Kristalle sind bei Kongsberg in Norwegen zu finden.

Steine aus dem Weltall

Meteoriten sind Gesteinskörper, die auf ihrer Reise durch den Weltraum von der Erdanziehung erfasst werden. Wenn sie den Eintritt in die Erdatmosphäre überstehen, schlagen sie auf der Erdoberfläche ein.

Von tausenden von Meteoriten, die die Erde in jedem Jahr treffen, werden gewöhnlich weniger als zehn erfasst. Alle anderen landen in den Ozeanen oder in den Wüsten. Beim Eintritt in die Erdatmosphäre verglühen die meisten, die größeren Meteoriten schmelzen an der Außenseite ab. Wenn sie sich verlangsamen, wird ihre Oberfläche wieder hart und bildet eine dunkle, glasartige Fusionskruste. Es gibt vier verschiedene Meteoritengruppen: Die Erste setzt sich ausschließlich aus Nickel und Eisen zusammen. Sie werden als Eisenmeteoriten oder Siderite bezeichnet. Werden sie geschnitten und geschliffen, erscheinen Nickel und Eisen als helle und dunkle, parallele Streifen. Ein gigantischer 36,2 Tonnen schwerer Siderit ist im American Museum of Natural History in New York ausgestellt. Die zweite Gruppe sind die so genannten Steinmeteoriten oder Aerolithe. Sie bestehen aus Silikatmaterial, haben eine oxidierte Kruste und bestehen hauptsächlich aus Pyroxen und Olivin. Die dritte Gruppe besteht sowohl aus Metall als auch aus Silikat. Sie werden Stein-Eisen-Meteorite oder Siderolithe genannt. Die vierte Gruppe sind Tektite, Spritzer von geschmolzenem Meteoritenmaterial von großen Einschlägen. Da sie jedoch zum Großteil aus Krustenmaterial bestehen, werden sie meist nicht als richtige Meteoriten betrachtet. Meteoriten sind deshalb von Bedeutung, weil sie wahrscheinlich Stichproben von Material anderer Planeten mit sich bringen, und ihr Aufbau wird verwendet, um die durchschnittliche Zusammensetzung des gesamten Planeten abzuschätzen. Die Eisenmeteoriten und Siderolithe können Eisen, Kobalt und Nickelsulfide, Carbide, Phosphide und Grafit enthalten. Kraterstrukturen von enormen Ausmaßen, oft nur von Satelliten zu entdecken, zeigen, dass die Erde in der Vergangenheit oft von riesigen Meteoriten getroffen wurde.

STECKBRIEF

Suchen Sie nach einer angeschmolzenen und glasartig wieder erstarrten Kruste und einer Nickel-Eisen-Legierung.

Wenn Sie ein Objekt entdecken, dass vom Himmel gefallen ist, geben Sie es an ein Museum oder eine Universität zur Untersuchung durch Experten weiter.

Ein Australit – ein Tektit aus Australien (Mitte). Ein aus dem Arizona-Krater in Flagstaff (USA) geborgener Meteorit (oben).

Verkieselung

Holz, Knochen, Muscheln und andere Materialien können von Silikaten wie zum Beispiel Jaspis, kryptokristallinem Quarz und sogar Opal fossilisiert, also versteinert werden. Das Material behält während der Versteinerung seine ursprüngliche Struktur bei, kann dabei aber eine ganze Palette von verschiedenen Farben annehmen. Dieser Austausch geschieht in Grundwassernähe, wo Silikat in großen Mengen vorhanden ist. Es ist immer noch nicht vollständig erforscht, aufgrund welcher geologischen Faktoren bestimmt wird, welches Ersatzmaterial – Kryptokristalline oder Opaline – verwendet wird.

Eine weitere Art von Verkieselung ist das Tigerauge, dessen Fasern aus goldenem oder blauem Asbest von kryptokristallinem Quarz ersetzt wurden. Auf diese Wiese entsteht ein Edelstein, der so poliert werden kann, das er einen sehr hohen Glanz erreicht. Das Tigerauge behält aber trotzdem seinen faserigen Schimmer. Aufgrund dieser Eigenschaft ergeben sich glänzende, dünne Streifen aus schillerndem Licht, das in rechten Winkeln zu den parallelen Fasern über den Stein fällt, wenn man diesen dreht.

Tigereisen ist der Name eines wunderschönen, gestreiften Schmucksteins, der eine metamorphe Mischung aus gelbem Tigerauge, rotem Jaspis und dunkelgrauem Hämatit ist.

Fossile Wälder finden sich in weiten Gebieten Nordamerikas, Europas und Afrikas. Der berühmteste versteinerte Wald ist der „Petrified Forest" im US-Bundesstaat Arizona. Hier wurde ein 65 Meter hoher Baum mit einem Durchmesser von 3 Metern gefunden. In White Cliffs in Queensland, Australien wurden ganze Tierskelette aus Opal entdeckt (siehe S. 252).

Identifikation Verkieselungen haben die physikalischen Eigenschaften von kryptokristallinem Quarz oder Opal. Die zerbrechliche Struktur des Ursprungsmaterials bleibt oftmals bis ins kleinste Detail erhalten.

STECKBRIEF

Verkieselte Objekte haben dieselben physikalischen Eigenschaften wie Chalcedon oder Opal. Die Originalstruktur ist vollkommen detailgenau erhalten.

Der Versteinerte Wald in Arizona, USA, und White Cliffs in Australien sind erwähnenswerte Standorte.

Quarzverkieselung in einem Stück versteinertem Holz (links). Tigereisen im Detail (Mitte).

Gagat

Gagat ist ein sehr schöner, feinkörniger schwarzer Stein, der aufgrund seines hohen Kohlenstoffanteils oftmals als eine Art von Kohle angesehen wird. Er ist leicht, widerstandsfähig und lässt sich gut schleifen. Darum wird Gagat auch schon seit Jahrhunderten als Schmuck- und Dekorativstein verwendet.

Im Gegensatz zu Kohle, einem Landgestein, ist Gagat in sedimentärem Meeresgestein zu finden. Man geht davon aus, dass Gagat aus Stämmen und anderen Holz- und Pflanzenüberresten entstand, die auf dem Wasser trieben und im Matsch des Meeresbodens versanken. In diesen sauerstoffarmen Regionen wurden sie konserviert und wie Kohle komprimiert.

Gagatminen gibt es in Gebieten der Grafschaft Yorkshire in England bereits seit 1500 – 1400 v. Chr. Sie erreichten ihre Produktionsspitze gegen Ende des neunzehnten Jahrhunderts. In der Victorianischen Ära wurde Gagat aufgrund seiner tiefschwarzen Farbe zur Herstellung von filigranem Kirchen- und Trauerschmuck verwendet. Heute ist er als Schmuckstein nicht mehr sehr gefragt, wird aber immer noch zu Dekorativgegenständen und Figuren geschnitzt.

Cannel- und Glanzkohle, beides Kohlearten mit hohem Kohlenstoffanteil, werden häufig anstelle von Gagat verwendet und sind ebenfalls sehr schön. Sie haben einen glasartigen Glanz, der den des Gagats noch übertrifft. Albertit, eine Art von Asphalt, wird als Gagatersatz benutzt. Wird er aber mit dem Lösungsmittel Toluol abgerieben, hinterlässt Albertit wegen seiner hohen Löslichkeit eine braune Verfärbung.

Identifikation Gagat (C) hat einen Härtegrad von 2,5 bis 4, ein spezifisches Gewicht von 1,3 bis 1,4, und seine Strichfarbe ist Schwarz. Er ist undurchsichtig, hat einen harzigen bis glasigen Glanz, ist nicht spaltbar und verfügt über einen muscheligen Bruch.

STECKBRIEF

Feinkörnig und schwarz. Fühlt sich leicht und warm an. Leicht brennbar mit einem Geruch brennender Kohle. Unlöslich in Toluol.

England ist traditionell die bekannteste Quelle für Gagat.

Eine Vase aus Cannelkohle (oben). Gagat im Detail (Mitte).

Perlen

Perlen entstehen in lebendigen Weichtieren in subtropischen und tropischen Gewässern. Am häufigsten entwickeln sie sich in Austern, sie können aber auch in Schnecken- (Conch-Perlen) oder Venusmuscheln (Clam-Perlen) und einigen Süßwassermuscheln gefunden werden.

Die Farben von Perlen sind Weiß, Silberweiß, Cremefarben, Gelb, Rosarot, Grünlich, Bläulich und Schwarz. Ihre Größe variiert von nur 1 bis zu 50 Millimetern. Perlen entstehen, wenn ein Fremdkörper in der Muschel gefangen wird und die Auster reizt. Das Gewebe der Schale bildet dann Schichten von Perlmutt (dünne, flache Kristalle von Aragonit, gebunden mit Chonchyolin) um den störenden Eindringling. Dieser Perlen bildende Prozess dauert etwa sieben Jahre.

Verschiedene Perlen (oben), unter anderem rosafarbene Conch-Perlen, schwarze Clam-Perlen und Zuchtperlen. Austernperlen (Mitte).

Die konzentrischen Schichten verschiedener Dichten können unter Röntgenbestrahlung sichtbar gemacht werden oder treten zu Tage, wenn die Perle halbiert wird. Zuchtperlen werden hergestellt, indem kleine aus Perlmutt geschliffene Perlen in Stücke vom Mantelgewebe einer Spendermuschel eingebettet und in eine drei Jahre alte Auster eingesetzt werden. Diese Austern werden dann bis zu vier Jahre lang in speziellen Käfigen gehalten, die an Flößen in so genannten Austernfarmen treiben. Zuchtperlen haben etwa ein Fünftel des Wertes von echten Perlen.

Die größte bekannte Perle ist die so genannte „Perle des Lao-tze" (auch „Perle des Allah"), die 6,37 Kilogramm wiegt. Sie wurde 1934 in der Schale einer riesigen Muschel im philippinischen Palawan gefunden. Das San Francisco Gem Laboratory schätzte 1984 den Wert dieser Perle auf 40 bis 42 Millionen US-Dollar.

Identifikation Perlen haben einen Härtegrad von 3,5 bis 4, eine Dichte von 2,6 bis 2,9, und ihre Strichfarbe ist Weiß. Sie sind lichtdurchlässig, haben einen perlentypischen Glanz, keine Spaltbarkeit, und ihr Bruch ist uneben. In echten Perlen ist die Fluoreszenz himmelblau und variierend, in Kunstperlen ist sie grünlich-gelb und variierend.

STECKBRIEF

Wertvolle Perlen haben einen perlentypischen Glanz und schimmern in allen Regenbogenfarben.

Bilden sich in Weichtieren in tropischen und subtropischen Gewässern, besonders in Australien und Südostasien.

Detailansicht der polierten Perlmuttschicht einer Abalone-Muschel aus Neuseeland

Muscheln

Muscheln bestehen aus Kalziumkarbonat und wachsen als Teil eines lebendigen Ökosystems im Meer. Es gibt drei verschiedene Arten von Muscheln, die seit Jahrhunderten zu Schmuckstücken verarbeitet werden: Erstens Perlen- und Perlmuttschichten wie Perlmutt, Abalone (Seeohren) und neuseeländische Paua, Muscheln mit Schichten aus unterschiedlichen Farben und die Operkuli oder Katzenaugenschnecken. Perlmuttfarbene Muschelschalen werden bis auf ihre farbenprächtigen, schillernden Perlmuttschichten zurückgeschliffen und poliert oder zu Formen verarbeitet, die auf Schmuckstücke aufgesetzt werden. Muscheln mit zwei verschiedenen Farben werden häufig so bearbeitet, dass eine Figur in der einen Farbe gegen den Hintergrund der anderen Farbe hervorsteht. Diese Art von Schnitzereien werden Kameen genannt. Dieser Begriff wurde ursprünglich für Schnitzereien aus geschichteten Steinen wie Onyx oder Sardonyx angewandt. Die dritte Art von Muscheln, die für Schmuckstücke verwendet wird, ist das Operkulum oder Katzenauge. Dies ist die Abdeckung der Schneckenhausöffnung der gerippten Turbanschnecke, Turbo petholatus, die in den tropischen Gewässern von Australien, den Fidschi-Inseln, Tahiti und Samoa zu finden ist. Die Durchmesser der Operkuli variieren zwischen 5 und 75 Millimetern. Die Bezeichnung Katzenauge haben sie von ihrer gewölbten Form und der kreisrunden grünen, braunen und weißen Zeichnung.

Identifikation Perlmuttmuscheln kann man an ihrer perlmuttfarbenen Innenseite und dem perlenartigen Glanz erkennen. Muschelkameen sind gebogen und zeigen die ursprüngliche Form der Muschel auf. Ein Operkulum hat an seiner Unterseite eine spiralförmige Musterung. Die Muschelschale reagiert mit Säure; dies beschädigt jedoch die Oberfläche.

STECKBRIEF

Perlmuttartiges Inneres und perlenartiger Glanz. Reagiert mit schwacher Salzsäure.

Die Muscheln entwickeln sich im Meer und tragen zu einem lebendigen Ökosystem bei. Deshalb sollten sie nicht gesammelt werden.

Abalonemuschel im Detail (Mitte). Die Herstellung von Perlmuttknöpfen 1933 (rechts).

Gesteinslandschaften

Explosive Vulkane

Die Gestalt von Vulkanen hängt von der Zusammensetzung des Magmas in ihrem Inneren ab. Je höher der Silikatanteil im Magma, desto steiler ist der Vulkan. Aus diesem Grund sind Vulkane mit andesitischer Magma, also Magma mit über 50 Prozent Siliziumoxid, sehr steil. Man findet diese Form der Vulkane etwa auf der Halbinsel Kamtschatka (Russland), auf Japan, in Alaska und Indonesien sowie im Westen Amerikas. Sie entstehen über Subduktionszonen, an denen sich zwei tektonische Platten übereinander schieben. Die meisten Vulkane mit hohem Silikatanteil stoßen überwiegend Asche aus und bilden weiche, kegelförmige Berge, wie man sie am Sunset-Krater in Arizona, USA, finden kann.

Typischerweise fließt die Lava bei diesen Vulkanen wie in einem strahlenförmigen Kranz ins Tal, wie beispielsweise beim Yoti-Vulkan in Japan. Doch Vulkane mit hohem Silikatanteil neigen oft zu sehr explosiven Ausbrüchen. Ihre perfekte Kegelform verändert sich bei solch einer gewaltigen Eruption dramatisch, da oft die gesamte Vulkanspitze weggesprengt werden kann. Danach kann es sein, dass nur noch Überreste des Bergs vorhanden sind, etwa wie 1980 nach der Eruption des Mount Saint Helens im US-Bundesstaat Washington. In Extremfällen bleibt vom Berg nichts weiter übrig als ein kreisförmiger Krater, wie nach dem Ausbruch des Vulkans Hakone in Japan.

Oftmals bildet sich nach einer Eruption im entstandenen Krater ein See. Im Laufe der Zeit entsteht meist wieder ein Vulkankegel wie etwa im Toya-See in Japan oder im Crater Lake im US-Bundesstaat Oregon. Letztendlich kann der kleine Kegel auf die ursprüngliche Größe des früheren Vulkans anwachsen. Der Kreislauf von Wachstum und Eruption eines andesitischen Vulkans setzt sich so lange fort, bis er nicht mehr mit Magma versorgt wird.

Zeichnung eines Vulkanausbruchs auf Sizilien aus dem Jahr 1831 (rechts). Sunset-Krater in Arizona, USA (unten).

STECKBRIEF

Vulkane entlang von Subduktionszonen gibt es in Russland, Japan, Alaska, Indonesien und Neuseeland, Nord- und Südamerika.
Kraterseen sind der Tobasee in Indonesien, der Crater Lake in den USA und der Toyasee in Japan.

Schildvulkane

Hot-Spot-Vulkane entstehen aus dünn- und damit schnellflüssigem Basaltmagma mit einem niedrigen Anteil an Siliziumoxid. An Land bilden sie flache, sanft abfallende Kegel und werden wegen ihrer Ähnlichkeit mit der Form von alten römischen Schilden oft als „Schildvulkane“ bezeichnet. Unter Wasser besitzen sie eine wesentlich steilere Form, da Lava im Wasser schnell abkühlt, erstarrt und deswegen nicht so weit fließen kann. Dabei besteht der Vulkansockel aus Bruchstücken von Kissenbasalt (siehe S. 189). Sobald sich der Kegel über den Meeresspiegel erhebt, flacht die Form des Vulkans wieder zu einem „Schild“ ab, wie man am Beispiel der Hawaii-Inseln sieht.

Ein erodierter Hot-Spot-Vulkan in Tahiti, Polynesien.

Ein Hot-Spot-Vulkan hat nur eine begrenzte Lebensdauer. Er entsteht, wenn sich eine tektonische Platte über einen „Hot-Spot“, der tief im Erdmantel liegt (siehe S. 43), schiebt. Der Vulkan wächst, während die Platte allmählich weiterwandert. Hat sie sich weit genug verschoben, entsteht ein neuer Vulkan oberhalb des unbeweglichen Hot-Spots. Der alte Vulkan wird infolgedessen inaktiv und erodiert schließlich.

Durch die Kräfte der Erosion werden kontinentale Hot-Spot-Vulkane bis auf kleine Hügel abgetragen, wie sie beispielsweise entlang der Ostküste Australiens zu finden sind. Hot-Spot-Vulkane in Meer werden dagegen durch die Erosion bis auf Höhe des Meeresspiegels zu stumpfkegeligen Vulkaninseln mit steilen Flanken und flachem Plateau abgetragen, den so genannten Guyots. Diese sacken schließlich bis unter den Meeresspiegel ab, da ihr Gewicht den Meeresboden eindrückt. Dieser Prozess lässt sich ebenfalls an den Hawaiianischen Inselkette und den umliegenden Riffen beobachten.

STECKBRIEF

Beispiele sind die Hawaiianischen Inseln in den USA, der Yellowstone-Nationalpark in den USA, der Mount Erebus in Antarktika, der Kilimandscharo in Tansania, Tristan da Cunha im Atlantik, La Réunion auf Mauritius, die Lord-Howe-Insel in Australien und Barrington Tops in New South Wales/Australien.

Basaltsäulen

Basaltsäulen gehören wohl zu den bekanntesten geologischen Strukturen auf der Erde. Diese für Basalt typischen Formationen haben gewöhnlich fünf oder sechs Kanten und können einen Durchmesser von 5 Zentimetern bis zu 3 Metern aufweisen.

Basaltsäulen entstehen, wenn heiße Lava abkühlt und sich auf diese Weise zusammenzieht. Durch die dabei auftretende Spannung entstehen an der Oberfläche sehr regelmäßige Risse. Die Winkel zwischen diesen Rissen betragen etwa 120 Grad. Die Risse bilden mit der Zeit Vielecke und durchdringen den kompletten Fels. Die daraus entstehenden Basaltsäulen stehen gewöhnlich senkrecht zu den abkühlenden Oberflächen der Lavaströme. Waagerechte Oberflächen führen also zur Bildung senkrechter Säulen. Schräge Säulen entstehen dagegen, wenn sich die Lavaströme an abschüssigem Gelände wie etwa Berghängen oder Flussbetten abkühlen. Die unterschiedlichen Formen der Säulen geben so Aufschluss über die unter ihnen liegende Topografie des früheren Geländes.

Wenn die Abkühlungsmuster durch benachbarte Lavaröhren oder durch austretenden Dampf gestört werden, können auch Basaltsäulen in Form von strahlenförmigen Gebilden entstehen, die regelrecht an Blumen erinnern. Ein starker Lavastrom kann Säulen bis zu 300 Meter Länge erzeugen. Da Basaltlava meist jedoch relativ dünnflüssig ist, entstehen aus ihr in der Regel bis zu 15 Meter hohe Säulen.

Der österreichische Forscher Graf Teleki entdeckte auf seiner Ostafrika-Expedition ganze Schluchten aus Basaltsäulen (links). Devil's Tower (rechts).

STECKBRIEF

Beispiele sind der Devil's Tower in Wyoming, the Palisades im Bundesstaat New York und entlang der gesamten Längsseite der Schlucht des Columbia River in den US-amerikanischen Bundesstaaten Washington und Oregon, Giant's Causeway in Irland und Cape Raoul in Tasmanien/Australien.

Kissenbasalt und Basaltströme

Wenn Basaltmagma ins Wasser fließt, kühlt es an der Außenseite ab und wird rasch fest. Im Inneren jedoch bleibt es heiß und flüssig. Da der Lavastrom, wenn er sich abkühlt und erstarrt, nicht zum Erliegen kommt, bahnt sich die darunter liegende heiße Lava durch ein neues Basaltrohr mit großer Kraft ihren Weg nach außen, bevor sie ebenfalls wieder im Wasser erhärtet. Die Oberfläche dieser erstarrten Lava ist abgerundet und ähnelt einem lang gezogenen Kissen. Jedes weitere neue Basaltkissen passt sich der Form der bereits bestehenden Kissen an.

Kissenbasalt entsteht meist dort, wo sich der Meeresboden ausdehnt und heiße Lava unterseeisch austritt. Es ist also eine weit verbreitete Felsenformation, die allerdings vorwiegend am Meeresboden zu finden ist. Aber nicht immer: Der Kissenbasalt entlang der Columbia-River-Schlucht im US-Bundesstaat Washington entstand beispielsweise durch einen Basaltstrom, der sich in einen Flusslauf ergossen hat und Basaltkissen formte. Auch die meisten unterseeischen Lavaströme in der Nähe von vulkanischen Inseln erzeugen Kissen, daher treten diese Gesteinsformationen auch häufig an Küsten auf.

Basaltströme treten an der Erdoberfläche in zwei typischen Formen auf: Die dünnflüssige, nur sehr langsam abkühlende Lava bildet nur eine dünne Außenhaut, die sich ausdehnt und Falten wirft, während die Lava darunter weiterfließt. Es entsteht eine Lavadecke, die man *Pahoehoe*-Lava, Stricklava oder auch Seillava nennt. Je weiter die Lava fließt, desto dicker wird die Außenhaut. Es können sich dabei richtige Lavatunnel bilden, die mehrmals durchflossen werden. Die zweite Form der Lava wird Brockenlava oder Aa-Lava genannt. Diese schiebt sich langsamer voran, ist kühler und zähflüssiger, weil sie die in ihr enthaltenen Gase schon verloren hat. Sie besteht aus sehr scharfkantigen Brocken und Schollen. Mit fortschreitendem Abkühlen und zunehmender Entfernung ist ein Übergang von Seillava zu kantiger Brockenlava zu erkennen. Diese Entwicklung ist bei vielen Basaltströmen an der Erdoberfläche und in der Nähe aktiver Vulkane nachzuvollziehen.

Kissenbasalt (rechts) bildet sich um einen unterseeischen Vulkan.

STECKBRIEF

Beispiele sind das Craters of the Moon National Monument in Idaho, die Schlucht des Columbia River in Washington/USA und der Hawaii-Volcanoes-Nationalpark. Weitere Exemplare befinden sich entlang der Küsten Japans, Neuseelands, Tahitis, Hawaiis, Italiens und der Westküste von Südafrika.

Typische Seil- oder Pahoehoe-Lava

Verwitterte Sedimentablagerungen

Ein wichtiger Bildhauer der Natur ist die Erosion. Einige der schönsten Natur-Kunstwerke sind in die Gesteinsschichten von Sedimentgestein regelrecht „geschnitzt“. Wasser dringt dabei in senkrechte Risse ein, und durch Verwitterung vergrößern sich diese immer mehr, bis ein Großteil der Schicht verschwunden ist. Auf diese Weise entstehen zum Beispiel Tafelberge und Zeugenberge. Diese verwittern weiter zu Bögen, Felsnadeln und Säulen, auf denen zum Teil Felsbrocken aus härterem Gestein regelrecht balancieren. Auch Küstenriffe können auf diese Weise erodieren, wie man an den bizarren Felsformationen der Zwölf Apostel in Australien sieht.

Tafelberge und Zeugenberge kommen in Mittelaustralien, Nord- und Südamerika häufig vor. Einige der eindrucksvollsten Erosionslandschaften kann man in Utah und Colorado bewundern. Im Arches-Nationalpark in Utah spalten unzählige eng aneinander liegende, zum Teil senkrechte Brüche den dicken Entrada-Sandstein in dünne nebeneinander stehende Platten. Die Platten konnten entstehen, da sich unter dem Sandstein ein Salzstock befand. Das weiche Salzgestein lockerte sich, wurde ausgeschwemmt und bildete Hohlräume. Darüber liegende Schichten bröckelten ab und bildeten auf diese Weise Naturbrücken, Höhlen und Bögen. Im Bryce Canyon in Utah haben Wind und Wetter die feinkörnigen Seeablagerungen ausgewaschen und so unglaublich eindrucksvolle Sedimentformationen entstehen lassen, ein natürliches Amphitheater aus pastellfarbig gestreiften Felsnadeln.

Ein Stich von Wesley Powell aus dem Jahre 1869 zeigt Zeugenberge in Colorado (Mitte). Ein natürlicher Steinbogen (unten links) in Utah, USA.

STECKBRIEF

Beispiele sind Monument Valley, der Arches-Nationalpark, der Natural-Bridges-Nationalpark und der Bryce-Canyon-Nationalpark, alle in Utah/USA.
Weitere erodierte Sedimentgesteine sind die Twelve Apostles im Bundesstaat Victoria sowie die Felsformationen der Bungle-Bungle im Bundesstaat Westaustralien in Australien.

Flusslandschaften

Wenn Wasser durch eine flache Ebene mit wenig Gefälle fließt, können bereits kleine Erhebungen den Wasserlauf in seiner Richtung ablenken. Dies führt zu mäandrierenden Flussläufen, die sich normalerweise nicht sehr tief in die Landschaft eingraben.

Die meisten mäandrierenden Flüsse fließen über lockere Sedimentablagerungen, wodurch sich der Flusslauf dauernd ändert. Die Erosionskräfte des Wassers tragen dabei an der Außenseite von Flussbiegungen Gesteinsmaterial ab, und im Gegensatz dazu lagert sich an den Innenseiten der Biegungen Material ab. Das führt dazu, dass sich die Windungen sowohl seitlich als auch stromabwärts verlagern. Dies tritt meist im Zentrum von Kontinenten auf und betrifft zum Beispiel Flüsse wie den Amazonas in Südamerika und den Darling River in Australien. Auch der Alatna River in Alaska schlängelt sich mit eindrucksvoll engen Windungen durch die Natur, wodurch er extrem an Länge gewinnt. In Landschaften mit großem Reliefunterschied, in denen der Fluss schneller fließen kann wie in den Rocky Mountains in den USA, graben sich Flüsse wie der Colorado selbst tief in den Untergrund. Die Geröllfracht, die diese Flüsse mit sich führen, verursacht eine enorme Reibung, die schnell tiefe Einschnitte in den verhältnismäßig weichen Sedimentschichten des umliegenden Geländes hervorrufen. Die Tiefe des Einschnitts hängt von der tektonischen Hebung des Gebiets ab und setzt natürlich auch ein entsprechend weiches Untergrundgestein voraus. Dieser Prozess wird jedoch unterbrochen bzw. verlangsamt, sobald der Fluss auf härtere Gesteinsschichten trifft. Flüsse, die sich tief in das Flussbett eingraben, können ihren Lauf nur noch geringfügig ändern, wie man an den „Goosenecks" des San Juan River in Utah sieht. Das Muster der Biegungen und Windungen hat sich seit dem Entstehen des Flusses nicht verändert.

Der östliche Alligator River (oben) in Australien. Goosenecks (rechts), San Juan River, USA.

STECKBRIEF

Mäandernde Flüsse kommen häufig in der Mitte von tektonischen Platten und Gebieten mit starker tektonischer Erhebung vor.
Beispiele sind der Amazonas in Südamerika, der Mississippi in den USA, der Alatna-River in Alaska/USA, der Colorado und die Green Rivers sowie die Goosenecks und der San Juan in den USA.

Sintervorhänge in den Carlsbad Caves in New Mexico, USA.

Höhlen

Kalksteinhöhlen entstehen, wenn sich Kalziumkarbonat aus dem Kalkstein auslöst. Dringt Wasser durch Spalten im Stein ein, können unterirdische Flusssysteme entstehen, die im Laufe der Zeit Höhlen von der Größe eines Ballsaals entstehen lassen. In einem solchen Höhlensystem können sogar mehrere Höhlenebenen übereinander entstehen, was dann zur Austrocknung der oberen Höhlen führt. Auch die stetige Wellenbewegung von Seen kann Höhlen entstehen lassen. Solche Höhlen wurden im Laufe der Erdgeschichte oft von Menschen oder Tieren bewohnt.

Wasser, das in trockene Hohlräume eindringt, verdampft und hinterlässt an den Höhlenwänden Kalzit. Auf diese Weise entstehen über Jahrhunderte hinweg so genannte Tropfsteine, die sich als wunderschön geformte Gebilde an den Höhlenwänden, -böden und -decken ablagern. Tropfsteine gibt es in ganz unterschiedlichen Formen: Stalaktiten, Stalagmiten, Säulen, Sintervorhänge, Sinterkrusten, Oolithe (Höhlenperlen) und Heliktite (auch „Höhlengeheimnisse" genannt, aufgrund ihrer bizarren Form, die seitlich aus Wänden und anderen Felsgebilden herausragen). Die teils spektakulären Färbungen innerhalb von Höhlen sind das Ergebnis von erhöhten Beimengungen an Elementen im Grundwasser, wobei die gelben, braunen und roten Farbtöne meist von Eisenoxid erzeugt werden.

Höhlensysteme können gewaltige Ausmaße haben. Das Höhlensystem von Mammoth-Flint-Ridge in Kentucky besteht aus unzähligen miteinander verbundenen Gängen und Kammern, die sich insgesamt über eine Fläche von 306 Quadratkilometern ausdehnen. Eine der tiefsten Höhlen der Welt ist die Gouffré de la Pierre St. Martin an der Grenze zwischen Frankreich und Spanien mit einer Tiefe von über 1,6 Kilometern. Auch in Papua-Neuguinea gibt es riesige Höhlen, die sich in mächtigen Kalksteinschichten gebildet haben. Eine davon, die Atea Kananda, geht über 1,5 Kilometer tief in die Erde.

Stalagmiten und Stalaktiten in den Jenolan Caves in Australien.

STECKBRIEF

Bekannte Höhlen sind die Carlsbad Caverns in New Mexico/USA, das Mammoth-Flint-Ridge-Tropfsteinhöhlensystem in Kentucky/USA, die Jenolan-Cave in New South Wales/Australien, der Gouffré de la Pierre St. Martin an der französisch-spanischen Grenze und die Atea Kananda in Papua-Neuguinea.

Lavaröhren

Wenn ein Lavastrom außen abkühlt, können im Inneren Hohlräume entstehen. Das geschieht, wenn der Basaltstrom an seiner Außenschicht aushärtet, während im Inneren die flüssige Lava weiterfließt. Wird der Lavastrom nicht mehr durch nachströmende Lava gespeist, läuft diese im Inneren vollständig ab und hinterlässt einen leeren Tunnel.

Diese Lavaröhren sind allerdings sehr selten, können sich aber über mehrere Kilometer erstrecken. Ihre Größe ist sehr unterschiedlich: Zum Teil haben sie nur etwa einen Meter Durchmesser, in anderen Fällen erreichen sie das Ausmaß eines Eisenbahntunnels.

Es gibt Fälle, bei denen die Lava an einem Bachbetts entlanggeflossen ist, und die Lavaröhre die Form eines freistehenden Tunnels hat wie etwa bei den Undara-Lavaröhren in Queensland, Australien. Sehr häufig verzieren erstarrte Lavatropfen und verhärtete Überreste aufgeplatzter Lavablasen die Röhrenwände wie Ornamente.

Lavastrom in einer Röhre, Insel Surtsey, Island.

STECKBRIEF

Bekannte Lavaröhren sind die Undara-Lavaröhren in Queensland/Australien, Thurston Lava Tube im Hawaii-Volcanoes-Nationalpark auf Hawaii/USA, Shoshone Ice Caves in Idaho/USA und die Höhlengräber der Rapanui auf den Osterinseln.

Es kommt vor, dass Deckenabschnitte einstürzen und so ein Zugang zur Röhre entsteht. Stürzt die gesamte Decke ein, bildet sich eine lang gezogene Senke in der Landschaft. Der Boden der Lavaröhren ist durch die abfließenden Lavaströme meist flach und eben. Manchmal kommt es auch vor, dass wieder neue Lavaströme in die Röhre eindringen und so zu unterschiedlichen, übereinander liegenden Lavaschichten erstarren. Vereinzelt lassen sich dann an Vorsprüngen entlang der Röhrenwände solche vergangenen „Flutpegel" ablesen. In kalten Gegenden gibt es Lavaröhren, die das ganze Jahr über mit Eis gefüllt sind.

Lavaröhren findet man auch auf erdgeschichtlich jüngeren Inseln wie Hawaii und Tahiti. Auf den Osterinseln dienten sie den dortigen Rapanui als Grabstätten. Die Thurston-Lavaröhre auf Hawaii wurde für die Öffentlichkeit zugänglich gemacht und mit Treppen und einem Beleuchtungssystem ausgestattet.

Falten und Verwerfungen

Sedimentablagerungen in Wasser werden zu Gesteinsformationen mit gleichförmig flachen, waagerechten Schichten. Später einwirkende geologische Kräfte können diese Schichten falten oder knicken, wodurch sich deren Winkel ändert. Die Erosion an gefalteten Sedimentschichten erzeugt ganz anders geartete Landschaften als an nicht gefalteten, horizontal liegenden Schichten. Der Unterschied wird deutlich im Vergleich zwischen den waagerechten Schichten des Grand Canyon in Colorado und den schräg gefalteten Schichten der europäischen Alpen oder den Anden in Südamerika.

Stoßen die gewaltigen Kontinentalplatten aufeinander, kann dies zu waagerechten Stauchungen der Felsschichten und zur Faltung oder gar Überschiebung der Gesteine führen. Aus solchen Verwerfungen entstehen im kontinentalen Maßstab die so genannten Faltengebirge. Die europäischen Alpen und das Himalajagebirge sind Beispiele für noch aktive Verwerfungen durch solche Kollisionen der Kontinentalplatten, während die Appalachen in den USA bereits abgetragene Überreste eines bereits vergangenen Kontinentalzusammenstoßes sind.

Lokal auftretende Faltungen können auch dann entstehen, wenn zähflüssiges Magma oder duktile Salzstöcke die überlagernden Sedimentschichten aufwölben und kreisförmige Kuppen bilden.

Verlaufen Felsen entlang einer kontinentalen Störungszone, bilden sich ebenfalls Verwerfungen. An ihnen erkennt man die Richtung der Kontinentalverschiebung wie zum Beispiel an der San-Andreas-Falte in Kalifornien.

Die entstehenden Falten können breit und offen sein wie zum Beispiel bei den sanft geschwungenen Falten nahe Barstow in Kalifornien. Es gibt aber auch enge Falten wie die spektakulären Verwerfungen am Jurakalkstein von Stair Hole in Lulworth Cove in Dorset, Großbritannien. Hier wurden einst waagerechte Schichten zu spektakulären S-Formen aufgefaltet. Besonders kleine, enge Falten entstehen in tief liegenden Felsschichten, wenn diese heiß werden und dadurch elastischer sind.

STECKBRIEF

Durch Auffaltungen sind die Anden in Südamerika, das Zagrosgebirge im Iran, die europäischen Alpen, die Rocky Mountains in Nordamerika, das Uralgebirge in Russland und der Ukraine, Stair Hole in Dorset/Großbritannien und das Himalajagebirge in Nepal entstanden.

Besonders enge Falten in Hammersley Gorge (Mitte) in Westaustralien. Offen gefaltete Hügel in Nordwest-Argentinien (unten).

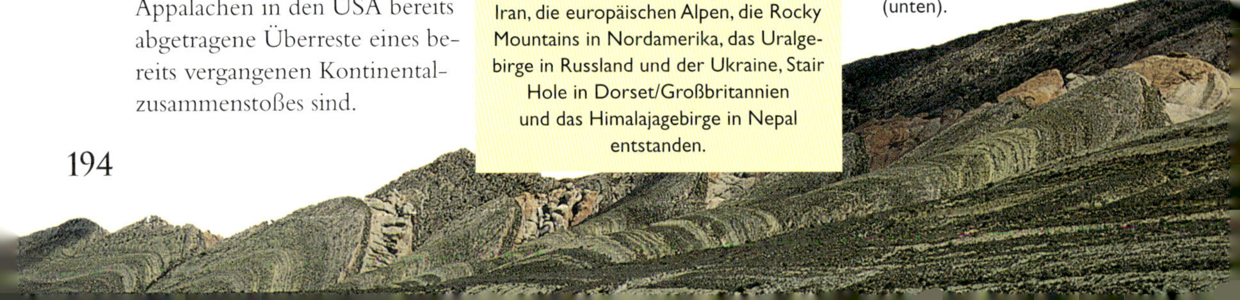

Schluchten und Canyons

Schluchten und Canyons sind tiefe, steilwandige Einschnitte in der Landschaft, die durch Auswaschung entstanden sind. Hierzu sind ganz bestimmte Rahmenbedingungen notwendig, da sich Täler in der Regel schneller verbreitern als vertiefen. Eine Schlucht ist ein eindeutiges Anzeichen für ein geologisches Phänomen aus der jüngsten Vergangenheit wie etwa eine Felsverwerfung oder ein Vulkanausbruch.

Canyons, die sich in harte Felsen hineingeschnitten haben, sind sehr beständig. Der Grand Canyon in Arizona entstand beispielsweise durch die langsame Hebung des Coloradoplateaus. Der Colorado River behielt dabei seinen ursprünglichen Verlauf bei. Der Grand Canyon konnte seine außergewöhnliche Erscheinung nur deshalb bewahren, da er sich in einer trockenen Landschaft befindet, wodurch die Erosion der Schluchtwände nur sehr langsam voranschreitet. Der Waimea Canyon auf der Insel Kauai auf Hawaii ist dagegen ein vulkanischer Canyon und entstand durch starke Regenfälle, die sich tief durch die weichen Schichten aus Asche und Lava gruben. Canyons können auch durch die Vergrößerung von Rissen in Kalkgestein entstehen, wie zum Beispiel in den Blue Mountains in New South Wales in Australien. Vor etwa 80 Millionen Jahren haben sich dort Spalten gebildet, die sich durch spätere Hebungen zu Schluchten ausgeweitet haben.

Cheddar Gorge (rechts) in Großbritannien. Colorado River in den USA (unten).

STECKBRIEF

Beispiele berühmter Canyons sind der Waimea Canyon auf der Insel Kauai auf Hawaii/USA und der Grand Canyon in Arizona/USA. Bekannte Schluchten sind die Verdonschlucht in der Provence/Frankreich, die Cheddar Gorge in Großbritannien, der Katherine-Gorge-Nationalpark im Nordterritorium/Australien und die Schluchten des Jangtse in China.

Gletschertäler

Bewegt sich ein Gletscher Richtung Tal, lagert sich Geröll am Gletscherboden ab und schürft und formt durch die Bewegung des Eises einen typischen u-förmigen Pfad ins Gestein. Bei seiner Abwärtsbewegung verändert ein Gletschertal seine Breite im Gegensatz zu Flussläufen nicht. Sich lockernde Bruchstücke von Felsen fallen immer wieder in den Zwischenraum zwischen Eis und Talwand. So verläuft der Erosionsprozess bei den Talwänden auf die gleiche Art und mit dem gleichen Tempo wie die der Talsohle.

Nebentäler, in denen kleinere Gletscher abwärts wandern, werden im Gegensatz zum Haupttal langsamer abgetragen, wodurch Nebentäler häufig abrupt und deutlich oberhalb der Hauptwand des Tals enden. Solche Täler werden „hängende Täler" genannt, die entsprechenden Gletscher „hängende Gletscher". Eis und Geröll der hängenden Gletscher stürzen durch Lawinen auf den Hauptgletscher nieder, wobei das Eis auf der Gletscheroberfläche zerschellt und die Felsbrocken auf dem Gletscher verteilt liegen bleiben.

Schmelzen die Gletscher, ziehen sie sich innerhalb ihrer Täler immer weiter nach oben zurück, wieder vorbei an den hängenden Gletschern. Hängende Gletscher liegen meist in größeren Höhen und sind dadurch auch langlebiger, weshalb sie das Haupttal weiterhin mit Gletschereis versorgen, wenn der Hauptgletscher bereits abgeschmolzen ist. Die Geröllmassen der Nebengletscher lagern sich in der Sohle des Haupttals als Endmoräne ab.

STECKBRIEF

Gletscheraktivitäten kommen in großen Höhenlagen und hoch liegenden Breitengraden vor. Beispiele von Gletschertälern sind der Glacier-Nationalpark in British Columbia/Kanada, die norwegischen Fjorde, die Anden in Chile und Argentinien, das Himalajagebirge in Indien und Nepal und die europäischen Alpen.

Felsblock, der von einem abschmelzenden Gletscher auf einer Felssäule zurückgelassen wurde (links), Mer du Glace, französische Alpen. Briksdalsbreen-Gletscher (Mitte) in Norwegen.

Riftgräben

Kontinentale Riftgräben oder tektonische Gräben bilden sich in der Mitte eines Kontinents, direkt oberhalb divergierender Konvektionszonen. Sie sind der erste Schritt beim Auseinanderbrechen einer kontinentalen Platte. Riftgräben entstehen, indem sich zuerst eine kuppelförmige Erhebung bildet, deren Oberfläche im Anschluss aufbricht. Dort bilden sich drei Risse, die im Winkel von etwa 120 Grad strahlenförmig von der Bruchstelle ausgehen. Diese Risse werden allmählich immer länger und breiter und weiten sich aus. Driftet das Gestein weiter auseinander, tritt Basaltlava aus und bildet den Grabenboden, der unterhalb des Meeresspiegels liegt.

Hohe und steile Abhänge sind typische Erscheinungen an solchen Riftflanken. Aus den höheren Lagen sammelt sich Wasser auf dem Grabenboden, wodurch ein See entsteht. Beispiele hierfür sind der Victoriasee und die anderen Seen des Ostafrikanischen Grabensystems. Auch das Entstehen von Vulkanen am Grabenboden ist nichts Ungewöhnliches.

Der Ostafrikanische Graben, die Riftgräben am Roten Meer und am Golf von Aden waren ursprünglich drei Risse, die sich in ihrem Schnittpunkt über einer Aufwölbung gebildet haben. Erreicht ein Riftgraben den Ozean, dringt Meerwasser in die Senke ein. Durch Verdampfung lagert sich das im Wasser enthaltene Salz im Inneren des Grabens ab. Im Ostafrikanischen Graben hat starke Vulkanaktivität den Zugang zum Ozean wieder verschlossen, wodurch diese Salzablagerungen abgebaut werden können.

Riftgraben in Almannagja, Thingvellir in Island.

STECKBRIEF

Beispiele sind der Ostafrikanische Graben in Afrika, das Rote Meer in Afrika, der Golf von Aden in Afrika, das Baikal-Rift in Russland, der Oberrheingraben in Deutschland, das Oslo-Rift in Norwegen, das Rio-Grande-Rift in New Mexico/USA und das Island-Rift.

Im Ostafrikanischen Graben finden sich einige der ältesten Spuren aus der Frühgeschichte des Menschen. Es wird vermutet, dass die Kontinentalverschiebung am Graben in Afrika zu einer grundlegenden Veränderung der Lebensbedingungen geführt hatte und so erst die Evolution des Menschen ermöglichte.

Wüsten

Eine Wüste ist eine extrem niederschlagsarme Landschaft. Eine solche Region ist zwar auch die Antarktis, aber mit dem Begriff „Wüste“ werden für gewöhnlich vor allem trockene Gebiete mit Sandboden assoziiert. Die geringe Niederschlagsmenge in diesen Wüstengebieten führt meist zu einem Landschaftsbild mit äußerst spärlicher Vegetation und scharfen geologischen Konturen.

Meist liegen Wüsten in der Mitte eines Kontinents, da die Winde, wenn sie diese weit landeinwärts gelegenen Gebiete erreicht haben, praktisch ihre gesamte Feuchtigkeit schon abgegeben haben. Die Erosionskraft des Windes erzeugt dann Wüstenlandschaften mit eindrucksvollen Formen und ausgedehnten Sanddünen. Bei konstanten Winden aus einer Hauptwindrichtung entstehen Sicheldünen, die zur windabgewandten Seite hin wandern. Längsdünen mit einer Länge von über 120 Kilometern bilden sich infolge konstant starker Passatwinde wie zum Beispiel in Mittelaustralien. Wehen die Winde aus verschiedenen Richtungen, bilden sich so genannte Sterndünen mit unregelmäßigem Muster. Bei sehr starkem Wind kann der Sand zwischen den am Boden liegenden Steinen abgetragen werden, so wird ein ganzes Heer von kleinen Steinen auf der Erdoberfläche freigelegt. Diese sind oft mit Eisenoxid überzogen und glänzen rotbraun, ein als Wüstenlack bezeichnetes Phänomen.

„Sandsturm über der Wüste“ (unten), 1821 in Nordafrika. Wüstenvegetation in der Gibson-Wüste (unten links), Westaustralien.

STECKBRIEF

Bekannte Wüsten sind beispielsweise die Kalahari in Botswana, die Sahara in Nordafrika, die Atacama in Chile, die zentralaustralischen Wüsten, die Sonora-Wüste, das Große Becken, die Mojave-Wüste und die Chihuahua-Wüste in den USA, die Wüste Gobi in der Mongolei und China und die Thar-Wüste in Indien und Pakistan.

Wüsten wie die Atacama in Chile entstehen vollkommen natürlich. Trockene Winde aus den Anden wehen über diese Gegend in Richtung Meer. Sie wehen so konstant, dass es dort seit Menschengedenken keinen Niederschlag gegeben hat. Doch auch der Mensch trägt weltweit zur Wüstenbildung bei.

Schräg geschichtete Sedimente

Es gibt Sedimentschichten, die schräg zwischen waagerechten Sandsteinschichten verlaufen. Bei horizontal geschichteten Ablagerungen sind durch die Unterschiede in Farbe und Beschaffenheit der aufeinander folgenden Sandstein- und Schluffsteinschichten die einzelnen Lagen deutlich unterscheidbar. Bei Schrägschichtung lassen sich die unterschiedlichen Beschaffenheiten bei Weitem nicht so deutlich erkennen.

Deutlich sichtbare vertikale Einlagerungen im Navajo-Sandstein (links und unten).

Solche schräg geschichteten Einlagerungen entstehen, wenn Dünensand von Wind oder Sand durch Wasser in Bewegung versetzt wird. Nachdem Sandkörner auf eine Düne hinaufgeweht werden, stürzen sie schließlich wie eine Lawine auf der windabgewandten Seite einer Düne wieder hinab und bilden so eine neue Sedimentschicht, die schräg zum horizontalen Untergrund ist.

Zwischen diesen einzelnen Sandschichten der Leeseite lagern sich feiner Staub oder Schlamm ab. Oft überdecken dann neu entstehende die älteren Dünen. Wenn sich diese Ablagerungen schließlich zu Fels verfestigen, kann es dazu führen, dass durch diese feinen, dünnen, Schlamm- und Staubschichten der Sandstein entlang der Sedimentoberfläche einbricht, vor allem wenn das feine Sediment durch Kompression in Glimmererde umgewandelt wurde.

Die Wirkung der Erosion hängt stark von der Festigkeit des Gesteins ab, wodurch die vertikalen Schichten freigelegt werden. Wurde eine Düne vom Wind geformt, ergeben sich wellenförmige Gipfel. An Sandstein, der aus solchen Dünen entstanden ist, kann dann diese Wellenform noch deutlich zu erkennen sein. Sedimentansammlungen in Flussbetten dagegen sind oben abgeflacht, und die senkrechten Einlagerungen verlaufen schräg von oben nach unten. Während einer Flut nimmt der Fluss Sedimentmaterial auf, das jedoch danach wieder abgelagert wird. Nimmt die Fließgeschwindigkeit rapide ab, können große Sandmengen am Boden des Flusses abgelagert werden. Der Sand rutscht weiter nach unten ab und wird später von neuen Sandschichten überlagert; so entstehen die typischen schrägen Sedimenteinlagerungen.

STECKBRIEF

Schrägschichtungen finden sich auf allen Sedimentbecken, zum Beispiel im Zion-Nationalpark in Utah/USA, auf den Blue Mountains in New South Wales/Australien, im Old Red Sandstone in Devon/Großbritannien und im Karoo Sandstone in Südafrika.

Geysire

Der Name „Geysir" kommt aus dem Isländischen und bedeutet Wasserspeier oder sprudelnde Quelle. Bei einem Geysir schießen Wasser und Wasserdampf stoßweise durch eine Felsspalte im Boden aus einer unterirdischen Höhle heraus. Ein permanenter Wasseraustritt aus Geysiren ist nicht möglich, obwohl Wasserdampfquellen bei sehr heißem Untergrund miteinander verbunden sein können. Aus einigen Geysiren in Island und auf Hawaii wird sogar geothermische Energie gewonnen. Geysire kommen ausschließlich in Gebieten mit aktivem Vulkanismus vor und wo sich heißes Gestein nahe unter der Erdoberfläche befindet. Am häufigsten liegen sie oberhalb von Subduktionszonen und Hotspots, da dort die Erdtemperatur schon nahe der Oberfläche über dem Siedepunkt liegt. Der Wasserausstoß unterliegt einem Zyklus und wird durch eine bestimmte Abfolge von Ereignissen, die bei jedem Geysir einzigartig ist, ausgelöst. Hoch aufschießende Geysire kommen ausschließlich unter besonderen Bedingungen vor, nämlich wenn kühles Wasser konstant in eine Aushöhlung knapp unterhalb der Erdoberfläche hineinfließt. Unterhalb und direkt mit der vorherigen Höhle verbunden liegt eine weitere Aushöhlung, die das überlaufende Wasser der oberen Höhle auffängt. Die Wände der unteren Aushöhlung haben eine Temperatur deutlich über dem Siedepunkt und verwandeln das einfließende Wasser in Dampf. Dies führt zu einer gewaltigen und plötzlichen Ausdehnung: Das Wasser in der oberen Höhle wird durch den Wasserdampf mit großer Kraft durch eine relativ kleine Felsöffnung nach oben ins Freie gedrückt. Mit der Wasserfontäne tritt auch der Wasserdampf aus, was zu einem Druckabfall und somit zum Ende des Spektakels führt. Für die nächste „Vorstellung" muss das System erst wieder genügend Dampfdruck erreichen.

Der Forscher John Wesley Powell (oben) 1869 in Yellowstone. Beehive-Geysir (rechts) in Yellowstone, USA.

STECKBRIEF
Geysire finden sich im Yellowstone-Nationalpark in Wyoming/USA (300 Geysire, einschließlich Old Faithful, der alle 90 Minuten Wasser ausspritzt), auf Hawaii in den USA, in Rotorua auf Neuseeland und auf Island.

Meteoritenkrater

Als Meteor wird jedes Material bezeichnet, das sich durch das All bewegt. Wenn ein solches Objekt auf der Oberfläche eines Planeten aufschlägt, wird es Meteorit genannt. Es gibt auf Mond, Mars, Merkur und allen anderen trockenen und atmosphärenlosen Planeten und Trabanten des Sonnensystems eine Vielzahl von Kratern, die durch den Aufprall von Meteoriten entstanden sind. Auch auf der Erde hat es einige Meteoriteneinschläge gegeben, doch Erosion und Plattentektonik verwischten immer wieder ihre Spuren. Aus diesem Grund befinden sich die meisten noch sichtbaren Krater eher in sehr alten und meist sehr trockenen Gebieten.

Da Meteore meist mit extrem hoher Geschwindigkeit auf die Erde treffen, sind die Krater wesentlich größer als die Meteoriten, die sie erzeugt haben. Der Meteor Crater in Arizona hat einen Durchmesser von 1,2 Kilometern und ist 180 Meter tief. Man nimmt an, dass dieser Krater von einem Meteoriten mit einem Durchmesser von nur 30 Metern bei einer Aufprallgeschwindigkeit von mehreren zehntausend Kilometern pro Sekunde erzeugt wurde. Dieses Ereignis liegt etwa 25 000 Jahre zurück. Seitdem ist der Rand des ursprünglichen Kraters weit gehend verwittert, und das trotz der extrem trockenen Klimabedingungen in Arizona. Inzwischen ist er nur noch etwa 30 Meter hoch.

Die gewaltige Druckwelle eines Meteoritenaufpralls erzeugt am Einschlagsort Wellen im Ultraschallbereich. Die entstehende Hitze schmilzt umliegendes Felsmaterial zu Glas, und sogar tief liegendes Gestein wird so stark erschüttert, dass die ungewöhnliche doppelte Kegelstruktur, die charakteristisch für Einschlagstellen ist, entsteht.

Beim Aufprall werden Gesteinsmaterial und Chemikalien vom Meteoriten über weite Entfernungen verteilt. Wie Funde am Acraman-Krater in Australien zeigen, fand man mehr als 250 Kilometer vom Aufprallort entfernt noch Meteoritengestein.

Gosses-Bluff-Krater, Mittelaustralien, ein 130 Millionen Jahre alter Krater mit dem gigantischen „Shattercone" im Vordergrund.

STECKBRIEF

Bekannte Meteoritenkrater sind der Meteor Crater in Arizona/USA, der Woolfe-Creek-Krater, der Henbury-Krater und der Gosses-Bluff-Krater im Northern Territory/Australien, die Acraman-Krater im Bundesstaat Südaustralien und der Chicxulub-Krater in Yucatán/Mexiko.

Jede Wahrheit hat zwei Seiten; am besten betrachtet man beide, bevor man sich für eine von beiden entscheidet.

Der Maulesel, Fabel,
AESOP (ca. 620–560 v. Chr.), griechischer Autor

KAPITEL 7

FOSSILIEN-FÜHRER

GEBRAUCHSANWEISUNG FOSSILIENFÜHRER

In diesem Teil des Buches werden die wichtigsten Fossilien sowie deren bedeutendste Fundstätten vorgestellt.

HIER FINDEN Sie die biologische Klassifizierung der Fossiliengruppe.

Ob Sie nun selbst in freier Natur auf Fossilienjagd gehen wollen oder einfach nur Ihr Wissen über Fossilien erweitern möchten – dieser Führer liefert Ihnen dafür wertvolle Informationen und Hinweise.

Mollusca: Cephalopoda

Mollusca: Cephalopoda

■ Dactylioceras-Ammonit, Jura

■ Asteroceras (große Schalen) und Promicroceras-Ammoniten (kleine Schalen)

Nautiloiden und Ammoniten

ie Cephalopoden (Kopffüßer) sind hoch
entwickelte und aktive unter Wasser le-
e Fleischfresser des Meeres. Manche
spiralförmige aufgerollte oder auch
use, andere jedoch wie Kalmare oder
e haben überhaupt kein Skelett ent-
le Vertreter der Gattung haben hoch
te Augen und Gehirne, Tentakeln mit
fen und papageienartige Schnäbel,
en sie ihre Beute fressen. Cepha-
n bewegen sich nach dem Rück-
zip fort, durch das Ausstoßen ei-
erichteten Wasserstrahls. Der älteste
nnte Tintenfisch stammt aus der spä-
Kreidezeit in Palästina.
Ammoniten, die heute ausgestorben
nd, und Nautiloiden, die so genannten
Perlboote, waren vermutlich rastlose und
intelligente wirbellose Fleischfresser, die in

urzeitlichen Ozeanen jede Wassertiefe bevölkerten. Da diese Tiere sich frei im Wasser bewegten und nicht am Meeresgrund lebten, repräsentieren die im Gestein erhaltenen Fossilienfunde nicht unbedingt ihren wahren Lebensraum. Ammoniten und Nautiloiden hatten gerade oder spiralförmig aufgerollte Schalen mit gekammertem Innenraum.

Das Tier selbst bewohnte immer nur die letzte Kammer, die zugleich auch die jüngste ist. Die älteren Kammern sind teils mit Gas, teils mit mineralischen Ablagerungen gefüllt, die zur Regulation des Auftriebs im Wasser dienten.

Ältere Kammern wurden durch so genannte Septen abgetrennt, deren Nahtstellen (Suturen) an der Außenseite der Schale gut zu erkennen sind. Bei Nautiloiden bestehen diese Nahtstellen aus einer einfachen Kurve, bei Ammoniten jedoch gibt es verschiedene Typen von Trennwänden oder Lobenlinien. Die Linien sind wichtiges Unterscheidungsmerkmal der verschiedenen Ammonitenarten und Gruppen.

Aufgrund ihrer weiten Verbreitung und zahlloser Fossilienfunde in unterschiedlichsten Gesteinsarten gehören Ammoniten zu den wichtigsten Leitfossilien der Biostratigrafie. Cephalopoden mit spiralförmigem Gehäuse waren vor allem im mittleren und späten Paläozoikum und Mesozoikum anzutreffen. Ammoniten starben dagegen Ende der Kreidezeit aus. Die wenigen überlebenden Nautiloidenarten sind danach nur noch selten in Gestein des Kaenozoikums zu finden.

Nautiloiden und Ammoniten lebten in warmen Gewässern und kommen daher häufig im Kalkgestein von tropischen Riffen vor. Man findet sie aber auch in Schieferablagerungen aus tieferen Gewässern und abgeschlossenen Lagunen. Zu den besonders interessanten Formen gehören Zwergarten, die wahrscheinlich in den hypersalinen Gewässern dieser Lagunen lebten, die meisten findet man jedoch in Kalkstein.

Wie bei Muscheln bestanden die Schalen dieser Weichtiere aus glänzendem Aragonit. Das Aragonit der fossilen Schalen

ist je
um
Per
Do
fossi
mer no
die meisten A
dass sie kaum a
Meist findet man nu
Gehäuse mit den fü
wichtigen Lobenlin
Nautiloiden, oftma
die in derselben F
marokkanischen
poliert und ohne
boten. Die klei
wachsen nur
jedoch auch
Durchmesser

STECKBRIEF
Zu finden in Kalkstein aus der Kreide in Texas und Kansas/USA und in Europa, im Triasgestein in Kalifornien/USA, in devonischem Gestein im Bundesstaat New York/USA, in permischem Kalkstein in Zentraleuropa, in kreidehaltigem Lagunenschiefer (Zwergformen) und in jurassischem Gestein des Himalajagebirges.
€ O S D C P Tr J K T

SCHEMATISCHE Abbildungen und Querschnitte von Fossilien oder lebenden Tieren ergänzen und veranschaulichen den Text.

STECKBRIEF

FUNDSTÄTTE: Eine Liste ausgewählter Orte, wo diese Fossilien gesammelt werden können, sowie Informationen über die geologische Beschaffenheit wichtiger Gebiete.

€ O S D C P Tr J K T

ZEITTAFEL: Vom Kambrium bis zum Tertiär finden Sie hier Angaben darüber, wann die entsprechenden Fossilien gelebt haben. Die dunkle Schattierung markiert den Zeitraum ihres stärksten Vorkommens. Die Buchstaben beziehen sich auf die erdgeschichtlichen Zeitalter, die auf Seite 91 erklärt werden.

DER TEXT liefert Informationen über die biologische Evolution verschiedene Fossilienformen sowie nützliche Tipps Hinweise für die Suche in freier Natur.

HIER FINDEN Sie das erdgeschichtliche Zeitalter und den Fundort.

Die **FARBIGE HINTERLEGUNG** kennzeichnet die Einteilungen der Fossilien bzw. besonders bedeutende Fundorte – siehe Legende unten.

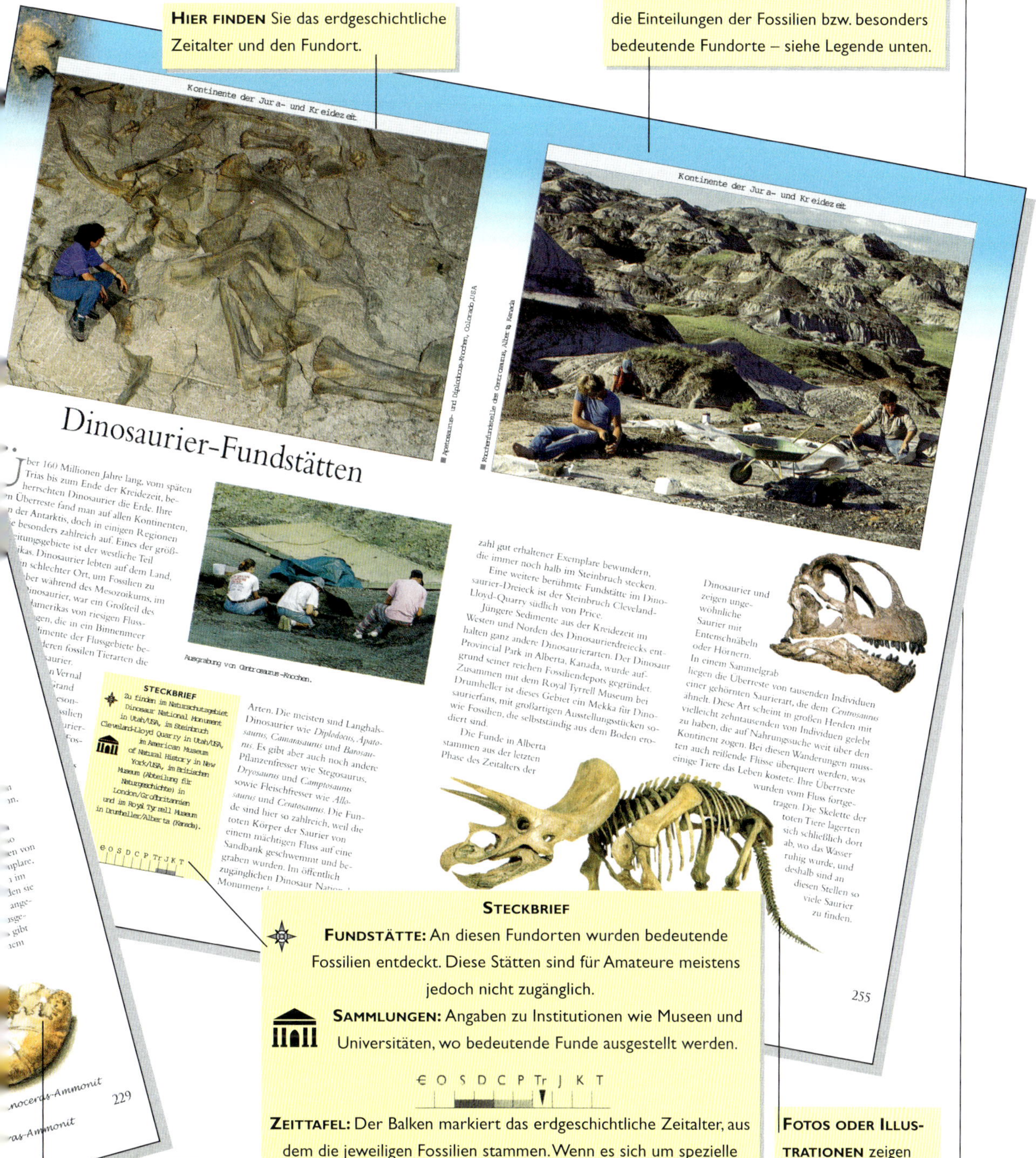

STECKBRIEF

FUNDSTÄTTE: An diesen Fundorten wurden bedeutende Fossilien entdeckt. Diese Stätten sind für Amateure meistens jedoch nicht zugänglich.

SAMMLUNGEN: Angaben zu Institutionen wie Museen und Universitäten, wo bedeutende Funde ausgestellt werden.

Є O S D C P Tr J K T

ZEITTAFEL: Der Balken markiert das erdgeschichtliche Zeitalter, aus dem die jeweiligen Fossilien stammen. Wenn es sich um spezielle Funde handelt, zeigt ein Pfeil das genaue geologische Alter an. Die Buchstaben beziehen sich auf die erdgeschichtlichen Zeitalter, die auf S. 91 erklärt werden.

FARBIGE ILLUSTRATIONEN helfen beim Bestimmen wichtiger Fossilienarten.

FOTOS ODER ILLUSTRATIONEN zeigen Fossilienfunde der speziellen Fundstätte.

Fossilien sammeln 206

Stromatolithen, Schwämme und verwandte Arten, Korallen, Riffgemeinschaften, Mikrofossilien, Conodonten, Brachiopoden, Bryozoen, Graptolithen, Trilobiten, Insekten, Weitere Arthropoden, Ostracoden, Gastropoden, Bivalvia (Muscheln), Nautiloiden und Ammoniten, Fossile Pflanzen, Echinodermen, Wirbeltiere: Fische, Weitere Wirbeltiere.

Fossilien-Fundstätten 238

Die Ediacara-Fauna, Die Burgess-Schiefer-Fauna, Die Hunsrückschiefer-Fauna, MazonCreek-Lagerstätten, Das Karroo-Becken, Holzmaden und Solnhofen, Opalfossilien, Dinosaurier-Fundstätten, Sauriereier und Saurierspuren, Bernsteinfossilien, Nach den Dinosauriern, Das Zeitalter der Säugetiere, Teergruben, Frühe menschliche Fossilienfunde, Neuzeitliche menschliche Fossilienfunde, Fossilien aus dem Eis.

Fossilien sammeln

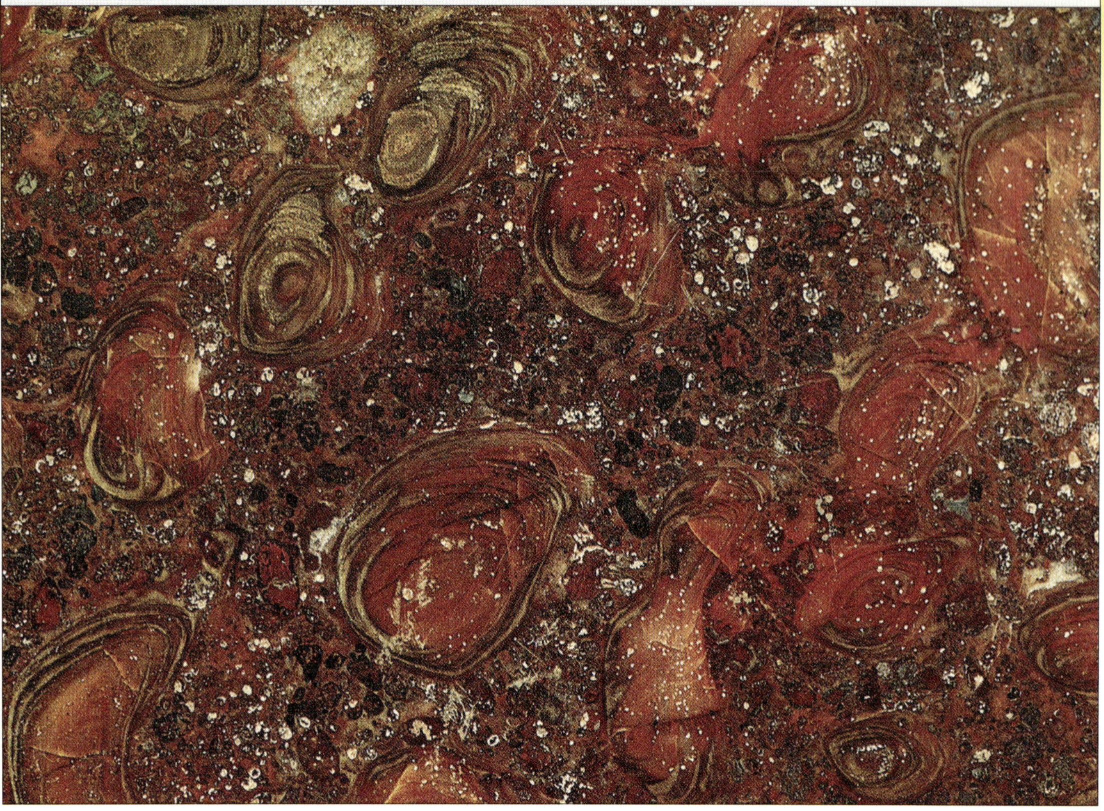

Stromatolithen

Fossiler Stromatolith

Stromatolithen sind übereinander gelagerte Schichten, die beim Wachstum von so genannten Bio- oder Algenmatten entstehen. Sie werden von verschiedenen, Photosynthese betreibenden Algenarten und Cyanobakterien gebildet und gehören zu den ältesten bekannten Fossilien. Manche Stromatolithen sind über 3,5 Milliarden Jahre alt. Sie lebten in Gewässern mit unterschiedlichem Salzgehalt. Da sie Licht benötigten, siedelten sie sich nur in Flachwasserbereichen an, die noch vom Sonnenlicht erreicht wurden.

Stromatolithen sind Prokaryoten (frühe Einzeller), deren Evolution nur sehr langsam voranging. Im Präkambrium hatten sich bereits unterschiedliche Formen entwickelt und waren weit verbreitet. Sie bildeten die ersten Riffe. Heute dagegen sind die noch lebenden Stromatolithen geografisch und in ihrer Artenvielfalt sehr begrenzt. Heute kommen Stromatolithen zum Beispiel immer noch in den Hot Springs, den Heißen Quellen des Yellowstone-Nationalparks vor. Fossile Stromatolithen findet man meist in Kalkgestein, das jünger als 3,5 Milliarden Jahre ist, denn das massenweise Vorkommen von Stromatolithen endet nach dem frühen Paläozoikum.

Stromatolithen-Fundstätten sind vor allem präkambrische Kalkfelsen in Südkanada, Südafrika, der Altyn-Kalkstein von Montana und die Alamorformation in West-Texas. Jüngere Stromatolithen sind aber auch in den Ablagerungen der Seen der Green-River-Formation in Wyoming und im Canning Basin in Australien zu finden. An Straßenaufschlüssen oder senkrecht verlaufenden Felsabbrüchen kann man die Stromatolithen im Querschnitt gut an ihrer Kugel- oder Knollenform erkennen. Es gibt auch Stromatolithen mit zwischen den Algenmatten liegenden Ablagerungen aus Karbonaten und Silikaten. Manche Stromatolithen sind auch mineralisiert und daher wunderschön bunt gefärbt.

Lebender Stromatolith

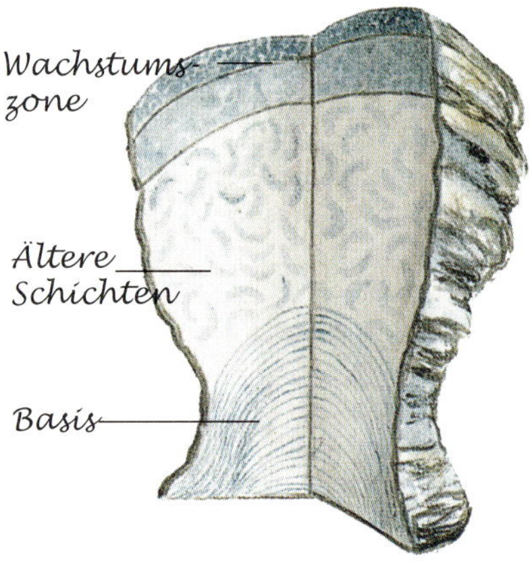

STECKBRIEF

Zu finden in Van Horn in Texas/USA, in den Städten Waroona und North Pole im Bundesstaat Westaustralien, auf den Manitounukinseln in der Hudson Bay und am Beresford Lake in Manitoba/Kanada. Beispiele lebender Stromatolithen: im Green Lake im Bundesstaat New York/USA und in der Shark Bay im Bundesstaat Westaustralien.

€ O S D C P Tr J K T

Schwämme und verwandte Arten

Die einfachsten mehrzelligen Organismen sind Schwämme (Porifera) und ihnen verwandte Formen wie Stromatoporoiden und die frühkambrischen Archaeocyathiden. Schwämme sind auch heute noch weit verbreitet. Ihr Körper besteht aus zwei Schichten mit einem Innenskelett aus weichem Spongin oder mikroskopisch kleinen Kalzit- oder Silikatpartikeln, den Spiculae. Die meisten Schwämme leben im Meer, sowohl im flachen als auch im tieferen Wasser. Große kelchförmige und fein verästelte Schwämme findet man hauptsächlich in ruhigen Gewässern, die kleineren Krustenbildenden Arten dagegen kommen auch mit starken Strömungen zurecht.

Schwämme haben sich in den letzten 600 Millionen Jahren kaum verändert. Man findet ihre Fossilien in allen Erdzeitaltern. Mit Ausnahme einer Art, denn Schwämme, die unseren Badeschwämmen ähneln, sind zu weich, um Fossilien zu bilden. Doppelwandige Schwämme wie Archaeocyathiden lebten nur zu Beginn des Kambrium und starben danach aus. Stromatoporoiden bildeten von Kambrium bis Kreide Kalkskelette, die in ihrer Form an Blätter bzw. Kohlköpfe erinnern. Funde fossiler Schwämme sind relativ selten, doch gibt es vereinzelt recht große Vorkommen. Komplette Schwämme findet man als Fossilien zum Beispiel im Kalkgestein des Paläozoikums, aber das beste Gestein, um vollständige Skelette zu finden, ist Tonschiefer. Silikat-Spiculae sind häufig in feinem Kalkstein vertreten. Meist sind von den Schwämmen nur einzelne Spiculae erhalten. Diese lassen sich, da sie aus Silikat sind, mit einer schwachen Säure jedoch recht gut aus dem Kalkstein lösen. Fossilien silikat- und kalkhaltiger Schwammarten gibt es in den unterschiedlichsten Größen, angefangen mit der Größe eines Pfefferkorns bis hin zu Wäschekorb-Größe.

Hexactinellider-Schwamm

Glasschwamm

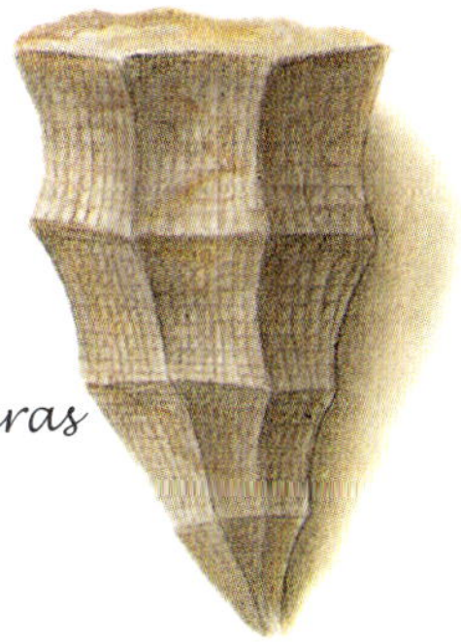

Hydnoceras

STECKBRIEF

Zu finden in Schichten der späten Karbonzeit in der Mitte Nordamerikas, in Schichten der unteren Kreide in Großbritannien, in Kalksteinen des Jura in Deutschland, in Riffen aus der Permzeit in Texas und New Mexico, im Kalkstein aus dem Devon in Großbritannien und in Pennsylvania/USA, im Kalkgestein des Ordoviziums in Kentucky/USA und im Kalkgestein des Kambriums in Nevada/USA.

€ O S D C P Tr J K T

Korallen

Die Gruppe der Nesseltiere (Cnidaria) umfasst Quallen, Hydrozoa und Anthozoa („Blumentiere"). Zu Letzteren gehören auch die Seeanemonen und viele andere Korallen. Diese relativ einfachen Tiere bestehen nur aus zwei verschiedenen Schichten, der Außenhaut und der inneren Verdauungshöhle, mit einem komplexen Faltensystem und einer gallertartigen Schicht dazwischen, die als hydrostatisches Stützskelett dient. Korallen besitzen eine einzige Mundöffnung, die direkt in die Verdauungshöhle führt und durch die Nahrung aufgenommen und Abfallstoffe ausgeschieden werden. Die meisten Cnidaria sind Fleischfresser. Sie lähmen oder töten ihre Beute mit speziellen Nesselzellen an ihren Tentakeln.

Nur äußerst selten findet man fossile Quallen, die aus einer erdgeschichtlich weiter zurückliegenden Zeit als dem Präkambrium stammen. Sehr viel häufiger sind Fossilien von Korallen. Viele Korallen bilden ein festes Kalkskelett und kommen in riesigen Kolonien vor, die aus tausenden Individuen einer einzigen Art bestehen. Es gibt allerdings auch einzelne Exemplare wie beispielsweise Vertreter der kelchförmigen rugosen Korallen („Hornkorallen"). Heutige Korallen leben in sauberem, warmem Meerwasser mit normalem Salzgehalt, und ihre Riffe erstrecken sich über weiträumige Areale. Auch die urzeitlichen Korallen bevorzugten warme, tropische Ozeane.

Im Unterschied zu ihren Kolonien bildenden Verwandten findet man die Fossilien von einzeln lebenden Hornkorallen am häufigsten in Tonschiefer; dies deutet darauf hin, dass sie sich hauptsächlich auf weichem, schlammigem Untergrund ansiedelten. Doch besiedelten sie auch wie die Kolonien bildenden Arten felsigen

Fungia (Pilzkoralle)

Steinkoralle Micrabacia

STECKBRIEF

Korallen finden sich häufig im Kalkgestein des mittleren und späten Paläozoikums, im Gestein aus den unteren Karbonschichten in Großbritannien, in späten Karbonschichten in der Mitte Nordamerikas, im Karbongestein Missouris/USA, im Kalkstein aus dem Devon im Bundesstaat New York/USA und im devonischen Gestein Kentuckys/USA.

Є O S D C P Tr J K T

Lebender Korallenpolyp

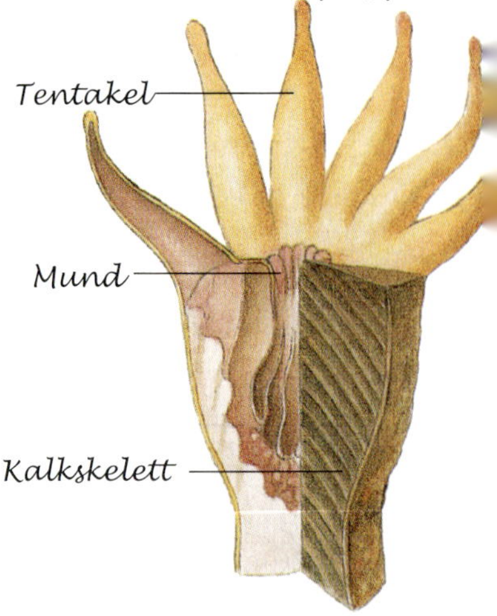

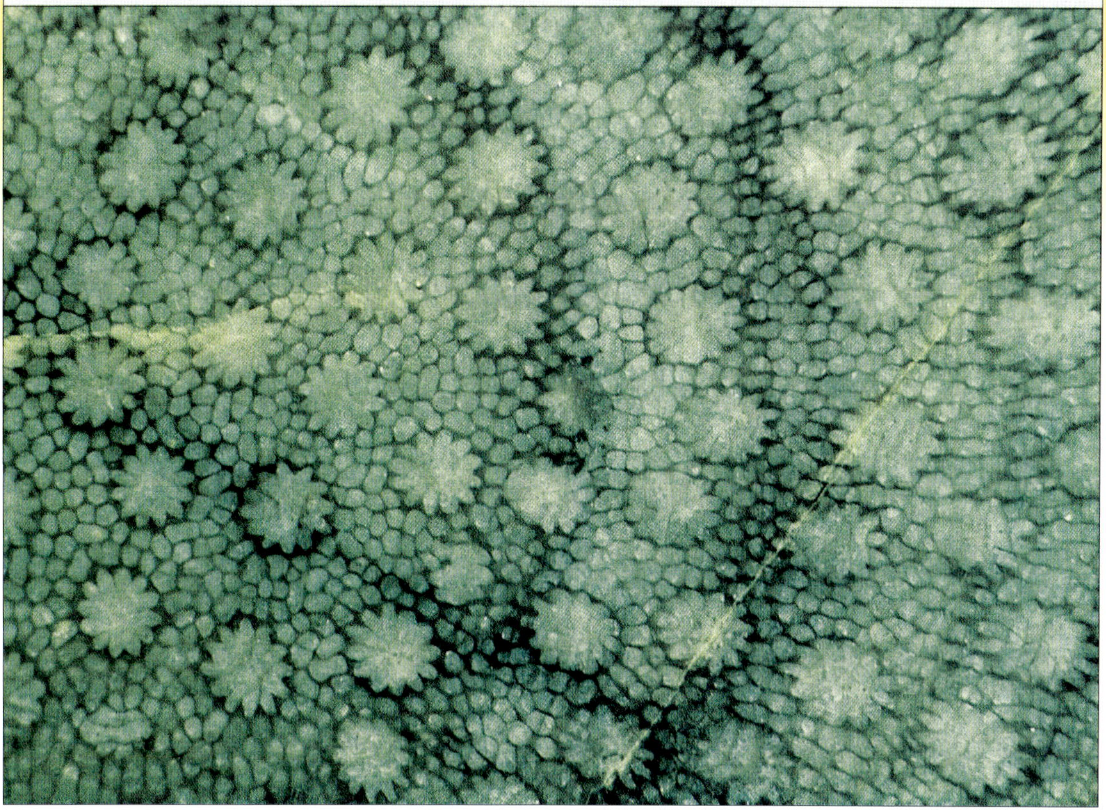

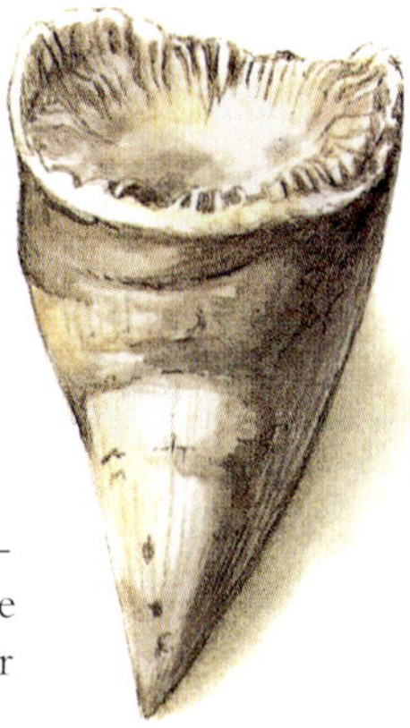

Rugose Koralle

Meeresboden. Tabulate Korallen („Tafelkorallen") und rugose Korallen besiedelten im Paläozoikum von Ordoviz bis Perm die Meere und bildeten zusammen mit Stromatoporen die damaligen Riffe. Die weiter entwickelten Steinkorallen oder Scleractinien treten dagegen vermehrt erst im Mesozoikum und Kaenozoikum auf.

Röhrenförmige Tafelkorallen bilden oft orgelpfeifenartige Formationen. Ihren Namen verdanken sie den waagerechten Schichten (Tabulae), die sie aus Ablagerungen ihrer Skelettröhren während des Wachstums bilden. Rugose Korallen und Steinkorallen besitzen einen strahlenförmigen Aufbau. Diese beiden großen Gruppen unterscheiden sich in Anordnung und Zahl ihrer vertikalen Wände (Septen). Solitär wachsende rugose Korallen werden aufgrund ihrer Form umgangssprachlich oft als Hornkorallen bezeichnet, Tafelkorallen wachsen hingegen immer in Kolonien.

Korallen sind die am häufigsten vorkommenden Fossilien der Erde. Rugose Korallen und Tafelkorallen sind in großer Zahl in Kalkgestein und Tonschiefern des Paläozoikums zu finden, wo sie leicht aus dem umgebenden Gestein herauswittern. Steinkorallen sind noch im Mesozoikum eher selten, doch im Kalkgestein des Kaenozoikums findet man bereits massive Riffe. Einzeln lebende, aber auch riffbildende rugose Korallen und Steinkorallen sind zum Teil als vollständige Fossilien erhalten. Sie sind an ihren strahlenförmigen Septen leicht zu erkennen.

In den Riffen vor tropischen Inseln sind Steinkorallen auch heute noch zu finden. Dabei wird jede Koralle, die älter als 10 000 Jahre ist, schon zu den Fossilien gezählt. Da sie vor Tropeninseln in großer Zahl vorkommen, ist es nicht besonders schwer, Fossilien von Steinkorallen zu entdecken. Die heute lebenden Korallen gehen in ihrem Gewebe eine Symbiose mit einzelligen Algen ein, von denen sie mit Sauerstoff und Nährstoffen versorgt werden.

Steinkoralle

Rugose Koralle
Arachnophyllum

Riffgemeinschaften

Belemit

Die Überreste urzeitlicher Riffe sind für Fossiliensammler ein regelrechtes Paradies. Von den zahlreichen Weichtieren und skelettbildenden Organismen, aus denen diese Riffe entstanden, sind allerdings nach Jahrmillionen nur noch die Skelette erhalten. Die Ausdehnung von Riffen variiert zwischen tausenden von Kilometern bis zu nur ein paar wenigen Quadratmetern. Riffe entstehen auf festem, stabilem Meeresboden. Sie sind komplexe Ökosysteme, deren Bewohner durch eine sensible, lückenlos ineinander greifende Nahrungskette aufeinander angewiesen sind. Die unterschiedlichen Riffbewohner spezialisieren sich dabei auf einen ganz bestimmten Lebensraum am Riff und siedeln in der jeweils für sie am besten geeigneten Wassertiefe.

Trilobit

Heutige Riffe werden von den höher entwickelten Steinkorallen dominiert, doch die Zusammensetzung der Riffgemeinschaften hat sich im Laufe der Erdgeschichte stark verändert. Die Riffe der Kreidezeit zum Beispiel wurden überwiegend von einer Muschelart, den Rudisten, gebildet, und im Perm bestand die Riffgemeinschaft hauptsächlich aus Brachiopoden, Schwämmen und Foraminiferen. Die ersten Riffe im Kambrium waren zum Großteil von Archaeocyathiden besiedelt, im Mittel- und Spätkambrium waren die Hauptbewohner dagegen Stromatolithen.

Abgesehen von kleineren Riffgemeinschaften in den gemäßigten Klimazonen, die beispielsweise von Austern gebildet werden, kommen große Ansammlungen von Kalkskeletten ausschließlich in warmen, tropischen Ozeanen vor. Die meisten Organismen eines Riffs leben in der photischen Zone – der obersten Wasserschicht, die noch weitestgehend von Licht durchdrungen wird. Sie benötigen sauberes, bewegtes Wasser mit normalem Salzgehalt.

STECKBRIEF

Zu finden in Karbonschichten in Illinois/USA und in Gesteinsschichten des mittleren Paläozoikums in England und Skandinavien und in den Karbonaten des mittleren Paläozoikums von den Great Lakes in den USA bis zu den arktischen Inseln. Des Weiteren sind sie auf der Edwards Formation in Texas/USA und auf Tropeninseln zu finden. Im Erdöl-Museum in Mildland in Texas/USA befindet sich die Rekonstruktion eines Riffs aus der Permzeit.

Є O S D C P Tr J K T

Korallengemeinschaft

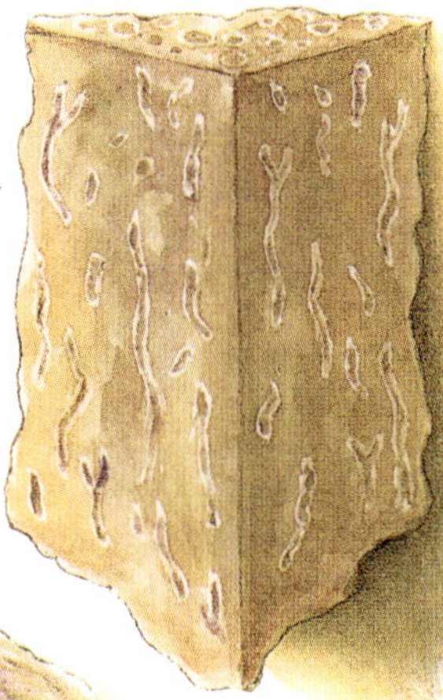

Brachiopod

Da Riffe aus vielen unterschiedlichen Organismen bestehen, ist es äußerst schwierig, etwas Genaueres über deren Evolution und Aussterben herauszufinden. Studien haben jedoch gezeigt, dass Riffe, genau wie jeder andere Organismus auch, eine individuelle Entwicklungs- und Wachstumsphase sowie eine begrenzte Lebensdauer haben, die allerdings mehrere zehntausend Jahre beträgt.

Wir wissen heute aber auch, dass sich die Struktur der Riffe über die Jahrmillionen hinweg zusammen mit der Evolution seiner Bewohner verändert hat. So sind Riffe aufgrund der hohen Wahrscheinlichkeit, viele unterschiedliche Fossilienarten zu finden, ideale Fundstätten für Sammler.

Sucht man an urzeitlichen Riffen nach Fossilien, ist es wichtig, sich die ursprünglichen Riffgemeinschaften vorzustellen. Die schönsten Fossilien werden an der dem Seegang abgewandten Seite zu finden sein. Denn die ununterbrochene Wellenbewegung führt dazu, dass an der zum Meer gewandten Seite die fossilen Schalen oder Skelette zertrümmert und zerrieben werden. Daher findet man hier meist nur zerbrochene Überreste.

Zwar ist das Meer hinter dem Riff bzw. in Lagunen wesentlich ruhiger, sodass Fossilien dort wesentlich weniger den Kräften des Wassers ausgesetzt waren, allerdings siedelten sich dort auch meist sehr viel weniger skelettbildende Organismen an. Daher ist es auch dort eher unwahrscheinlich, mehr als nur über das Riff gespülte, zerbrochene Fossilienfragmente zu finden.

Crinoid

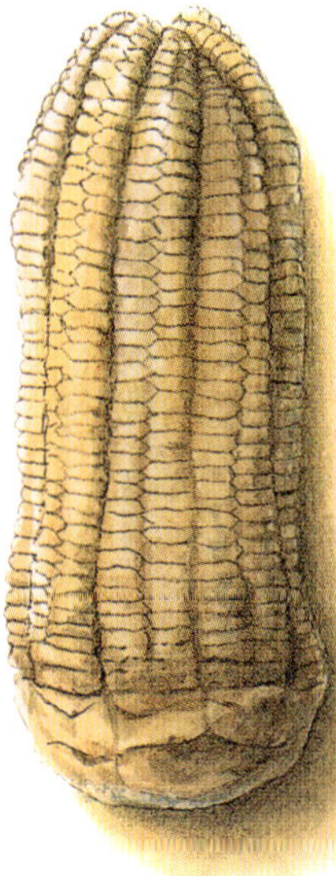

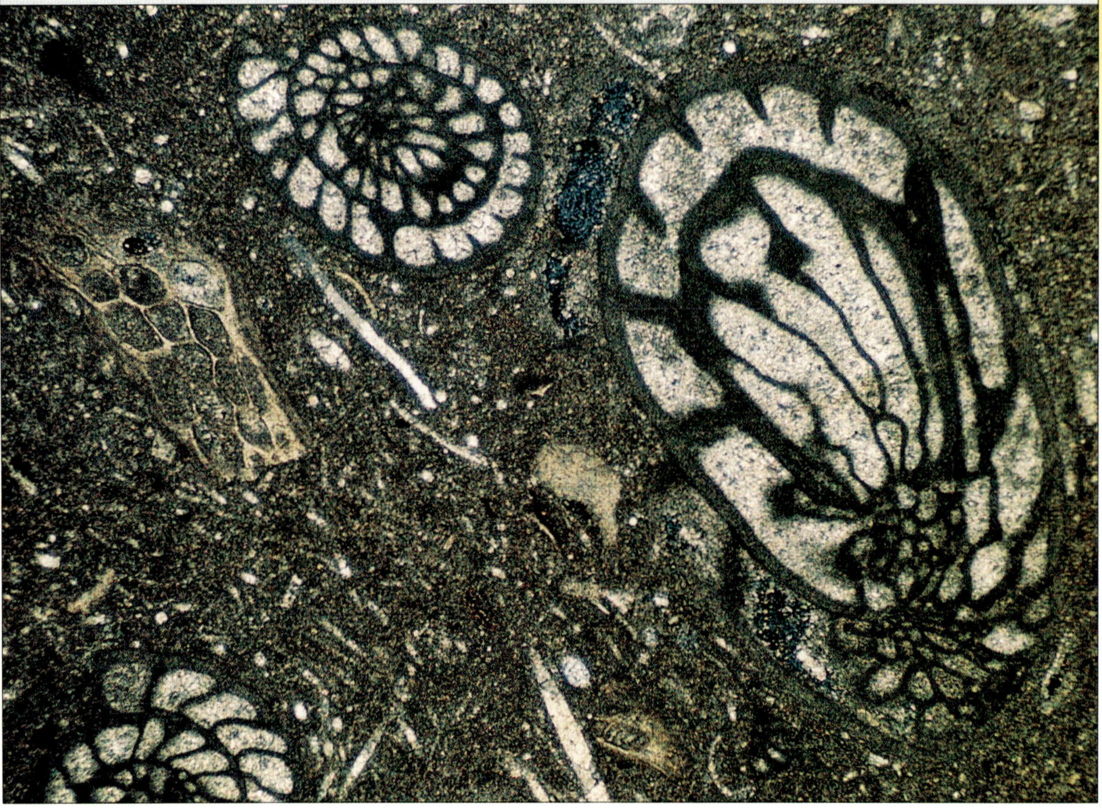

Mikrofossilien

Für Amateure ist das Sammeln von Mikrofossilien eine echte Herausforderung. Wie der Name schon vermuten lässt, sind die meisten Mikrofossilien so winzig, dass man sie mit bloßem Auge nicht erkennen kann. Es gibt zwar viele verschiedene Arten, doch sind die meisten erhaltenen Mikrofossilien Schalen einzelliger Organismen wie Foraminiferen (Kammerlingen) und Radiolarien (Strahlentierchen). Diese kleinsten Skelette der Welt faszinieren in der Vergrößerung durch komplexe, detaillierte Strukturen, Poren, Öffnungen und Dornen.

Strahlentierchen mit ihren Silikat- und Foraminiferen mit ihren Kalkskeletten findet man sowohl in Süß- als auch in Salzwasser.

Globigerina-Kammerling

Quinqueloculina-Kammerling

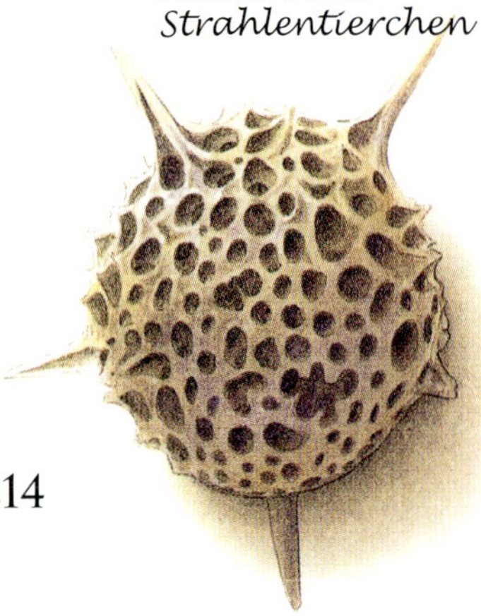

Actinomma-Strahlentierchen

STECKBRIEF

Zu finden im devonischen Kalkstein in Iowa und Oklahoma/USA, in jurassischem Gestein in Montana/USA, im Pleistozängestein in Kalifornien/USA, in Karbonschichten in Texas/USA, in Kalksteinschichten aus dem Silur in Oklahoma/USA, im silurischen Kalkstein in Tennessee/USA, im Eozängestein in Alabama/USA und in der Kreideschicht an der britischen Küste.

Є O S D C P Tr J K T

Der schlammige Meeresboden der Tiefsee besteht fast ausschließlich aus den Skeletten der Radiolarien. Und die Evolution von Foraminiferen kann man anhand von Meeressedimenten genau nachvollziehen. Dadurch lässt sich das geologische Alter von Gesteinsschichten präzise bestimmen. Diese Informationen werden unter anderem bei der Suche nach Erdölvorkommen herangezogen.

Foraminiferen und Radiolarien sind in Kalkstein und in Tiefseeablagerungen zu finden. Foraminiferen wie z.B. die reiskorngroßen Fusulinen kommen sehr häufig im Gestein des späten Paläozoikums vor. Sie können durch Auflösen des umgebenden Kalksteins oder durch Auswaschen aus Tonschiefer leicht geborgen werden. Fusulinen kann man dann an ihrer reiskornartigen Struktur erkennen. Manche anderen Foraminiferen haben sogar die Größe von kleinen Münzen. Feuerstein wie die Novaculite in Arkansas besteht zum Großteil aus Radiolarien. Auch andere Mikrofossilien können in Schiefer und Kalkstein enthalten sein.

■ Palmatolepis-Conodont („Kegelzahn")

Conodonten

Ozarkodina

Conodonten sind mikroskopisch kleine, bis zu 8 Millimeter große Fossilien mit zahnartigen Strukturen, die in großer Zahl in Sedimentgestein des Paläozoikums vorkommen. Nach einem langjährigen Gelehrtenstreit stellte sich heraus, dass es sich bei Conodonten wohl um Überreste von frühen Vorfahren fischähnlicher Wirbeltiere handeln musste. Man findet sie in Ablagerungen der unterschiedlichsten Meere; dies lässt vermuten, dass das ursprüngliche Tier sich sehr gut an die unterschiedlichsten Umweltbedingungen anpassen konnte. Heute weiß man, dass Conodonten meist in größeren Gruppen oder Verbänden lebten und sich ihre Erscheinungsform mit der Zeit veränderte. Daher sind Conodonten die wichtigsten Leitfossilien für das Paläozoikum.

Conodonten sind sehr häufig im Kalkgestein des Paläozoikum zu finden. Löst man diesen Kalkstein in schwacher Säure auf, bleiben die phosphatischen Conodonten zurück. Da sie aber sehr klein sind, können die Fossilien nur mit dem Mikroskop oder einer Lupe untersucht werden. Conodonten waren vor allem im Ordovizium und Karbon weit verbreitet. Ihre Fossilien finden sich auch in Schluffstein und können daraus mit Wasser und Reinigungsmitteln herausgelöst werden.

Manche Conodonten sehen wie lange Kegel aus, andere haben sehr schön gezackte Ränder. Setzt man Conodonten hohen Temperaturen aus, verfärben sie sich und nehmen eine dunklere Färbung an. Weist ein Fossil diese Verfärbung auf, ist dies ein sicheres Zeichen dafür, dass es extrem großer Hitze ausgesetzt war. Sie sind daher auch wichtige Indikatoren für die Prospektion auf Erdöl.

STECKBRIEF

Zu finden im Gestein des Ordovizium und des Silur in Missouri/USA, im Karbongestein in Oklahoma, Iowa und Missouri/USA, im Harding Sandstone in Colorado/USA, in Gesteinsschichten des Ordovizium in Minnesota/USA, in Gesteinen des Ordovizium bis zum Perm in Arkansas/USA und im Devongestein in Iowa/USA.

Є O S D C P Tr J K T

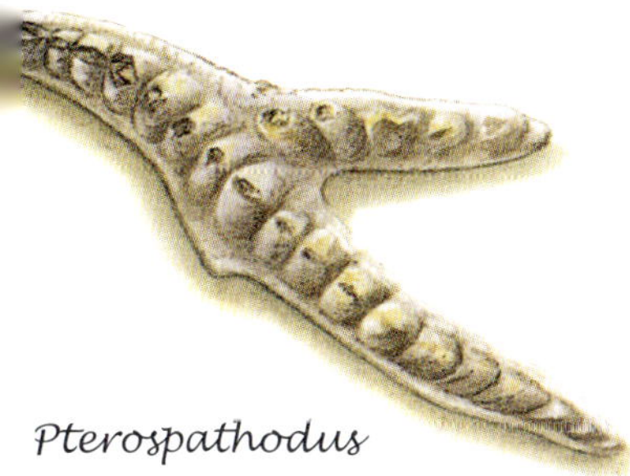

Pterospathodus

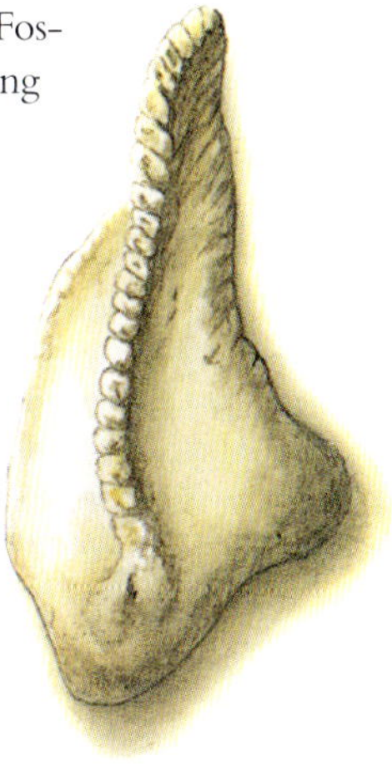

Palmatolepis

Brachiopoden

Brachiopoden (Armfüßer) sind Weichtiere mit zwei Schalen bzw. Klappen. Die Klappen sind durch eine Art Gelenk verbunden, wie es auch bei Muscheln der Fall ist. Anders als bei Muscheln sind die Klappen jedoch oben und unten und nicht rechts und links am Körper befestigt. Die Symmetrieachse verläuft quer durch die Mitte der Schalen, wobei die Seiten spiegelbildlich angeordnet sind.

Durch eine der Klappen tritt ein muskulöser Stiel aus. Sie heißt Stielklappe. Die Gegenklappe wird als Armklappe bezeichnet. Je nach Art ist die Schale der Brachiopoden entweder chitin-phosphatisch (bei den Inartikulata) oder kalzitisch (bei den Artikulata). Im Schaleninneren befinden sich Muskeln, mit denen die Schale geöffnet und wieder geschlossen wird.

Üblicherweise halten sich die Brachiopoden mithilfe des muskulösen Stiels am Meeresboden fest. Einige fossile Arten hatten Dornen an den Schalen, mit denen sie sich am Meeresboden verankern konnten. Manche Inartikulataarten graben sich aber auch ein.

Brachiopoden leben ausschließlich im Meer, die Exemplare der Urzeit besiedelten darin ganz unterschiedliche Lebensräume. Manche Riffe des Perm bestehen zum Großteil aus ineinander greifenden dornigen Brachiopodenarten. Man findet sie als Kolonien in Ablagerungen am Meeresboden oder einzelne Exemplare in Schiefer, der aus den schlammigen Ablagerungen entstanden ist. Heutige Inartikulataarten vergraben sich im Sand und Schlamm der Küstengebiete, der dem ständigen Strom der Gezeiten ausgesetzt ist. Denn alle Brachiopoden filtern ihre Nahrung aus dem Wasser.

Die ersten Exemplare tauchten im Kambrium auf. Daraus entwickelte sich eine enorme Artenvielfalt mit den unterschiedlichsten Schalenformen.

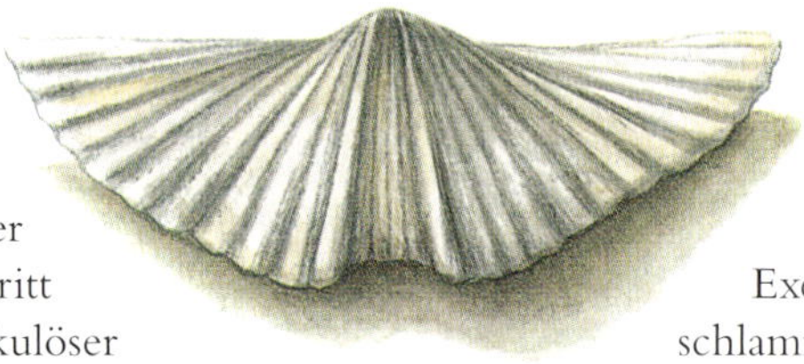

Microspirifer

Rhynchopora

STECKBRIEF

Zu finden im Kalkstein der Karbon- und der Permzeit in Großbritannien, im Kalkstein und Schiefer des Paläozoikums in Zentraloklahoma/USA, in devonischem Kalkstein in New York/USA, in den Glass Mountains in Texas/USA, im Kalkstein und im Schiefer aus dem Paläozoikum in den Appalachen/USA und in kambrischem Kalkstein in Ohio/USA.

Є O S D C P Tr J K T

Meristella

Zu den interessantesten Arten gehören die flügelförmigen Spiriferiden. Ihre größte Artenvielfalt erreichten sie im Paläozoikum. Durch ein Massenaussterben an der Grenze von Perm zu Trias wurden die Brachiopoden stark dezimiert.

Die heute noch existierenden Brachiopodenarten leben in den kühlen und gemäßigten Gewässern vor Japan, Australien, Neuseeland und an der Nordatlantikküste von Nordamerika. Sie siedeln sich meist in tiefem Wasser an. Fossile

Brachiopodenschale

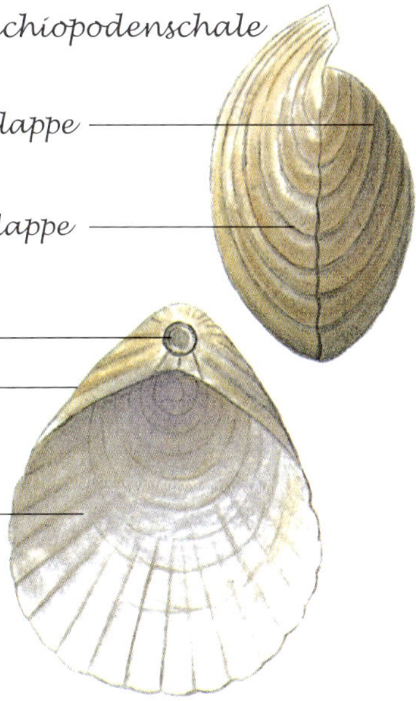

Megastrophia

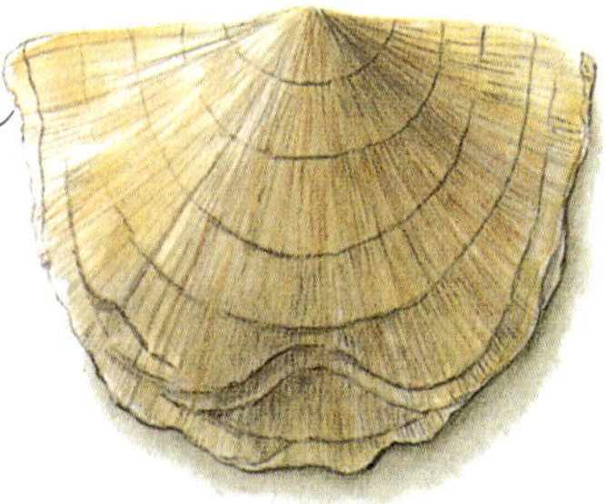

Brachiopoden sind von mehreren Millimetern bis zu 25 cm groß, die meisten haben eine Größe von 2-7 Zentimetern. Man findet sie häufig in Schiefer, Sandstein und Kalkstein aus dem Paläozoikum. Sie gehören zu den wichtigsten stratigrafischen Leitfossilien.

In weit geringerer Zahl findet man sie auch im Gestein des Mesozoikums und Kaenozoikums. Meist haben die Fossilien noch beide Klappen, da sie sich im Tode zusammenziehen. Die in Schluffstein konservierten Fossilien sind häufig etwas zusammengedrückt. Dafür kann man sie aber am leichtesten aus dem Stein herauslösen, indem man die Erdschicht einfach abwäscht.

Viele Brachiopoden haben auffällige Falten (Plikationen) an der Oberfläche, die wahrscheinlich der Stabilisierung der Schalen dienten. Bei manchen gut erhaltenen Exemplaren erkennt man auch noch die feinen Dornen auf den Klappen, besonders bei Brachiopoden aus dem Perm. Auch das Brachidium, das zarte, kalkige Armskelett, ist manchmal noch erhalten, mit dem das Tier Nahrung aus dem Wasser sammelt und atmet.

Bryozoen

Bryozoen (Moostierchen) leben meist in großen Kolonien am Meeresufer. Im Gegensatz zu Korallen haben sie ein Verdauungssystem, das aus Mitteldarm, Enddarm Afteröffnung und einem richtigen Mund, umgeben von einem mit Tentakeln besetzten Kranz, dem Lophophor, besteht. Die sehr winzigen, nur etwa 1 Millimeter großen Tierchen filtern ihre Nahrung aus dem Wasser. Hauptsächlich findet man Bryozoen in flachen ozeanischen Gewässern, manchmal aber auch in Tiefen bis zu 5 500 Metern. Heute lebende Kolonien haben meist nur einen Durchmesser von 3 Zentimetern, fossile Kolonien waren hingegen oft an die 60 Zentimeter breit.

Die meisten Bryozoenarten sind am Untergrund festgewachsen, einige bewegen sich jedoch auch langsam fort. Im Kambrium bevölkerten die Meere zweigartig verästelte, fächerförmige und Krusten bildende Bryozoen. Sie sind vor allem in Karbonat- und Schiefergestein zu finden. Die Fossilien sind häufig fächerförmig oder zweigartig verästelt und in paläozoischem Kalk- und Schiefergestein teils sehr gut erhalten.

Nach Bryozoenfossilien hält man am besten an verwitterten Oberflächen Ausschau. Die verästelten Formen kommen besonders häufig in Gestein des Ordovizium vor. Fächerformen waren im frühen Karbon zahlreich, man findet sie auf der verwitterten Oberfläche von Kalksteinen.

An den meisten Fossilien sind sogar noch die kleinen Öffnungen gut zu erkennen, in der das Moostierchen einmal gelebt hat. Heutige Bryozoen leben vor allem in tropischen und gemäßigten Klimazonen. Aufgrund ihrer geringen Größe sind sie jedoch nur sehr schwer zu entdecken.

Archimedes

Detail einer Fenestrellina

STECKBRIEF

Zu finden in Gesteinen vom Silur bis zum Perm in Kansas/USA, in Gestein aus dem Ordovizium in Minnesota und Kentucky/USA, im Schiefer des Karbon in Texas/USA und in devonischem Schiefer und Kalkstein in Großbritannien.

Є O S D C P Tr J K T

Didymograptus-Graptolith, deren Form an Sägeblätter oder Schnitzzeichen erinnert, Ordovizium

Graptolithen

Die ausgestorbenen Graptolithen waren im Wasser frei schwebende Organismen und haben nur wenig mit den heute noch lebenden Arten gemeinsam. Man ordnet sie dem Stamm Chordata zu, dem auch die Wirbeltiere angehören. Graptolithen waren äußerst ungewöhnliche Tiere. Manche lebten am Meeresboden, doch im frühen Paläozoikum begannen sie, in großer Zahl an oder knapp unter der Meeresoberfläche zu treiben. Wahrscheinlich filterten sie planktonische Mikroorganismen aus dem Wasser.

Climacograptus

Unser heutiges Wissen über Graptolithen verdanken wir dünnen Kohlenstoff-ablagerungen in Schiefer- oder Kalkgestein. Von einigen Arten findet man in feinkörnigem Kalkstein sogar noch dreidimensionale Fossilien. Eine Graptolithenkolonie besteht aus vielen sägeblattförmigen Zweigen mit kleinen Schalen (Theca), in denen die einzelnen Tiere lebten. Sie sind ebenfalls wichtigte Leitfossilien und kommen häufig in Gestein aus dem frühen Paläozoikum vor. Zwischen dem Ordovizium und dem Silur nahm ihre Zahl kontinuierlich ab.

Graptolithen findet man häufig in dünn geschichtetem, feinkörnigem Kalkstein und in dünnen Schwarzschiefer-Platten, die man sehr leicht zerbrechen kann. Wenn man den Schiefer entlang der Schichtengrenzen spaltet, erkennt man Graptolithen an ihrer schmalen, gezackten Form. Dendroideagraptolithen bilden komplexe, weit verzweigte Kolonien, hingegen besteht die Graptoloideagattung aus einfacheren Kolonien ohne weitere Verzweigungen.

STECKBRIEF

Zu finden in Gestein aus dem Ordovizium in Britisch-Kolumbien und Ontario/Kanada und in Großbritannien, im Schiefer des Ordovizium in Schweden und im US-amerikanischen Bundesstaat New York, in silurischem Schiefer im Marathon Basin in Texas/USA und in silurischem Gestein in den US-amerikanischen Bundesstaaten New York, Oklahoma und Nevada.

Є O S D C P Tr J K T

Diplograptus

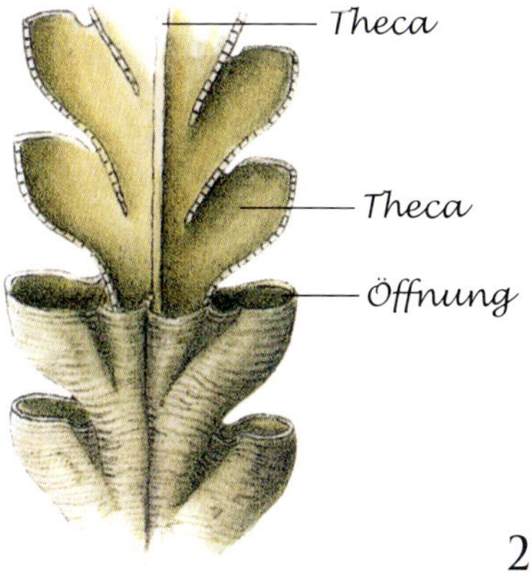

Trilobiten

Trilobiten waren die häufigsten und erfolgreichsten Organismen in den Meeren des frühen Paläozoikums. Diese segmentierten, sehr stark an Asseln erinnernden Gliederfüßer (Arthropoden) konnten einige Millimeter, aber auch gut und gerne bis zu 90 Zentimeter groß werden. Sie hatten mehrere, paarweise angeordnete Beine, jeweils mit einem darüberliegenden Kiemenbein sowie gut ausgebildeten Facettenaugen. Wie die meisten Gliederfüßer häuteten sich auch die Trilobiten mehrmals während ihres Wachstums. Daher handelt es sich bei vielen Fossilienfunden um solche abgeworfenen Panzer und nicht um das Tier selbst.

Der Name Trilobit bedeutet „Dreilapper" und bezieht sich auf die Gliederung ihres Körperbaus in zwei seitliche Pleurallobi und einen Axiallobus. Man kann sie aber auch in drei längs angeordnete Abschnitte unterteilen, nämlich den Cephalon (Kopfschild), den Thorax (Körperbereich) aus mehreren gelenkigen Segmenten (Somiten) und das Pygidium (Schwanzschild), das aus bis zu 30 zusammengewachsenen Somiten bestehen kann. Das Cephalon besteht ebenfalls aus einzelnen Segmenten, die sich durch Häutung erneuern können. Manche Exemplare waren mit langen Dornen am Kopfschild ausgestattet.

Die meisten Trilobiten lebten in den flachen Schelfgebieten der Ozeane und an Riffen. Manche der dornigen Trilobitenarten konnten möglicherweise auch schwimmen. Die am Ende des Perm ausgestorbenen Trilobiten haben sich dank ihrer Formenvielfalt an die verschiedensten Umweltbedingungen der Urzeit angepasst. Fossile Trilobitenskelette findet man in allen Arten von Sedimentgestein, von Kalkstein bis hin zu Schiefer.

Trilobiten kommen in kambrischem, ordovizischem und silurischem Gestein auf der ganzen

Olenoides

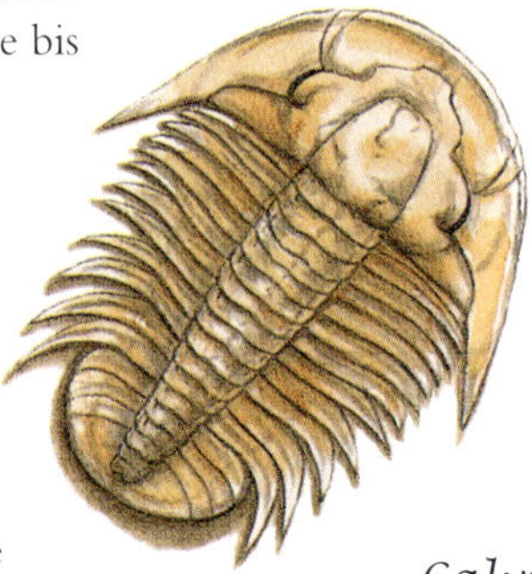

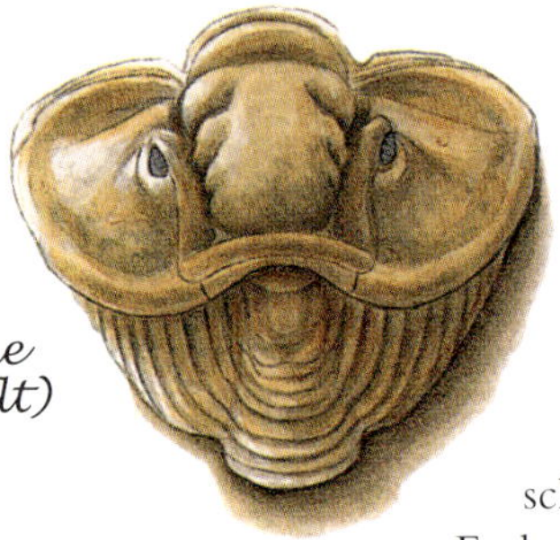

Calymene (eingerollt)

STECKBRIEF

Zu finden im Atlasgebirge in Marokko, im Gestein des frühen Paläozoikums in Nordwestschottland, im Gestein des Ordoviziums und des Silur in Illinois/USA, im kambrischen Gestein in Utah und Virginia/USA, in den Arbuckle Mountains in Oklahoma/USA und in Britisch-Kolumbien/Kanada.

Ꞓ O S D C P Tr J K T

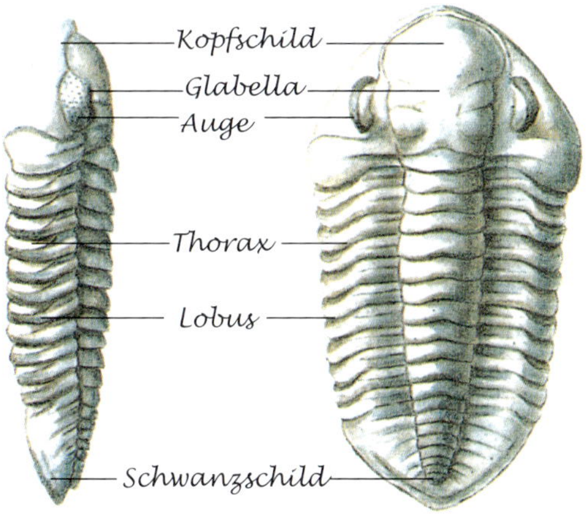

Außenskelett eines Trilobiten

Welt vor. Ihre Anzahl nahm im Devon schon stark ab, und im Karbon und Perm waren sie schon sehr selten.

Trilobitenfossilien, die in Schiefergestein gefunden werden, sind oft sehr flach, und oft ist der eigentliche Panzer zerstört und nur noch sein Abdruck erhalten. In anderen Schieferablagerungen sind aber selbst die Skelette vollständig konserviert, sodass sogar Röntgenaufnahmen von ihnen gemacht werden konnten. Exemplare, die in Kalkstein konserviert wurden, sind meist dreidimensional mit intaktem Skelett. Trilobiten lebten in Schwärmen, weshalb sie häufig in großer Zahl gefunden werden. Häufig sind sie in Ablagerungen aus dem Kambrium und Ordovizium zu finden. Nicht selten findet man auch zum Schutz zusammengerollte Trilobiten.

Die älteste bekannte wissenschaftliche Abhandlung über Trilobiten stammt aus dem Jahr 1698. Daher ist es kaum verwunderlich, dass Trilobiten unter Fossiliensammlern besonders begehrt sind. Manche Sammler sammeln sogar ausschließlich diese Art von Fossilien. Auch der Fossilienhandel führt viele gut erhaltene Trilobitenfossilien. Man sollte sie jedoch vor dem Kauf genau prüfen, denn des Öfteren sind Angebote von „kompletten“ Exemplaren aus verschiedenen Trilobitenteilen zusammengesetzt.

Bis heute sind 1 500 verschiedene Trilobitenarten bekannt, wobei einige noch nicht eindeutig beschrieben sind.

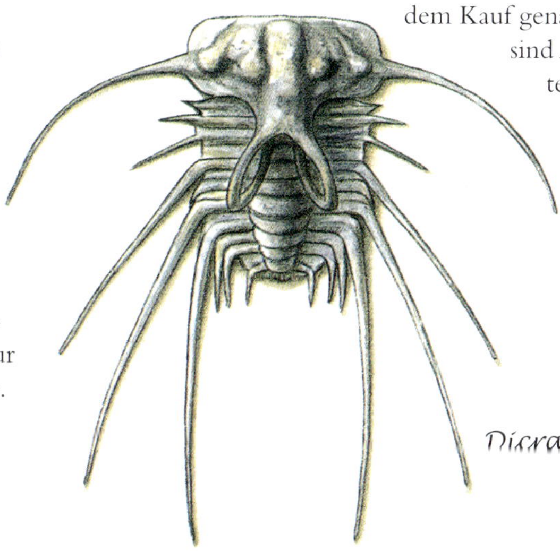

Dicranurus

Insekten

Insekten verfügen über ein aus Chitin bestehendes segmentiertes Außenskelett. Sie bilden die artenreichste Gruppe unter den mehrzelligen Lebewesen auf der Erde. Es gibt kaum einen Lebensraum, der noch nicht von Insekten erobert wurde, selbst das ewige Eis der Antarktis wird von ihnen bevölkert. Die meisten Insekten leben allerdings in den Tropen. Ihre Fossilienfunde gewähren uns aufschlussreiche Einblicke in die Tropenlandschaften der Urzeit. Als Mitglieder des Stammes Arthropoda, der Gliederfüßer, entwickelten sich Insekten aus den Tausendfüßern des Silurs. Alle Insektenkörper gliedern sich in drei Abschnitte: Kopf, Brust und Hinterleib. Insekten sind die einzigen wirbellosen Tiere, die fliegen können.

Trotz ihres großen Artenreichtums gibt es nur wenige fossile Insekten, was an der Größe und Beschaffenheit ihres Skeletts liegt. Außerordentlich gut erhaltene Exemplare findet man in fossilem Baumharz, dem so genannten Bernstein. Die - Fossilien sind teilweise so perfekt erhalten, dass man Muskelfragmente oder selbst DNS für Forschungszwecke entnehmen kann. An anderen Fundorten wie dem Green River Shale in Wyoming findet man recht häufig gut konservierte Insekten in dünnen Schieferschichten.

Fossile Insekten im Schiefer erkennt man meist an den leicht glänzenden Flügelfragmenten oder Körpern; hierzu ist eine Lupe sehr hilfreich. Auch Einschlüsse in Bernstein sind nur sehr selten Insekten, deshalb sollte man Bernstein sehr genau untersuchen. Zu den größten fossilen Insekten gehören sämtliche Schabenarten aus dem Karbon und Perm, die zum Teil über 50 Zentimeter lang sind.

Libellulium

STECKBRIEF

Zu finden in baltischem Bernstein im Samland-Vorgebirge in Russland, in Green-River-Schiefer in Wyoming/USA, im Kreide-Bernstein in Kalifornien und Alaska/USA und in Kanada, im Miozänbernstein in Mexiko, im Karbonschiefer in der nordamerikanischen Kontinentmitte und im Karbonschiefergestein in Großbritannien.

Є O S D C P Tr J K T

Kamelhalsfliege

Weitere Arthropoden

Neben Insekten und Trilobiten zählen alle Lebewesen mit Chitinpanzern zum Stamm der Arthropoden. Abgesehen von den heute noch lebenden Arten wie Spinnen, Skorpione, Hummer, Garnelen, Krebse und Pfeilschwanzkrebse gibt es auch ausgestorbene Arten wie beispielsweise Seeskorpione (breite, flügelförmige Tiere), auch Eurypteriden genannt. Zu den Seeskorpionen gehörten auch die größten bekannten Gliederfüßer, die zu ihren Lebzeiten wohl sehr imposante und gefährliche Raubtiere waren. Ähnlich wie ihre heutigen Verwandten bewohnten sie die unterschiedlichsten Lebensräume: neben Süß- und Brack- auch flache Meerwasserzonen.

Fossile Seeskorpione findet man häufig in dunklem Schiefer, der wahrscheinlich aus Brackwassergebieten entstand. Sie kommen häufig in Gestein aus dem Silur und Devon vor. Oft findet man sie auch als dunkle Kohlenstoffumrisse in Schiefer und Kalkstein. Viele frühe Arthropoden, darunter auch die Seeskorpione, besaßen Scheren. Die Artenvielfalt dieser Gliederfüßer reicht von 0,5 Millimeter großen Zwergexemplaren bis zu über 3 Meter langen Riesenseeskorpionen. Die heute noch lebenden Pfeilschwanzkrebse haben große Ähnlichkeit mit diesen primitiven Arthropoden.

Die Fossilien erkennt man leicht an ihren langen Scheren, dem segmentierten Hinterleib und einem langen Schwanzstück. Auch echte Krebstiere (Crustaceen) wie beispielsweise Garnelen oder Krabben findet man entweder als dunkle Umrisse im Gestein oder vor allem Krabben mit dickem Panzer als dreidimensionale Fossilien.

Aeger

Aeger

STECKBRIEF

Zu finden in Mazon Creek, Illinois/USA, in Alaunschiefer in Südschweden, in silurischem Gestein in Schottland, Norwegen und dem Bundesstaat New York/USA, in kambrischem Gestein in den US-Bundesstaaten Wisconsin und Missouri und in devonischem Schiefer und Kalkstein im Bundesstaat New York/USA und in ganz Europa.

Є O S D C P Tr J K T

Ostracoden

Die kleinen, bohnenförmigen Ostracoden (Muschelkrebse) gehören zu den Krebstieren (Crustaceen), einem Unterstamm der Arthropoden, und sind eng mit Hummern, Garnelen und Krebsen verwandt. Wie Muscheln und Armfüßer besitzen sie zwei Schalen, die durch ein Scharnier verbunden sind. Die Schale schützt ihren weichen, segmentierten Körper. Ostracoden sind in der Regel zwischen 0,5 und 4 Millimeter groß. Daher braucht man eine Lupe, um sie zu betrachten.

Ostracoden sind Allesfresser und kommen sowohl in Süß- als auch in Meerwasser bis zu einer Tiefe von 2,8 Kilometern vor. Sie leben meist im benthischen Sediment des Meeresbodens, aber zum Teil auch auf Pflanzen. Einige Arten schwimmen frei im Wasser, andere vergraben sich im Schlamm. Sie sind zahlenmäßig die am stärksten vertretene Gruppe unter den Krebstieren, ihre Fossilien findet man in allen geologischen Zeitaltern. Sie besiedeln hinsichtlich Temperatur und Salzgehalt sehr unterschiedliche Lebensräume. Die meisten Arten sind über weite Gebiete verbreitet, kommen aber nur relativ kurz vor, weshalb sie für die Biostratigrafie wertvolle Leitfossilien sind.

Ihre Schalen bestehen aus Chitin und Kalziumkarbonat. Sie sind am oberen Rand verbunden und haben oft kleine Einbuchtungen, die wie Augen aussehen. Die Schalen der Ostracoden können glatt oder, wie in den meisten Fällen, mit Knötchen, Erhebungen, Rillen und Streifen besetzt sein. Versteinerte Schalen findet man vor allem in Kalkstein, Schiefer und Mergel aus Salz- und Süßwassergebieten. Die größten Ostracoden sind bis zu 2 Zentimeter lang. Die ersten Süßwasserostracoden lebten in den Sümpfen des Karbons.

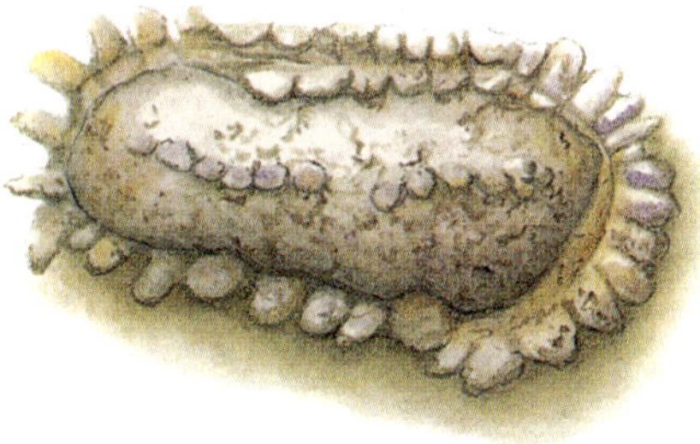

Ostracode (Paläocopid)

Ostracode (Podocopid)

STECKBRIEF

Zu finden in permischem Gestein in Kansas/USA, in jurassischem Gestein in South Dakota/USA, in Miozängestein in Florida/USA, in Karbongestein in den US-Bundesstaaten Illinois und Oklahoma, in Tertiärgestein in Europa und in kreidehaltigem Kalkstein in Texas/USA.

€ O S D C P Tr J K T

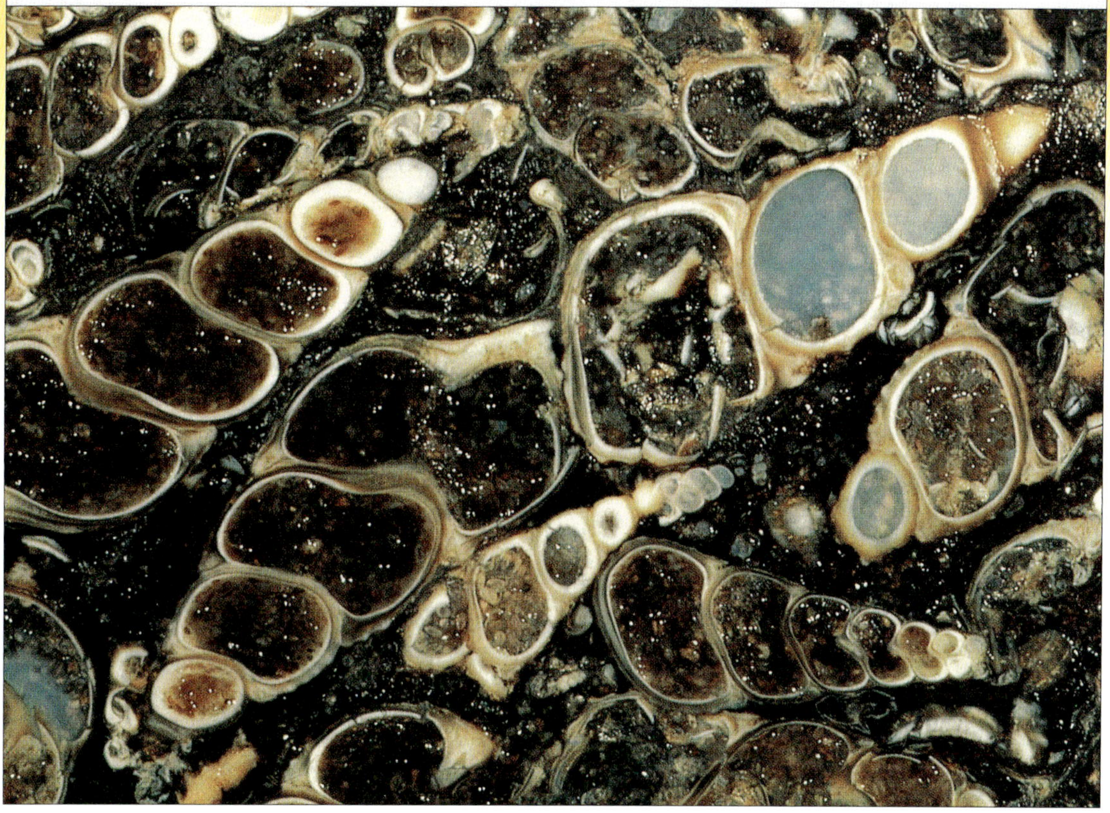

Gastropoden

Gastropoden bedeutet Bauchfüßer, da sie sich tatsächlich mit dem ganzen Körper auf einer breiten Kriechsohle fortbewegen. Diese Weichtiere (Mollusken) haben einen Mund und richtige Augen. Die meisten Gastropoden (Schnecken) bilden aus kalkhaltigen Sekreten ein spiralförmig gewundenes Gehäuse, die als Fossilien erhalten sind. Man findet unter ihnen sowohl Fleisch- als auch Pflanzenfresser. Viele Gastropoden haben eine Radula, eine mit Zähnchen besetzte Reibeplatte als Mundwerkzeug, mit der sie Nahrung vom Untergrund abschaben können. Gastropoden sind die einzige Gruppe der Weichtiere, die sich sehr erfolgreich an das Leben an Land angepasst hat, wie man am Beispiel der heute noch lebenden Schnecken und Nacktschnecken erkennen kann. Die meisten fossilen und heutigen Arten leben jedoch in Süß- und Salzwasser. Marine Exemplare besiedelten die unterschiedlichsten Gewässer. Vorwiegend trifft man sie in flachem Wasser an, es gibt aber auch Exemplare in Tiefen von über 5 Kilometern. Die ältesten Gastropodenfossilien haben noch kein gewundenes Gehäuse, doch weiterentwickelte Arten bilden bereits flache Spiralen aus, ähnlich wie bei Gehäusen von Cephalopoden. Spätere Arten haben immer komplexere Spiralgehäuse. Im Laufe der Evolution haben die Gastropoden durch Drehung (Torsion) ihre Körperorgane an die Spiralform ihrer Gehäuse angepasst sowie Lungen entwickelt, um an Land leben zu können.

Planorbis

Neptunia

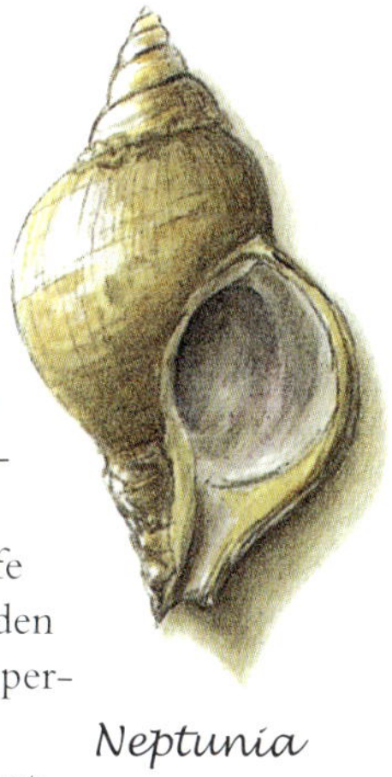

Von Gastropoden sind meist ganze Gehäuse zu finden. Manchmal sind sogar noch die ursprünglichen Farben erhalten. Bei einem kompletten Fossil ist außerdem das flache Operculum zu erkennen, das den Gehäuseeingang des leben Tieres verschließt. Viele fossile Gastropoden werden zusammen mit fossilen Crinoiden gefunden. Beide bildeten gemeinsam eine Symbiose, bei der sich der Gastropode von den Ausscheidungen des Crinoiden ernährte.

STECKBRIEF

Zu finden in Kalkstein des frühen und mittleren Paläozoikums in Deutschland, in paläozoischem Kalkstein in den Appalachen/USA, in Schiefer- und Kalkgestein aus dem Karbon in Indiana und Illinois/USA, in kambrischem Kalkstein in Missouri/USA, im Karbonkalkstein in Belgien und in Kalkstein aus der Kreide in der Mitte der USA.

Є O S D C P Tr J K T

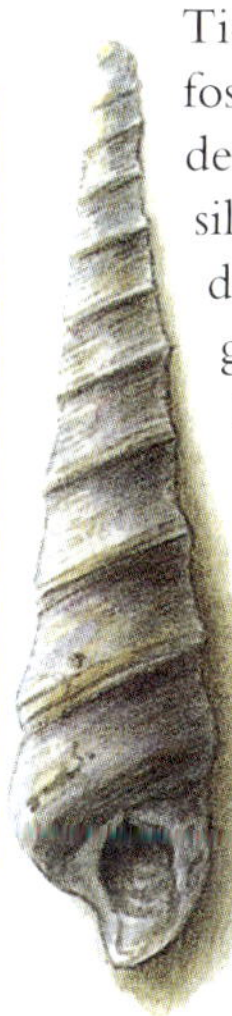

Turritella

Bivalvia (Muscheln)

Zu den Bivalvia (Muscheln) gehören unter anderem Austern, Kammmuscheln und Miesmuscheln. Der Körper dieser Weichtiere (Mollusken) ist von zwei kalkhaltigen Schalen oder Klappen umgeben, die an einem Schloss mit einem Ligament zusammengehalten werden. Oberflächlich betrachtet ähneln sie den Brachiopoden, und beide werden von Amateuren oft verwechselt. Bei Brachiopoden, die ebenfalls zwei Schalen oder Klappen besitzen, ist eine Klappe jedoch größer als die andere. Im Gegensatz zu Brachiopoden verläuft bei Muscheln die Symmetrieachse zwischen den beiden Schalen, die rechte und die linke Klappe sind also spiegelbildlich angeordnet. Bivalvia besitzen Muskeln zum Schließen der Schalen, sie öffnen sich jedoch von selbst, wenn die Muskeln sich entspannen. Am Schloss sitzen auf beiden Klappen oft mehrere Schlosszähne. Diese ineinander greifenden zahn- oder leistenartigen Vorrichtungen dienen dazu, die Schale des lebenden Tiers fest geschlossen zu halten.

Pitar

Bivalvia leben ausschließlich im Wasser, sowohl in Salz- als auch in Süßwasser. Die meisten ausgewachsenen Arten sind unbeweglich am Untergrund angewachsen, manche können sich jedoch auch minimal fortbewegen, indem sie die Schalen etwas bewegen und nach dem Rückstoßprinzip durch Ausstoßen eines Wasserstrahls nach vorne befördert werden. Sie leben in unterschiedlichsten Umweltbedingungen, im ruhigen, tiefen Ozean, aber auch in Süßwasserseen und in reißenden Strömen. Die meisten Arten leben im flachen Meerwasser, wo sie auf hartem Untergrund angewachsen sind oder sich in weiches Sediment eingraben. Bivalvia tauchten erstmals im Kambrium auf, in Gestein aus dem Meso- und Kaenozoikum sind dann bereits zahlreiche Arten erhalten.

Ostrea

Eine der am besten erhaltenen Muschelfossilien sind Austern, die auf der ganzen Welt in den Felsen der Kreidezeit zahlreich zu finden sind. Mit ihrer dicken, harten Schale konnten sie selbst den gewaltigen Stürmen der Urzeit trotzen.

Die Evolution der Bivalvia konnte durch detaillierte Studien an Austern der Kreidezeit dokumentiert werden. Deshalb sind Bivalvia wichtige Fossilien für die geologische Altersbestimmung.

STECKBRIEF

Zu finden in Kalkstein aus der Kreide in der Mitte von Texas/USA, in Kalksteinen des Jura in Großbritannien, im Gestein der Trias in Kalifornien/USA, in Kalkstein aus der Kreide in Kansas/USA, in Frankreich und in Großbritannien, im Gestein des frühen Paläozoikums in Ohio/USA und New York/USA und in jurassischem Gestein in Idaho/USA.

Є O S D C P Tr J K T

Da sie in den verschiedensten Lebensräumen vorkommen, findet man gut erhaltene fossile Schalen in den unterschiedlichsten Gesteinsarten. Muschelschalen bestehen aus mehreren kalkhaltigen Aragonitschichten. Aragonit ist ein Mineral, das auch Perlmutt seinen Glanz verleiht. Mit der Zeit wird Aragonit jedoch oft in Kalzit umgewandelt, und der Schimmer verschwindet.

Im Gegensatz zu Brachiopoden findet man von Muscheln oft nur einzelne Klappen, da sie sich nach dem Tod öffnen, wenn die Muskeln erlahmen. Intakte Gehäuse sind meist nur von den im Schlamm eingegrabenen Arten erhalten. Manche Arten haben sich sogar in Felsen oder hartes Holz gebohrt.

Muschelschalen sind manchmal nur ein paar Millimeter groß, andere wiederum haben einen Durchmesser von 30 Zentimetern. Unbeschädigte Schalen sind vor allem von Austern und anderen dickschaligen Arten erhalten. Zum Teil sind auch nur die Abdrücke von Muschelklappen zu finden, denn manche Schalen haben sich aufgelöst, nachdem sie in Fels eingeschlossen waren, und man findet nur noch ihren Abdruck. Viele fossile Muschelschalen haben kleine Löcher. Dies sind Spuren von Angriffen durch Gastropoden oder Schwämme.

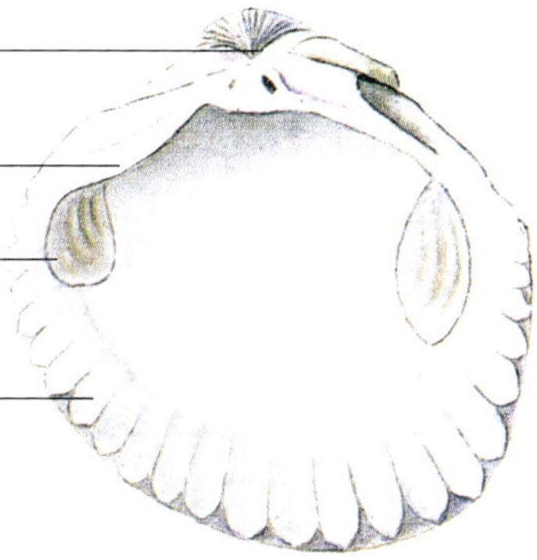

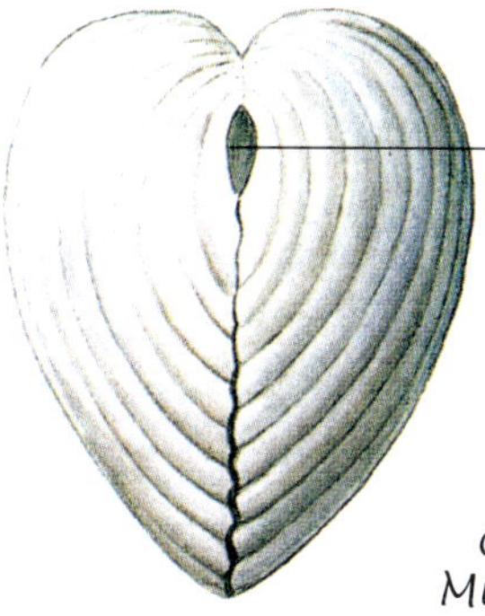

Nautiloiden und Ammoniten

Die Cephalopoden (Kopffüßer) sind hoch entwickelte und aktive unter Wasser lebende Fleischfresser des Meeres. Manche Arten haben spiralförmige aufgerollte oder auch glatte Gehäuse, andere jedoch wie Kalmare oder Tintenfische haben überhaupt kein Skelett entwickelt. Alle Vertreter der Gattung haben hoch entwickelte Augen und Gehirne, Tentakeln mit Saugnäpfen und papageienartige Schnäbel, mit denen sie ihre Beute fressen. Cephalopoden bewegen sich nach dem Rückstoßprinzip fort, durch das Ausstoßen eines gerichteten Wasserstrahls. Der älteste bekannte Tintenfisch stammt aus der späten Kreidezeit in Palästina.

Ammoniten, die heute ausgestorben sind, und Nautiloiden, die so genannten Perlboote, waren vermutlich rastlose und intelligente wirbellose Fleischfresser, die in urzeitlichen Ozeanen jede Wassertiefe bevölkerten. Da diese Tiere sich frei im Wasser bewegten und nicht am Meeresgrund lebten, repräsentieren die im Gestein erhaltenen Fossilienfunde nicht unbedingt ihren wahren Lebensraum. Ammoniten und Nautiloiden hatten gerade oder spiralförmig aufgerollte Schalen mit gekammertem Innenraum.

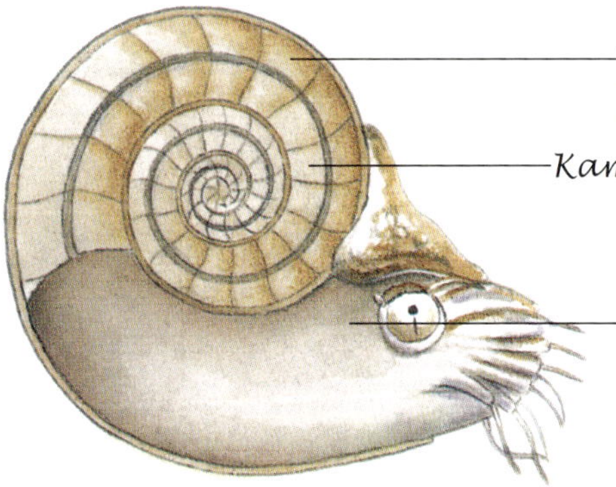

Lebender Nautiloid

Abschnitt eines Nautiloiden

STECKBRIEF

Zu finden in Kalkstein aus der Kreide in Texas und Kansas/USA und in Europa, im Triasgestein in Kalifornien/USA, in devonischem Gestein im Bundesstaat New York/USA, in permischem Kalkstein in Zentraleuropa, in kreidehaltigem Lagunenschiefer (Zwergformen) und in jurassischem Gestein des Himalajagebirges.

Є O S D C P Tr J K T

Das Tier selbst bewohnte immer nur die letzte Kammer, die zugleich auch die jüngste ist. Die älteren Kammern sind teils mit Gas, teils mit mineralischen Ablagerungen gefüllt, die zur Regulation des Auftriebs im Wasser dienten.

Ältere Kammern wurden durch so genannte Septen abgetrennt, deren Nahtstellen (Suturen) an der Außenseite der Schale gut zu

Heteromorpher Ammonit

erkennen sind. Bei Nautiloiden bestehen diese Nahtstellen aus einer einfachen Kurve, bei Ammoniten jedoch gibt es verschiedene Typen von Trennwänden oder Lobenlinien. Die Linien sind wichtiges Unterscheidungsmerkmal der verschiedenen Ammonitenarten und Gruppen.

Aufgrund ihrer weiten Verbreitung und zahlloser Fossilienfunde in unterschiedlichsten Gesteinsarten gehören Ammoniten zu den wichtigsten Leitfossilien der Biostratigrafie. Cephalopoden mit spiralförmigem Gehäuse waren vor allem im mittleren und späten Paläozoikum und Mesozoikum anzutreffen. Ammoniten starben dagegen Ende der Kreidezeit aus. Die wenigen überlebenden Nautiloidenarten sind danach nur noch selten in Gestein des Kaenozoikums zu finden.

Nautiloiden und Ammoniten lebten in warmen Gewässern und kommen daher häufig im Kalkgestein von tropischen Riffen vor. Man findet sie aber auch in Schieferablagerungen aus tieferen Gewässern und abgeschlossenen Lagunen. Zu den besonders interessanten Formen gehören Zwergarten, die wahrscheinlich in den hypersalinen Gewässern dieser Lagunen lebten, die meisten findet man jedoch in Kalkstein.

Wie bei Muscheln bestanden die Schalen dieser Weichtiere aus glänzendem Aragonit. Das Aragonit der fossilen Schalen ist jedoch meistens in Kalzit umgewandelt, und der Perlglanz ist verblasst.

Doch bei einigen Schieferfossilien ist selbst der Schimmer noch erhalten. Leider waren die meisten Ammonitenschalen so dünn, dass sie kaum als Fossilien erhalten sind. Meist findet man nur die Abdrücke der zarten Gehäuse mit den für die exakte Zuordnung so wichtigen Lobenlinien. Ganze Ansammlungen von Nautiloiden, oftmals mehrere hundert Exemplare, die in derselben Richtung liegen, fand man im marokkanischen Atlasgebirge. Häufig werden sie poliert undohne Schalenreste im Handel angeboten. Die kleinsten Ammoniten sind ausgewachsen nur 3 bis 4 Millimeter groß, es gibt jedoch auch Riesenammoniten mit einem Durchmesser von 3 Metern.

Cophinoceras-Ammonit

Dactylioceras-Ammonit

Fossile Pflanzen

Sporen im Gestein des Ordoviziums sind das erste Anzeichen für die Entstehung pflanzlichen Lebens auf der bisher unbewohnten Erdoberfläche. Im Gegensatz zu ihren im Wasser lebenden Vorfahren mussten die landbewohnenden Pflanzen kräftige „Skelette" bilden, um dem Wind und der Schwerkraft standzuhalten. Diesen pflanzlichen Gerüsten, die in den Gesteinen des späten Silur und frühen Devon auftauchen, verdanken wir unsere heutigen Kohlelagerstätten und einen zwar bruchstückhaften, aber vielfältigen Fossilienkatalog. Über einen langen Zeitraum hinweg hat sich die Fortpflanzung der Pflanzen verbessert und weiterentwickelt, die Palette der Hilfsmittel umfasst dabei Wasser, Wind, Insekten, Säugetiere und Vögel.

Landpflanzen besiedelten in der Erdgeschichte beinahe jeden Lebensraum, doch die Chancen, Pflanzenfossilien zu finden, sind in flachen, sumpfigen Gebieten in gemäßigten Breiten höher als in den Tropen, obwohl es dort mehr Pflanzen gibt. Tropische Pflanzen sind selten konserviert, da die schnelle Zersetzung durch Bakterien die Pflanzenreste zerstört, noch bevor sie mit Schlamm oder Sedimenten bedeckt werden können.

Die ersten Pflanzen bestanden aus einfachen, kurzen, unverzweigten Stielen, die Photosynthese betrieben und mit einem Sporenkranz versehen waren. Sie benötigten für ihre Reproduktion wie ihre Verwandten in den Meeren noch Wasser. In einem Evolutionsprozess, der vom Paläozoikum bis ins Mesozoikum reichte, entwickelten Pflanzen neue Überlebenstechniken: Sie bildeten holziges Material, um hoch in den Himmel hinaufzuwachsen, ein Röhrensystem, um Flüssigkeiten den Stamm hinauf- und hinunterzutransportieren,

STECKBRIEF

Zu finden in Karbonkohlegesteinen in den Appalachen/USA, in Gesteinen aus dem Karbon in Illinois/USA und in ganz Großbritannien, im Petrified-Forest-Nationalpark in Arizona/USA, in Sandstein und Schiefer aus der Kreide in Argentinien und den Rocky Mountains in den USA und in Kanada und in permischem Gestein in Indien.

Versteinerter Baumstamm im Petrified-Forest-Nationalpark, Arizona, USA

sowie Blätter und Zweige, um die Oberfläche für die Photosynthese zu vergrößern.

Die ersten Pflanzen vermehrten sich noch ungeschlechtlich, indem sie ihre Sporen vom Wind forttragen ließen. Später erst entstand die geschlechtliche Fortpflanzung, bei der die Samen durch vom Wind oder von Insekten verbreitete Pollen befruchtet werden.

Fossile Pflanzen sind vor allem in den Gesteinen des Karbon und Tertiär enthalten. Aus den riesigen Sumpfgebieten des Karbons entstanden großflächige Kohlevorkommen. In der Nähe von Kohleflözen findet man daher auch viele Pflanzenfossilien. In vielen Ablagerungen des Tertiärs ist der Inkohlungsprozess noch nicht so weit vorangeschritten, weshalb die Pflanzenfossilien dort auch besser erhalten sind. Fossile Blätter und Pflanzenstängel findet man vor allem in See- und Sumpfablagerungen und den damaligen Überschwemmungsgebieten.

Fossile Laubblätter

Fossiler Pinienzapfen

Anders als bei Tieren findet man von pflanzlichen Fossilien fast nur Bruchstücke, ganze Pflanzen sind eine absolute Rarität. Die exakte Zuordnung ist bei Pflanzen nicht ganz einfach, da viele Pflanzenarten nahezu identische Blätter, Zweige oder Wurzeln besitzen. Daher ordnet man viele Pflanzenfossilien nur aufgrund ihrer Beschreibung einander zu und nicht nach einer botanischen Nomenklatur. Pflanzen können in Form von Kohlenstoffüberresten in Schiefer oder Konkretionen oder als versteinerte Stämme erhalten sein. Kohlige Pflanzenreste in sehr feinem Karbonatgestein sind teilweise so gut erhalten, dass sie sich herauslösen und unter dem Mikroskop untersuchen lassen. Leider sind die interessantesten Pflanzenfossilien oft am schlechtesten konserviert, sodass nur noch die Abdrücke vorhanden sind.

Fossiler Eukalyptus

Echinodermen

Echinodermen (Stachelhäuter) sind am Untergrund festgewachsene (sessile) oder auch frei bewegliche Meeresbewohner mit einem Kalkskelett. Bei manchen Individuen besteht es aus hunderten von einzelnen Skelettplatten, jede davon ein Kalzitkristall. Stachelhäuter sind Organismen, die ein einzigartiges, inneres Kanalsystem besitzen, das den Wasserdruck mit tausenden von Röhren reguliert und dessen Fortsätze in Tentakeln der Fortbewegung oder der Nahrungsaufnahme dienen. Sessile Arten filtern ihre Nahrung aus dem Wasser, die beweglichen Formen wie Seesterne und Seeigel sind entweder Fleischfresser, Pflanzenfresser oder ernähren sich von Überresten. Die ältesten Echinodermen siedelten entweder auf festen Untergründen (meist in größeren Kolonien) oder auf schwimmenden Pflanzenteilen und lebten in Ozeanen mit normalem Salzgehalt. Spätere frei bewegliche Arten kamen auf hartem und weichem Untergrund vor oder gruben sich in weiche Sedimentböden ein. Sie gelten als Indikator für normales Ozeanwasser.

Crinoid

Im Kambrium und Ordovizium gab es eine große Artenvielfalt der Stachelhäuter, von denen die meisten jedoch ausgestorben sind. Man hat lange Zeit vermutet, dass Mitrates, eine dieser Arten, ein Vorfahr der Wirbeltiere war, doch dies gilt heute als sehr unwahrscheinlich. Vertreter der Crinoiden (Seelilien), die bis heute überlebt haben, gehören zu den sessilen Arten. Sie sind mit einem Stiel am Meeresboden „verwurzelt" und haben einen aus Plattenkränzen aufgebauten Kelch, der den Weichkörper des Tieres schützt. Vom Kelch aus verzweigen sich die fünf Arme.

Fossile Stachelhäuter sind in Schiefer und Kalkstein zu finden. Funde vollständig erhaltener Seeigelfossilien sind nicht ungewöhnlich, dagegen sind intakte Exemp-

Blastoidea

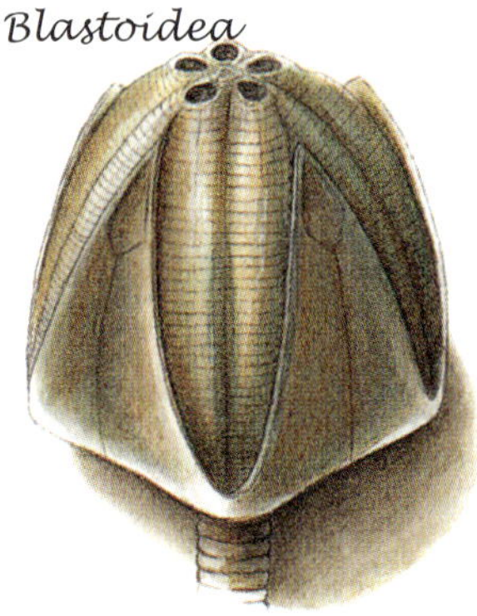

STECKBRIEF

Zu finden in ordovizischem Gestein in Schweden, Kanada, Ohio/USA, in Kalkstein aus dem Silurin in Großbritannien, in Kalkstein und in Schiefer aus der Kreide in der Mitte von Texas/USA, in silurischen und devonischen Gesteinen in den US-amerikanischen Bundesstaaten New York und Illinois und in Kalkstein aus dem Karbon der Appalachen in den USA.

€ O S D C P Tr J K T

Plesiocidaris-Echinoidea (Seeigel), Jura

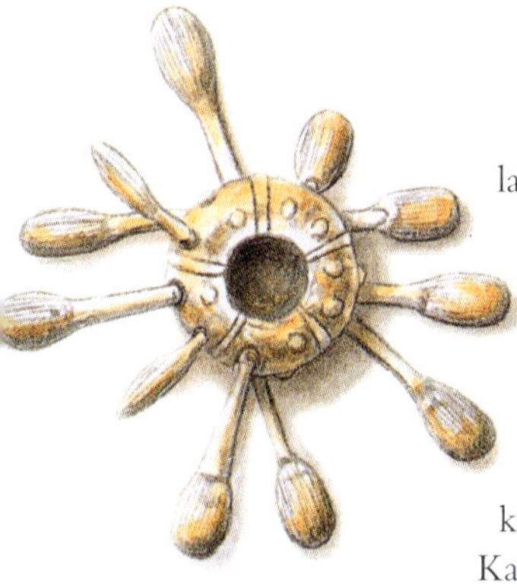

Seeigel Tylocidaris

lare sessiler Arten eine absolute Seltenheit, denn kurz nach ihrem Tod zerfielen die fragilen Lebewesen in die kleinen vieleckigen Kalzitplatten und Plattenkränze. Diese Plattenkränze findet man häufig in Kalkstein aus dem Paläozoikum, in manchen Fällen kann sogar der gesamte Kalkstein aus unzähligen Plattenkränzen bestehen. Auch in Schiefer findet man manchmal einzelne Kalzitplatten und sogar ganze Kelche in relativ gutem Erhaltungszustand.

Meist sind nur Plattenkränze zu finden und keine anderen Körperteile. Die Plattenkränze haben unterschiedliche Formen, sie sind meist rund, aber auch fünfeckig oder sternförmig. Der innere Hohlraum (Lumen) für den Weichkörper des Tieres kann sehr klein sein, aber auch fast den gesamten Durchmesser des Plattenkranzes einnehmen. Der Hohlraum kann dabei rund oder sternförmig sein. Leider ist es so gut wie unmöglich, Crinoiden nur anhand der Plattenkränze zu identifizieren.

Seesterne sind als Fossilien sehr selten. Seeigel aus dem Paläozoikum und der Kreidezeit findet man dagegen in großer Zahl. Funde von einzelnen Platten und Dornen von regelmäßigen Seeigeln kommen recht häufig in Meeresschiefer aus dem Karbon und Perm vor. Regelmäßige Seeigel haben einen symmetrischen, meist runden Körper und bewegten sich auf dem Meeresgrund. Unregelmäßig geformte Seeigel sind dagegen bilateral symmetrisch und stromlinienförmig, damit sie sich im Sediment eingraben konnten. Eingegrabene Seeigel findet man in Kreide-Schiefer häufig als vollständig erhaltene Fossilien.

Seeigel Micraster

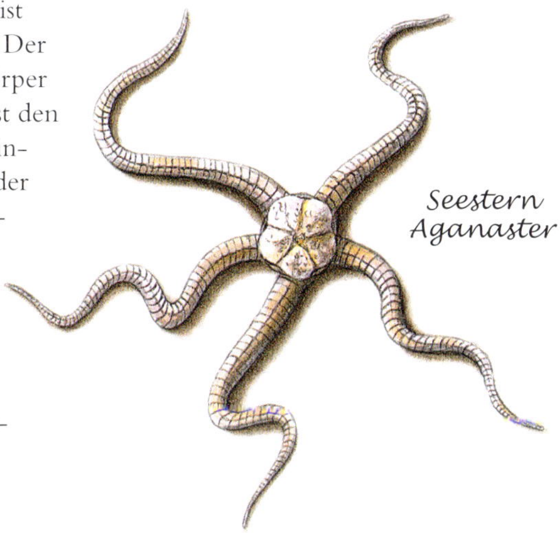

Seestern Aganaster

Wirbeltiere: Fische

Wirbeltiere sind hochkomplexe Organismen mit Innenskelett. Die ältesten Wirbeltiere sind Fische, und die ersten Fische waren die kieferlosen Agnathen, die bereits einen Schädel besaßen, deren Körper aber nur von einem Knorpelskelett getragen wurde. Eng verwandt mit ihnen waren die Placodermen (Panzerfische), die ersten Fische mit Kiefer und mit Knochenplatten gepanzertem Kopf und die Knorpelfische (Chondrichthyen), zu denen auch heutige Haie und Rochen gehören. Die am weitesten entwickelten Knochenfische (Osteichthyes) haben ein knöchernes Innenskelett. Zu ihnen gehören die meisten der heutigen Arten und die frühen Vorfahren der landlebenden Wirbeltiere.

Heliobatus-Rochen

Die ersten Fische entwickelten sich im Süßwasser, sie verbreiteten sich jedoch schnell über Seen und Flüsse hin zu Lagunen und schließlich auch ins offene Meer. Bereits im Silur lebten Fische in jeder Wassertiefe, in Flüssen, Strömen und selbst im tiefsten Ozean. Aus diesem Grund findet man fossile Fische in beinahe allen aquatischen Ablagerungen. Mit Ausnahme der Panzerfische haben alle größeren Gruppen bis heute überlebt, wobei die Anzahl und die Vielfalt der sehr alten Gruppen abgenommen hat. Neunaugen und Schleimaale sind die einzigen überlebenden Vertreter der Agnathen. Die in mehrfachen Reihen angeordneten, nachwachsenden Zähne von

Plattfisch/Riffbarsch

STECKBRIEF

Zu finden im Green-River-Schiefer in den USA, im Old Red Sandstone in Großbritannien, auf der Niobrara Formation in der Mitte der USA, im permischen Schiefer in der Mitte von Texas/USA, im Chalk Marl in Sussex/Großbritannien (Koprolith) und im Harding Sandstone, Utah/USA.

Dapedium, fossiler Fisch aus dem Jura

Haien und Rochen gehören zu den gängigen Fossilien dieser Tiere. Knochenfische sind heute am zahlreichsten. Letzte heute noch lebende Vertreter der Knochenfischart, die damals den Schritt aus dem Wasser hin zu Landlebewesen gemacht haben, die Quastenflosser, wurden in den 1930er-Jahren in den tiefen Gewässern vor der afrikanischen Küste entdeckt. Die meisten Knochenfische atmen durch Kiemen, doch es gibt auch Lungenfische, die an der Luft atmen können.

Obwohl es im Laufe der Erdgeschichte so viele verschiedene Fischarten gab, sind sie als Fossilien doch relativ selten. Fossile Haifischzähne sind an einigen Stellen noch recht zahlreich zu finden, aber ansonsten sind Fischkörper zu zart, um Fossilien zu bilden. Die harten Fischgräten sind zum Teil in dunklem Schiefer erhalten. Da die meisten Fische aktive Schwimmer sind, findet man ihre Fossilien in den unterschiedlichsten Gesteinen, aber vor allem in schwarzen, marinen Tonschiefern oder Seetonen. Fossile Ausscheidungen von Fischen, so genannte Koproliten, findet man in Schiefer aus Brack- oder Süßwassergebieten des Perm.

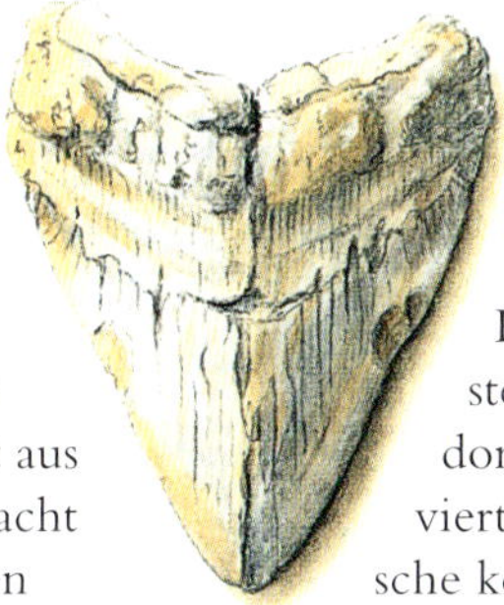

Fossiler Haifischzahn

Knochen finden sich auch in Sedimentgesteinen von Binnenseen, wo sie durch den dort herrschenden Sauerstoffmangel konserviert wurden. Auch vollständig erhaltene Fische kommen eher in Schiefergestein aus Seen vor. Nur sehr selten findet man ganze, unbeschädigte, dreidimensionale Fischfossilien in Kalkstein. Solche Fossilien kommen meist aus Südamerika. Der Kalkstein kann vorsichtig von ihnen abgelöst werden. Dabei kann ein intaktes Skelett freigelegt werden, das fast wie bei den heute noch lebenden Fischen aussieht.

Priscacara

Abdruck eines Diplomystus

Weitere Wirbeltiere

Höhere Wirbeltiere zählen zu den größten und aktivsten Tieren, die je auf der Erde gelebt haben. Sie besitzen ein knöchernes Skelett und sind perfekt an das Überleben in ihrem Lebensraum angepasst. Sie bewohnen nicht nur die weiten Landflächen, sie können auch fliegen und unter der Erdoberfläche leben. Einige Vertreter wie Wale, Robben, Ichthyosaurier und Plesiosaurier sind sogar wieder in ihren ursprünglichen Lebensraum, das Meer, zurückgekehrt. Im Devon entwickelten sich aus Knochenfischen die ersten halb im Wasser und halb an Land lebenden Tiere, die Amphibien. Im Karbon erscheinen dann die ersten Landbewohner, die für ihre Fortpflanzung kein Wasser mehr benötigten. Dies waren die Reptilien. Im Trias schließlich entstand aus einem Zweig der Reptilien die weit verzweigte Ordnung der Säugetiere. Aus einem anderen Zweig, zu dem alle heute noch lebenden Reptilien gehören, entwickelten sich riesige Reptilien, fliegende und schwimmende Reptilien sowie die kleineren Eidechsen und Schlangen. Alle großen Linien der landbewohnenden Wirbeltiere bestehen heute noch fort, allerdings nicht immer in ihren ursprünglichen Formen oder Arten.

Höhere Wirbeltiere haben alle erreichbaren Lebensräume erobert. Amphibien dagegen bevorzugten eher die tropischen Zonen. Aber bereits die frühen Reptilien findet man, obwohl sie wechselwarme Tiere waren, in den verschiedensten Gebieten, ein Hinweis auf ihre extreme Anpassungsfähigkeit. Säugetieren gelingt es dagegen selbst in sehr kalten Regionen zu überleben, da sie selbst Körperwärme erzeugen können.

Im Allgemeinen sind fossile Überreste höherer Wirbeltiere eher ungewöhnlich. Der Hauptgrund dafür ist, dass die Landoberfläche für eine Fossilbildung denkbar ungeeignet ist. An einigen Orten trifft dies nicht zu und Fossilien sind dort zahlreich. Doch sie sind meist schwer zu finden, und die Fossilien lassen sich schlecht aus dem

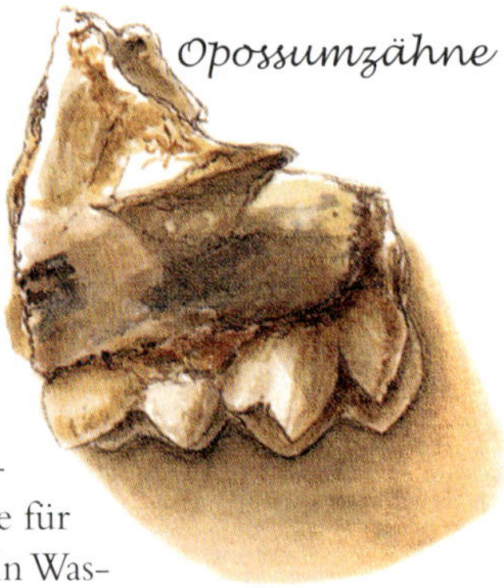
Opossumzähne

STECKBRIEF

Zu finden in Green River in Wyoming/USA und im Badlands-Nationalpark in South Dakota/USA.
Wegen der Seltenheit von Exemplaren mit Wirbeln, erheben die meisten Länder Beschränkungen für deren Sammlung durch Amateure.

€ O S D C P Tr J K T

Mesohippus

Versteinerter Salamander

Gestein lösen oder sind oft nur bruchstückhaft erhalten. Aus diesen Gründen ist für das Sammeln von Wirbeltierfossilien eine Profiausrüstung und sorgfältige Vorbereitung unentbehrlich.

Der beste Ort, um Fossilien von Wirbeltieren zu finden, ist immer noch ein Museum, in dem sie sorgfältig für die Ausstellung präpariert wurden. In der Natur findet man Wirbeltierfossilien theoretisch in allen Gesteinsformationen der früheren Lebensräume, ob zu Wasser oder auf dem Land. Aber da nur wenige Überreste erhalten blieben, ist die Suche sehr mühsam und Zeit raubend. Aber wenn man einmal etwas gefunden hat, liegen meist weitere Knochen in der Nähe.

Fossilien von höheren Wirbeltieren sind primär in Ablagerungen aus der Nähe von Gewässern, am Meer, im Seeboden oder an Flussbetten zu finden. Auch Sedimente in Höhlen können Knochen von Höhlen bewohnenden Wirbeltieren bergen. Knochen sind in älteren Bodensedimenten eher selten, da sie meist durch chemische Prozesse zerstört sind. Das Knochenmaterial ist zwar hart, wird aber schnell zersetzt. Fossile Knochen sind sehr zerbrechlich und müssen chemisch stabilisiert werden. Nicht nur deshalb sollten große Wirbeltiere nur von Experten geborgen werden.

Am ehesten haben sich fossile Zähne von Wirbeltieren erhalten, da sie aus hartem Zahnschmelz bestehen. Frühe Wirbeltiere lassen sich meist anhand dieser Zähne bestimmen. Viele Reptilien- und Amphibienzähne sind aber sehr ähnlich und lassen sich als Einzelfunde nur schwer zuordnen. Die ungewöhnlichsten Wirbeltierfossilien finden sich im Permafrostboden, der sich auf der Nordhalbkugel von Asien bis nach Nordamerika erstreckt.

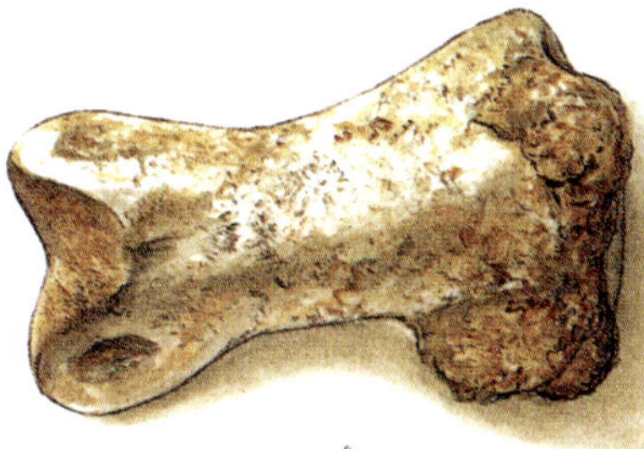

Daumenknochen eines Kängurus

Nagetierunterkiefer

Mastodon-Kiefer

Fossilien-Fundstätten

Die Ediacara-Fauna

Leben gibt es auf der Erde bereits seit 3,6 Milliarden Jahren, doch die einzelligen Lebewesen der Urzeit haben kaum Spuren hinterlassen. Die ältesten bekannten Fossilien sind Bakterien aus Australien, sie sind 3,5 Milliarden Jahre alt. Anhand von gefundenen Abdrücken wissen wir aber, dass vor 1 Milliarde Jahren bereits sehr viel komplexer strukturierte Organismen gelebt haben.

Der Wurm-Vorfahr Dickinsonia costata.

Die ältesten Fossilien mehrzelliger Lebewesen sind zwischen 570 und 700 Millionen Jahre alt. Diese Weichtiere verdanken ihren Gruppennamen „Ediacara-Fauna“ der Region Ediacara in Südaustralien, wo man sie 1947 in erstaunlich großer Zahl entdeckt hat. Einzelne Exemplare fand man vorher schon in England und Afrika, größere Fundgebiete gibt es auch in mehreren europäischen Ländern, in Südwestafrika, den USA, Kanada und Russland.

Ediacara-Organismen fand man in ehemals flachen Meeresgebieten, wahrscheinlich von den Gezeiten geprägt, wo die Tiere angeschwemmt wurden. In Australien erkannte man in einigen Exemplaren die Vorfahren heute noch existierender Arten. Ungefähr 30 Tierarten ließen sich zuordnen, zum Beispiel Würmer, Quallen und Seefedern.

Quallen sind mit ungefähr 15 bekannten Arten am häufigsten in der Ediacara-Fauna vertreten. *Mawsonia* ist mit ca. 13 Zentimeter Durchmesser eine der größeren Quallen der damaligen Zeit. Sie wurde nach Sir Douglas Mawson benannt, einem australischen Paläontologen, der einige der ersten Ediacara-Arten erforscht hat.

Außerdem wurden drei Wurmarten in der Ediacara-Fauna gefunden, darunter der etwa 7,5 Zentimeter lange *Dickinsonia*. Nach eingehender Untersuchung konnte man bei ihm eine Bauchhöhle, aber weder Augen noch Mund feststellen. Auch drei weiche Korallenarten, die so genannten Seefedern, die in Kolonien lebten und bis zu 60 Zentimeter lang wurden zählen zur Ediacara-Fauna. Zu den außergewöhnlichen Arten

STECKBRIEF

Zu finden in den Ediacara Hills im Bundesstaat Südaustralien, im Charnwood Forest in Großbritannien, in Mistaken Point in Neufundland/Kanada, im South Australian Museum in Adelaide/Bundesstaat Südaustralien, im American Museum of Natural History in New York, in der Smithsonian Institution in Washington, D.C./USA und im Britischen Museum in London, Großbritannien

€ O S D C P Tr J K T

der Ediacara-Fauna gehört *Tribrachidium*, ein rundes Tier von etwa 2,5 Zentimeter Durchmesser mit drei strahlenförmigen „Armen". Ebenfalls ziemlich ungewöhnlich ist *Parvancorina*, mit seiner bis zu 2,5 Zentimeter langen elliptischen Form und einer breiten, ankerförmigen Vertiefung an der Oberfläche. Man vermutet, dass *Parvancorina* ein früher Vorfahr der Gliederfüßer (Arthropoden) ist.

Beim Versuch, die Systematik der Ediacara-Organismen den bereits bekannten Arten zuzuordnen, stieß man schnell auf Probleme. Obwohl manche Ediacara-Fossilien an heute existierende Tiere erinnern, findet man bei eingehender Untersuchung ebenso viele Merkmale, die sie von ihnen unterscheiden. Die Ediacara-Fossilien sind zwar unterschiedlich, aber allesamt nach einem Grundbauplan strukturiert, was darauf schließen lässt, dass die gesamte Gruppe miteinander verwandt war, sie aber möglicherweise keine bis heute überlebenden Nachkommen haben.

Tribrachidium (oben) und eine Qualle (links).

Eine andere Theorie geht davon aus, dass die Ediacara-Fossilien eigentlich Überreste von Flechten sind, einer Lebensgemeinschaft, die bestimmte Algen und Pilze eingehen, die auch heute noch häufig vorkommen, sowohl in Süßwasser- als auch in flachen Salzwassergebieten. Die Verfechter dieser Theorie halten es für unwahrscheinlich, dass Weichtiere wie Quallen so eindrucksvolle Fossilien wie die Ediacara-Funde hinterlassen konnten. Dies wäre bei Flechten mit ihrem härteren Körper eher denkbar. Manche Ediacara-Arten scheinen jedoch in Wassertiefen gelebt zu haben, die für Flechten unbewohnbar gewesen wären, da diese Licht zum Wachsen benötigen.

Die wahre Identität der Ediacara-Fauna wird wohl nie gänzlich geklärt werden, aber ihre Fossilien sind immerhin der Beweis, dass es schon vor 570 Millionen Jahren relativ komplizierte Lebensformen gab.

Die Burgess-Schiefer-Fauna

Im Kambrium entwickelte sich das Leben schnell aus einigen relativ einfachen Formen hin zu einer großen Zahl komplexer Organismen. „Schnell" für geologische Verhältnisse ist dabei relativ zu sehen, der gesamte Prozess nahm immerhin mehr als 60 Millionen Jahre in Anspruch. An den Fossilien von hartschaligen Organismen lässt sich diese Explosion des Lebens nur im Ansatz nachvollziehen, doch die äußerst seltenen Fossilienfunde von Lebewesen mit weichem Körper geben ein äußerst eindrucksvolles Bild von der Dramatik dieser Entwicklung. Die bekannteste Weichtier-Fauna des Kambriums fand man im kanadischen Burgess Shale (Shale: engl. Schiefer) in British Columbia.

Die Burgess-Schiefer-Fauna wurde 1909 vom berühmten amerikanischen Paläontologen Charles Doolittle Walcott (1850–1927) auf einer geologischen Expedition an einem Berghang entdeckt. Die Fauna stammt aus dem mittleren Kambrium, ist also 540 Millionen Jahre alt, und enthält über 140 Tierarten, die meisten davon kleiner als 2,5 Zentimeter. Ein Grund dafür, dass dort so viele verschiedene kleine und zartgliedrige Organismen konserviert wurden, könnte sein, dass der Fundort damals größtenteils sehr tief unter Wasser in der Nähe des Kontinentalschelfs gelegen hat. Tiere, die an den Rändern des Schelfs lebten, fielen vielleicht hinein und landeten im weichen, feinkörnigen Schlamm am Boden, wo das Wasser auch für Aasfresser zu tief war, um ihre Überreste zu fressen. Höchst erstaunlich an der Burgess-Schiefer-Fauna ist die Vielfalt an Organismen, die wahrscheinlich gegen Ende des Kambriums schon wieder ausgestorben waren. Es sind allerdings nicht einfach nur verschiedene Unterarten, sondern Tiere mit ganz unterschiedlichen

STECKBRIEF

Zu finden im Burgess-Schiefer in Britisch-Kolumbien/ Kanada, im American Museum of Natural History in New York/USA und in der Smithsonian Institution in Washington, D.C./USA.

€ O S D C P Tr J K T

Eingegrabener *Priapulide Ottoia* (linke Seite) aus Burgess. Greiforgane des *Anomalocaris* (unten).

Körperstrukturen wie zum Beispiel Spinnen und Krebse. Viele dieser Tiere scheinen Gliederfüßer (Arthropoden) zu sein, es gibt aber auch zahlreiche Organismen, deren Herkunft völlig im Dunkeln liegen. In der Tat gibt es in der Burgess-Schiefer-Fauna mehr unterschiedliche Lebewesen, als heute noch auf der gesamten Welt existieren, was unser Verständnis von der Entwicklung des Lebens auf eine schwere Probe stellt.

Man geht im Allgemeinen davon aus, dass sich das Leben im Laufe der Zeit aus einfachen Formen zu immer komplexeren Organismen entwickelt hat. Doch die Burgess-Schiefer-Fauna legt nahe, dass die Entstehung des Lebens ein Selektionsprozess war, bei dem nur wenige Organismen aus früheren, zuvor sehr artenreichen Faunen überlebt haben. Die Burgess-Schiefer-Fauna ist die wohl bekannteste Weichtier-Fauna des Kambriums, es gibt aber durchaus ähnliche, etwa in China, den USA und Australien. Sie alle zeigen das gleiche seltsame Phänomen wie im Burgess-Schiefer: Im Kambrium war das Leben erstaunlich vielfältig.

Eines der interessantesten Tiere aus der Burgess-Schiefer-Fauna ist *Anomalocaris*, ein bis zu 60 Zentrimeter langer Fleischfresser. Er bestand wohl zum größten Teil aus weichem Gewebe, das nach seinem Tod sehr schnell in seine Einzelbestandteile zerfiel. Zunächst nahm man an, dass es sich bei den gefundenen Fossilien um verschiedene Tiere handelte. Die Greiforgane hielt man zum Beispiel für Garnelen. Inzwischen haben Wissenschaftler jedoch erwiesen, dass alle gefundenen Fossilienteile zu ein und demselben Tier gehörten.

Marrella splendens, ein Arthropode.

Die Hunsrückschiefer-Fauna

Eine der bedeutendsten Fossilien-Fundstätten aus dem mittleren Paläozoikum ist die Hunsrückschiefer-Fauna im deutschen Rheinland bei Bundenbach, Wissenbach und Gemünden. Zahlreiche spektakuläre Fossilien aus dem frühen und mittleren Devon sind im Hunsrückschiefer außerordentlich gut erhalten. Die Hunsrückschiefer-Fauna umfasst vor allem Seesterne, Trilobiten, andere Arthropoden und Cephalopoden.

Erstaunlich an der Hunsrückschiefer- und der Burgess-Schiefer-Fauna ist, dass neben den typischen harten Fossilien wie Schalen oder Panzer auch die Weichteile der Organismen und sogar Tiere erhalten blieben, die gänzlich aus weichem Gewebe bestanden. Die Fossilien aus der Hunsrückschiefer-Fauna sind als Pyritgebilde in Schiefer konserviert und ermöglichen sogar detaillierte Röntgenbilder. Normalerweise bestehen Fossilien nur aus den harten Körperteilen, auf die Weichteile kann daher, vor allem bei ausgestorbenen Arten, anhand von Fossilienfunden nur selten geschlossen werden. Diese überaus seltenen „weichen" Fossilien liefern uns außergewöhnliche Einblicke in den gesamten Organismus. Die Untersuchung von Cephalopoden-Fossilien aus der Hunsrückschiefer-Fauna ergab beispielsweise, dass manche Arten ihre Schale außen am Körper trugen, während andere aus einem harten Innenskelett mit umgebendem Weichkörper bestanden. Solche Erkenntnisse lassen sich an „harten" tierischen Überresten nur selten gewinnen.

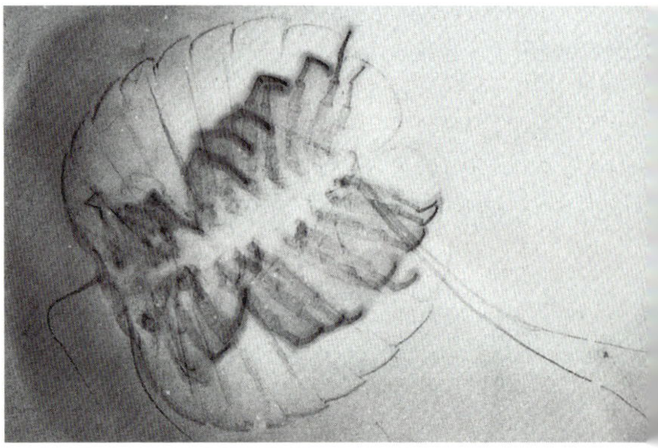

Röntgenaufnahme eines *Cheloniellon calmani,* eines ungewöhnlichen Arthropoden.

STECKBRIEF

Zu finden in Bundenbuch, in Wissenbach und in Gemünden in Deutschland,

im Senckenberg-Museum in Frankfurt a.M./Deutschland und im Institut für Paläontologie in Bonn/Deutschland.

€ O S D C P Tr J K T

In der Hunsrückschiefer-Fauna wurden äußerst ungewöhnliche Fossilien gefunden. *Mimetaster* ist ein bizarrer Arthropode, der zahlenmäßig beinahe die Hälfte der dortigen Funde ausmacht. Doch obwohl er hier so häufig vorkam, fand man ihn bislang nirgendwo anders. Er hat zwei Stielaugen und zwei kräftige Beinpaare. Ein ebenfalls äußerst

Schlangenstern aus dem Devon, Deutschland

seltsamer Gliederfüßer ist *Vasconisia* mit seiner zweiteiligen Schale, die fast den ganzen Körper umschließt. Er hat keine Augen, dafür aber drei Laufbein-Paare am Kopf. Zwei paarweise angeordnete Mundwerkzeuge dienten wohl der Nahrungsaufnahme. *Mimetaster* ernährte sich wahrscheinlich von winzigen Mikroorganismen aus dem Sediment, *Vasconisia* war wohl entweder Fleisch- oder Aasfresser.

Während bei diesen beiden ungewöhnlichen Tieren eine Verwandtschaft als sehr wahrscheinlich erscheint, weiß man nichts über weitere mit ihnen verwandte Arten. Es besteht allerdings die Möglichkeit, dass die beiden Tiere mit der Art *Marrella* aus der Burgess-Schiefer-Fauna verwandt sind und mit ihnen eine Gruppe von Arthropoden bilden, die man nur aus diesen außergewöhnlich gut erhaltenen Frühzeitfaunen kennt. Auf jeden Fall gewähren Fundstätten wie der Hunsrückschiefer und der Burgess-Schiefer einen einzigartigen Einblick in ein breites Spektrum von Lebensformen zu einem ganz bestimmten Moment in der Vergangenheit. Diese Funde sind für unser heutiges Verständnis von der Entwicklung des Lebens und den damals herrschenden Umweltbedingungen von unschätzbarem Wert.

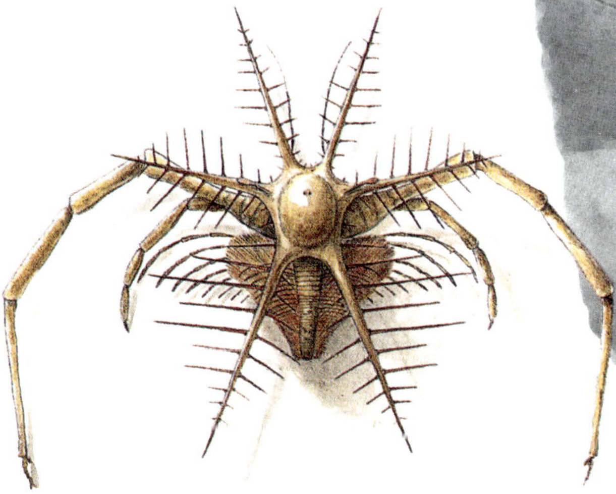

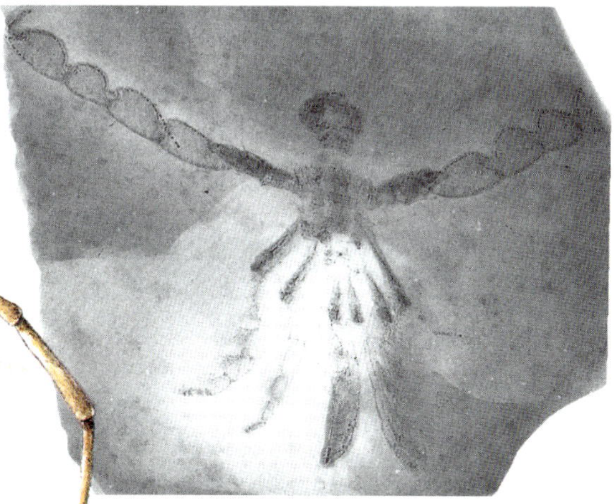

Mimetaster (links). Röntgenaufnahme von *Palaeisopus problematicus* (oben), einer von zwei bekannten Seespinnenarten.

Mazon-Creek-Lagerstätten

Im Karbon, das in den Vereinigten Staaten noch weiter in die Mississippi- und die Pennsylvania-Periode unterteilt wird, entstanden die ersten ausgedehnten Wälder. Die üppige Vegetation dieses Erdzeitalters war Grundlage der immensen Kohlenvorräte der Erde, die diesem Zeitalter auch seinen Namen gab. Die Wälder des Karbons waren hochkomplexe Ökosysteme.

Leider waren Kohlevorkommen nicht gerade die idealen Lagerstätten für Fossilien, dafür aber manche Sedimente in der direkten Nachbarschaft. Dies sieht man zum Beispiel in Illinois, wo sich das Mazon-Creek-Areal befindet. Hier verlief vor 300 Millionen Jahren ein Flussdelta durch eine Sumpflandschaft. In vielerlei Hinsicht glich Mazon Creek dem heutigen Louisiana, nur dass es früher um einiges wärmer war, da es damals nur ein paar Breitengrade vom Äquator entfernt lag.

Mazon Creek ist besonders, da dort extrem gut erhaltene Fossilien gefunden wurden. Tote Organismen versanken sofort im Schlamm der Flüsse und Bakterien, die das organische Material zersetzten, bildeten krustenartige Verhärtungen um die Überreste. So entstanden klumpenförmige, besonders harte Felsbrocken, die nach dem Aufbrechen hervorragend konservierte Fossilien enthüllen. Diese so genannten Knollen oder Konkretionen werden oft in Lehmschichten beim Tagebau gefunden.

Zahlreiche Konkretionen entdeckte man in Grundy, Will, Kankakee und Livingston in Illinois. Es lohnt sich durchaus, zum Beispiel an Baustellen für Straßen- oder Schienenbau, Felswänden oder Steinbrüchen danach zu suchen. Man findet Knollen auch in den Minen von LaSalle Country. Die Vielfalt und der ausgesprochen gute Konservierungszustand der Fossilien von Mazon Creek macht sie zu begehrten Sammlerobjekten.

STECKBRIEF

Zu finden in Mazon Creek im Nordosten von Illinois/USA, im Illinois State Museum in Springfield/Illinois (USA), im Field Museum of Natural History in Chicago/Illinois (USA) und im Burpee Museum of Natural History in Rockford/Illinois (USA).

Є O S D C P Tr J K T

Ein Farn aus Mazon Creek. *Neuroptis* (oben). Ein spinnenartiger *Arachnide* (rechts): 14 seltene Funde von fossilen Spinnenarten stammen aus der Gegend.

Euphoberia-Tausendfüßer, Mazon Creek

Tullimonstrum (links), die Qualle *Octomedusa pieckorum* (unten). Fossilien mit solchen feingliedrigen Tentakel sind eine absolute Seltenheit.

Der bizarrste und rätselhafteste Fund aus Mazon Creek ist ein zigarrenförmiges, segmentiertes Tier mit schaufelartigem Schwanz, schildförmiger Schnauze und einer bezahnten Klaue. Es wird nach seinem Entdecker Francis Tully *Tullimonstrum gregarium* genannt und widersteht hartnäckig allen Versuchen, es irgendeiner Tiergruppe zuzuordnen. Das seltsame *Tullimonstrum* wurde zum offiziellen Fossil des Bundesstaates Illinois.

Die fossile Flora aus Mazon Creek besteht aus über 400 Pflanzenarten in über 130 Gattungen. Dominierende Arten sind Schachtelhalm, Farne und Moose. Die Mazon-Creek-Fauna mit ihren über 320 Arten lässt sich in zwei Gebiete unterteilen, die Essex- und die Braidwood-Fauna. Zur Essex-Fauna gehören Tiere, die früher wohl in den flachen Gewässern des Flusssystems gelebt haben, als Braidwood-Fauna fasst man die im Süßwasser und auf dem Land lebenden Arten der sumpfigen Landschaft zusammen. Zu den Tieren der Essex-Fauna zählt man Quallen, Würmer, Klaffmuscheln, Schnecken, Garnelen und Fische, während die Braidwood-Fauna Insekten, Tausendfüßer, Skorpione, Spinnen, Ostracoden, Garnelen, Krebse, Fische und Amphibien umfasst.

Auch Koproliten findet man in den Knollen aus dem Mazon Creek. Zu den absoluten Raritäten gehört der Fund von jungen Neunaugen, an denen noch der Dottersack hängt. Das Vorkommen von Salzwasser- und Süßwasserorganismen ist wahrscheinlich das Ergebnis starker Stürme, die Meereslebewesen in das Flussdelta geschwemmt haben.

Das Karroo-Becken

Im Zeitalter von Perm und Trias nahm eine der wichtigsten Entwicklungen in der Geschichte des Lebens seinen Lauf: der evolutionäre Sprung vom Reptil hin zum Säugetier. Obwohl sie von den Reptilien abstammen, haben die heutigen Säugetiere einen völlig anderen Körperbau. Über die Bindeglieder zwischen der Ordnung der Reptilien und der Säugetiere wusste man bis zur Entdeckung der Fossilienschichten im Karroo-Becken in Südafrika recht wenig, erst zwischen 1890 und 1930 begann man, die spektakulären Funde systematisch zu untersuchen.

Das Karroo-Becken, eine ausgedehnte Landmasse, die sich über einen Großteil des heutigen Südafrika erstreckt, besteht fast ausschließlich aus Sedimenten aus dem Perm und Trias. Ältere Ablagerungen des Beckens verraten, dass sich im Norden Gletscher befanden, jüngere Sedimente weisen auf einen warmen, von Jahreszeiten beeinflussten Lebensraum hin. In Trias und Perm bestand das Karroo-Becken wahrscheinlich aus einem Flusssystem, das in ein südlich gelegenes Meer mündete. Die dort lebenden Tiere, deren fossile Überreste im gesamten Becken in großer Zahl zu finden sind, entwickelten sich von Reptilien zu Säugetieren. In den älteren Sedimenten der tiefer liegenden Erdschichten fand man Überreste von Reptilien, die bereits einzelne Merkmale von Säugetieren aufwiesen – Tiere wie den *Dicynodont* mit zwei Fangzähnen, ähnlich wie bei Hunden, und den wolfsartigen *Lycaenops*. Als Gemeinsamkeit mit Säugetieren hatten diese säugetierähnlichen Reptilien bereits große Löcher auf jeder Schädelseite, an der die Muskeln für das

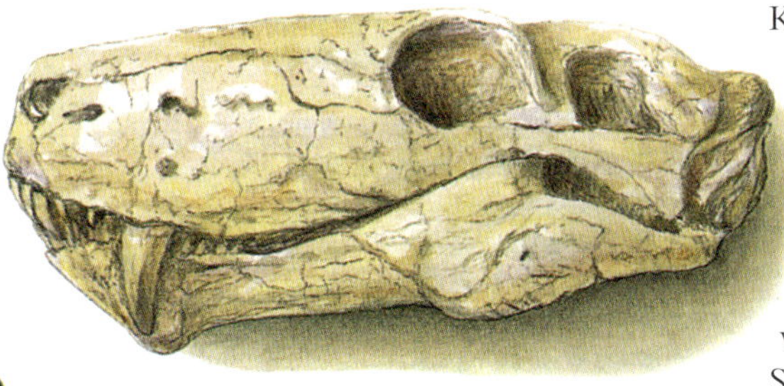

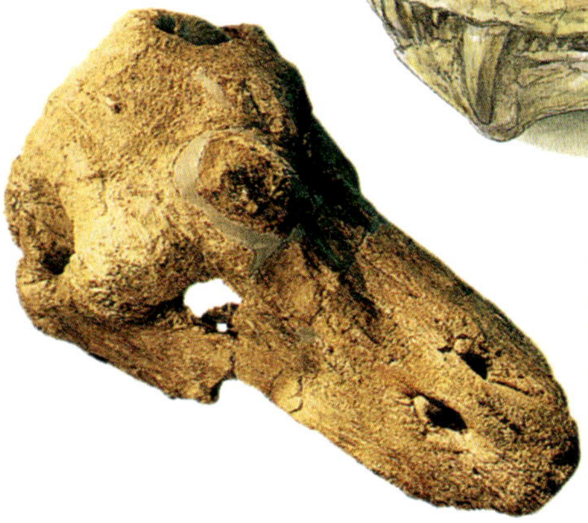

Anhand der Schädel eines *Gorgonops* (Mitte) und eines *Dinocephalus* (oben) kann man die Entwicklung von Reptilien zum Säugetier nachweisen.

STECKBRIEF

Zu finden im Karroo-Becken in Südafrika,

im South African Museum in Kapstadt/Südafrika und im Britischen Museum (Abteilung für Naturgeschichte) in London/Großbritannien.

Є O S D C P Tr J K T

Zwei Dicynodons in ihrer Wohnhöhle im Sand

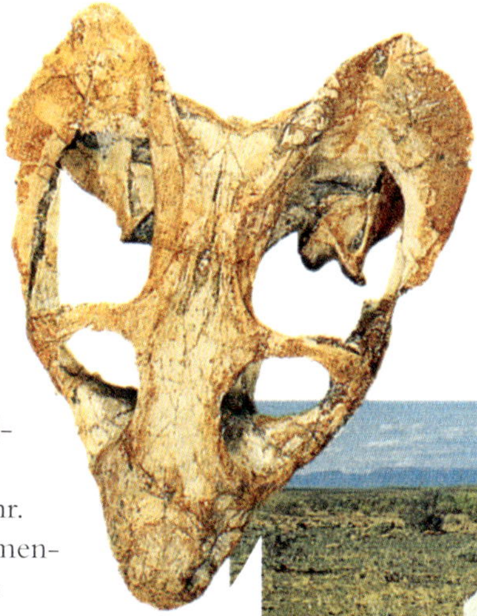

Präparierter *Oudenodon*-Schädel (links). Ein großes *Bradysaurus*-Skelett (unten) wird ausgegraben.

Kiefergelenk befestigt sind. Allerdings bestand ihr Kiefer reptilientypisch noch aus vier großen Knochen, mit einem einzelnen Knochen im Ohr.

In den Sedimenten des Karroo-Beckens sind über einen Zeitraum von 50 Millionen Jahren verschiedenste Tierarten durch Überreste dokumentiert. Die Geschichte ihrer Evolution kann anhand der Fossilien genau nachvollzogen werden. Zum Zeitpunkt, als die letzten Sedimente entstanden, waren die primitiven säugetierähnlichen Reptilien des Perm bereits Arten gewichen, die weit mehr an heutige Säugetiere erinnern – bei Tieren wie dem *Thrinaxodon* bestand der Kieferknochen bereits aus einem einzigen Knochen, die restlichen Kieferknochen seiner Reptilienvorfahren hatten dafür neue Aufgaben im Innenohr übernommen.

Säugetierartige Reptilien und ihre Nachfahren, reptilienartige Säugetiere, beherrschten das Karroo-Becken im Perm und im Trias, doch gegen Ende des Trias tauchte eine neue Gruppe von Lebewesen auf, die für die nächsten 160 Millionen Jahre die Vorherrschaft über die irdischen Lebensräume antreten sollte: die ersten Dinosaurier, unter ihnen der 12 Meter lange *Euskelosaurus*, hinterließen ihre Spuren in den jüngsten Sedimenten des Karroo-Beckens. Man weiß nicht, warum die Säugetiere nach einem so viel versprechenden Start im späten Trias den Dinosauriern den Vortritt lassen mussten, doch während des gesamten Zeitalters der Dinosaurier waren Säugetiere kaum größer als eine Katze und beschränkten ihren Lebensraum auf kleine ökologische Nischen.

Einer der berühmtesten Erforscher des Karroo-Beckens war der Paläontologe Robert Broom aus Schottland, der später auch die ersten Fossilien des frühen Hominiden *Australopithecus* entdeckte.

Holzmaden und Solnhofen

Im Zeitalter des Jura waren große Teile Westeuropas von warmen, flachen Meeren bedeckt. Von den Bewohnern dieser frühen Meereslandschaft in Deutschland sind zahlreiche Fossilien erhalten. Holzmaden, in der Nähe von Stuttgart, ist eine Fundstätte von Fossilien aus dem frühen Jura. Im bayerischen Solnhofen findet man Überreste aus dem Ende dieser Periode. An beiden Fundstätten wurden Fossilien immer wieder zufällig während Steinbrucharbeiten entdeckt.

Ein sehr gut erhaltenes versteinertes Exemplar eines Pfeilschwanzkrebses aus Solnhofen.

Fossile Überreste von Meeresbewohnern aus dem Jura wie den delfinartigen *Ichthyosaurus*, den langhalsigen *Plesiosaurus* und den kurzhalsigen *Pliosaurus* fand man an mehreren Orten, aber nur sehr selten als vollständiges Skelett. In Holzmaden gibt es jedoch zahlreiche vollständige Skelette, die hervorragend bis ins kleinste Detail erhalten sind.

Manche Funde sind so perfekt, dass sogar der Mageninhalt oder ungeborene Embryonen im Bauch eines Weibchens noch zu erkennen sind. Ein bedauernswertes schwangeres *Ichthyosaurus*-Weibchen wurde ausgerechnet im Moment der Geburt konserviert. Zum Teil sind auch noch Haut- und Gewebeteile erhalten, von denen Rückschlüsse auch auf das Äußere und Innere der Tiere möglich sind. Diese seltenen Funde bieten einzigartige Einblicke in die Biologie dieser seit langem ausgestorbenen Kreaturen. So wissen wir heute, dass *Ichthyosaurus* eine Rückenflosse hatte und seine Jungen lebend zur Welt brachte, also keine Eier legte.

Auch viele Fisch- und Wirbeltierarten fand man in Holzmaden, und alle sind auf die gleiche Weise detailgetreu erhalten. Auf einem 9 Meter langen versteinerten Baumstamm fand man bis zu 1,8 Meter große Crinoiden. Dieser spektakuläre Fund beansprucht eine ganze Wand des Hauff-Museums

STECKBRIEF

Zu finden in Steinbrüchen in der Nähe von Holzmaden/Deutschland, in Steinbrüchen in der Gegend von Solnhofen/Deutschland,

im Urweltmuseum Hauff in Holzmaden/Deutschland, im Jura-Museum in Eichstätt/Deutschland und im Naturmuseum Senckenberg in Frankfurt a.M./Deutschland.

Є O S D C P Tr J K T

Stenopterygius-Ichthyosaurier (Fischsaurier), Hauff und Jünger, Holzmaden

in der Nähe der Lagerstätte. Holzmaden-Fossilien kann man auch in vielen naturgeschichtlichen Museen auf der ganzen Welt bewundern.

Holzmaden war früher der Boden eines breiten, flachen Meeres, Solnhofen dagegen ist eine ehemalige ruhige Lagune im Schutze riesiger Korallen- und Schwammriffe. Diese Lebensräume mit ihren feinen, weichen Sedimentablagerungen sorgten für eine hervorragende Konservierung der Überreste ihrer früheren Bewohner. Die fossilen Meereslebewesen aus Solnhofen sind äußerst vielfältig, von Quallen, Würmern, Muscheln und Ammoniten über Garnelen, Krabben und Hummer hin zu Rankenfüßern, Crinoiden, Pfeilschwanzkrebsen, Echinoiden und Seesternen bis zu Fischen. Pfeilschwanzkrebs-Fossilien findet man oft in größeren Gruppen, wenn die Tiere auf der gemeinsamen Suche nach einem neuen Lebensraum vom Tod überrascht wurden. Unter den Fossilien befinden sich auch frühe Landlebewesen wie Insekten, Pflanzen, kleine Dinosaurier, Eidechsen, Krokodile und fliegende Reptilien (Pterosaurier). Doch der wahrscheinlich bedeutendste Fund von Solnhofen sind die zehn Exemplare des Urvogels *Archaeopteryx*. Dieser kleine Dinosaurier war mit Flügeln ausgestattet und ist der direkte Vorfahre unserer Vögel. In den Funden sind noch deutliche Abdrücke von Federn zu erkennen. Wäre er nicht so hervorragend im Solnhofener Kalkstein konserviert worden, wüsste man bis heute nicht, dass er ein Federkleid besaß. Ohne den Fund des *Archaeopteryx* wäre die Entstehung der Vögel zeitlich unmöglich einzuordnen gewesen.

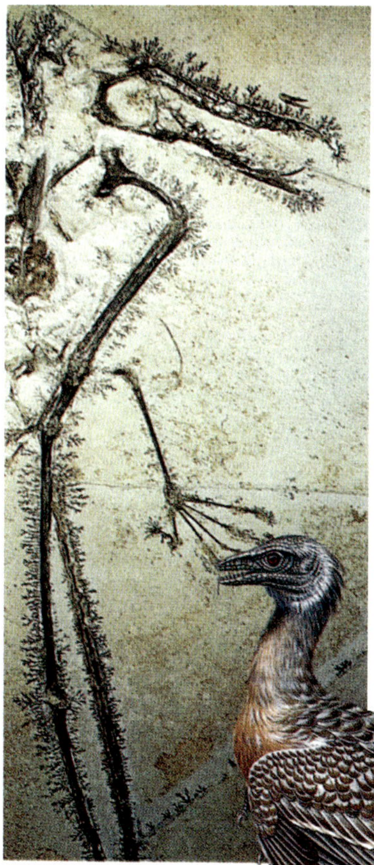

Das fliegende Reptil *Rhamphorynchus* (oben) und eine Rekonstruktion des *Archaeopteryx* (rechts), beide aus Solnhofen.

Opalfossilien

Opale mit ihren schillernden Farben gehören zu den schönsten Edelsteinen und sind seit Menschengedenken begehrt. Opal ist ein Mineral, das aus Siliziumdioxid besteht, aus dem man auch Glas gewinnt. Wenn mit Silizium gesättigtes Wasser in einen Felsen eindringt, oxidiert das Silizium zu Siliziumdioxid und wird zu Opal. Festes Siliziumdioxid sammelt sich oft in Hohlräumen und Spalten im Gestein. Diese Räume können durch Blasen und Unregelmäßigkeiten im Felsmaterial entstehen, manchmal sind sie jedoch auch der Abdruck eines im Sediment vergrabenen Lebewesens. In diesen Fällen entsteht in Verbindung mit Siliziumdioxid eine Opalfossilie.

Opalfossilien gibt es auf der ganzen Welt, doch die meisten stammen aus Sedimenten der frühen Kreidezeit in Australien. Diese Sedimente sammelten sich auf dem Boden eines großen Binnenmeers, deren Lebewesen dort häufig begraben wurden. Manche dieser Überreste wurden später zu Opalfossilien, am häufigsten Schalentiere wie Muscheln und Gastropoden. Opalisierte Belemniten (ein geradschaliger Nautiloid), opalisierte Knochen und sogar ganze Skelette wurden gefunden. Letztere sind jedoch sehr selten. Nur ungefähr ein Dutzend halbwegs vollständige opalisierte Skelette sind bekannt. Die meisten Knochen gehören zu Meerestieren, vor allem *Plesiosauren* und *Pliosauren*, aber auch zu einigen *Ichthyosauren*.

1993 gelangte ein *Pliosaurus* in Australien zu einiger Berühmtheit, als er nach Übersee verkauft werden sollte. Innerhalb weniger Monate sammel-

Polierte Belemniten-Opalfossilie (links) und opalisierte Gastropodenschale (rechts).

STECKBRIEF

Zu finden in Coober Pedy und in Andamooka im Bundesstaat Südaustralien, in White Cliffs und in Lightning Ridge im Bundesstaat New South Wales in Australien,

im Australian Museum in Sydney/Australien und im South Australian Museum in Adelaide/ Australien.

Ꞓ O S D C P Tr J K T

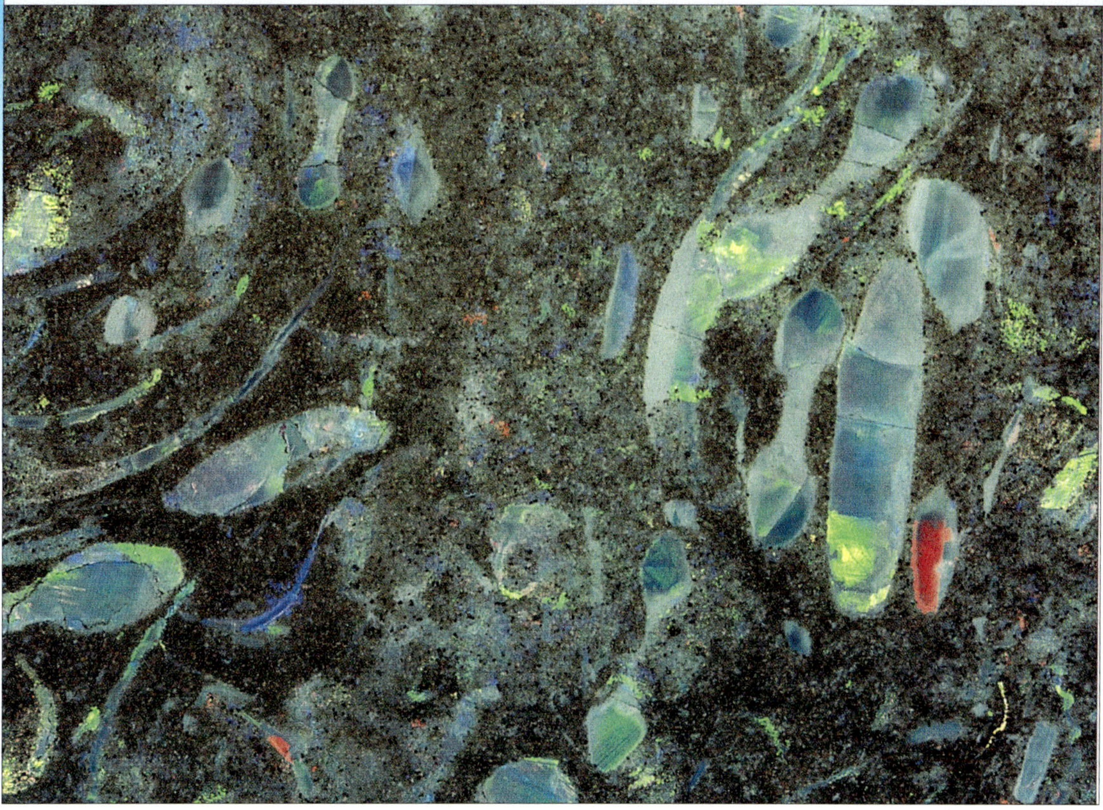

Opalisierte, marine Fossilien in einer geschliffenen Steinplatte

ten die Australier nach Spendenaktionen, die vor allem von Grundschulkindern ausgingen, fast 400 000 Dollar, um Eric (so der Spitzname des Fossils) zu retten. Eric ist heute im Australian Museum in Sydney ausgestellt.

Landlebende Tiere sind ausgesprochen selten in Opal konserviert, doch in Andamooka in Südaustralien und in Lightning Ridge in New South Wales wurden sogar solch seltene Exemplare gefunden. Von Landlebewesen wie Dinosauriern und Säugetieren fand man allerdings nur Einzelteile, die ins Meer gespült worden sind. Die einzigen bekannten Säugetier-Opalfossilien wurden ebenfalls in Australien gefunden und stammen aus dem Zeitalter der Dinosaurier. Dabei handelt es sich um zwei Kieferteile, die in Lightning Ridge gefunden wurden. Manche australische Dinosaurier wie den *Walgettosuchus* und den *Rapator* kennt man nur aufgrund einzelner weniger opalisierter Knochenfunde.

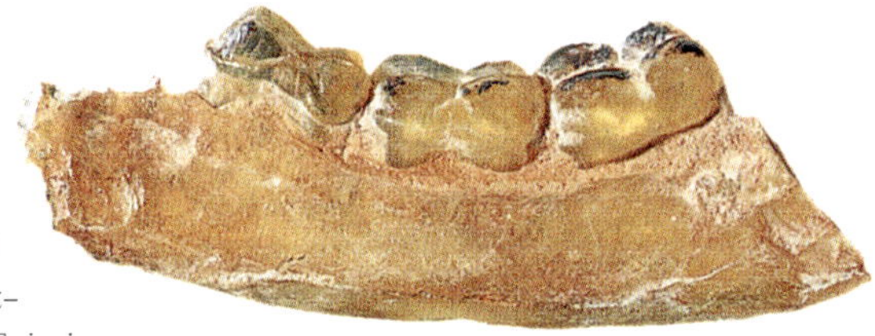

Opalisierter Kiefer von *Kollikodon*, einem Eier legenden Säugetier (links). Beim Durchleuchten (unten) erkennt man, was im Opalfossil verborgen ist.

Opalfossilien wurden meist von Opalsammlern entdeckt, die auf ihrer Jagd nach den wertvollen Edelsteinen tiefe Stollen ins Erdreich trieben. Eine Opalfossilie besteht meistens aus einem gewöhnlichen Opal mit nur wenigen Farbschattierungen, ab und zu findet man jedoch auch Fossilien in den typischen schillernden Farben des Opals. Diese extrem seltenen Exemplare sind weltweit begehrte und äußerst teure Sammlerstücke.

Die beiden kleinen Säugetiere, die man ausschließlich von Opalfossilien her kennt, heißen *Steropodon* und *Kollikodon*. Diese katzengroßen Tiere sind *Monotremen*, Eier legende Säugetiere wie die einzigen noch lebenden Arten *Platypus* und *Echidna*. Die flachen, abgerundeten Zähne von *Kollikodon* lassen darauf schließen, dass er sich vielleicht hauptsächlich von Muscheln ernährt hat. Die schärferen Zähne des *Steropodon* sprechen dafür, dass es sich um einen Fleischfresser handelt.

Dinosaurier-Fundstätten

Ausgrabung von *Centrosaurus*-Knochen.

Über 160 Millionen Jahre lang, vom späten Trias bis zum Ende der Kreidezeit, beherrschten Dinosaurier die Erde. Ihre fossilen Überreste fand man auf allen Kontinenten, sogar in der Antarktis, doch in einigen Regionen traten sie besonders zahlreich auf. Eines der größten Verbreitungsgebiete ist der westliche Teil Nordamerikas. Dinosaurier lebten auf dem Land, eigentlich ein schlechter Ort, um Fossilien zu hinterlassen, aber während des Mesozoikums, im Zeitalter der Dinosaurier, war ein Großteil des westlichen Nordamerikas von riesigen Flusssystemen durchzogen, die in ein Binnenmeer mündeten. Die Sedimente der Flussgebiete beherbergen neben anderen fossilen Tierarten die verschiedensten Dinosaurier.

Das Gebiet zwischen Vernal und Price in Utah und Grand Junction in Colorado ist besonders reich an Dinosaurierfossilien und wird daher auch Dinosaurierdreieck genannt. Die meisten Fossilien stammen aus dem Jura, es gibt aber auch Überreste aus Trias und Kreide. Die wahrscheinlich berühmteste Fundstätte ist das Dinosaur National Monument östlich von Vernal. In diesem Steinbruch fand man die Überreste von an die 100 Individuen aus insgesamt zehn verschiedenen Arten. Die meisten sind Langhals-Dinosaurier wie *Diplodocus, Apatosaurus, Camarasaurus* und *Barosaurus*. Es gibt aber auch noch andere Pflanzenfresser wie Stegosaurus, *Dryosaurus* und *Camptosaurus* sowie Fleischfresser wie *Allosaurus* und *Ceratosaurus*. Die Funde sind hier so zahlreich, weil die toten Körper der Saurier von einem mächtigen Fluss auf eine Sandbank geschwemmt und begraben wurden. Im öffentlich zugänglichen Dinosaur National Monument kann man eine Viel-

STECKBRIEF

Zu finden im Naturschutzgebiet Dinosaur National Monument in Utah/USA, im Steinbruch Cleveland-Lloyd Quarry in Utah/USA, im American Museum of Natural History in New York/USA, im Britischen Museum (Abteilung für Naturgeschichte) in London/Großbritannien und im Royal Tyrrell Museum in Drumheller/Alberta (Kanada).

Є O S D C P Tr J K T

Knochenfundstelle des Centrosaurus, Alberta, Kanada

zahl gut erhaltener Exemplare bewundern, die immer noch halb im Steinbruch stecken.

Eine weitere berühmte Fundstätte im Dinosaurier-Dreieck ist der Steinbruch Cleveland-Lloyd-Quarry südlich von Price.

Jüngere Sedimente aus der Kreidezeit im Westen und Norden des Dinosaurierdreiecks enthalten ganz andere Dinosaurierarten. Der Dinosaur Provincial Park in Alberta, Kanada, wurde aufgrund seiner reichen Fossiliendepots gegründet. Zusammen mit dem Royal Tyrrell Museum bei Drumheller ist dieses Gebiet ein Mekka für Dinosaurierfans, mit großartigen Ausstellungsstücken sowie Fossilien, die selbstständig aus dem Boden erodiert sind.

Die Funde in Alberta stammen aus der letzten Phase des Zeitalters der Dinosaurier und zeigen ungewöhnliche Saurier mit Entenschnäbeln oder Hörnern. In einem Sammelgrab liegen die Überreste von tausenden Individuen einer gehörnten Saurierart, die dem *Centrosaurus* ähnelt. Diese Art scheint in großen Herden mit vielleicht zehntausenden von Individuen gelebt zu haben, die auf Nahrungssuche weit über den Kontinent zogen. Bei diesen Wanderungen mussten auch reißende Flüsse überquert werden, was einige Tiere das Leben kostete. Ihre Überreste wurden vom Fluss fortgetragen. Die Skelette der toten Tiere lagerten sich schließlich dort ab, wo das Wasser ruhig wurde, und deshalb sind an diesen Stellen so viele Saurier zu finden.

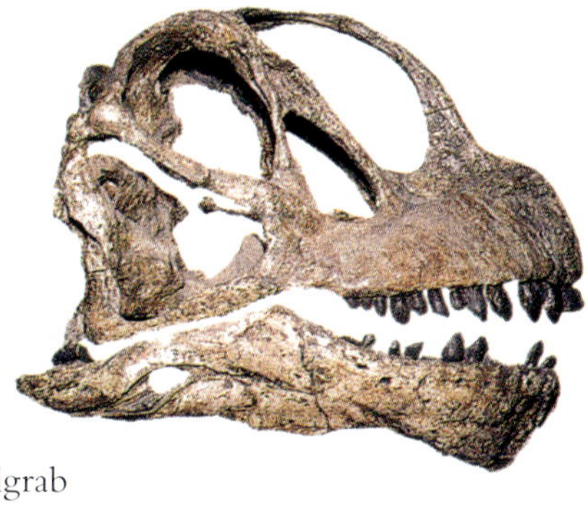

Schädel eines *Camarasaurus* (oben) und Skelett eines *Triceratops* (rechts).

Sauriereier und Saurierspuren

Fossile Tierspuren, versteinerte Eier und Jungtiere verraten weitaus mehr über das Sozialverhalten von Dinosauriern als Knochenfunde. Es gibt zahlreiche versteinerte Fußabdrücke, fossile Eier sind jedoch seltener und bestehen meist nur aus Schalenbruchstücken. Solche Bruchstücke fand man 1859 in Südfrankreich, doch ganze Dinosauriereier und Nester mit frisch geschlüpften Jungtieren entdeckte ein Forscherteam des American Museum of Natural History erstmals 1923 in der Mongolei. Seither gab es weitere Funde an über 200 Fundstätten in Nord- und Südamerika, Europa, Asien und Afrika. Ein bekannter Fundort ist der entsprechend benannte Egg Mountain („Eierberg") in Montana. Hier entdeckte man riesige Dinosaurier-Brutstätten mit mehreren hundert Nestern.

Sauriereier sind in der Regel viel kleiner, als man vielleicht erwarten würde. Das größte bisher bekannte Ei ist 30 Zentimeter lang und 25 Zentimeter breit mit einem Volumen von 3,3 Litern. Es ist noch nicht einmal doppelt so groß wie ein Straußenei, obwohl es von einer Saurierart stammt, die bis zu 12 Meter lang werden konnte.

Aus zahlreichen Eier- und Nesterfunden wissen wir inzwischen, dass zumindest manche Dinosaurier ihren Nachwuchs ähnlich wie Vögel in Brutkolonien mit oft weit mehr als tausenden von Nestern aufzogen. Am Egg Mountain blieben die Saurierbabys nach dem Schlüpfen noch einige Zeit im Nest, was man daran erkennt, dass die Eierschalen von den im Nest herumhüpfenden Jungtieren zertreten wurden und dass Jungtiere als Fossilien in ihren Nestern konserviert sind. Diese fossilierten Jungtiere waren bereits weit über das Kükenstadium hinaus entwickelt. Außerdem zeigen die Zähne dieser Saurierbabys Abnutzung durch Fütterung, was darauf schließen lässt, dass die Eltern die Jungtiere mit Nahrung versorgt haben. Diese und viele weitere interessante Details über das Verhalten der Saurier verdanken wir der gewissenhaften Erforschung des Egg Mountain.

Diese nistenden Dinosaurier wurden aufgrund ihres fürsorglichen Wesens *Maiasaura*

Saurierspuren in der Morrison Formation in Colorado, USA.

STECKBRIEF

Zu finden in der Wüste Gobi in der Mongolei, am Egg Mountain in Montana/USA, im American Museum of Natural History in New York/USA und im Britischen Museum (Abteilung für Naturgeschichte) in London/Großbritannien.

€ O S D C P Tr J K T

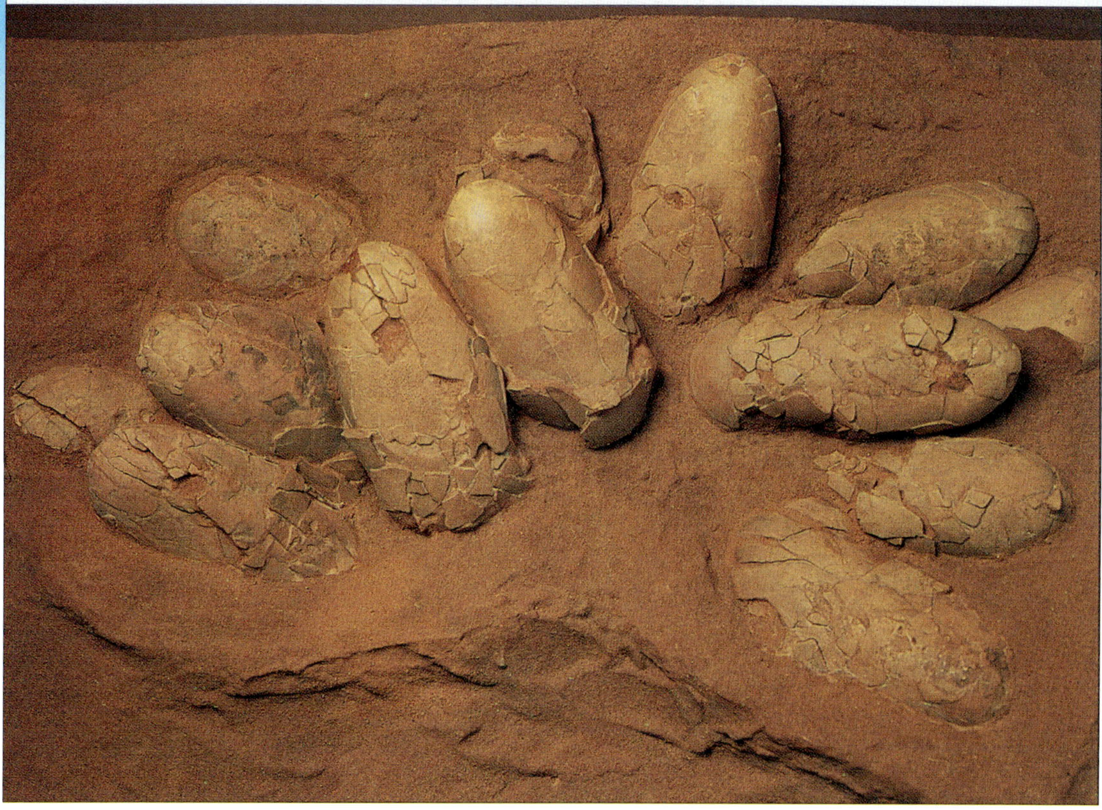

(„Gute-Mutter-Eidechse") genannt. Dinosaurier-Fußspuren und -Pfade wurden überall auf der Welt gefunden. Fossile Fußabdrücke in Massachusetts hielt man zunächst fälschlicherweise für Spuren eines Riesenvogels. Der größte bekannte Fußabdruck eines Dinosauriers ist über 90 Zentimeter groß. Anhand ihrer Trampelpfade wissen wir, dass viele Dinosaurier in Gruppen lebten und gemeinsam umhergezogen sind. Diese Gruppen hatten auch eine soziale Struktur. Pfade beim Purgatoire River in Colorado zeigen eine Gruppe großer Langhals-Dinosaurier, die mit ihren Kindern in der Mitte durch das Land marschiert sind. Dieses markante Verhaltensmuster, das die Jungtiere vor Raubtierangriffen schützen sollte, findet man auch bei sozial lebenden Herdentieren aus der heutigen Zeit wie beispielsweise bei Elefanten. Saurierеier und -spuren lassen sich meist nur schwer einer bestimmten Saurierart zuordnen. Ein Nest, das in der Mongolei gefunden wurde, hielt man zum Beispiel zuerst für die Brutstätte des kleinen Pflanzen fressenden Sauriers *Protoceratops*, das Skelett eines in der Nähe gefundenen Fleischfressers identifizierte man nämlich als den Eierdieb *Oviraptor*. Inzwischen weiß man, dass die Eier dem *Oviraptor* selbst gehörten.

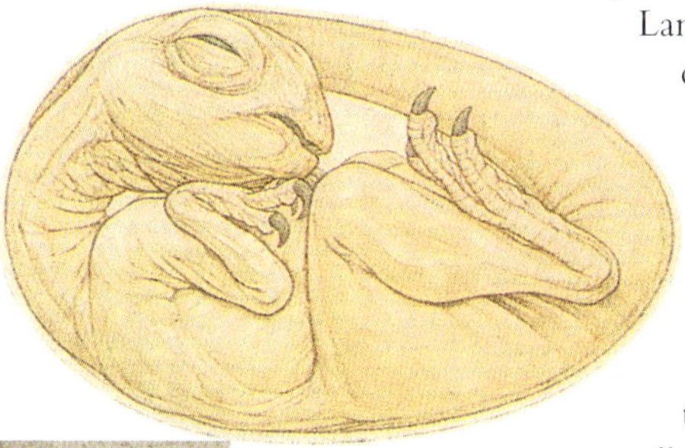

Dr. Roy Champman Andrews 1926 bei einem Nest mit Saurierеiern (unten) in der Mongolei. Dinosaurierembryo (rechts) und Skelett eines ungeschlüpften Saurierembryos (oben).

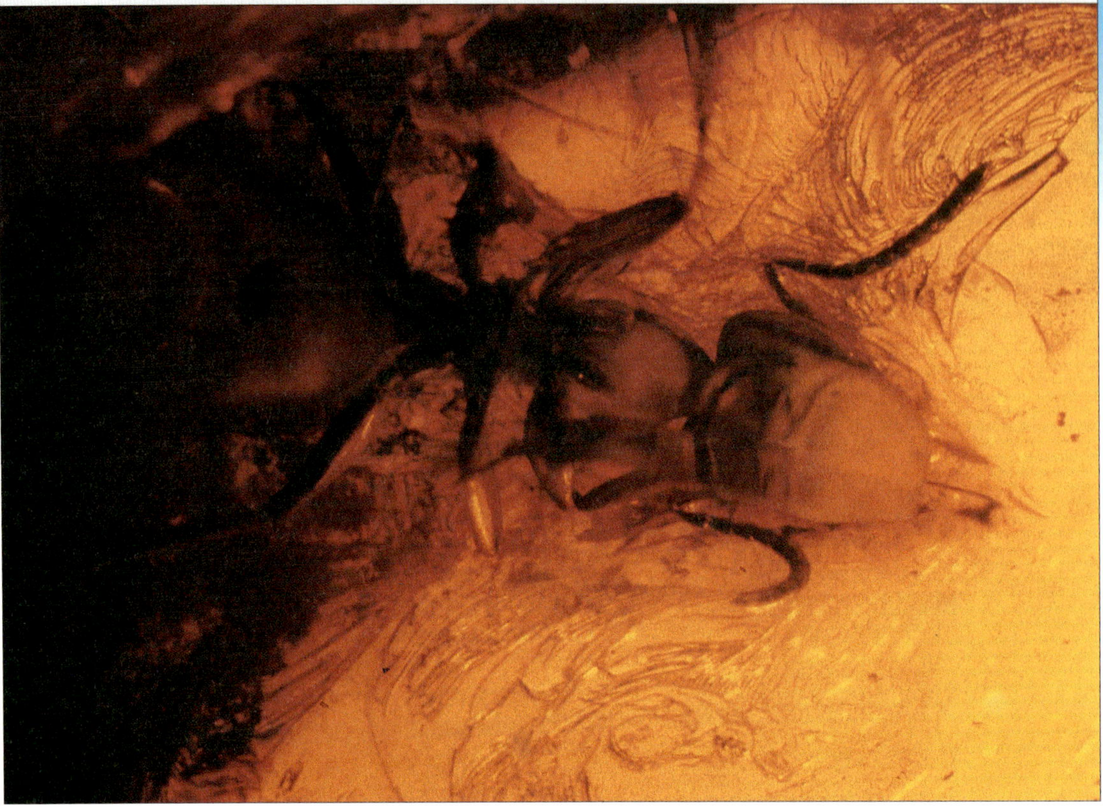

Bernsteinfossilien

Chrysopilus, eine fossile Fliege in Bernstein.

Bernstein besteht aus gehärtetem Baumharz. Das Harz stammt meist von Nadelbäumen wie Koniferen, doch auch manche Blütenpflanzen sondern Harz ab, der zu Bernstein wird. Bernstein ist im strengen Sinne kein Mineral, doch meist wird er zu den Edelsteinen gezählt und auch häufig zur Schmuckherstellung verwendet. Im letzten Jahrhundert gewann man aus geschmolzenem Bernstein hochwertigen Lack. Von jeher war die Menschheit von seiner Schönheit fasziniert: Selbst in einer 10 000 Jahre alten Grabstätte in Dänemark fand man ein keilförmiges Bernsteinstück. Bernstein ist meist jünger als 70 Millionen Jahre, einige Funde sind allerdings bis zu 100 Millionen Jahre alt.

Als jahrtausendealtes gehärtetes Baumharz ist Bernstein für sich genommen schon ein Fossil, doch denkt man an Bernsteinfossilien, meint man meist in Harz konservierte kleine Insekten und Tiere, die in dem früher einmal zähflüssigen Material eingeschlossen wurden. Die große Mehrheit der Bernsteinfossilien sind kleine Insekten, aber auch Spinnen, Tausendfüßer und sogar winzige Eidechsen wurden schon gefunden. Bernsteinfossilien sind in vielerlei Hinsicht einzigartig und von unschätzbarer Bedeutung. Ein Tier, das in Bernstein konserviert wurde, ist unglaublich naturgetreu erhalten, besser als bei jeder anderen Fossilienform. Auch mikroskopisch kleine Härchen an winzigen Insekten sind noch genau zu erkennen. Anhand von Bernsteinfossilien weiß man vieles über Organismen, die ansonsten zu klein wären, um überhaupt Fossilien zu bilden. Insekten und Spinnen sind sonst nur sehr vereinzelt erhalten, und diese seltenen Überreste sind meist in sehr schlechtem Zustand.

Ohne Bernsteinfossilien von Insekten und Spinnen wüsste man daher nur wenig über die Evolution beider Gruppen.

Bernsteinfossilien gehören zwar zu den idealsten

STECKBRIEF

Zu finden in Cliffwood/New Jersey (USA), an der baltischen Küste,

im American Museum of Natural History in New York/USA, im Britischen Museum (Abteilung für Naturgeschichte), in London/Großbritannien und in der Smithsonian Institution in Washington, D.C./USA.

Є O S D C P Tr J K T

In Bernstein eingeschlossene Pilzmücke, Eozän

Fossilienarten, sie sind aber dennoch nicht perfekt. Auch das im Baumharz gefangene Tier zersetzt sich und hinterlässt nur noch etwas Kohlenstoff innerhalb des genauen Abdrucks. In manchen Fällen konnte man die enthaltenen Insekten allerdings noch sezieren. Dabei konnte man die karbonisierten Überreste als Muskelstränge und Organe identifizieren. Doch anders als im Film „Jurassic Park" behauptet wird, lässt sich aus der Nahrung früher Insekten keine DNS gewinnen. Kleine DNS-Fragmente aus in Bernstein konservierten Insekten selbst sind allerdings entschlüsselt worden. Auf diese Weise kann man sie mit ihren heutigen Verwandten vergleichen und so Rückschlüsse auf ihre Veränderungen im Laufe der Evolution ziehen. Paläontologen haben erst kürzlich Bakteriensporen aus 40 Millionen Jahre alten Bienen, die in Bernstein konserviert waren, reaktivieren können.

Bernstein mit einer 35–40 Millionen Jahre alten Motte.

In vielen Geschäften sieht man schöne Bernsteinfossilien mit gut erhaltenen Insekten. Beim Kauf sollte man jedoch vorsichtig sein, denn es gibt zahlreiche Fälschungen mit „modernen" Insekten, die in synthetischen Bernstein gegossen werden.

Es gibt zwar Tests, mit denen sich echter von künstlichem Bernstein unterscheiden lässt, aber am besten vertraut man nur renommierten Fachhändlern und kauft keine verdächtig billigen Exemplare.

Nur in wenigen Fällen enthält Bernstein fossile Insekten, aber es gibt auf der ganzen Welt mehrere bedeutende Fundstätten, darunter die Küste des Baltischen Meeres, die Isle of Wight und Neuseeland. Bernstein ist oft in der Nähe von Kohle- und Schiefervorkommen zu finden.

Fossile Ameisen in Bernstein.

Nach den Dinosauriern

Nach dem Aussterben der Dinosaurier vor ungefähr 65 Millionen Jahren eroberten die Säugetiere die Herrschaft über die Landgebiete der Erde und breiteten sich später auch zu Wasser und in der Luft aus. Säugetiere entstanden ungefähr zur gleichen Zeit wie die Dinosaurier, also im späten Trias, doch aus dem Zeitalter der Dinosaurier sind nur wenige fossile Überreste von ihnen gefunden worden. Wären die Dinosaurier nicht ausgestorben, hätten sich die Säugetiere auf der Erde wahrscheinlich nie so ausbreiten können, wie es heute der Fall ist.

Im frühen Tertiär hatten sich bereits die verschiedensten Säugetierarten entwickelt, es existierten frühe Vorfahren fast aller großen Gruppen. In dieser Zeit lagen die Kontinente der nördlichen Halbkugel noch so nahe beieinander, dass sich viele Gruppen untereinander austauschen konnten. Primaten zum Beispiel, die Gruppe, zu der heute Affen, Menschenaffen und Menschen gehören, lebten in großer Zahl in Nordamerika. Später verschwanden sie erst einmal von diesem Kontinent. Auch primitivere Säugetierarten wie Beuteltiere waren überall auf der nördlichen Halbkugel beheimatet, aber seit Mitte des Tertiärs bewohnen sie nur noch Südamerika und Australien.

Im frühen bis mittleren Tertiär war das Klima relativ warm und feucht, Wälder überzogen beinahe die gesamten Kontinente. Im Wald lebende Tierarten sind in der Regel kleiner als Arten, die freie Flächen bewohnen, und meist auch spezialisierter.

Aus dieser fruchtbaren Periode sind viele sehr bedeutende Fundstätten in Nordamerika

Fossiler Stachelrochen aus der Green-River-Formation in Wyoming, USA.

STECKBRIEF

Zu finden im Naturschutzgebiet Fossil Butte National Monument in Wyoming/USA, am Fluss Big Horn in Montana/USA, im American Museum of Natural History in New York/USA, im United States Museum of Natural History und in der Smithsonian Institution in Washington, D.C./USA.

€ O S D C P Tr J K T

Fossiler Fisch aus dem Green-River-Steinbruch, Wyoming, USA

erhalten, die aufs Genaueste die Evolution der Säugetiere dokumentieren. Im Fossil Butte National Monument in Wyoming entdeckte man zahlreiche Fossilien aus dem frühen Paläozän bis zur Mitte des Eozäns. Am berühmtesten ist aufgrund von tausenden gut erhaltener Fischfossilien die Fundstätte der Green-River-Formation. Doch auch andere Tiere wie Schildkröten, Krokodile, Vögel und Säugetiere wurden hier entdeckt. Weiter nördlich, in Montana, liegt das Big Horn Basin, das ungefähr dasselbe Zeitalter repräsentiert wie Fossil Butte.

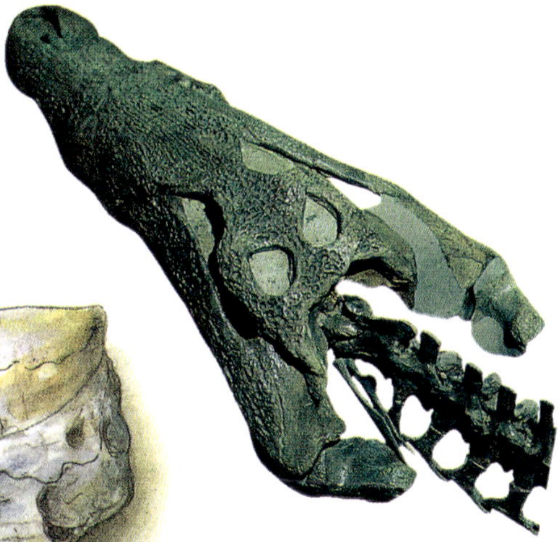

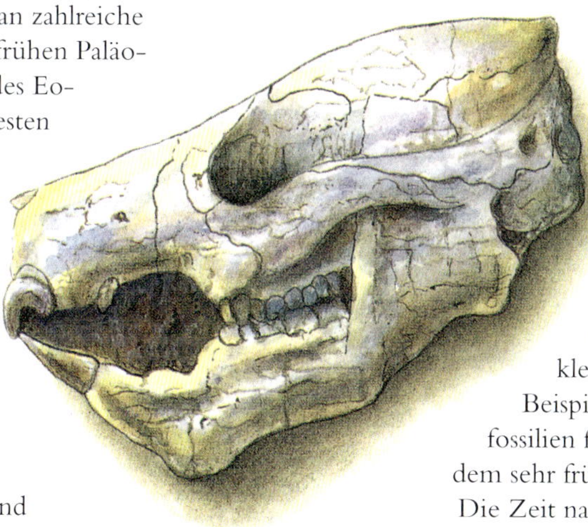

Krokodilschädel (rechts) und Primatenschädel, Plesiadapsis (unten).

Im Sediment des frühen Tertiär im westlichen Nordamerika kommen manche Tiere so häufig vor, dass sie sogar als Leitfossilien für die Altersbestimmung von Gesteinsformationen herangezogen werden. Säugetiere eignen sich gut als Leitfossilien, da ihre Zähne hart sind (und daher viele als Fossilien erhalten bleiben) und sich bei allen Arten unterscheiden, weshalb man sie gut identifizieren kann. Die Zähne des kleinen Säugetiers Haplomylus zum Beispiel gelten in dieser Gegend als Leitfossilien für die Erkennung von Gestein aus dem sehr frühen Eozän.

Die Zeit nach dem Aussterben der Dinosaurier nennt man oft auch das Zeitalter der Säugetiere. Man darf jedoch nicht übersehen, dass auch viele andere Gruppen von Lebewesen in dieser Zeit evolutionär sehr erfolgreich waren. Vögel zum Beispiel brachten es genau wie Säugetiere zu einer immensen Artenvielfalt. Auch Eidechsen, Schlangen, Krokodile und Schildkröten konnten sich diversifizieren, allerdings nicht im selben Ausmaß wie Säugetiere und Vögel. In den Meeren haben sich die hoch entwickelten Knochenfische (die Teleosten) ebenfalls schnell zu tausenden vielfältigen Arten weiterentwickelt.

Fossilienlagerstätte Grube Messel, Darmstadt, Deutschland

Das Zeitalter der Säugetiere

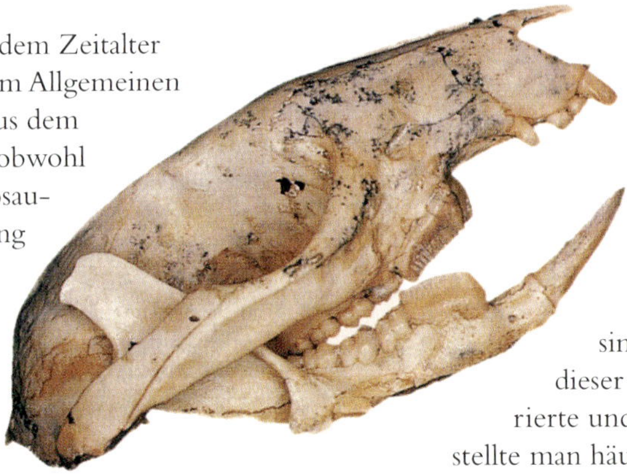

Kleiner Wallaby-Schädel aus Riversleigh.

Fossile Überreste aus dem Zeitalter der Säugetiere sind im Allgemeinen häufiger als solche aus dem Zeitalter der Dinosaurier, obwohl die Vorherrschaft der Dinosaurier mehr als doppelt so lang dauerte. Diese jüngeren Fossilien sind vor allem deshalb zahlreicher zu finden, weil viele ältere Fossilien bereits durch Erosion beschädigt oder von jüngeren Sedimentschichten überlagert sind.

Weltweit gibt es einige imposante und ungewöhnliche Fundstätten von Säugetierfossilien. Ein besonders faszinierender Fundort für Fossilien aus dem Eozän liegt in Deutschland, die Grube Messel in der Nähe von Darmstadt. Messel hat für die Erforschung der Wirbeltiere ungefähr die Bedeutung, die die Burgess- und Hunsrückschiefer-Fauna für Wirbellose haben. Es handelt sich jeweils um äußerst seltene Fossilien, bei denen neben den Skeletten auch Weichteile der Lebewesen erhalten geblieben sind. Vor über 150 Jahren begann man in Messel, Braunkohle und Ölschiefer für die Gewinnung von Treibstoff abzubauen. Dabei stieß man auf große Fossilienschätze, die inzwischen in zahlreichen Museen zu bewundern sind. Wenn man eine Seite dieser Fossilien sorgfältig präparierte und in Harz konservierte, stellte man häufig fest, dass das Felsmaterial auf der Rückseite nicht nur das Skelett des Tieres enthielt, sondern zum Teil sogar noch Haut, Pelz, Federn, innere Organe und den Inhalt der Eingeweide. Man fand sogar Käfer, deren glänzender, schillernder Panzer noch völlig intakt war.

Messel war früher ein Regenwaldgebiet mit einer artenreichen Flora und Fauna.

Abgesehen von vielen Pflanzenarten findet man hier Fossilien von Insekten, Fischen,

STECKBRIEF

Zu finden in der Grube Messel bei Darmstadt in Deutschland, in Riversleigh/Queensland (Australien), im Naturmuseum Senckenberg in Frankfurt a.M./Deutschland und im Queensland Museum in Brisbane/Australien.

€ O S D C P Tr J K T

Macrocranion tupaiodon, ein mit dem Igel verwandter Insektenfresser aus Messel

Fröschen, Schildkröten, Reptilien, Vögeln und den verschiedensten Säugetieren.

Auch auf der anderen Seite der Welt ermöglicht die Fossilienlagerstätte von Riversleigh im australischen Queensland einen einzigartigen Einblick in die Entwicklung der Wirbeltiere in Australien. Hier gibt es viele Fossilien, die in nahezu perfektem Zustand erhalten sind, wobei bei diesen Funden allerdings keine Weichteile konserviert sind.

Im australischen Riversleigh (oben) sind viele einzigartige Fossilien erhalten. Schädel und Kiefer der Pestratte Bandicoot (links).

Im frühen Miozän, vor 25 Millionen Jahren, war Riversleigh ebenfalls ein Regenwaldgebiet, das sich auf Kalksteinböden ausgebreitet hatte und zahlreiche Tierarten beherbergte. Da der Kalkstein durch das Wasser am Waldboden immer wieder aufweichte, wurden tote Tiere schnell im Kalkstein begraben, ein hervorragendes Konservierungsmaterial für Fossilien. Mit einer schwachen Säure lassen sie sich selbst nach Jahrmillionen leicht wieder aus dem umgebenden Kalkstein herauslösen. Es kommen Schädel, Zähne und Knochen zum Vorschein, die in beinahe so gutem Zustand sind wie kurz nach dem Tod der Tiere. In Riversleigh fand man fossile Insekten, Krebstiere, Schnecken, Fische, Lungenfische, Frösche, Krokodile, Schlangen, Schildkröten, Eidechsen, Vögel und zahlreiche Säugetiere, darunter Eier legende Säugetiere, Beuteltiere und Fledermäuse.

Der urzeitliche Platypus *Obduradon*.

Teergruben Rancho La Brea im Becken von Los Angeles, Kalifornien, USA

Teergruben

Im Herzen von Los Angeles befindet sich eine einzigartige und bedeutende Fossilienfundstätte, die Rancho La Brea Tar Pits. In diesen Teergruben sind unzählige Tier- und Pflanzenarten der letzten 40 000 Jahre konserviert.

Im Becken von Los Angeles gibt es beträchtliche Erdölquellen, und nicht einmal vor dem Stadtkern machen die Bohrtürme Halt. Da das Gebiet außerdem tektonisch aktiv ist, hat die Erdaktivität Teile des unterirdischen Erdöls zu einer dicken, klebrigen Masse zusammengekocht, die sich ihren Weg durch Felsen und Gestein an die Oberfläche bahnt. In Rancho La Brea bildet dieser natürliche Asphalt so genannte Teersümpfe. Der Asphalt ist so klebrig, dass sich nicht einmal ein Elefant daraus befreien könnte: Tiere und Pflanzen werden schnell und unerbittlich verschlungen. Die petroleumreichen Sedimente sind jedoch ein hervorragendes Konservierungsmaterial für die hilflosen Lebewesen.

Die Artenvielfalt der Fossilien in Rancho La Brea ist beachtlich: Es gibt zahlreiche Pflanzensorten, aber auch viele Insekten, Ostracoden, Bivalven, Gastropoden und verschiedenste Wirbeltiere. Rancho La Brea ist aber vor allem berühmt für seine hervorragend erhaltenen Großsäugetiere, darunter Bisons, Pferde, Säbelzahntiger,

STECKBRIEF

Zu finden in der La Brea Teergrube in Los Angeles/Kalifornien (USA), im Los Angeles County Museum of Natural History in Kalifornien/USA und im George C. Page Museum in Los Angeles/Kalifornien (USA).

€ O S D C P Tr J K T

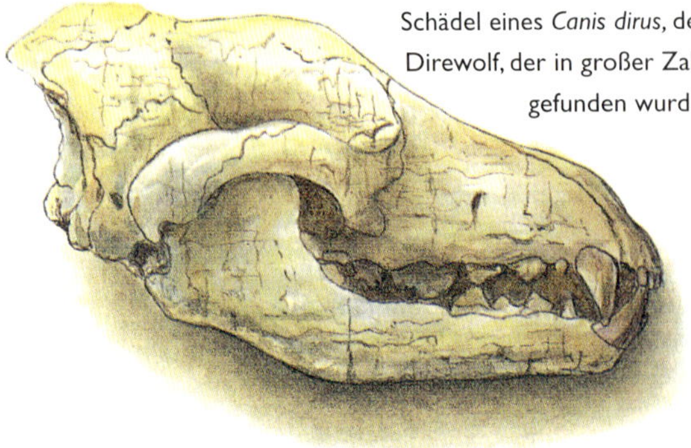

Schädel eines *Canis dirus*, des Direwolf, der in großer Zahl gefunden wurde.

Wölfe, Kojoten, Riesenfaultiere, Kamele, Antilopen und Bären. Man fand hier allerdings auch kleinere Wirbeltiere wie Vögel, Reptilien und Amphibien. Seltener findet man in Rancho La Brea Mammuts und Mastodons. Allerdings findet man auch weitere Säugetiere wie Rehe. Sogar ein Tapir, ein Jaguar und ein Nabelschwein (Pekari) wurden in Rancho La Brea gefunden.

Gerade weil der Artenreichtum so überwältigend ist, sind sich die Wissenschaftler nicht ganz

Ausgrabungen um 1910 in Rancho La Brea, Kalifornien, USA

einig, welche Funde nun die bedeutendsten sind.

Raubtiere wie der Direwolf (ein etwas größerer, aber unserem heutigen Wolf sehr ähnliches Raubtier), Säbelzahntiger und andere große Raubkatzen sind in Rancho La Brea ungewöhnlich häufig zu finden. Die Teergruben waren vor allem für Raubtiere eine tödliche Falle. Man kann sich leicht vorstellen, dass ein großes, hilflos im Teer stecken gebliebenes Tier wie etwa ein Bison eine unwiderstehliche Anziehungskraft auf zahlreiche Fleisch fressende Tiere ausübte. Von der scheinbar leichten Beute angelockt wurden sie jedoch bei dem Versuch, sie zu erlegen, selbst Opfer des klebrigen Asphalts und versanken mit ihrem Opfer in den Teersümpfen.

Skelett des Säbelzahntigers *Smilodon* (links). Knochenfunde in Rancho La Brea (oben).

Vor über 11 000 Jahren verschwanden die größeren, imposanten Tiere wie Säbelzahntiger, Urpferde und Bisons aus der Gegend um Rancho La Brea. Erdgeschichtlich gesehen beherrschte kurze Zeit später ein neues Lebewesen das Gebiet um die Teersümpfe. Dennoch fand man nur ein einziges Exemplar eines urzeitlichen Menschen in Rancho La Brea, jedoch diverse menschliche Artefakte.

Vor ungefähr 9 000 Jahren, als dieses unglückliche Individuum im jetzigen Los Angeles gelebt hat, war die Tier- und Pflanzenwelt allerdings schon weitestgehend so, wie wir sie auch heute kennen.

Olduvai-Schlucht Tansania Afrika

Frühe menschliche Fossilienfunde

An allen Lebewesen, die wir anhand von Fossilienfunden rekonstruieren können, fasziniert uns am meisten die Spur, die direkt zu uns selbst führt. Fossilien unserer direkten Vorfahren sind zwar nicht besonders zahlreich, doch belegen diese Funde sehr deutlich unsere Verwandtschaft mit den Affen und die ersten Stufen der menschlichen Evolution.

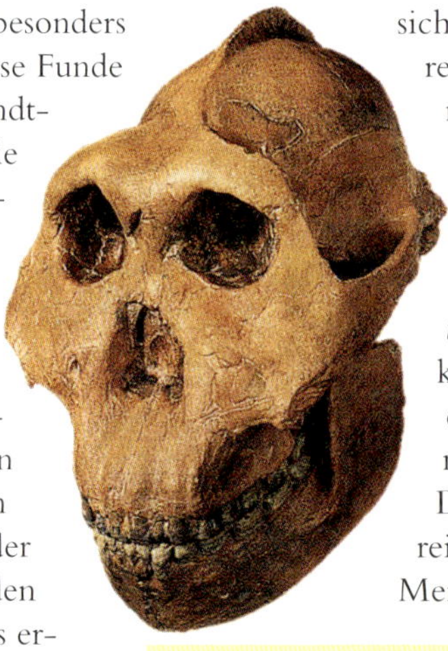

Bereits Charles Darwin hatte vermutet, dass in Afrika die Wiege der Menschheit liegt. Die östliche Hälfte des afrikanischen Kontinents ist in den letzen Millionen Jahren auseinander gedriftet. Dadurch entstanden Gesteinsformationen, die es ermöglichten, menschliche Fossilien aus der Zeit zu konservieren, als Affen und Menschenaffen sich von den anderen Primaten wegentwickelten. Im frühen Miozän, also vor ungefähr 18 Millionen Jahren, ist erstmals ein paviangroßer Primate in Afrika nachgewiesen, der *Proconsul*.

Proconsul trägt Merkmale, die ihn von anderen Affenarten deutlich unterschieden und ihn in die Nähe der Menschenaffen rückten. Er gilt heute als gemeinsamer Vorfahr der Menschen und Menschenaffen. Der Stammbaum der Menschen (Hominiden) und der afrikanischen Menschenaffen hat sich in Afrika vor sieben oder acht Millionen Jahren verzweigt. Leider gibt es aus dieser Periode nur wenige Fossilien. Der früheste bekannte Hominide, *Australopithecus ramus*, wurde 1994 in Eritrea gefunden. Die gefundene Fossilie ist 4,5 Millionen Jahre alt. In den folgenden 2,5 Millionen Jahren besiedelte der *Australopithecus* ganz Afrika. *Australopithecus* war meist kleiner als 1,50 Meter. Sein Gehirn hatte in etwa die Größe eines Schimpansen und war somit kleiner als das eines modernen Menschen. Die Gesichter dieser Lebewesen waren aber bereits menschenähnlicher als die der anderen Menschenaffen. Seine Überreste wurden in mehreren ost- und südafrikanischen Fundstätten gefunden, zum Beispiel in der Olduvai-Schlucht (Tansania), in Hadar (Eritrea), Koobi Fora (Kenia) und Swartkrans (Südafrika). 3,5 Millionen Jahre alte Fußabdrücke aus Laetoli (Tansania) beweisen, dass *Australopithecus* bereits den aufrechten Gang beherrschte.

Auch eine zweite Hominidenart, der *Homo habilis*, wurde in einigen Fundstätten neben dem

STECKBRIEF

Zu finden in der Olduvai-Schlucht in Tansania, in Koobi Fora in Kenia, im Hadar-Gebiet in Eritrea, in Swartkrans in Südafrika, im National Museum of Kenya in Nairobi/Kenia, im National Museum of Ethiopia in Addis Abeba/Äthiopien.

Є O S D C P Tr J K T

Afrikanisches Pliozän

Ausgrabungsstätte im östlichen Turkana-Bezirk, Kenia, Afrika

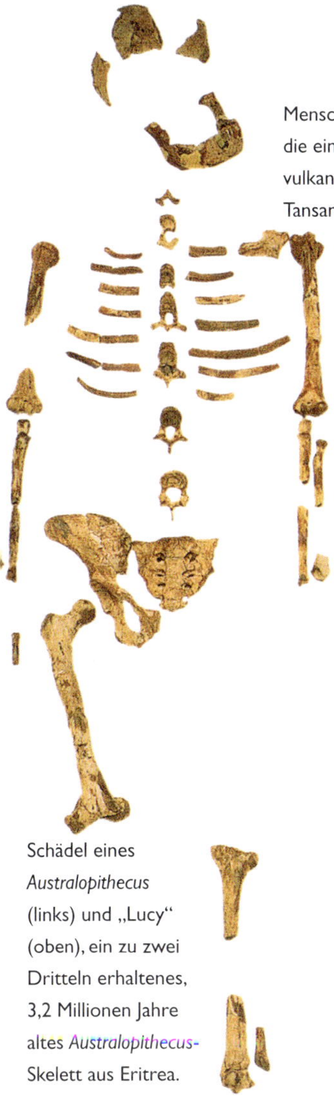

Schädel eines *Australopithecus* (links) und „Lucy“ (oben), ein zu zwei Dritteln erhaltenes, 3,2 Millionen Jahre altes *Australopithecus*-Skelett aus Eritrea.

Menschliche Fußspuren (unten), die ein urzeitlicher Vorfahr in vulkanischer Asche in Laetoli in Tansania hinterlassen hat..

Australopithecus entdeckt, vor allem in der Olduvai-Schlucht und in Koobi Fora. Er ist der älteste Vorfahr der menschlichen Gattung.

Homo habilis war um einiges größer als *Australopithecus*, hatte ein größeres Gehirn und ein längeres, schmaleres Gesicht. Er war der erste Hominide, der Afrika verließ. Seine Fossilien fand man auch im Mittleren Osten. Es war jedoch erst *Homo erectus*, der nächste Vertreter der Gattung Homo, der ernsthaft auszog, die Welt zu erkunden.

Die ältesten Exemplare von *Homo erectus* stammen aus Afrika und sind über 1,5 Millionen Jahre alt. Neuere Funde zeigen aber auch, dass er bereits Asien und Europa bevölkerte. *Homo erectus* scheint bereits Feuer genutzt zu haben, was sich aus Feuerstellen in China, Ungarn und Frankreich schließen lässt. *Homo erectus* mit seinen bekannten Vertretern, dem Pekingmenschen, dem Javamenschen und dem Heidelbergmenschen, verschwand vor etwa 300 000 Jahren von der Erdoberfläche. Der einzig überlebende Hominide, *Homo sapiens*, trat die Herrschaft über den Planeten an.

Schädel eines *Homo erectus*.

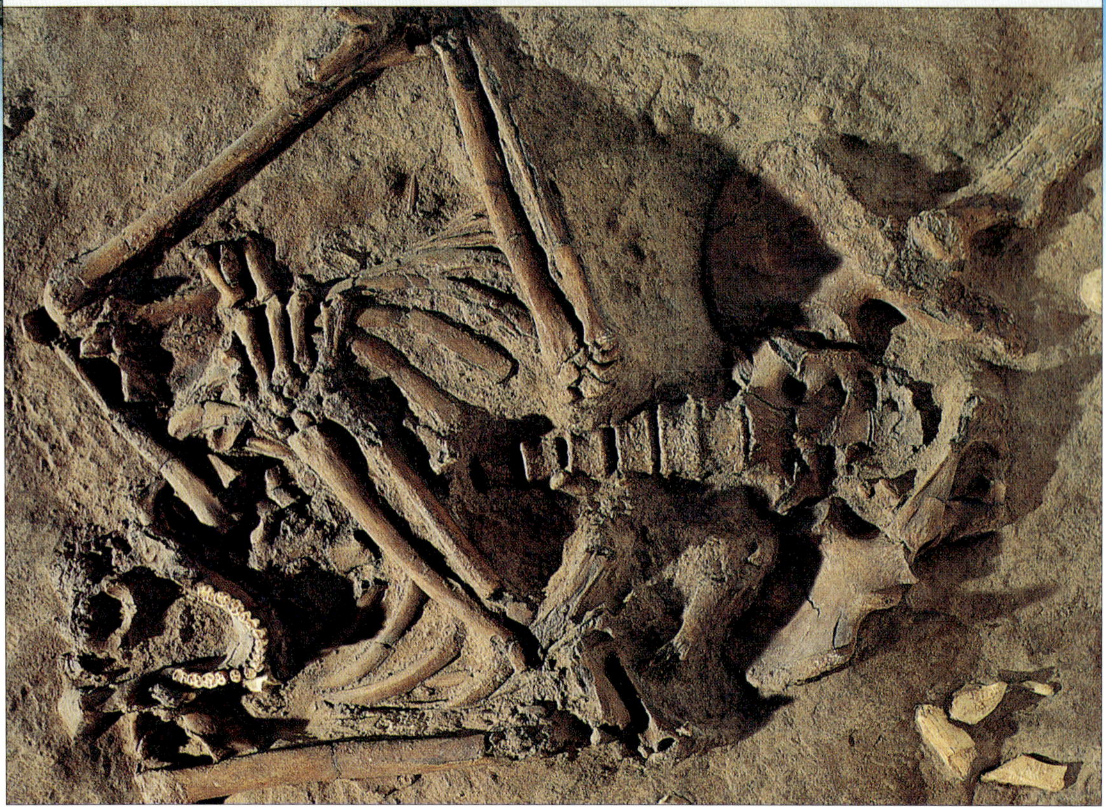

Skelettfragmente eines Neandertalers

Neuzeitliche menschliche Fossilienfunde

Der Ursprung des modernen Menschen, des *Homo sapiens*, ist nicht ganz einfach nachzuvollziehen, und zwar ausnahmsweise nicht aufgrund eines Fehlens, sondern eher aufgrund der großen Vielfalt fossiler Überreste. Der Mensch entwickelte sich im Laufe der Evolution aus den Nachfahren des *Homo erectus*. Das Problem dabei ist, die Grenze zwischen *Homo erectus* und *Homo sapiens* klar zu definieren.

Vor 700 000 Jahren hatte sich *Homo erectus* bereits bis nach Java ausgebreitet, und vor 500 000 Jahren siedelte er in Europa. Doch der Übergang zwischen *Homo erectus* und *Homo sapiens* fand wahrscheinlich vor 400 000 Jahren in Afrika statt. Diese frühen Mitglieder unserer Spezies nennt man archaisch, da sie immer noch Züge unserer primitiven Vorfahren tragen, zum Beispiel dicke Schädel und vorstehende Augenbrauen.

Eine Gruppe dieser archaischen Menschen sind die Neandertaler, deren Fossilien in ganz Europa und in Westasien gefunden wurden. Sie lebten vor 200 000 Jahren bis etwa vor 30 000 Jahren. Die Neandertaler besitzen zwar noch archaische Körpermerkmale, ihr Gehirn war jedoch sogar etwas größer als beim heutigen Menschen. Trotzdem haben sie ihre steinernen Werkzeuge im Laufe der Zeit kaum weiterentwickelt, auch ihre kulturelle Entwicklung scheint nicht sehr ausgeprägt zu sein, es gab zum Beispiel keine besonderen Begräbnisrituale. Andere Formen des *Homo sapiens* waren in Asien verbreitet, und vor 60 000 Jahren hatten sie von Russland aus das Beringmeer überquert und Amerika besiedelt. Die Verbreitung von *Homo sapiens* nach Australien und Amerika war möglich, weil der Meeresspiegel damals sehr niedrig war und Landbrücken freigab, schließlich waren große Wassermengen in den Gletschern der letzten Eiszeit gebunden.

Eugène Dubois (unten) fand den Schädel des Javamenschen (links), der später *Homo erectus* genannt wurde, in Sedimenten am Ufer des Flusses Solo in Java.

STECKBRIEF

Zahlreich zu finden in den meisten Nationalmuseen in Europa, Afrika und Asien, im American Museum of Natural History in New York/USA, in der Smithsonian Institution in Washington, D.C./USA.

Є O S D C P Tr J K T

In den Fels geritzte Tierzeichnungen, ca. 3300 v. Chr.

Dennoch mussten die ersten Australier größere Wasserflächen überqueren, was darauf hindeutet, dass sie wahrscheinlich als Erste ihrer Art seetüchtige Schiffe bauten.

Ungefähr vor 35 000 Jahren finden sich in Europa Fossilien der ersten etwas moderneren Form des *Homo sapiens*, des so genannten Cro-Magnon-Menschen. Er begann, die Neandertaler zu verdrängen. Die Kultur der Cro-Magnon-Menschen war bereits weiter entwickelt als die der Neandertaler, sie besaßen außerdem komplizierte und bessere Steinwerkzeuge.

Angesichts der 3,5 Milliarden Jahre währenden Geschichte des Lebens auf der Erde ist die Entwicklung unserer Spezies in den letzten paar zehntausend Jahren beeindruckend, ja fast beängstigend. Ungefähr vor 10 000 Jahren trieb der Mensch bereits Landwirtschaft, 5 000 Jahre später widmete er sich der Tierzucht. Die ersten befestigten Siedlungen wurden vor 8 000 Jahren errichtet, und seit 6 000 Jahren verarbeitet der Mensch Metalle wie Kupfer, Blei und Gold.

Schon vor 3 500 Jahren gab es komplexe Gesellschaften, die große Königreiche gründeten und Nachbarstaaten eroberten. Kriegsführung ist ein dominantes Thema in der neueren Geschichte der Menschheit. Sie gipfelte in der Entwicklung von Waffen, die in der Lage sind, jegliches Leben auf der Erde zu zerstören. Die Bevölkerungszahl des *Homo sapiens* bedroht inzwischen den Fortbestand seiner eigenen Art und das Überleben vieler anderen Lebewesen auf diesem fruchtbaren Planeten. Es ist wirklich mehr als absurd, dass die über 3,5 Millionen Jahre dauernde Entwicklung des Lebens auf der Erde heute einer derartigen Bedrohung ausgesetzt ist.

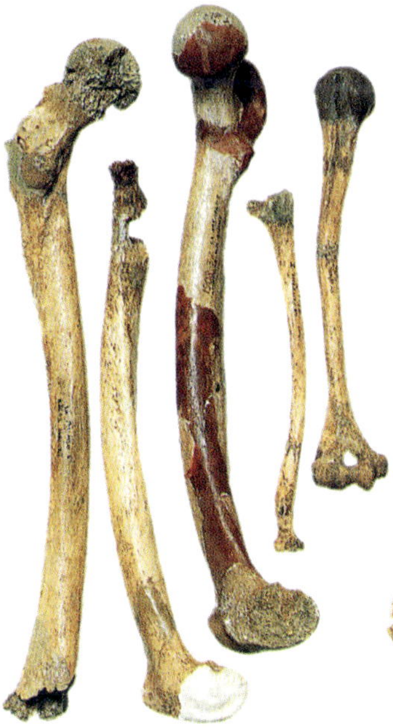

Schädel und Knochen eines Neandertalers (unten) und Schädel eines Cro-Magnon-Mannes (oben rechts).

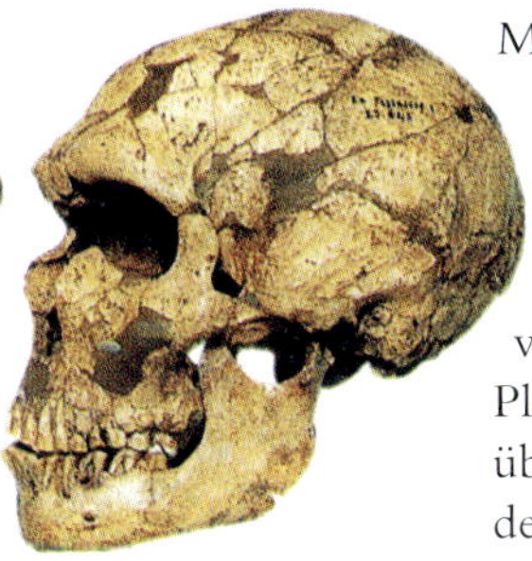

Expedition aus dem Jahr 1901 zur Bergung eines eingefrorenen Mammuts, Sibirien

Fossilien aus dem Eis

Mit dem Elfenbein sibirischer Mammuts wurde in China und Europa in den letzten 1 000 Jahren reger Handel getrieben. Im Jahre 1707 berichtete der holländische Händler Evert Ysbrand Ides von einem tiefgefrorenen Mammutschädel, der in der eisigen Tundra entdeckt wurde. Inzwischen hat man die gefrorenen Überreste von insgesamt 24 Mammuts in Nordsibirien ausgegraben, aber auch Wollnashörner, Bisons und andere Tierarten.

Diese fossilen Tiere lebten in der letzten Eiszeit, die vor 10 000 Jahren endete. Man vermutete früher, dass die größeren Arten sich in Gletscherhöhlen verirrt hatten, darin umgekommen waren und so konserviert wurden. Die neueste Forschung belegt aber, dass die Tiere damals vor allem auf sandigen Böden lebten, der nach dem Auftauen sumpfig wird. Vielleicht taute während eines besonders milden Sommers der Boden auf und die Tiere versanken im Morast. Im folgenden Winter wurden ihre toten Körper dann tiefgekühlt. Da die Überreste seit damals ununterbrochen mit Eis bedeckt waren, sind sie in außerordentlich gutem Zustand. Die Behauptung, man könnte ihr Fleisch auch heute noch essen, ist allerdings übertrieben, obwohl man von Hunden, Wölfen und Füchsen gehört hat, die von den Überresten fraßen.

Wollhaarmammuts (oben) bevölkerten im Pleistozän die nördlichen Breiten. Ein tiefgefrorenes Mammutbein (links).

STECKBRIEF

Zahlreich zu finden in Sibirien, in den italienischen Alpen, im Paläontologischen Institut in Moskau/Russland, in der Universität von Innsbruck/Österreich, im Britischen Museum (Abteilung für Naturgeschichte) in London/Großbritannien.

Ꞓ O S D C P Tr J K T

Das Eis hat die urzeitlichen Tiere gut erhalten, sogar das Fell,

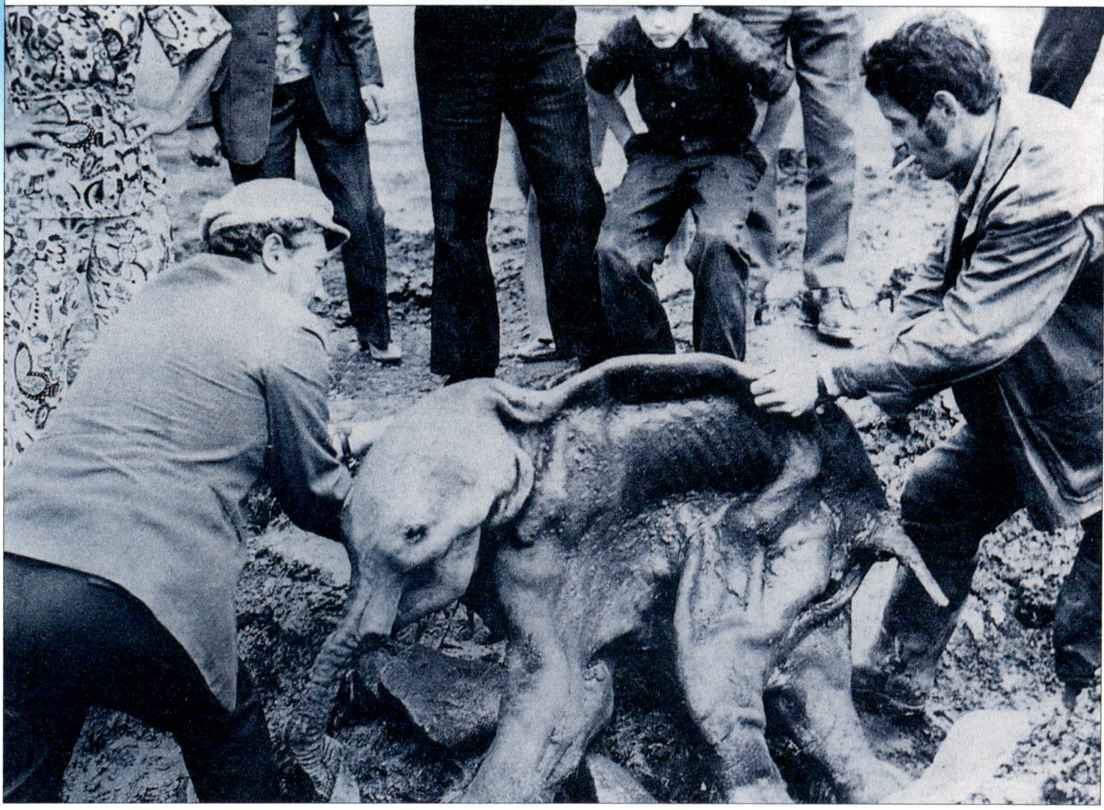

Bergung eines in Eis eingeschlossenen Mammutbabys, 1977, Sibirien

oder eher die „Wolle“ der Tiere, auch einige innere Organe und den Mageninhalt. Ein tiefgefrorenes Mammut hatte vor seinem Tod wilden Thymian, Mohn und Butterblumen gefressen.

Tiefgefrorene Fossilien findet man oft an Flussufern, wo das Wasser sich durch die Tundra gräbt und die eisigen Funde freigelegt hat. Dies führte Anfangs zu der Theorie, dass das Mammut unterirdisch lebte und starb, sobald es die Erdoberfläche durchbrach und Licht und Luft ausgesetzt war. Bei den Ureinwohnern Nordsibiriens waren solche Mammutfunde sehr begehrt. Sie trieben Handel mit den Stoßzähnen und schnitzten aus den Knochen Schüsseln, Tassen und Schmuck.

Tiefgefrorene Fossilien findet man meist in Permafrostgebieten wie der Tundra in Nordsibirien. Ein besonders spektakulärer Fund gelang allerdings 1991 in einem Alpengletscher an der Grenze zwischen Italien und Österreich: Die Überreste eines tiefgefrorenen Menschen, der mit dem Spitznamen „Ötzi“ bedacht wurde, waren bei der Schneeschmelze im Frühjahr zum Vorschein gekommen. Ötzi ist mitsamt all seinem Hab und Gut tiefgefroren worden, er besaß Lederstiefel, einen Lendenschurz, eine Fellmütze, einen Regenmantel aus Gras und eine Jacke aus Pelzstreifen. Der 5 250 Jahre alte Reisende hatte drei gebrochene Rippen, er war wohl in einen Schneesturm geraten. Für die unwirtliche Umgebung, in der er zu Tode kam, war er nicht gerade gut gerüstet. Wahrscheinlich befand er sich auf der Flucht vor einer Naturkatastrophe.

Diesen 5 250 Jahre alten Menschen (oben) fand man 1991 tiefgefroren in den italienischen Alpen. Er war ausgerüstet mit einer Axt (oben) und anderem Werkzeug.

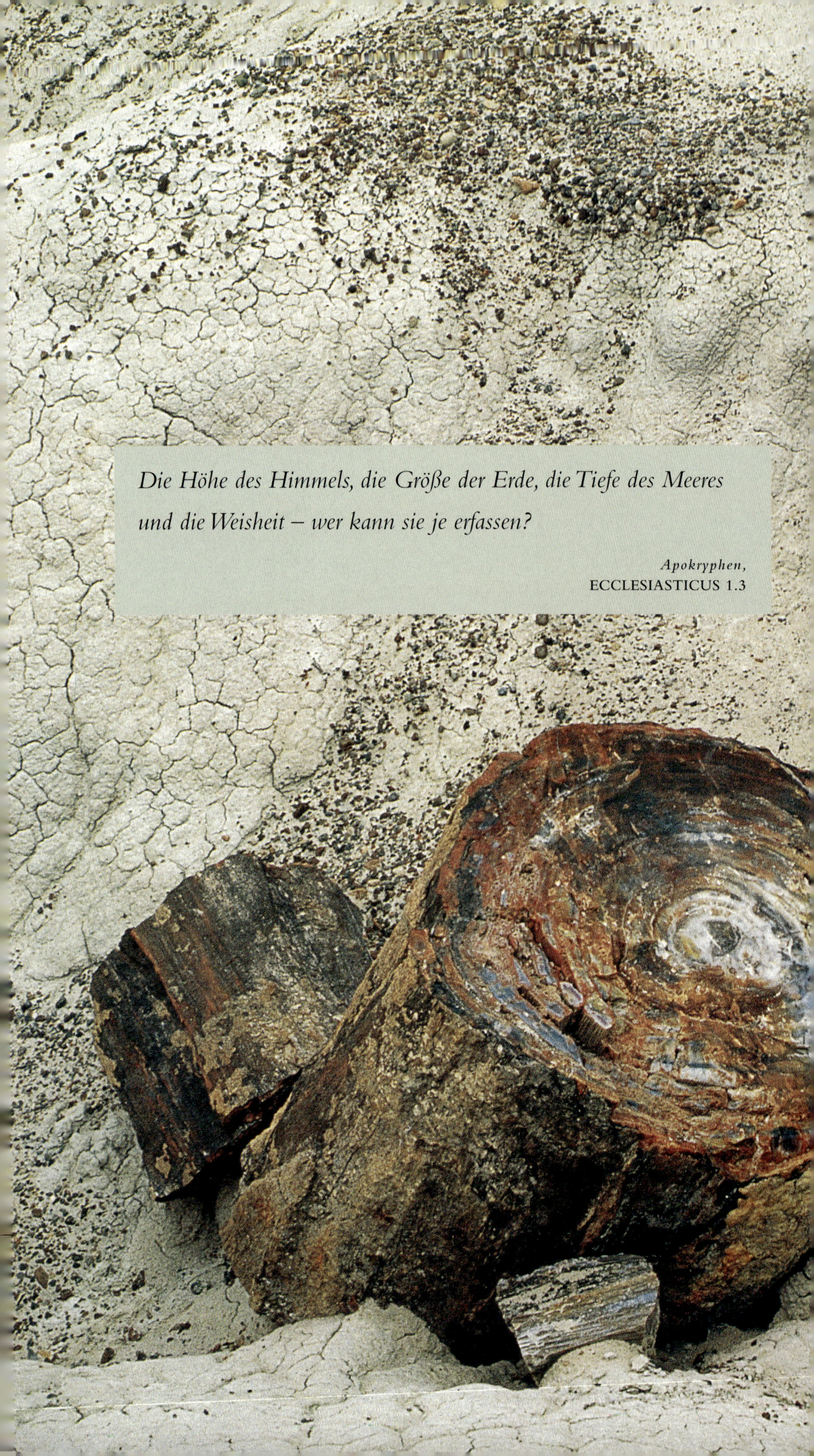

Die Höhe des Himmels, die Größe der Erde, die Tiefe des Meeres und die Weisheit – wer kann sie je erfassen?

Apokryphen,
ECCLESIASTICUS 1.3

ANHANG

Weiterführende Literatur

Steine und Mineralien

Allgemeine Geologie. Einführung in das System der Erde, von Frank Press (Spektrum Akademischer Verlag 2003)
Die Autoren sind erfahrene Wissenschaftler, die die komplexen Vorgänge auf und in der Erde verständlich und eindrücklich darstellen. Der interessierte Laie erhält einen spannenden Einstieg in ein faszinierendes Forschungsgebiet.

Der bewegte Planet. Eine geologische Reise um die Erde, von Richard Fortey (Spektrum Akademischer Verlag 2005)
Der Autor stellt dem Leser geologisch interessante Stätten vor und erlautert deren Eigenheiten.

Blick ins Erdinnere. Plattentektonik und Vulkanismus, von Christian Pieper (Thales Verlag GmbH 1991)
Der Autor erläutert in leicht verständlicher Weise die Vorgänge im Erdinneren, die zur Verschiebung der Kontinentalplatten und zu Vulkanausbrüchen in verschiedenen Erdteilen führen.

Edelsteine und Mineralien, von Andreas Landmann (Edition XXL 2004)
Praktische Einführung in Arten, Entstehung und Bestimmung der verschiedenen Mineralien und Edelsteine.

Einführung in das Quartär. Das Zeitalter der Gletscher, von Karl N. Thome (Springer 1998)
Fundierter Einstieg in einen wichtigen Abschnitt der Erdgeschichte. Zeigt den Einfluss der Gletscher auf Landschaft und Lebensformen.

Erdbeben und Vulkane, von Rolf Schick (C. H. Beck 1997)
Knappe Einführung in die Erforschung von Erdbeben und Vulkanen wie auch der inzwischen bestehenden Möglichkeiten, sich vor diesen gewaltigen Naturkatastrophen zu schützen.

Erdgeschichte. Spurensuche im Gestein, von Peter Rothe (Wissenschaftliche Buchgesellschaft 2000)
Ein anspruchsvoller, fundierter Band zu Entstehung, Merkmalen und Veränderung der wichtigsten erdgeschichtlichen Gesteine.

Farbe und Lumineszenz von Mineralien, von Gabriele Steffen (Spektrum Akademischer Verlag 2000)
Umfassende und sonst schwer zugängliche Informationen über Mineralien in leicht verständlicher Form.

Geologische Erscheinungen entdecken und verstehen, von Jens Edelmann (Reise Know-How Verlag Rump 2003)
Praxisorientierter Führer, der die Oberflächengestalt von Gebirgen und das Vorkommen von Gesteinen und Mineralien verstehen hilft.

Gesteinsbestimmung im Gelände, von Roland Vinx (Spektrum Akademischer Verlag 2005)
Praxisorientiertes Handbuch, das die wichtigsten Methoden der Gesteinsbestimmung und Gesteinskunde sowie der zugehörigen Feldarbeit leicht verständlich aufzeigt. Geschichte und Geologie der wichtigsten Gesteine werden ausführlich geschildert.

Im Bernsteinwald, von Wilfried Wichard und Wolfgang Weitschat (Gerstenberg 2004)
Dieser Band vermittelt die Faszination des Bernsteins, seiner Magie und Geschichte.

Magie edler Steine. Schönheit und heilende Wirkung der Mineralien, von Doris Killinger (Neff 1995)
Verschiedene Edelsteinsorten werden beschrieben. Die Autorin verweist zudem auf die Verwendung von Mineralien in der alternativen Heilkunde.

Mineralien aus aller Welt, von Walter Schumann (BLV Verlagsgesellschaft 2002)
Ein fundierter Ratgeber für den Edelsteinliebhaber, beschreibt internationale Vorkommen der verschiedensten Mineraliensorten und gibt hilfreiche Tipps zur deren Bestimmung.

Natursteinlexikon, von Albrecht Germann, Ralf Kownatzki, Günther Mehling (Callwey 2003)
Mit über 5000 Stichwörtern ist dieses Lexikon ein grundlegendes Werk, das nicht nur die Geologie der Natursteine, sondern auch die Natursteinverarbeitung in Handwerk und Industrie beschreibt.

Plattentektonik. Kontinentverschiebung und Gebirgsbildung, von Wolfgang Frisch (Wissenschaftliche Buchgesellschaft 2005)
Das Standardwerk zur Plattentektonik bietet einen umfassenden Überblick über Ursachen und Auswirkungen geodynamischer Prozesse. Zahlreiche Schaubilder und Karten vermitteln kompakte Information.

Steinbachs Naturführer. Mineralien. Erkennen und bestimmen, von Olaf Medenbach (Ulmer 2001)
Die häufigsten und wichtigsten Mineralien werden präsentiert, ebenso die Methode zu ihrer Bestimmung anhand äußerlicher Kennzeichen. Ein tabellarischer Teil ermöglicht die rasche Einordnung der häufigsten Sorten.

Steine und Mineralien, von Ronald L. Bonewitz (Dorling Kindersley 2005)
Prächtiger Bildband, der über 500 Steine, Fossilien und Mineralien präsentiert. Der Leser erhält wichtige Informationen über die gängigen Bestimmungsmethoden.

Vulkanismus verstehen und erleben, von Gerd Simper (Feuerland-Verlag 2005)
Auf anschauliche Weise erklärt dieser Titel das beeindruckende Phänomen des Vulkanismus. Der

Autor führt den Leser in die verschiedenen vulkanischen Regionen der Erde und zeigt deren Besonderheiten auf.

Welcher Stein ist das? 200 Gesteine, Edelsteine und Mineralien, von Rupert Hochleitner (Franckh-Kosmos 2005)
Praktischer Führer im handlichen Format, der die Eigenarten der gängigen Edelsteine und Mineralien mit prägnanten Kurzbeschreibungen erläutert, sehr empfehlenswert für Einsteiger in die Stein- und Mineralienkunde.

Wissen mit Links. Steine und Mineralien, von John Farndon (Dorling Kindersley 2006)
Zahlreiche Bilder und hilfreiche Tipps für die Recherche im Internet bietet dieser aktuelle Band zum Thema.

Zauber der Mineralien und Gesteine, von Dirk J. Wiersma (Springer 2004)
Die ausgedehnten Gesteinsvorkommen in Europa, Amerika, Australien und Island werden ebenso behandelt wie winzige Exemplare von nur wenigen Quadratmillimetern Größe.

FOSSILIEN

Die Archaeopteryx-Saga. Das Rätsel des Urvogels, von Paul Chambers (Piper 2005)
Dieses Buch versucht die Bedeutung des Urvogels, dessen versteinerte Überreste man 1862 in den Steinbrüchen von Solnhofen fand, zu klären.

Farbatlas Fossilien, von Max Ulrichs (Ulmer 2003)
In diesem Band geben Wissenschaftler des Staatlichen Museums für Naturkunde Stuttgart wertvolle Hinweise zur Unterscheidung der wichtigsten Fossilienarten. Der professionelle Sammler wie auch der Amateur werden angesprochen.

Fossilien im Volksglauben und im Alltag, von Erich Thenius (Schweizerbart'sche Verlagsbuchhandlung 2001)
Der Autor fördert in genauen Analysen zahlreiche überraschende Aspekte zu Tage, in denen Fossilien in die Alltagskultur Eingang gefunden haben.

Fossilien sammeln im Salzburger Land. Ein Führer zu klassischen und neuen Fundstellen, von Gero Moosleitner (Quelle und Meyer 2004)
Das Buch stellt bekannte und neue Fundorte verschiedener Fossilienarten im Salzburger Land dar. Über 100 farbige Fototafeln ergänzen die genauen und sachkundigen Beschreibungen.

Fossilien sammeln in Südfrankreich, von Gero Moosleitner (Quelle & Meyer 2002)
Südfrankreich ist nicht nur für Sonnenanbeter ein begehrtes Reiseziel, auch Fossilienliebhaber kommen hier voll auf ihre Kosten. Der Autor zeigt reiche Vorkommen in den Causses und in der Provence.

Fossilien. Steinerne Zeugen vergangenen Lebens, von Giorgio Teruzzi (Neuer Kaiser Verlag 2005)
Preisgünstiger, dabei reichhaltiger Einführungsband, der sachkundig und verständlich und mit zahlreichen farbigen Abbildungen die wichtigsten Fossiliensorten präsentiert.

Fossilien. Über 500 Versteinerungen in Farbe, von Helmut Mayr (BLV Verlagsgesellschaft mbH 1995)
Übersichtliche Einführung in die Fossilienkunde mit zahlreichen farbigen Abbildungen. Bietet vertiefende Informationen über Entstehung, Entwicklung und geografische Verbreitung der Fossilien.

Kleine Enzyklopädie der Fossilien, von Herve Chaumeton (Könemann in der Tandem Verlagsgesellschaft 2005)
Handlicher Begleiter, zur Bestimmung der wichtigsten Fossiliensorten.

Lebende Fossilien, von Erich Thenius (Pfeil 2000)
Ein unverzichtbarer Ratgeber und Einführungsband zum Thema lebende Fossilien im Tier- und Pflanzenreich.

Lebendige Eiszeit. Klima und Tierwelt im Wandel, von Wighart von Koenigswald (Theiss 2002)

Kenntnisreiche und allgemein verständliche Einführung in eine der wichtigsten Perioden der Erdegeschichte. Besondere Berücksichtigung findet die damalige Tierwelt, soweit sie erforscht ist.

Mineralien und Fossilien, von John L. Roberts (Bassermann 2002)
Anschauliche Einführung in das Reich der Mineralien, Kristalle und Fossilien. Interessante Querverbindungen zwischen Gesteins- und Fossilienarten werden aufgezeigt.

Natur-Bibliothek Fossilien, von Cyril Walker, David Ward (Dorling Kindersley 2005)
Sorgfältige Zusammenstellung, die neben den grundlegenden Informationen über die Entstehung der verschiedenen Fossilien eine Rekonstruktion der Fossilien (mit Maßstab) bietet. Ein Glossar erklärt die wichtigsten Fremdwörter.

Ökologie der Fossilien, von William S. McKerrow (Franckh-Kosmos 1992)
Der Titel bietet über die Fossilkunde hinaus eine Darstellung der fossilen Lebensräume und ihrer Bewohner. Wer sich weitergehend informieren möchte, findet in der ausführlichen Bibliografie zusätzliche Fachtitel.

Saurier, Panzerfische und Seelilien. Fossilien aus der Mitte Deutschlands, von Jürgen Fichter (Quelle & Mayer 2005)
Der Autor präsentiert besondere Arten von Fossilien, die in einer bestimmten Region Deutschlands zu finden sind. Auch für Heimatverbundene eine sehr interessante Lektüre!

Trilobiten. Fossilien erzählen die Geschichte der Erde, von Richard Fortey (dtv 2004)
Der international bekannte Autor, der bereits mit 14 Jahren sein erstes Fossil in Händen hielt, erzählt hier die Geschichte einer besonders interessanten Fossilienart.

Zeugen der Erdgeschichte, von Ulrich Jansen (Schweizerbart´sche Verlagsbuchhandlung
Verständlich und anschaulich gibt der Band eine fundierte Einführung in die Vielfalt der verschiedenen Fossilienarten.

Organisationen *und* Institutionen

Vereine und Verbände

Deutschland

Arbeitsgruppe Palaeo-Geo e.V.
Kelkheimer Straße 54
65779 Kelkheim-Fischbach
E-Mail: Palaeo-Geo-eV@web.de

Deutsche Geologische Gesellschaft
Geschäftsstelle der Deutschen Gesellschaft für Geowissenschaften
Stilleweg 2
30655 Hannover
Tel.: 0511 / 643 2507

Deutsche Mineralogische Gesellschaft
(DMG) Institut für Geologische Wissenschaften
Freie Universität Berlin
Malteserstraße 74-100 / Haus N
12249 Berlin

DMF international
Der Verband des Deutschen Mineralien- und Fossilien-Fachhandels
DMF e.V.
Allensteiner Straße 2
53117 Bonn
Tel.: 0228 / 666800
E-Mail:
info@dmf-international.de

Fachgruppe Mineralogie / Geologie / Paläontologie Potsdam
Brandenburgischer Kulturbund e.V.
Am Neuen Garten 64
14469 Potsdam
Tel.: 0331 / 81 56 74

Georgius Agricola Verein
GAV Mainz
Ulmenring 11
55270 Ober-Ulm
Tel.: 06136 / 89888
Kontakt: Alexander Hölzel
E-Mail:
hoelzel.mineral@t-online.de

Miltenberger Mineralien- und Geologiefreunde e.V.
Mömlingtalring 17
63785 Obernburg
Kontakt: Dr. Reinhard Bast
Tel.: 06022 / 4202
Fax: 06022 / 508196

Verein der Freunde der Geologie-Paläontologie der Universität Göttingen e.V.
Goldschmidtstraße 3-5
37077 Göttingen
Tel: 0551 / 39 7900
0551 / 39 7998
Fax: 0551 / 39 791

Verein zur Förderung des Mineralogischen Museums e.V.
Grindelallee 48
20146 Hamburg
Tel: 040 / 42838 2058
Fax: 040 / 42838 2422

Verein zur Förderung eines Deutschen Forschungsnetzes e.V.
DFN Geschäftsstelle Berlin
Stresemannstraße 78
10963 Berlin
Telefon: 030 / 88 42 99-23/-24
Telefax: 030 / 88 42 99-70
E-Mail: DFN-Verein@dfn.de

Österreich

Österreichische Mineralogische Gesellschaft
Naturhistorisches Museum Wien
Mineralogisch-Petrographische Abteilung
Burgring 7
1014 Wien
Österreich
Tel.: 0043 / 1 / 52 177 567
Fax: 0043 / 1 / 52 177 264
E-Mail: oemg.mineralogie@univie.ac.at

Österreichische Gemmologische Gesellschaft (Ö.GEM.G)
Lammgasse 7
1080 Wien
Tel.: 0043 /1/4062647
Fax: 0043 /1/4020699
Kontakt: Prof. Leopold Rössler
E-Mail: oegemg@gia.at

Vereinigte Mineraliensammler Österreichs
Landesgruppe Wien
Roseggerstraße 1 / Stiege 12
1160 Wien - Österreich
E-Mail: info@vmoe-wien.at

Österreichische Geologische Gesellschaft
c/o Geologische Bundesanstalt
Neulinggasse 38
1030 Wien - Österreich
Tel.: 0043 /1/ 7125674-0
Fax: 0043 /1/ 7125674-56
E-Mail: oegg@geologie.ac.at

Österreichische Gesellschaft für Geomechanik
Bayerhamerstraße 14
5020 Salzburg - Österreich
Tel.: 0043 / 662/ 875519
Fax: 0043 / 662/ 886748
E-Mail: salzburg@oegg.at

Innsbrucker Geographische Gesellschaft
Universität Innsbruck
Innrain 52
6020 Innsbruck - Österreich
Tel.: 0043 / 512/ 507-5401
Fax: 0043/ 512/ 507-2895
E-Mail: geographie@uibk.ac.at

Verein ostösterreichischer Mineraliensammler
Landesgruppe Wien
Servitengasse 12
1090 Wien-Österreich
Kontakt: Wilhelm Niemetz
Tel.: 0043 /1/ 3196704

Schweiz

Urner Mineralienfreunde
Postfach 161
6472 Erstfeld - Schweiz
Tel.: 0041 / 87/0/88 34
E-Mail: info@mineralienfreund.ch

Studienkreis Zürcher Mineraliensammler Sektion der SVSMF
Binzeggerweg 3
8180 Bülach - Schweiz
Tel.: 0041/ 44/ 860 14 54
Fax.: 0041/ 44/ 860 14 54
E-Mail: oroth@access.ch

Schweizer Vereinigung der Strahler, Mineralien- und Fossiliensammler
Kirchengemeindehaus
Neumünster
Seefeldstraße 91 - Zürich

Mineralien- und Fossilienverband Basel
Bündnerstraße 10
4055 Basel
Tel: 00041/61 / 302 41 60
Kontakt: Marcus Stauffer
E-Mail: marcus.stauffer@bluewin.ch

SSMP – Schweizerische Mineralogische und Petrographische Gesellschaft Institut für Isotope Geochemie und mineralische Ressourcen
ETH Zentrum / NW F Stock
Clausiusstraße 25
8092 Zürich - Schweiz
Kontakt: Prof. Dr. C. A. Heinrich
Tel: 0041 / 44/ 632 6851
Fax: 0041 / 44/ 632 1827
E-Mail: heinrich@erdw.ethz.ch

Schweizerische Kommission für Quartärforschung
Geologisches Institut
Universität Bern
Kontakt: Dr. Frank Preusser
E-Mail: preusser@geo.unibe.ch

GEOforumCH
Die Plattform für Geowissenschaften der Akademie der Naturwissenschaften Schweiz
Schwarztorstraße 9
3007 Bern - Schweiz
Tel.: 0041/31 / 310 4099
Fax: 0041/31 / 310 40 29
E-Mail: geoforum@scnat.ch

Universitäten und Sammlungen

Deutschland

Deutsche Mineralogische Gesellschaft, Arbeitskreis Mineralogische Museen und Sammlungen, Leibniz-Rechenzentrum, München
Fränkische Schweiz Museum Abteilung Geologie/Paläontologie
Geo-Museum der Universität Köln
GeoGuide Universitätsbibliothek, Göttingen
Geologisches Institut der Albert-Ludwigs-Universität, Freiburg im Breisgau
GEOMAR Forschungszentrum für Marine Geowissenschaften, Universität Kiel
GeoMuseum der Technischen Universität Clausthal, Clausthal-Zellerfeld
Geosammlung der Technischen Universität Clausthal, Clausthal-Zellerfeld
Institut für Geologie und Paläontolgie, Universität Hannover
Institut für Kristallographie und Angewandte Mineralogie, Ludwig-Maximilians-Universität München
Institut für Mineralogie und Kristallstrukturlehre, Würzburg
Institut für Mineralogie, Universität Hannover
Institut für Paläontologie Bonn
Mineralien-Kabinett Universität Carolo-Wilhelmina Braunschweig
Mineralien-Sammlung, Rheinisch-Westfälische Technische Hochschule Aachen
Mineraliensammlung im Stiftsmuseum Ortsmitte, Waldsassen
Mineralogisch-Petrographische Sammlungen, Ernst-Moritz-Arndt-Universität Greifswald
Mineralogische Sammlung in Lankwitz, Freie Universität Berlin
Mineralogische Sammlungen, Bochum
Mineralogisches Institut, Universität Würzburg
Mineralogisches Museum der Universität Münster
Museum Reich der Kristalle, München
Naturhistorisches Forschungsinstitut Museum für Naturkunde, Humboldt-Universität Berlin
Naturkunde-Museum, Bamberg
Paläontologische Sammlungen, Senckenberg
Waldnaabtal-Museum, Neuhaus

Österreich

Bergbaumuseum Grünbach am Schneeberg, Grünbach/Schneeberg
Chorherrenstift Klosterneuburg, Klosterneuburg
Geoschule Payerbach – Lehrsammlungen, „Zentrum für naturwissenschaftliche Feldforschung, Lehre und Umweltpflege" Payerbach Gesteinslehrpfad Werning-Grillenberg
Haus der Natur, Salzburg
Heimatmuseum der Stadt Neunkirchen - Bergbau, Geologie, Mineralogie, Kupfergewinnung, Neunkirchen
Kleinstes Sauriermuseum der Welt im Naturpark Hohe Wand, Muthmannsdorf
Tiroler Landesmuseum Ferdinandeum, Innsbruck

Schweiz

Geological Museum von Lausanne
Geologisch-Mineralogische Sammlungen der ETH Zürich
Mineralogische Sammlungen des Naturhistorischen Museums, Basel
Naturhistorisches Museum Bern
Naturhistorisches Museum Freiburg

Internationale Adressen

Association française de Microminéralogie, Carry le Rouet, Frankreich
Clay Minerals Society, Chantilly, USA
European Christallographic Association, Leuven, Belgien
European Mineralogical Union, Freiburg, Schweiz
Harvard Mineral Museum, Cambridge, Massachusetts
International Mineralogical Association, Vandoeuvre-les-Nancy, Frankreich
Lithos-Vereinigung für Mineralogie und Paläontolgie, Harelbeke, Belgien
Mineralogy Club, Antwerpen
National History Museum of Los Angeles County – mineralogische Abteilung
Società Italiana di Mineralogia e Petrologia, Pisa, Italien
Texas Natural Science Center, Vertebrate Palaentology Laboratory, Austin, Texas, USA
The Micropalaeontological Society, Sheffield, Großbritannien
The Society of Mineral Museum Professionals, California Academy of Science, San Francisco, USA

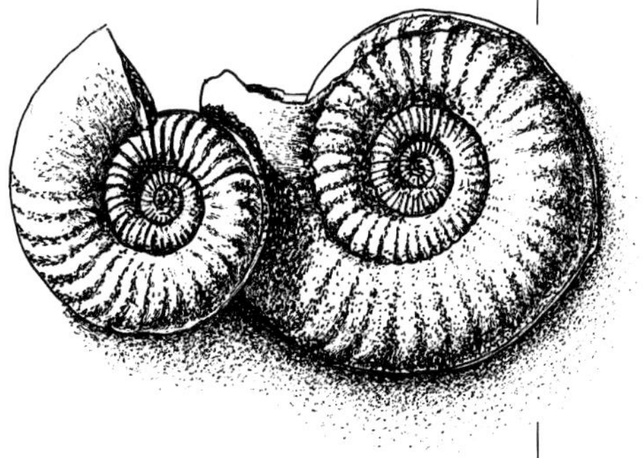

Register und Glossar

In diesem Register sind alle wichtigen Schlagwörter zusammengefasst, es dient gleichzeitig auch als Glossar.

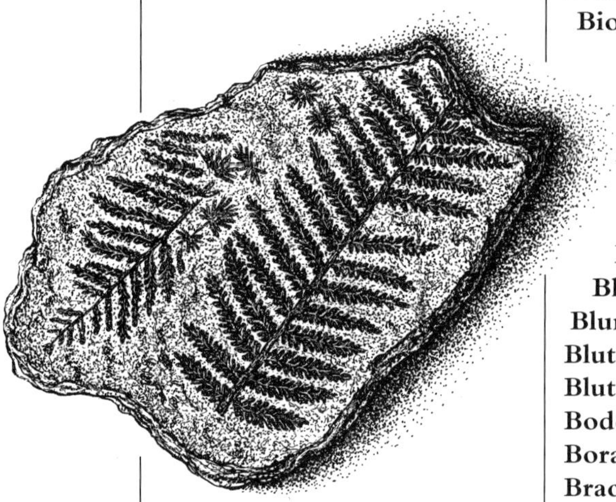

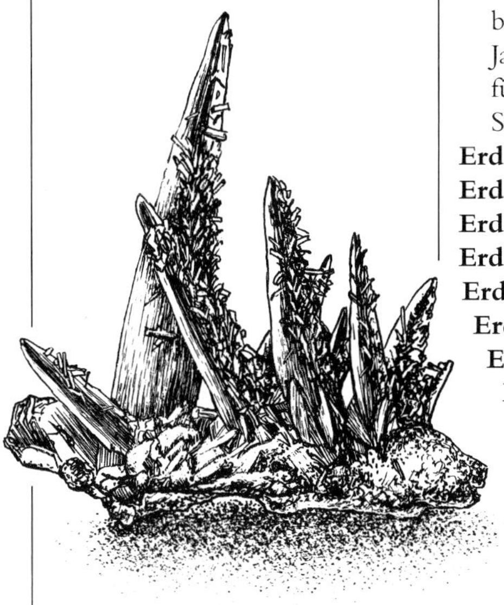

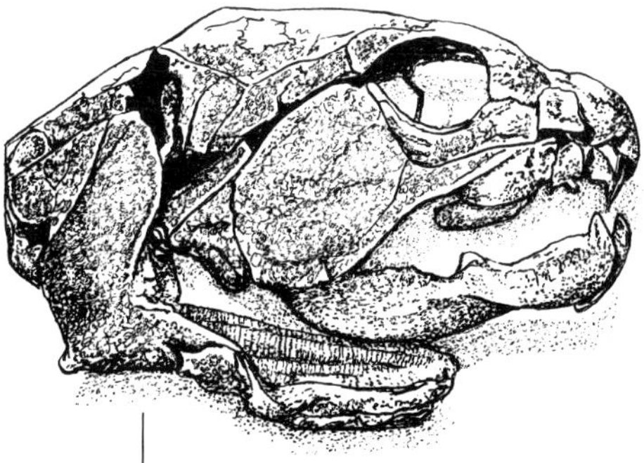

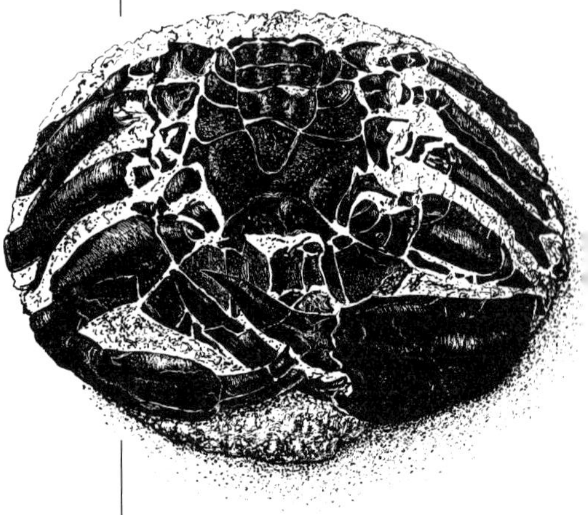

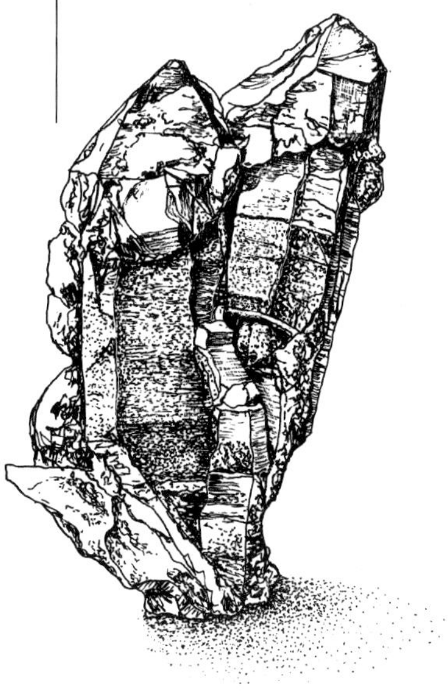

AUTOREN

Arthur B. Busbey III, B.S. und M.A. der Geologie sowie Dr. phil. der Anatomie, ist außerordentlicher Professor für Geologie an der Texas Christian University in Austin, USA. Er veröffentlichte diverse Studien über Reptilienfossilien, insbesondere über Krokodile sowie über die Möglichkeiten von Satelitenüberwachung und weitere geografische Informationssysteme.

Robert R. Coenraads, B.A. mit Auszeichnung und Dr. phil. in Geologie sowie M.Sc. in Geophysik. Er arbeitet als geologischer Berater mit den Schwerpunkten Edelsteine, Gold und Metallerforschung. Er lebt in Australien, von wo aus er geologisch-archäologische Exkursionen in die Amerika- und Pazifik-Region unternimmt.

David Roots, B.Sc. mit Auszeichnung in Geologie, Dr. phil. in Meeresgeophysik, ist Forschungsberater in der Macquarie University in Sydney, Australien. Sein Spezialgebiet sind die strukturelle Geologie, Meeresgeophysik und Plattentektonik.

Paul M. A. Willis, B.Sc in Geologie und Zoologie. Seine Doktorarbeit zum Dr. phil. der Paläontologie der Wirbeltiere schrieb er über versteinerte Krokodile in Australien. Er ist heute als fachlicher Berater in Fossilien- und Dinosaurierfragen tätig.

BILDUNTERSCHRIFTEN

Seite 1: Ammonitenfossil mit wunderschönem Perlmuttglanz
Seite 2: Malachiteinlagerungen auf Horseshoe Island, Antarktis
Seite 3: Detailansicht eines versteinerten Knochens in Texas, USA
Seiten 4–5: Beeindruckende, aus dem Fels herausgearbeitete Gebäude bei Petra, Jordanien
Seiten 6–7: Fossile Farne aus dem Trias, Karnische Alpen, Österreich
Seiten 8–9: Fossiler Seestern *Ophiperma egerton*
Seiten 10–11: Kalkablagerungen bei Mammoth Hot Springs, Yellowstone Nationalpark, Wyoming, USA
Seiten 12–13: Basaltsäulen bei Giant´s Causway, Nordirland, Großbritannien
Seiten 28–29: Die Glasshouse Mountains in Queensland, Australien,
Seiten 58–59: Ofen-Kalksteinformation im Big Bend Nationalpark, USA
Seiten 88–89: Achatisierter Dinosaurierknochen aus der Morrison-Formation, Colorado
Seiten 114–115: Fossil aus dem früheren Ordovizium, Hunneberg, Schweden
Seiten 132–133: Eingang zur Leviathan-Höhle, einer riesigen Kalksteinhöhle in Nevada, USA
Seiten 136–137: Polierte Felsplatte aus Rhodochrosit
Seite 136 (oben): Salzbildung bei Scammon´s Lagoon, Baja, Mexiko
Seite 136 (unten): Detail eines Obsidiangesteins
Seiten 184–185: Abgetragene Kalksteinspitzen, Bryce Canyon, Utah, USA
Seite 185 (oben): Ausbruch des Kimanura, Virunga Nationalpark, Zaire
Seiten 202–203: Ausgrabungsstätte bei Riversleigh, im Norden von Queensland, Australien
Seiten 206–207: Fossil einer Kauri-Kiefer aus New South Wales, Australien
Seite 207 (oben): Korallenfossil
Seite 207 (unten): Ammonit-Fossil *Placenticeras*, aus Marokko
Seiten 238–239: Dinosaurierspuren aus dem frühen Jura, La Sal Mountains, Utah
Seite 183 (oben): In Bernstein konserviertes Insekt
Seite 183 (unten): Zellstruktur eines versteinerten Dinosaurierknochens
Seiten 272–273: Versteinerte Baumstämme im Petrified Forest Nationalpark, Arizona, USA

DANKSAGUNG

Die Herausgeber danken den folgenden Personen für ihren Rat bei der Entstehung dieses Buches: Roger Bohn, Christopher Buykx, Melanie Corfield, Selena Hand, Robert Jones (Australisches Museum, Paläontologie), Margaret McPhee, Ross Pogson (Australisches Museum, Minerlaogie) und Dianne Regtop.

BILDNACHWEIS

o. = oben, u. = unten, l. = links, r. = rechts, M. = Mitte, N. = Nebenbild, A = Auscape International; AA/ES = Animals Animals/Earth Scenes; AA&A = Ancient Art and Architecture Collection, London; AAP = Australian Associated Press Photo Library; AM = Australian Museum (alle Fotos soweit nicht anders vermerkt von Maurice Ortega); APL = Australian Picture Library; BCL = Bruce Coleman Limited, UK; Bettman = Bettman Archive; Bridgeman = Bridgeman Art Library, London; CSIRO = Commonwealth Scientific and Industrial Research Organisation, Australia; FLPA = Frank Lane Picture Agency; Granger = The Granger Collection, New York; IPPS = Icelandic Photo and Press Service; MCP = The Mazon Creek Project, Northeastern Illinois Univeristy; ME = Mary Evans Picture Library; MW = Mantis Wildlife; NGS = National Geographic Society; NHM = Natural History Museum, London; OSF = Oxford Scientific Films; PE = Planet Earth Pictures; PL = The Photo Library, Sydney; RGS = Royal Geographic Society, London; PR = Photo Researchers; SLNSW = State Library of New South Wales, Sydney SPL = Science Photo Library; TS = Tom Stack and Associates; VU = Visuals Unlimited; Werner = Werner Forman Archive

1 John Cancalosi/A **2** Ben Osbourne/OSF **3** GI Bernard/OSF **4-5** Nicola Sherriff/RGS **6-7** John Cancalosi/BCL **8-9** John Cancalosi/BCL **10-11** Jeff Foott/TS **12-13** Tom Till/A **14** o.l. NHM; M. Reg Morrison; u. Jocelyn Burt/BCL **15** o.l. Rich Buzzelli/TS; o.r. und u. NHM **16** o.l. Bob Buduwal, Peter Cook Collection/Australian Institute of Aboriginal und Torres Strait Islander Studies; o.r. Kristinn Ben/Mats Wibe Lund/Icelandic Photo;M.r. Geolinea; u. ME **17** o Sinclair Stammers/SPL/PL;M.l. Geolinea; M.r. John Cancalosi/A **18** o.l. ME; o.r. Krafft/A; u. Hulton Deutsch/PL **19** o Francois Gohier/A; M. ME/Explorer/A; u. Bettman/APL **20** o ME; u.l. Geoff Doré/BCL; u.r. Explorer-Archives/A **21** o.l. Paul Harris/R GS; o.r. ME; u. Reg Morrison **22** Jay M Pasachoff/VU **23** Reg Morrison **24** o.l. und Hindergrund Geolinea; o.r. und u. John Reader/SPL/PL **25** o. Tashi Tenzing; M. Jane Burton/BCL; u. NHM **26** o. NHM; u.l. J Fields/AM; u.r. Rich Buzzelli/TS **27** o.l Kev Deacon/A;o.r. NHM;M.r. MR Phicton/BCL; u. Jeff Foott/BCL **28-29** Reg Morrison **30** l. Reg Morrison; r. George J Wilder/VU **31** o.l. Granger; o.M. Alain Compost/BCL; o.r. Image Library, SLNSW, Sydney; u.l. Peter Ryan/SPL/PL; u.r.. NASA/GSFC/TS **32** o.l. Dennis Harding/A; o.r. Scott Berner/VU; u. Robin Smith/PL **33** M. Albert J Copley/VU; u.M. Gary Lewis/PL; u.r. Fritz Prenzel/BCL **34** Dieter und Mary Plage/BCL **35** o. Keith Gunnar/BCL; M. David Parker SPL/PL **36** o. NASA/Tsado/TS; u. David Foster/VU **37** o.l. Ferrero/Labat/A; o.r. Mats Wibe Lund/IPPS;M.l. Bruce Davidson/OSF **38** o. NASA/ Tsado/Tom Stack/TS; u.l. Science VU/WHOI, D. Foster/VU **39** o.l. Ferrero/Labat/A; l. Bruce Davidson/OSF; r. Mats Wibe Lund/IPPS **40** Restec, Japan/SPL/PL **41** o. David Matherly/VU; u. David Bertsch/VU **42** o.l. David Hardy/SPL/PL; M. Werner Stoy/BCL; u.l. Mats Wibe Lund/ Bragi Gudmunds/IPPS; u.r. David Roots **43** o.l. Dieter und Mary Plage/BCL; o.r. Jay M Pasachoff/VU; M. Mats Wibe Lund/Gardar Pálsson; u. Glenn Oliver/VU **44** o. ME; M. Austral; u. AAP **45** o.l. AAP; o.r. stf/str/AAP; M. AAP; u. NHM **46** o. Jane Burton/ BCL; u.l. Tony Waltham/Trent University; u.r. Reg Morrison **47** o. Tony Waltham/Trent University; u.M. Jens Rydell/BCL; u.r. Museum of Victoria, Mineralogy **48** o.l. AJ Copley/VU; o.M. David B Fleetham/TS; o.r. Kevin Schafer/TS; u. Fritz Prenzel/BCL **49** o. und M. M Krafft/A; u.r. Brian P Foss/VU **50** o.r. Gary Milburn/ TS;M.l. AJ Copley/VU;M.r. TSA/TS; u. Rod Planck/TS **51** o. Jules Cowan/ BCL; u. Oliver Benn/PL **52** o. NHM; M. Jean-Paul Ferrero/A; u. Reg Morrison/A **53** o. Hans Reinhard/BCL; M. Jane Burton/BCL; u. Reg Morrison **54** o. Andrew Syred/PL; M. Jeff Foott Productions/BCL **55** o. Colin Monteath/A; M. Peter Knowles/PL; u. Jules Cowan/BCL **56** o. John Fennell/BCL; M. Nigel Hicks/PL; u. John C Cunningham/ VU **57** o.l. John Shaw/ BCL; o.r. APL;M.r. Keith Gunnarr/BCL; u. Konrad Wothe/BCL **58-59** Robert P Carr/BCL **60** o.l. Scott Camazine/OSF; o.r. David Nunuk/SPL/PL; u. ME **61** o. Image Library, SLNSW; M. David B Fleetham/TS; u.l. Norman Tomalin/BCL; u.r. PL **62** o.l, o.r. und u.r. NHM; M. Robert R Coenraads; u.l. AM **63** o.l. Herve Berthoule/A; o.r. und u.r. AM; M. NHM; u. Roberto de Gugliemo/ SPL/PL **64** o. AM; M. Robert R Coenraads; u. Robin Smith/PL **65** o. JM la Roque/A; u. Robert R Coenraads **66** o.l. Robert R Coenraads;M.r. Rich Buzzelli/TS; u. Tom Till/A **67** o. Paul Thompson/PL; u.l. John R Jones/RGS; u.r. AM **68** o. NHM; u. Werner Stoy/BCL **69** Manfred Gottschalk/TS **70** o.l. Robert R Coenraads; o.M. Vaughan Fleming/ SPL/PL; o.r. AM; u. Roberto de Gugliemo/SPL/PL **71** AM **72** o.l. Vaughan Fleming/SPL/PL;M.r. und u. AM **73** o.,M.r. und u.l. AM;M.l. und u.r. NHM **74** o. NHM; u. AM **75** o., M., u.l. und u.r. AM; u.M. Robert R Coenraads **76** o.l. Harold Taylor/OSF/ PL; o.r. LM Labat/A; u.l. AM; u.r. Marvin E Newman/Image Bank **77** o. Image Library, SLNSW;M.l. AA&A; M.r. Roberto de Gugliemo/SPL **78** o.l. Museum of the American Indian, Heye Foundation, New York/Werner; M.r. und u. John Cancalosi/A **79** o. Reg Morrison; M. AM; u. NHM **80** Hulton Deutsch/PL **81** o. Arnulf Husmo/Tony Stone/PL; M. Arthus Bertrand/Explorer/A; u. Hiroshi Higuchi/PL **82** o.l. Schimmel Collection, New York/Werner; o.r. und u.l. NHM **83** o.l. Robert R Coenraads; o.r. Atlantide/BCL; u. PL **84** o.l. Alfred Pasieka/SPL/PL; o.r. SPL/PL; u.l. CSIRO/Chris Taylor/PL; u.r. Robert R Coenraads **85** o. Simon Fraser/SPL/PL; u.l. Alfred Pasieka/SPL/PL; u.r. Arnulf Husmo/PL **86** o. PR/PL;M.l. Wayne Lawler/A; M.r. Simon Fraser/SPL/PL **87** o. Jean-Paul Ferrero/A; u.l. Tony Craddock/SPL/PL; u.r. Jon Riley/ Tony Stone/PL **88-89** Francois Gohier/A **90** o. Brett Gregory/A; M. Haupt/Naturmuseum Senckenberg, Frankfurt a.M., Germany; u.l. Sinclair Stammers/SPL/PL; u.r. Reg Morrison **91** NHM **92** o. ME; M. SPL/PL; u. Muso Episcopal, Vich/Bridgeman **93** o. Downe House, Downe, Kent/Bridgeman; M. (Zeichnung von CR Darwin)/RGS; u. ME **94** o. SPL/PL; u. NHM **95** l. John Cancalosi/A; r. Kevin Scafer/TS **96** l. NHM; M. Robert Noonan/PL; r. Reg Morrison **97** Keith Gunnar/BCL **98** o. Jim Frazier/Mary White; M. John Cancalosi/A; u. David M Dennis/TS **99** o. Theodore Clutter/PL; M. Francois Gohier/A; u. Kjell B Sandved/PL **100** M. Peter Murray; u.l. D Parer und E Parer-Cook/A **101** o. Sinclair Stammers/SPL/PL;M.l. und M.r. ME; u. NHM **102** o.l John Green/Entomology Division, CSIRO; u. A Roslin/Explorer/ME/A **102-103** Reg Morrison/A **103** o.l. Kev Deacon/A; o.r. David M Dennis/TS; u. Tom McHugh/ PL **104** o. Gunther Bishop und John Cleasby/Macquarie University, Sydney; M. Reg Morrison; u. Jens Rydell/BCL **105** o.l. Reg Morrison/A; o.r. Norman Tomalin/BCL; u. Reg Morrison **106** l. NHM; r. David M Dennis/TS **107** o. John Cancalosi/A; M. Neil McAllister/BCL; u.l. John Cancalosi/A; u.M. und u.r. Bologna University **108** Jim Frazier/Mary White **109** o. Jean-Paul Ferrero/A; M. Martin Land/SPL/PL **110** o. John Fennell/BCL; u. Breck P Kent/AA/ES **111** o. Jura Museum; M. John Fennell/BCL; u. Kevin Schafer und Martha Hill/TS **112** o.l. Kathie Atkinson; o.r. NHM; u. John Cancalosi/BCL **113** o. Alfred Pasieka/SPL/PL; u. Jens Rydell/BCL **114-115** Jens Rydell/BCL **116** o. NHM; M. ME/A; u. ME **116-117** Ken Lucas/PE **117** o. A; u. NHM **118** o. ME; u. Reg Morrison **119** o.l. CP Duerdras/Eurel IOS/SPL/PL; o.M. Robert Spicer/SPL/PL; u. Julian Baum/SPL/PL **120** u. Victoria Keble-Williams/RGS **120-121** MW Gillam/A **121** o. Jaime Plaza Van Roone/A; M. Stephen Krasemann/NHPA; u. Robert Kristofik/Image Bank **122** o. Jim Frazier/ Mary White; u.M. Jane Burton/BCL; u.r. Paul Harris/RGS **123** o. ME/Explorer/A; M. Michael McKinnon/PE; u. AM **124** o. und u. AM; M. Ross Arnett **125** o. und M. Kathie Atkinson; u. Carl Bento/AM **126** o. Carl Bento/AM; M. Ross Arnett; u. Elido Turco/Geolinea **127** o.l. Kathie Atkinson; o.M. Geolinea; M. Geolinea; u. Carl Bento/AM **128** Bologna University; M. Haupt/ Naturmuseum Senckenberg, Frankfurt a.M., Germany; u. Michael Archer **129** o.l. Kathie Atkinson; o.r. Haupt/Naturmuseum Senckenberg, Frankfurt a.M., Germany; u. Kathie Atkinson **130** o. Geolinea; M. Lione Francia/Geolinea; u. Kathie Atkinson **131** o. und u. Carl Bento/AM; M. Michael Archer **132-133** Tom Till/A **134** **135** **136-137** John Cancalosi/A **137** o.N. Randy Morse/TS; u.N. Tony Waltham/Trent University **138-139** Rich Buzzelli/TS **139** o.N. Bruce Davidson/OSF; u.N. John Cancalosi/TS **140** o. Don Duckson/VU; M. Doug Sokell/VU; u.l. Robert R Coenraads; u.r. Steve Elmor/TS **141** o. John Bertsch/VU; M. Albert J Copley/VU; u. Werner **142** o. Doug Sokell/VU, M. Albert J Copley/VU; u. Jean-Paul Ferrero/A **143** o. Doug Sokell/A; M. AJ

Copley/VU; u. Kevin Schafer/VU **144** o. Reg Morrison; M. NHM; u. Doug Sokell/TS **145** o. Jeff Foott Productions/BCL; M. Jules Cowan/BCL; u. Tony Waltham/Trent University **146** o. und u. Jules Cowan/BCL; M. Tony Waltham/Trent University **147** o. Paul Harris/RGS; M. NHM; u. MPL Fogden/BCL **148** o. Reg Morrison; M. Martin G Miller/VU; M.r. und u. JM Labat/Musée des Antiquities Nationales/A **149** o. Francois Gohier/A; M. Reg Morrison; u. Jane Burton/BCL **150** o. Atlantide SDF/BCL; M. Jean-Paul Ferrero/A; u. Bridgeman/PL **151** o. Ian Paterson/PL; M. NHM; u. Reg Morrison **152** o. M Nimmo/FLPA; M. NHM; u. Albert J Copley/VU **153** o. Jean-Paul Ferrero/A; M. AJ Copley/VU; u. NHM **154** o. und u. NHM; M. Sinclair Stammers/SPL/PL **155** o. und M. NHM; u. Museum ofVictoria, Mineralogy **156** NHM **157** o.,M.l. und u. Jim Frazier/MW; M.r.Vaughan Fleming/SPL/PL **158** o. und M. NHM; u. Allen B Smith/ TS **159** o. Jim Frazier/MW; M. Roberto de Gugliemo/SPL/PL; u. Michel Viard/BCL **160** o. Museum ofVictoria, Mineralogy; M. Jim Frazier/ MW; u. Jim Frazier/MW **161** o. und u.r. Jim Frazier/MW; M. NHM; u.l. Roberto de Gugliemo/SPL/PL **162** o. Tony Waltham, Trent University; M. GeoScience Picture Library; u.l. NHM; u.r. Private Collection/Werner **163** o.M., und u.r. Jim Frazier/MW; u.l. Adrian Davies/BCL **164** o. Brian M England; M. GeoScience Picture Library; u.l. Jim Frazier/MW; u.r. NHM **165** o. NHM; M. Jim Frazier/MW; u. AJ Copley/VU **166** o. Brian England; M. und u.l. Museum ofVictoria, Mineralogy; M.r. Jim Frazier/MW **167** o. M Nimmo/FLPA; M. Tony Waltham, Trent University; u. Clive Collins **168** o. Martin Land/ SPL/PL; M. und u. Jim Frazier/MW **169** o. und M. Jim Frazier/MW; u. AM **170** o. John Cancalosi/A; M. Jim Frazier/MW; u. Musuem ofVictoria, Mineralogy **171** o. und M. Robert R Coenraads; u. NHM **172** o. NHM; M. John Cancalosi/TS; u. NHM/Werner **173** o. Bob McKeever/TS; M. Tony Waltham/Trent University; M.r. Clive Collins; u. NHM/Werner **174** o. NHM; M. Brian Parker/TS; u. Allen B Smith/ TS **175** o. NHM; M. und u. Jim Frazier/MW **176** o. Museum ofVictoria, Mineralogy; M. Brian Parker/TS; u. Johnathon T Wright/BCL **177** o. David Nunuk/SPL/PL; M. John Cancalosi/TS; u.l. Museum ofVictoria, Mineralogy; u.r. ME **178** o. Allen B Smith/TS; M. Brian Parker/TS; u. AA&A **179** NHM **180** o. Francois Gohier/A; M. Jim Frazier/MW; u. Eric und David Hosking/FLPA **181** GeoScience Features Picture Library; M. und u. NHM **182** o. Frieder Sauer/BCL; M. Charles Preitner/VU; u. NHM **183** o. Warren Jacobs/PL; M. Michael Lustbader/PL; u. Image Library, SLNSW **184-185** Rich Buzzelli/TS **185** o.N. Bruce Davidson/OSF; u.N. John Cancalosi/TS **186** o. M Krafft/A; u.l. Manfred Gottschalk/TS; u.r. ME **187** o. ER Degginger/PL; u. Jean- Marc Truchet/Tony Stone/PL **188** o. Tom Till/A; u.l.Von Höhnel; u.r. Tom Algire/TS **189** o. Topham Picture Source; M. Michael Aw/PL; u. Valorie Hodgson/VU **190** o. A; M. Image Library, SLNSW, Sydney ; u. Francois Gohier/A **191** o. Jules Cowan/BCL; M. Jean-Paul Ferrero/ A; u. Francois Gohier/A **192** o. Charlie Ott/BCL; M. TS; u. Mitchell Library, SLNSW **193** o. Reg Morrison/A;u.Mats Wibe Lund und Evar Johannesson/IPPS **194** o. GeoScience Picture Library; M. Reg Morrison; u. Paul Nevin/PL **195** o. Milton Rand/TS;M.l. SLNSW; M.r. BCL **196** o. Martin G Miller/VU; M. Norbert Schwirtz/BCL;u.SLNSW **197** o. Eric und David Hosking/FLPA; u. Mats Wibe Lund/IPPS **198** o. Gerald Cubitt/BCL; u.l. JM la Roque/A; u.r. SLNSW **199** o. Francois Gohier/A; M. Doug Sokell/VU; u. Dick Foe/VU **200** o. John Cancalosi/TS;u.Keith Gunnar/BCL **201** o. Manfred Gottschalk/TS; u. Reg Morrison **202-203** Michael Archer **206-207** Geoff Higgins/PL **207** o.N. Geolinea; u.N. John Cancalosi/A **208** John Cancalosi/TS **209** Jim Frazier/Mary White **210** Geolinea **211** Elido Turco/Geolinea **212** NHM **213** Kathie Atkinson **214** VU **215** AJ Copley/VU **216** Geoff Higgins/PL **217** John Cancalosi/TS **218** WJ Kennedy/OSF **219** NHM **220** Sinclair Stammers/SPL/PL **221** Elido Turco/Geolinea **222** Haupt/Naturmuseum Senckenberg, Frankfurt a.M., Germany **223** Sinclair Stammers/SPL/PL **224** Jenny Norman und Ron Oldfield/Macquarie University, Sydney **225** Gregory Dimijian/PL **226** Jim Frazier/Mary White **227** Karl Switak/NHPA **228** Sinclair Stammers/SPL/PL **229** NHM **230** Martin Land/SPL/PL **231** Matt Bradley/TS **232** James L Amos/PL **233** Sinclair Stammers/SPL/PL **234** Sinclair Stammers/SPL/PL **235** Museums Hauff **236** John Cancalosi/TS **237** Elido Turco/Geolinea **238-239** Francois Gohier/A **239** o.N. MR Phicton/BCL; u.N. Allen B Smith/TS **240** o. Reg Morrison/A; u. Reg Morrison **241** o. D Parer und E Parer-Cook/A; M. Reg Morrison/A; u. Jim Frazier/Mary White **242** o. O Louis Mazzatenta/NGS; u. AJ Copley/VU **243** o. und M. O Louis Mazzatenta/NGS ;u. NHM **244** o. Dr Plodowski, Senckenberg; u. Bundenbach/Naturmuseum Senckenberg **245** o. Elido Turco; u. Bundenbach/Naturmuseum Senckenberg **246** o. P. Laraba/MCP; M. NHM **247** o. und r. CT Ledvina/MCP; u. CT Ledvina/MCP **248** South African Museum **249** South African Museum **250** o. Elido Turco/Geolinea; u. Geolinea **251** o. Museums Hauff; u. Frieder Sauer/BCL **252** o. Snowdon und Associates/PL; u.l. Rudy Weber/Gem Studies Laboratory; u.r. Jim Frazier/MW **253** o. und u. Jim Frazier/MW; M. Carl Bento/AM **254** o. Francois Gohier/A;u.Geolinea **255** o. und u. Royal Tyrrell Museum of Palaeontology; M. AJ Copley/VU **256** o. Royal Tyrrell Museum of Palaeontology; u. Francois Gohier/A **257** o. NHM; M. American Museum of Natural History; u. RGS **258** o. Cavaille/Explorer/A; u.NHM **259** o. NHM; M. Harry Taylor/ OSF/NHM;u.Geolinea **260** o. Geolinea;u.AJ Copley/VU **261** o. Geolinea; u.VU **262** o. Thomas Kaiser/Grube Messel; M. Michael Archer; u. Kathie Atkinson **263** o. Haupt/Naturmuseum Senckenberg, Frankfurt, Germany; u.l. und u.r. Kathie Atkinson **264** Los Angeles Museum of Natural History **265** o. und M. Los Angeles Museum of Natural History; u. NHM **266** o. Ferrero/Labat/A; u. NHM **267** o., u.l. und u.M. John Reader/SPL/PL; u.r. NHM **268** o. NHM; u. John Reader/SPL/PL **269** o. Robin Smith/PL; u.l. John Reader/SPL/PL; u.r. NHM **270** o. und M. Novosti Photo Library, London; u. Mark Newman/FLPA **271** o. Novosti Photo Library, London; u.l. und u.r. Austral

Ilustrationen von **Anne Bowman** 17, 22, 23, 26, 95, 96, 108, 120, 208-237, 245, 248, 261, 264, Anhang
Chris Forsey 34, 35, 38-39, 40, 68-69
David Kirshner 94, 251
Michael Saunders 80, 97
Mark Watson 91, 106, 109, 110, 113
Rod Westblade 22-23, 33, 36, 54, 60